高等院校公共管理类核心课程精品教材

公共关系学

第二版

王光娟　赵　悦◎主　编
潘　玥　王春赢　金升辉◎副主编
赵珈瑶　向　南◎参　编

上海财经大学出版社
SHANGHAI UNIVERSITY OF FINANCE & ECONOMICS PRESS

图书在版编目(CIP)数据

公共关系学/王光娟,赵悦主编. —2 版. —上海:上海财经大学出版社,2016.8

(高等院校公共管理类核心课程精品教材)

ISBN 978-7-5642-2453-0/F·2453

Ⅰ.①公… Ⅱ.①王… ②赵… Ⅲ.①公共关系学-高等学校-教材 Ⅳ.①C912.3

中国版本图书馆 CIP 数据核字(2016)第 137240 号

□ 责任编辑 顾晨溪

□ 封面设计 杨雪婷

GONGGONG GUANXI XUE

公 共 关 系 学

(第二版)

王光娟 赵 悦 主 编

潘 玥 王春赢 金升辉 副主编

赵珈瑶 向 南 参 编

上海财经大学出版社出版发行

(上海市武东路 321 号乙 邮编 200434)

网 址:http://www.sufep.com

电子邮箱:webmaster @ sufep.com

全国新华书店经销

同济大学印刷厂印刷

上海叶大印务发展有限公司装订

2016 年 8 月第 1 版 2016 年 8 月第 1 次印刷

787mm×1092mm 1/16 17.75 印张 443 千字

印数:5 001—9 000 定价:38.00 元

第二版前言

本教材是在《公共关系学》第一版的基础上，为了更新知识、完善公共关系学理论编写而成的。目的是为了适应高等院校转型的需要，突出能力培养，使学生了解更前沿的公关信息，具备更完备的公关专业知识与技能。

全书共设十一章，主要内容包括：导论，公共关系的产生与发展，公共关系的主体，公共关系的客体——公众，公共关系传播，公共关系调查，公共关系策划，公共关系实施与评估，公共关系礼仪，CIS 策划与导入，危机公共关系。

本教材在编写过程中，紧扣人才培养目标，将公共关系理论与实务、技巧密切结合，着力培养提高学生的职业岗位能力和创新创业能力，力求在原来的基础上，突出新知识、新技术、新方法的应用，进一步完善其结构和体系。

本教材由吉林农业科技学院的教师组织编写，由王光娟拟定编写大纲，安排编写任务，由王光娟、赵悦担任主编，潘玥、王春赢、金升辉担任副主编，赵珈瑶、向南担任参编，最后由王光娟修改定稿。其编写分工是：第一、三、七章，由赵悦编写；第二章，由赵珈瑶编写；第四、十章，由王春赢编写；第五、六章，由金升辉编写；第八、十一章，由潘玥编写；第九章，由王光娟、向南编写。

在编写过程中，编者直接或间接地参阅和借鉴了国内外众多论著和资料，在此向这些作者致以由衷的感谢和深深的敬意。

由于编者学识水平有限，书中定有疏漏之处，恳请广大专家和读者批评指正。

编　者
2016 年 7 月

目 录

第一章　导　论

学习要点及目标

1.了解公共关系的内涵及其基本要素；
2.掌握公共关系的特征；
3.掌握公共关系的主要职能和基本原则；
4.辨析公共关系及其相关概念；
5.了解公共关系学的学科性质及学习方法。

核心概念

公共关系　　人际关系　　宣传　　市场营销　　公共关系学

引导案例

新加坡航空公司的完善服务

新加坡航空公司(以下简称新航)在国际航空业群雄角逐的激励竞争中独占鳌头，多年连续被国际民用航空组织评为优质服务第一名。新航的服务有很多独特之处：把西方的先进技术及管理手段与东方的殷勤待客传统有机地融合在一起，把“乘客至上”的公关思想贯穿于服务的全过程，给每一位乘客留下极为深刻的良好印象，使来自各国的乘客自然成为新航的义务宣传员，再加上通过新闻媒体做广告宣传，公司的形象就不胫而走，誉满五洲。新航的服务准则是：对所有乘客一视同仁地施以关心和礼貌，在一切微小的服务细节上给乘客留下难忘的印象，并树立公司的整体形象。这些服务准则通过每一位工作人员的良好举止体现出来。这些服务措施有：

1. 订票时可得座位号，登机时对乘客以姓相称

一般航空公司乘客在订票时是不能拿到座位号的，登机前才能在机场领得印有座位号的登机卡。而新航通过公司设在全球各地的电脑订票系统，可使乘客在任何国家预订任何班次的机票时，能够同时得到飞机上的座位号。公司将订座某次班机的全体乘客姓名按舱位平面图排列交给当班乘务员，要求每个乘务员事先记住自己所负责的那一舱位所有乘客的姓名，乘

客上机时只需将座位号贴在登机卡上，乘务员在机舱门口引导乘客对号入座，并在舱位图上做记号。乘客就座完毕后，乘务员就能按照记忆，对每一位乘客直接以姓相称呼，使乘客在感到宾至如归的同时又略感意外的和谐与舒适。这样周到的服务，是世界上任何其他航空公司都不曾做到的。

2. 殷勤款待，乘飞机如同做客

新航的优质服务，使乘客从进入飞机起就感觉如同是在殷勤的主人家中做客一般。乘客在座位上刚坐定，乘务员就手拿衣架来到面前，和蔼地询问要不要把上衣脱下挂起来，如果要的话，可把上衣连同登机卡一并交给她，下机时再把上衣送还。飞机起飞之前，乘务员会送来热毛巾，端来一杯杯饮料，然后又送上插着牙签的小点心请乘客选用，乘客如同受到主人的悉心款待。

3. 照顾乘客休息用餐，将饭店服务方式搬进机舱

洲际飞行乘客易疲劳，而且途中要用几餐饭。因此班机起飞不久，乘务员就给每位乘客送上一双尼龙软鞋套和遮光眼镜，供乘客休息时用。还送来一份印刷精美的菜单，上面以英、法、德三种文字印有全程每餐饭的菜名，并附有飞行各段所需的时间，然后乘务员来到座位上登记每位乘客所选用的主菜。公务舱开饭时，先给乘客小桌上铺桌布，再送上主菜托盘。主菜用完后，乘务员前来把托盘中的主菜取走，空出位置再送甜食或水果，这样就等于把饭店的服务方式搬进了空间狭小的机舱，而不是一股脑儿地把所有的吃食都端到小桌上。

4. 纪念品加优待券，希望你再来光顾

乘客休息完后，可得到一份包装精美的盥洗用具，包括牙刷、牙膏、肥皂、梳子和两小瓶化妆品，上面都印有新航标记，不但是美观实用的纪念品，更是值得保留的宣传品。乘客如需写信，均可由新航免费邮寄至世界各地。头等舱和公务舱的乘客如填写一张表格，便可将自己的姓名、地址存入新航的计算机，并取得一个编号，日后可得到公司寄来的一二十张优待券，一年之内可凭优待券优先购买新航的机票，行李超重可不付费，还可以到新加坡的一些百货商店享受购物折扣优惠。

以上这些及其他各项服务措施，构成新航充满活力的公共关系，使新航在国际航线上赢得了声誉，赢得了顾客，在激烈的国际竞争中胜人一筹。

有一位日本企业家曾说过："现在的顾客与其说是买东西，不如说是买服务，就交易成功率来说，周到的服务大于商品的质量与价格。"此话不无道理。作为民航、铁路、公路、海运等运输性企业，为更好地开展业务，吸引旅客和货主，也需要搞好运输性企业的公共关系，除保证旅途运输的安全外，为旅客提供周到细致的服务就显得更为重要。新航为塑造公司的形象，实行了完善服务的一系列措施，其突出特色在于公司抓住每一个细小环节来赢得乘客的信任，为塑造公司形象服务。这样，在整个旅行过程中，乘客每时每刻都能感受到乘务员无微不至的热情服务，旅行生活显得丰富多彩，充满情趣。

从新航"空中小姐"和颜悦色的面容、彬彬有礼的举止、周到细致的服务这些表面现象可以看出，公关意识已灌输到每个员工的头脑之中，体现在每个员工的行动之中，贯穿于公司的每次活动之中，这是树立企业形象的根本。企业要处理好与顾客的关系，得到顾客的信任和支持，必须首先得到企业每个员工的支持，他们要从一言一行中为企业创造声誉，这比公关人员"自吹自擂"所形成的声誉稳固得多。因此有人说："全员公关是组织公共关系的最佳状态。"新

加坡航空公司在优质服务的同时进行公关活动，在树立形象方面犹如金融行业的"利滚利"，收益十分巨大。

（摘自：wenku.baidu.com）

公共关系是一门现代管理科学与艺术，随着市场经济和传播技术的发展，公共关系越来越成为现代社会的一种普遍现象，它的社会作用也表现得越来越重要。在当今世界，许多国家已经把公共关系应用于政治、经济、军事和文化等社会生活的各个方面，以指导各类社会组织的社会实践活动。可以说，公共关系日益显示出强大的生命力。本章主要阐述公共关系的含义、特征、构成要素及公共关系学的研究对象、内容等问题，以便使人们认识公共关系的基本概貌，达到学习入门的目的。

第一节 公共关系概述

一、公共关系的含义

自公共关系形成一门学科以来，公关理论界的专家学者一直在不断地探寻，各抒己见，众说纷纭，由于认识的角度不同，定义所强调的侧重点也有所差异。了解和把握公共关系的这些解释，是我们学习和应用公共关系的基础。

(一)"公共关系"一词的由来

在英语中，"Public Relations"一词最早起源于1842年，豪科·史密斯(Hough Smith)在其《公众情感理论和规范》一书中使用了这个词。"Public"既可译为形容词"公关的"和"公众的"，也可译为名词"公众"；"Relations"可译为"关系"。由于"Relations"是"Relation"的复数形式，显然，这个"关系"指的是与"众多人"之间的关系，所以"Public Relations"也可译为"公众关系"，但这种"公众关系"既可理解为"与公众的关系"，也可以理解为"公众间的关系"。对于一个社会组织来说，前者具有单向性，后者则具有无关性，因此，译为"公共关系"更容易被人们准确理解，其缩写符号为PR，简称公关。

(二)国内外有代表性的公共关系定义

公共关系作为一门综合性的应用学科和一种正在发展中的管理功能，对其定义的讨论众说纷纭，已构成公共关系理论研究的一个部分。其中有代表性、权威性的国内外定义包括以下几种：

1.管理职能论

管理职能论这类定义把公共关系看作与计划、财务一样的管理职能，认为公共关系在组织管理中起着至关重要的作用，它是组织管理的"润滑油"和"催化剂"，发挥着管理的功能。

美国人莱克斯·哈罗(Rex Harlow)博士的定义是这种观点的典型代表。1976年，他在收集和分析了472种定义后对公共关系所下的定义是：公共关系是一种特殊的管理职能，它帮助一个组织建立并保持与公众之间的交流、理解、认可与合作；它参与处理各种问题与事件；它帮助管理部门了解民意，并对之做出反应；它确定并强调企业为公众利益服务的责任；它作为社会趋势的监视者，帮助企业保持与社会变动同步；它使用有效的传播技能和研究方法作为基本工具。

国际公共关系协会同样认为公共关系是一种管理职能，其定义是："公共关系是一种管理功能。它具有连续性和计划性。通过公共关系，公立的和私人的组织、机构试图赢得与它们有关的人们的理解、同情和支持——借助对舆论的估价，以尽可能地协调它自己的政策和做法，依靠有计划的、广泛的信息传播，赢得更有效的合作，更好地实现它们的共同利益。"

美国著名公共关系学者斯科特·卡特李普(Scott M.Cutlip)和阿伦·森特(Allen H.Centre)认为：公共关系是这样一种管理功能，它能建立和维护组织与公众之间的互利互惠关系，而一个组织的成功或失败取决于公众。

美国《公共关系新闻》杂志认为："公共关系是一种管理职能，它评估公众的态度，检验组织的政策、活动与公众的利益相一致，并负责设计与执行旨在争取公众理解与认可的行动计划。"

2.传播沟通论

这一类定义强调公共关系是组织一种特定的传播管理行为和职能，认为公共关系离不开传播沟通。我国中山大学的公共关系专业教授廖为建就持此种观点。其定义是：公共关系是一个组织与其相关公众之间的传播管理。

在国外，持这种观点的学者不在少数。在美国的大学中，公共关系专业往往设在新闻传播学院内。

英国人弗兰克·杰夫金斯(Frank Jefkins)也认为：公共关系是由为达到与相互理解有关的特定目标而进行的各种有计划的沟通联络所组成的，这种沟通联络处于组织与公众之间，既是内向的，也是外向的。国外一些大型的百科全书或综合词典也从传播或沟通的角度来定义公共关系。《美利坚百科全书》中的定义是：公共关系是关于建立一个组织同其既定公众之间相互了解的活动。《大英百科全书》中是这样定义的：公共关系是旨在传递关于个人、公司、政府机构或其他组织的信息，并改善公众对其态度的种种政策或行动。《韦伯斯特新国际词典》认为：公共关系是通过传播大量有说服力的材料，发展邻里的相互交往和估价公众的反应，从而促进个人、公司或机构同他人、各种公众以及社区之间的亲善友好关系。美国人约翰·马斯顿(John Marston)的表述更为直截了当：公共关系就是运用有说服力的传播去影响重要的公众。

可以看出，这些表述都强调了公共关系在运作方式和手段上依赖传播沟通的特点。

3.社会关系论

社会关系论研究者避开了管理学派倾向于公共关系目标、传播学派偏重于公共关系手段的争论，认为"关系"体现公共关系的本质属性，公共关系是一种特定的社会关系，正确认识公众关系、处理公众关系是开展公共关系的出发点和归宿。

美国普林斯顿大学的资深公共关系教授希尔兹(H.L.Chils)认为：公共关系就是人们所从事的各种活动、所发生的各种关系的通称，这些活动与关系是公众性的，并且都有社会意义。

英国公共关系学会的定义是：公共关系是在组织和它的公众之间建立和维持相互了解、有目的、有计划的持续过程。

4.现象描述论

现象描述论研究者往往倾向于公共关系实务。与社会关系论偏重理论、表述抽象正好相反，现象描述论则倾向于直观形象和浅显明了，通常抓住公共关系的某项功能或某种现象进行描述，非常具体实在。例如：

公关就是 90%靠自己做得对，10%靠宣传；

公关就是争取对你有用的朋友；

公关就是促进善意；

公关是博取好感的技术；

公关是说服和左右社会大众的技术；

公关就是讨公众的喜欢；

PR(公共关系)＝P(自己行动)＋R(对外传播)；

公关,就是运用说服力的传播去影响重要的公众；

公共关系是经营管理的方法、广结人缘的艺术、走向社会的“名片”。

现象描述式的定义主要是公共关系实践者依据自己的经验和理解,从不同侧面对公共关系做出的通俗化、形象化的描述。这类表述简洁明了、生动鲜明、便于记忆,对于宣传公共关系是很有作用的。不过,它们只是揭示了公共关系的部分含义,从总体上讲不够全面准确。

5.经营艺术论

持这种观点的人认为,公共关系还只是一门不精确的学科,许多公共关系问题不存在唯一正确的答案,公共关系在实际运作中要讲究创造性,讲求形象思维,需要从整体上来把握公共关系及其工作。因此,公共关系是一门艺术。

1978 年 8 月,在墨西哥城召开的世界公共关系协会大会上,代表们经过商讨,提出了这样一个公共关系的定义:公共关系是一门艺术和社会科学,公共关系的实施是分析趋势、预测后果,向组织领导人提供咨询意见,并履行一系列有计划的行为,以服务于本组织和公众的共同利益。我国学者余阳明认为:公共关系是社会组织为了塑造组织形象,通过传播、沟通来影响公众的科学和艺术。著名行政学家王乐夫等著《公共关系学》中的定义:公共关系是一种内求团结完善、外求和谐发展的经营管理艺术。它运用合理的原则和方法,通过有计划而持久的努力,协调和改善组织机构的对内、对外关系,使本组织机构的各项政策和活动符合广大公众的需求,在公众中树立起良好形象,以谋求公众对本组织机构的了解、信任、好感和合作,并获得共同利益。

(三)公共关系的含义

1.公共关系的概念

通过对国内外一些公共关系定义的列举,我们可以看出,尽管公共关系作为一种职业活动,已有近百年的历史,作为一门科学,也有近 80 年的历史,但时至今日,人们很难找出一个能够被所有人认同的科学定义来。这至少说明,公共关系作为一门新兴科学,尚处在发展的“幼年”时代。然而,就不同的学者对公共关系定义的不同界定中,我们不难发现其中的一些趋同之处。这些趋同之处主要表现在以下几个方面:

第一,公共关系是一个组织与其公众之间的关系。这种关系是一个组织在与公众的相互作用和相互影响中形成的。

第二,公共关系是一种特殊的思想和活动。作为一种思想,它渗透在一个组织的全部活动之中;作为一种活动,它又具有区别于组织的其他活动的特殊性和特殊要求。

第三,公共关系是现代组织管理的独立职能。公共关系的主要任务,是协调组织与公众的相互关系,使组织适应于公众的要求,使公众有利于组织的成长与发展。

第四,信息沟通与传播是公共关系的特殊手段。公共关系用以协调组织与公众的主要手段是信息沟通与传播。信息沟通与传播主要是以现代大众传播媒介为物质工具。

概括以上四点内容，我们可以给出一个简洁的定义：所谓公共关系，就是社会组织在运行中，运用信息传播沟通媒介，促使组织与相关公众之间的双向了解、信任与合作，从而为组织树立起良好的公众形象的一种经营管理活动。

2.“公共关系”一词多义

“公共关系”一词到底有几层含义，目前还没有一个公认的看法，对其含义的理解和定义的表述是多层次的。人们普遍认为它既可以是一种状态，又可以是一种活动，还可以是一种学说，更可以是一种观念和职业。

(1)公共关系状态。它是指一个组织所处的社会关系和社会舆论的状态，即这个组织在公众心目中的现实形象。任何组织都处在一定的公共关系状态之中，这是一种客观存在的形态。

一般来说，公共关系有四种状态：第一种是高知名度、高美誉度，这是组织最理想的状态；第二种是高知名度、低美誉度，这是最不理想的状态，是组织所处的一种危机状态；第三种是低知名度、低美誉度，这是组织的原始状态；第四种是低知名度、高美誉度，这是组织的一种较为稳定和安全的状态，说明组织处于发展阶段，有很好的发展前景。任何组织都会有一种公共关系状态，且属于这四种状态中的一种。

(2)公共关系活动。它是指一个组织为创造良好的社会环境，争取公众舆论支持而采取的政策、行动和活动，主要包括协调、传播、沟通等手段，即以创造良好的公共关系状态为目的的一种信息沟通活动。这种活动是主观见之于客观的一种社会实践。

组织的公共关系活动是一个组织长期进行社会交往、沟通信息、广结良缘、树立自身良好形象的过程，它表现为日常公共关系活动和专项公共关系活动两大类。

日常公共关系活动，是指为改善公共关系状态，人人都可以做到的那些日常接待工作，如热情服务、礼貌待客以及大量的例行性业务工作和临时性琐碎的工作等。

【案例 1—1】

什么才是真正的公关

北京某饭店曾经有过这样三件事：第一件事是 1984 年该饭店刚落成，为了宣传形象，打开知名度，把里根总统答谢宴会的地点争取到了该饭店，结果在几百名记者的采访报道中，该饭店名扬全球，这可以说是一次公关的大手笔；第二件事是有一年的圣诞节，该饭店邀请各国驻华大使馆的小朋友到饭店装饰圣诞树，当这些小朋友回到各使馆时，他们必定会向他们的父母描绘在饭店度过的这一天；第三件事是一个客房服务员在收拾房间时，发现有位客人的书正摊开在床上，她收拾好房间后将一张小纸片插进了摊开的地方作为记号，客人见了非常感动。后来宾馆公关部经理就此事大发感慨，认为第三件事才是真正的公关。

由此看来，真正的公关并不是体现在精心策划的公关活动上，而是渗透在日常的工作当中。

（摘自：邓健.公共关系学.2009）

专项公共关系活动，是指有计划、有系统地运用有关技术、手段去达到公共关系目的的专门性活动，如新闻发布会、产品展示会、社会赞助、广告制作与宣传、市场调查、危机公关等。

对于一个组织来说，日常的公共关系活动有赖于组织的全体成员去进行，而专门的公共关系活动则应由公共关系部门负责，由专门的公共关系人员去完成。

(3)公共关系观念(意识)。它是指人们在公共关系实践中形成的影响人们思想和行为倾向的深层的思想意识,是人们对公共关系活动的一种自觉的认识和理解。它影响和指导着个人或组织决策与行为的价值取向,从而反作用于公共关系活动,并间接影响实际的公共关系状态。公共关系观念主要有形象观念、公众观念、传播观念、协调观念、互惠观念。此外,公共关系观念还包括团队观念、创新观念、服务观念、社会观念,等等。

(4)公共关系学。它是指以公共关系的客观状态和活动规律为研究对象的一门综合性的应用学科,是研究组织与公众之间传播与沟通的行为、规律和方法的一门学科。公共关系历史、公共关系原理和公共关系实务,共同构成公共关系学的理论体系。

就学科特点而言,公共关系学不仅是一门应用性很强的边缘性学科,而且在理论上还是一门综合性、交叉性的学科,涉及的学科有社会学、哲学、政治学、经济学、传播学、管理学、营销学、心理学、伦理学等,是以传播学和管理学为基础建立起来的一门新兴学科。

(5)公共关系职业。它是指专门提供公共关系方面的服务而获取报酬的职业。其任务是协调社会组织同公众的关系,塑造组织良好的社会形象,以促进组织不断地发展和完善。

公共关系职业产生于1903年,人们通常把美国的新闻记者艾维·李尊为“现代公共关系之父”。事实上,这里的公共关系主要是指公共关系职业。正是由于艾维·李在1903年创办了一家公共关系咨询事务所,公开对外营业,才使社会上出现了公共关系职业。

二、公共关系与若干相关概念辨析

公共关系是一种塑造组织形象的管理职能。作为一项涉及面广、综合性强的工作,公共关系在履行职责的过程中,经常涉及一些外围的、相关的活动范畴,它们与公共关系有联系,但也有区别。这些实践活动往往容易被人误认为就是公共关系,或简单地等同于公共关系,从而造成认识上和实践中的混乱。为了准确把握公共关系,还需要进一步从公共关系和其他相关实践活动的比较与区别中认识它。

(一)公共关系与人际关系

人际关系属于社会心理学范畴,主要指个人在社会交往中形成的人与人之间的相互作用和相互影响。即从个体关系的角度概括人的各种社会关系,包括个人在生活、生产及其他社会活动中形成的一切人与人之间的关系。

1.公共关系与人际关系的联系

(1)从内容方面说,公共关系包括了部分人际关系,主要是个人因组织的角色而形成的那些部分人际关系,公众对象中包括了许多个体对象。

(2)从方法方面说,公共关系实务工作离不开各种人际传播的方法,要求公关人员具备较强的人际沟通能力,良好的个人关系必然有助于组织公共关系的成功。

2.公共关系与人际关系的区别

公共关系与人际关系又有很大的不同,如表1—1所示。

表1—1　　公共关系与人际关系的区别

对比项	公共关系	人际关系
主体	组织	个人、人群
客体	公众	人与人群

续表

对比项	公共关系	人际关系
传播方式	一切手段	人际手段
产生基础	业缘	血缘、地缘、业缘、趣缘
产生时间	有了组织之后	人类伊始
运作内容	广泛	自身发展的物质交换和交友的精神需求、感情交流
研究内容	组织与公众间关系的发展规律,公共关系职能、技巧、组织、人才的发展规律	人与人关系的发展规律
历史	历史短	历史长
普及范围	普及面窄	普及面广
专业化程度	高	低

(二)公共关系与广告

广告即广而告之,是指为了传播某一产品或事物而进行的宣传说服活动。开展公共关系无疑是要运用广告这种重要的传播形式,但广告不等于公共关系,它们之间既有联系又有区别。

1.公共关系与广告的联系

(1)公共关系常常借助广告的形式传播信息,通过产品或形象广告,可间接起到树立该组织形象的目的,而活泼清新、艺术性强的公共关系广告,更容易为公众所接受。

(2)公共关系工作能对广告起指导作用,它可以确定广告的宣传主题、宣传对象、传播对象、传播方式和传播周期。因此,公共关系和广告之间实际上可以互相补充、互相促进。

(3)两者都源于传播学,都以传播为主要手段。

2.公共关系与广告的区别

(1)传播的目标不同。公共关系的目标是赢得公众的信赖、好感、合作与支持,树立良好的整体形象——"让别人喜欢我";广告的目标是激发人们的购买欲望,对产品产生好感——"让别人买我"。

(2)传播原则不同。广告信息传播的原则是引人注目。只有引人注目的广告,才能使企业的产品和服务广为人知,激发人们的购买欲望,最终达到扩大销售和服务的目的。公共关系传播的原则是真实可信,其传播的信息都应当是真实的、可信的,绝不能有任何虚假。当然,公共关系信息传播也要讲究引人注目,但"引人注目"从属于真实性,是为真实性服务的。

(3)传播方式不同。广告为了引人注目,可以采用各种传播方式,包括新闻的、文学的及艺术的传播方式,也可以采用虚构的乃至神话的夸张手法,以激起人们的兴趣,加速人们的购买欲望。而公共关系的传播方式,最重要的是靠事实说话。其信息传播手段主要是新闻传播的手段,如新闻稿、新闻发布会、报纸、杂志等。这些传播手段的特点是:靠信息的真实性、客观性及其内在的新闻价值说话,认为成功的关键不在于当事人运用什么哗众取宠、耸人听闻的表现手法,而在于善于选择适当的时机,采用适当的形式,通过适当的媒介,把适当的信息及时、准确地传递给目标对象和公众。

(4)传播周期不同。通常来说,广告的传播周期是短暂的,短则十天半月,长则数月一年,一般不会太长。相对来说，公共关系的传播周期则是长期的，其任务主要是树立整个企业的信誉和形象，急功近利的方式是很难奏效的。

(5)所处地位不同。一般来说，广告在经营管理的全局中所处的地位是局部性的，其成败好坏，对全局没有决定性的影响。而公共关系工作却不同，它在经营管理中处于全局性的地位，贯穿于经营管理的全过程。公共关系工作的好坏，决定着整个企业的信誉、形象，决定着整个企业的生死存亡。

(6)效果不同。一般来说，广告的效果是直接的、可测的，其经济效果是显而易见的。对某项广告而言，其效果也往往是局部的，只影响某个产品或某项服务的销路。因此，广告的效果又是局部性的、战术性的。而公共关系的效果则是战略性的、全局性的。一旦确立了正确的公共关系思想，并开展了成功的公共关系工作，企业就能在外界建立良好的信誉和形象，使本身受益无穷，而且社会各界也会因此受益匪浅。尤其是成功的公共关系所取得的效益，应该包括政治、经济、社会等方面的社会整体效益。一般来说，这样的整体效益是难以通过利润的尺度来直接衡量的。

做广告并不等于公共关系。但是，公共关系工作可以采用广告的方法，这就是“公共关系广告”。

(三)公共关系与宣传

所谓宣传，是指以传播为手段取得公众对某种信仰、信条、观念、行为的理解和支持的活动。宣传的重点一般是帮助群众理解党和国家的各种方针、政策、法律和工作意图，在某种意义上意味着强制和权威，因而侧重单向传递。

1.公共关系与宣传的联系

公共关系与宣传的联系主要表现在：两者就性质而言都是一种传播过程，并具有一些共同的活动特点；两者的工作内容有时也是相同的，如每个组织都有团结内部成员，增强群体凝聚力、向心力、荣誉感等方面的任务，这既是组织内部宣传工作的内容，也是组织内部公共关系工作的目标。

2.公共关系与宣传的区别

公共关系与宣传有许多共同之处，但它们也是有区别的：

(1)工作性质不同。传统的宣传工作属于政治思想工作范畴，是政治思想工作的手段和工具。宣传的目的主要是为了改变和强化人们心理状态和精神状态，获取人们对某种主张或信仰的支持。其主要内容是国家的方针、政策、社会道德、伦理、法制等方面的教育。公共关系作为一种特殊的管理职能，目的是塑造组织形象，建立组织与公众的良好关系，除了宣传、鼓动以外，其工作的主要内容是信息交流、协调沟通、决策咨询、危机处理等。

(2)工作方式不同。宣传工作是单向传播过程，即组织→公众，带有灌输性和强制性；其目的有时是隐秘的，并不为公众知晓的；工作重点往往是以组织既定的目标来控制公众的心理；有时为了获取目标对象的支持，宣传容易出现夸张渲染的片面效应。公共关系工作是一种双向传播过程；公共关系必须尊重事实，及时、准确、有效地向公众传递组织信息，以真诚换取公众对组织的理解和信任；公共关系除了向公众解释，进行说服工作外，很重要的职能在于向组织的决策层提供信息和咨询；其目的、动机是公开的，应努力使公众了解，让公众知晓；公共关系工作是说与做的统一，不仅要求组织做好本身工作，还要求把自己做好的工作告诉公众。

【案例 1—2】

“死”给你看

广州有一家街道化工厂，几年前生产了一种质量很好的灭蟑药笔，该厂为这种产品搞了不少推销活动，但销售效果并不理想，因为当时市场上各种杀虫产品竞争激烈，这个产品很不起眼，不容易引起消费者的注意。后来该厂借助新闻宣传，用制造新闻的手段诱发了《羊城晚报》的一篇新闻报道。这一天，该厂派两名宣传人员到《羊城晚报》编辑部，他们先在地板上放了一个纸盒，声称要为记者、编辑们做一个现场表演。他们掏出一个粉笔头，在纸盒周围划上一个白圈，然后小心谨慎地打开那个纸盒一抖，只见从纸盒里爬出十几只蟑螂，很快爬到桌子底下、柜子底下去了，这一举动可把记者、编辑们气坏了，但这两个人不慌不忙地给他们解释了事情的原因，并留下了二三十盒带去的灭蟑药笔。第二天，记者、编辑们发现躲起来的那些蟑螂果然都爬出来死掉了。大家一看效果不错，就把厂家带去的灭蟑药笔分光了，用后都反映灭蟑效果很好。记者有感而发，写了一篇名为《“死”给你看》的新闻，新闻见报后，成千上万的订货单像雪片一样飞到厂家，为该产品打开了销售市场。该厂在巴黎、莫斯科举办的中国轻工产品展览会上如法炮制，很快又打开了国际市场。

从这个案例可以看出，公共关系一般是通过行动达到宣传的目的，而不是像普通的宣传那样仅仅停留在语言上。

（摘自：邓健.公共关系学.2009）

（四）公共关系与市场营销

市场营销是提供产品、满足市场供应和消费者需求的经营管理活动。从营销理论的一些发展变化可以看出，公共关系在市场营销学中越来越受到重视。然而，它们之间的区别也是明显的。

1.公共关系与市场营销的联系

公共关系工作在企业中几乎与市场营销融合在一起。换言之，企业的公共关系工作几乎完全为市场营销活动服务。正如英国公关专家弗兰克·杰夫金斯所说：“销售中的每一个因素都需要公关人员来加强、完善。”因此，公共关系可以涉及市场营销的各个角落。它们的联系主要表现在以下几个方面：

(1)共同的产生条件——商品生产的高度发展。市场营销的产生，是由于商品经济高度发展使企业外部环境发生了很大变化。一方面，买方市场形成，消费者对产品的需求变化也很大，条件也越来越苛刻；另一方面，同行竞争也日益剧烈，企业不得不重视“市场”，重视“营销”，重视企业外部公众（顾客）等。公共关系的产生，是由于在商品经济高度发展情况下，企业争取消费者，不仅要在产品质量、品种技术、价格等方面竞争，更重要的是企业整体形象的竞争。为企业赢得良好的社会舆论，就必须与各方面建立良好关系，即开展公共关系活动。

(2)共同的指导思想——用户第一，社会效益第一。新的市场营销观念要求企业把顾客的利益放在第一位，把社会效益放在第一位，这种指导思想（即经营哲学），正是公共关系的指导思想，在这一点上与公共关系的基本原则和要求是相吻合的。

(3)相似的传播媒介——大众传播媒介。在公共关系与市场营销的业务活动中，要与对象公众进行沟通，都必须借助大众传播媒介。现代大众传播媒介，可以使社会交往摆脱时空的限制，使市场摆脱国家、地区的限制。因此，一个组织无论是扩大影响，还是扩大产品销路，都离不开大众传播媒介。

(4)市场营销把公共关系作为组成部分。市场营销在运用非价格竞争的促销策略时,把公共关系作为促销手段之一,并吸收、运用公共关系的各种手段来达到销售目的。当代美国最有影响的市场营销专家菲利普·科特勒提出的"大市场营销观",保留了原有的产品、价格、分销渠道和促销手段四个策略,同时增加了公共关系和政治权利两个策略。这就充分地表明,公共关系与市场营销的联系更紧密了。

2.公共关系与市场营销的区别

(1)范围不同。市场营销仅限于企业生产流通领域,最多不过是经济领域内,但公共关系所涉及的是社会任何一种组织与公众的关系。除企业外,公共关系还涉及政府、学校、医院等各种组织,远远超过了经济领域。公共关系比市场营销有更广泛的社会性,学科应用范围也更广。

(2)目的不同。市场营销的直接目的是销售产品,从而进一步扩大盈利,产生企业效益;公共关系的目的是树立组织形象,产生良好的公众信誉,从而使组织获得长足的发展。

(3)手段不同。市场营销所采用的手段是价格、推销、广告、包装、商标、产品设计、分销等。这些手段都是紧紧地围绕着产品销售的目的。而公共关系所采用的手段是宣传资料、各种专题活动,如记者招待会、社会赞助、典礼仪式、危机处理等活动。当然,市场营销有时也可把公共关系的一些手段作为自身的手段,但严格来讲,两者之间在手段上还是有很大差异的。

(五)公共关系与庸俗关系

庸俗关系是指日常生活或经济交往中,利用金钱或职权,"拉关系""走后门""套私情",为个人牟取好处等不正当的人际交往活动。从表面上看,庸俗关系与公共关系的协调沟通在形式上是一致的,目的都是为解决问题或获取利益。因此,有人一听说公共关系就联想到这种不正当的庸俗关系,认为公共关系就是教人花言巧语,搞不正之风。其实这是一种极大的误解,在很多时候败坏了公共关系的名声。庸俗关系是一种非正常的、不健康的、被歪曲了的社会人际关系,这种关系的双方是以损公肥私、侵占他人利益及危害社会利益为前提的合作关系,是一种直接的利益关系,与公共关系有着本质上的区别。主要表现在以下几个方面:

1.两者产生的基础不同

公共关系是商品经济高度发达、现代民主制度不断发展、信息手段十分先进的产物;庸俗关系则是在封闭落后的经济条件下,生产力不发达、市场经济发育不完善、物质供应不充足的产物,带有浓厚的血缘或地缘的色彩。

2.两者的理论依据不同

公共关系以现代科学理论为指导,按照正确的目标、科学的方式、规范的组织形式、严格的工作程序和道德准则来进行;庸俗关系则建立在市侩经验的基础上,其方法是险恶的权术,奉行的是"人不为己,天诛地灭"的信条。

3.两者的活动方式不同

公共关系是社会组织与社会公众之间的正当关系,主要是通过正式渠道,采取大众传播或人际传播等手段,公开地进行活动,其活动是正大光明的。而庸俗关系是个人与个人之间的不正当关系,是私人之间相互利用的一种不正当的活动。其参与者尽量掩盖其所作所为,进行幕后交易,如通过奉承拍马、内外勾结、营私舞弊、行贿受贿等庸俗手段,进行暗中拉关系、牟私利的活动。这些活动不能在公众场合下公开进行,只能在暗地里偷偷地进行。

4.两者所要达到的目的不同

公共关系以建立良好的组织形象、提高知名度与美誉度、维护组织与公众双方的合法利益为目标，恪守公正诚实、信誉至上的原则，从而使组织获取较好的社会效益与经济效益；庸俗关系则是通过各种卑劣手段，来达到个人私利的目的，如搞些紧俏商品、买些便宜货、谋个好职务，在竞标中搞到竞标项目；等等。前者为公共利益而奋斗，后者只是为个人的私利而投机钻营。

5.两者产生的效果不同

公共关系是通过有计划的一系列活动，使社会组织在与社会整体利益一致的前提下不断发展，其结果是组织、社会、国家和公众都受惠，为社会创造一种以诚相见、讲求信誉、提高声望的良好风气，有利于形成和谐、友善、正常、健康的人际关系，有利于提高社会文明程度，促进社会的发展。庸俗关系则将人际交往商品化，使人们变得唯利是图、目光短浅，整个社会充满市侩气，个人中饱私囊，而国家和公众的利益却遭到损害。

第二节　公共关系的要素和特征

一、公共关系的构成要素及其互动关系

公共关系的基本结构由三大要素构成：社会组织、公众和传播沟通。组织、公众和传播沟通这三个要素构成了公共关系的基本范畴，公共关系的理论研究、实际操作都是围绕这三者的关系层层展开的，而且这三个要素共存于一个社会环境中（见图 1—1）。

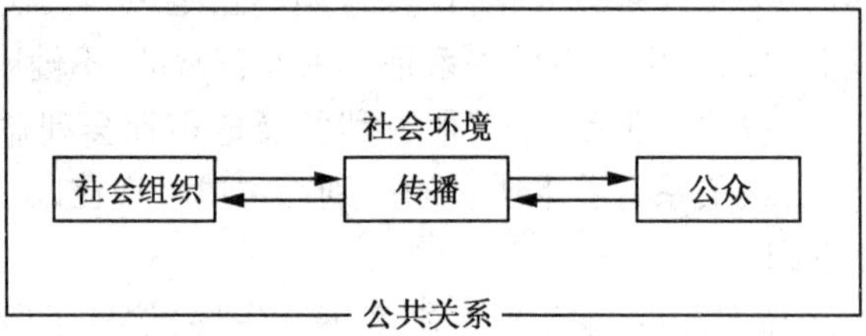

图 1—1　公共关系构成

（一）公共关系的构成要素

1.公共关系的主体——社会组织

公共关系的主体是指谁来组织实施公共关系活动。一般认为，公共关系的主体是社会组织。社会组织是公共关系的实施者、操作者和承担者。尽管有些个人，如在竞选中的候选人、国家公务员、社会名流等，为了某种特殊利益也举办公关活动，但他们在从事公共关系活动时，不是以自然人的身份，而是以法人的面目出现的。

社会组织在公共关系活动中起着控制者和组织者的作用，它主宰着公共关系活动，决定着公共关系状态。因此，认识社会组织的结构与功能，明确组织形象的重要性，对于全面理解公共关系的有关理论、有效地开展公共关系活动具有重要意义。

2.公共关系的客体——公众

任何关系都由主、客体双方构成。公共关系的客体是公众，是公共关系主体实施公共关系活动的对象和承受者。公共关系也称作公众关系，因为公共关系的工作对象就是公众。要做好公共关系工作，就必须了解和研究公众。只有认清自己的公众对象，才能真正了解公共关系的对象和内容，才能制定正确的目标、策略和方法，从而使公共关系工作建立在科学的基础上，并与公众建立良好的关系，使组织形成良好的公共关系状态。

3.公共关系中介——传播沟通

当明确了公共关系目标，确定了目标公众，并有了公共关系活动的设想之后，组织便要考虑如何运用媒介把目标和设想变成行动。媒介即传播，是连接社会组织和公众的桥梁，是完成沟通的工具，也是实现公共关系目标的唯一手段。我们这里指的是狭义的传播，它是人类赖以生存及发展过程中所特有的一种社会现象。这种传播是双向性的信息交流与分享。公共关系的主体与客体之间正是通过这种双向信息交流而建立起相互信任、相互理解关系的。

公共关系传播可以分为自发传播与自觉传播两种。自发传播是未对信息内容加以筛选，对传播过程未加以控制的自由式传播；自觉传播则根据公共关系目标对传播内容加以精选，对传播过程进行有意识地策划和控制的传播。

传播沟通是联结主体与客体的中介环节，它是帮助机构在运行过程中，争取与公众相互了解、相互合作而采取的行为规范和传播行为，是社会系统不可缺少的重要组成部分。组织、公众和传播沟通这三个要素构成了公共关系的基本范畴，公共关系的理论研究、实际操作都是围绕这三者的关系层层展开的。

(二)公共关系构成要素之间的作用

1.社会组织的主导性

社会组织作为公共关系的主体决定了公共关系状态并主宰着公共关系活动。社会组织的任何运作，都会通过传播来影响公众。尤其是在当今社会，社会组织的任何运作很快就会引起公众的反响。

2.传播的效能性

公共关系之所以能够产生作用，得益于传播沟通手段。因此，社会组织的各种良好行为要转化为实际公共关系中的知名度和美誉度，就必须充分依靠传播、沟通。在现代社会，“做了还要说”和“做得好加上说得好”，是非常重要的。

3.公众的权威性

虽然公众在公共关系活动中处于被影响、被作用的地位，但是，公众绝不是消极的、被愚弄的对象。“凡宣传皆好事”的观点在公共关系历史上早已不合时宜。社会组织越来越认识到自身的每一步发展、每一项成就都离不开公众，公众的支持是无形的财富和成功的决定性因素。因此，在现代公共关系的三大要素中，公众的权威性已日益得到公认。

4.主体、传播、客体的统一协调

在共同构成公共关系的三大要素之间，存在着多种多样的组合。一切公共关系活动所追求的都是这三要素的最优状态和优化组合。然而，最优状态和优化组合总是相对的，即协调是相对的，不协调则是绝对的。公共关系从业人员的职责是使之尽量趋向协调。

要取得三大要素的协调，就必须充分重视三者的方方面面，切不可偏重一方而忽视他方。

二、公共关系的特征

公共关系的基本特征，是指公共关系与其他类型的社会关系相比较所具有的基本特点，概括起来有六个方面。

(一)以社会公众为工作对象

公共关系是一种特殊的关系。实际上就是社会组织和与其相关的社会公众之间的相互关系，不是私人、个人的关系。任何一个经济实体或个人，都存在于社会的网络之中，与上下左右的各有关群体发生着立体化的关系，这种关系是客观存在的。任何组织想要在社会中生存发展，就必须科学地分析与处理各种有关的社会关系，为事业的发展创造最佳的社会关系环境，以保证事业的成功。这就是中国一句古话所说的"天时不如地利，地利不如人和"。公共关系就是研究探求组织与公众之间的良好关系，即"人和"，公共关系学也可称为"人和学"。公共关系的具体工作，从日常事务工作到专题性活动，都是围绕着与组织相关的公众而展开的。因此，公共关系工作的领导者和实施者必须始终将公众当作自己的"上帝"，确认公众是自己的主要研究对象和工作对象，一切工作都围绕公众而展开。

【案例 1—3】

前边唱戏，后边拆台

上海市某百货商店，12 月 30 日是商店新楼开业 1 周年，为此商店特别请电视台录制了一部专题片，进行公关宣传。专题片中，感谢全市居民一年来对商店的厚爱，并保证今后将为顾客提供更优质的服务。而且特意提到此商店新开设了一个"店中店"，专为顾客提供精制商品和最优服务。顾客现场购物，售货员面带微笑，不厌其烦，热情周到，令人心暖如春，小李看到了倍感亲切。第二天上街采购元旦用品，小李直奔此百货商店，并特意光顾了"店中店"，哪知一进门看到的却是一幅令人始料不及的画面：鞋帽组的一个营业员正面带怒气地往盒子里摔鞋，同组的其他营业员也正叨叨咕咕地说着什么。最引人注意的是对面服装组的一个营业员，正扯着嗓子喊："这种人别理他(她)，事儿倒不少，瞎折腾人。"被营业员围攻的一对夫妇正在办理退款手续。面对营业员的围攻，只见那位女顾客心平气和地说："你们怎么这样，你们的鞋剩下的都有毛病，挑不出好的来，不买还不行。"而那位男顾客在一边劝他的妻子："算了，别吵了，像什么样子！"面对这种场景，小李再也没有买东西的欲望，就连一分钟都不想多待，逃难般地离开了"店中店"。

（摘自：baike.baidu.com）

(二)以塑造形象为工作目标

公共关系的基本目标是为一定的组织机构在社会公众中树立良好形象。塑造形象是公共关系的核心问题，组织应通过各种公共关系活动，有效地提高自身的知名度和美誉度。良好的组织形象有利于组织顺应趋势，适应环境，使组织在生存、竞争、发展中不断充实、成熟和壮大。

(三)以传播沟通为工作方式

以传播沟通作为工作方法或手段，既是公共关系区别于一般管理职能的重要方面，也是它与单纯的宣传、广告的不同所在。在组织与公众之间，一方面组织应策划对外传播，使公众认识、了解自己;另一方面,它又要吸取舆论民意以调整、改善自身。只有达成有效的双向意见沟通,才能使组织与公众在交流沟通、共享信息的基础上增进了解、理解和合作。

(四)以互惠互利为工作原则

从根本上说,公共关系的内在驱动力是双方的利益要求,但不能将公共关系视为只是社会组织与公众之间的利益关系,而没有情感交流和道义上的帮助。恰恰相反,公共关系正是要建立一种情感融洽、富有职业道德的相互了解、相互合作的关系,并由此与公众获得共同利益。可见,公共关系的互惠互利原则是一种双赢的结果。

(五)以真实诚恳为工作信条

公共关系塑造组织形象,必须奉行真实的信条,倡导诚恳的作风。真实的传播、善意的协调、友好的交往,才能在公众的心目中产生信任感,才能赢得公众自觉的合作。反之,任何一种虚假的信息传播、生硬刻板的接待服务,甚至居心叵测的交往,都将使组织形象受损,这是公共关系工作的大忌。

(六)以注重长远为工作方针

公共关系的基本方针是着眼于长远打算,着手于平时努力,不能急功近利,拘泥于一时一地的功利得失。在公众中塑造良好的形象,也绝非一日之功,它要靠人自觉行动和长期持续努力才能成功,有其树立过程的长期性。一次成功的公共关系活动固然能大大提高组织的知名度和美誉度,但要长期稳定还需持续不断地坚持和努力。社会组织与有关公众的良好关系还必须随着形势的发展、时间的推移、公众需求的变化而不断调整自身政策与行动,既立足于近期的工作计划,更注重于长远的工作目标。

第三节 公共关系的主要职能和基本原则

公共关系的职能和原则是公共关系学的重要内容。各类社会组织只有在学习和了解公共关系的职能和原则的前提下,才能根据组织内外部的公众环境与公众的特点,自觉地在其原则的指导下,充分发挥公共关系的各项职能。

一、公共关系的主要职能

(一)采集信息,监测环境

公共关系首先要发挥收集信息、监测环境的作用,即作为组织的预警系统,通过各种调查研究的方法,收集信息、监视环境、反馈舆论、预测趋势、评估效果,以帮助组织对复杂、多变的公众环境保持高度的敏感性,维持组织与整个社会环境之间的动态平衡。

采集信息是公关工作的必要前提,在信息社会中,信息已成为公认的巨大资源。不采集信息,公共关系就成了无米之炊。因此,无论是内部公关还是外部公关,任何策划都应从采集信息开始,这样才能做到知己知彼、百战不殆。采集信息的职能要求公关人员具备信息意识,注重随时采集有关组织的信息。

所谓监测环境,是指观察和预测影响组织目标实现的公众情况和各种社会环境的情况,使组织对环境的发展变化保持清醒的头脑和敏锐的感觉以及灵敏的反应,从而保证科学地塑造组织形象,实现组织目标。

1.信息的来源

制约和影响组织生存和发展的公众环境包括内部公众和外部公众两个方面，因此，公共关系工作所需要的信息就包括内源信息和外源信息两个部分。

（1）内源信息。内源信息主要是指来自组织内部各方面的信息和动态。一个组织的发展首先受到其内部公众对象的制约和影响，包括组织各部门的管理人员、技术人员、全体职员，他们处在组织日常运转的第一线，对组织内部的人、财、事、物的状况和动态的了解与评价，是重要的内源信息。

（2）外源信息。外源信息是指组织所处的外部环境的信息动态。组织有关的外部公众对象非常广泛、复杂，公共关系需要建立广泛的社会信息网络，密切注视外部公众的各种信息和动态，既要关注已经发生联系的公众对象的信息，也要预测可能发生联系的潜在公众对象的动向；既要重视具有直接利害关系的公众对象，也不能忽略那些只有间接关系的公众对象。如客户的需求、合作者的看法、投资者的意向、竞争者的动态、政府官员的看法、新闻界的评价、意见领袖的观点，等等。公共关系需要大量汇集外部公众的信息资料。

2.公众信息的内容

公共关系作为组织的信息中心，所面对的信息不局限于与组织专门业务直接相关的业务信息，还包括社会的政治、经济、文化、科技、军事、民情等全方位的社会信息资料。

（1）与组织形象有关的信息。公共关系首先要注意与本组织的形象评价有关的各种信息。这些信息涉及公众对组织的政策、产品、行为、人员等方面的印象、看法、意见和态度。主要有：

①产品形象信息。产品形象是组织形象的客观基础，只有产品被接受、受欢迎，企业存在的价值才能得到社会的认可。公众对产品的意见和评价是多方面的，如质量、性能、功能、价格、款式、包装、售后服务等。

②组织形象信息。组织的整体形象，还反映在公众对组织其他要素的评价方面。例如，公众对于组织的方针政策；办事制度、程序和效率；经营管理水平；技术、财政、人才方面的实力；服务质量和水准；市场宣传形象；组织文化和精神文明等方面的反映和评价。组织机构需要根据这些评价来调整和完善自身。

（2）组织环境中的各种社会信息。公共关系需要为组织监测社会变化与趋势，注重社会的政治、经济、文化、科技、军事、时尚潮流、民俗民情、舆论热点等多方面的信息动态，分析其对组织的各种直接或潜在的影响，充分利用环境中的有利因素，避免不利因素，使组织与社会环境的变化保持动态平衡。

（二）咨询建议，参与决策

这是公共关系最有价值的职能，因此，公共关系也称“咨询业”“智业”。1978 年在墨西哥召开的世界公共关系大会上提出的公共关系定义，着重强调了公共关系咨询建议、参与决策的职能。

1.咨询建议的含义

公共关系的咨询建议就是指组织公关人员向决策层和各管理部门提供公共关系方面的意见和建议，使决策更加科学化、系统化，并照顾到社会公众的利益。

公共关系的咨询建议与采集信息是密切相连的。获取信息是咨询建议的前提，没有足够的信息，一切咨询和建议只能是空谈。采集的信息只有通过向组织提供咨询和建议，才能充分发挥其功能，实现其价值。

在经济比较发达的国家，涌现出一批新兴企业——公关咨询公司，它们的主要业务是为社会各种组织提供公关咨询服务，还专门开设有“公司整体设计和建造”的服务项目。例如，日本1968年成立的PAOS公司，就曾为不少濒临破产的公司更新了“公司整体形象”，使这些公司恢复了生机。几年前，松屋百货公司因为经营不善而不景气时，就求助于PAOS公司。PAOS公司经过调查研究，发现该百货公司的顾客大多数为年轻人，于是便根据年轻人爱美求新的心理，建议松屋百货公司把重点销售场所加以美化，摆上新鲜蔬菜和水果以招待年轻人。PAOS公司还注意到，顾客来松屋百货公司购买商品主要是为了送礼，于是就特别设计出一款精致漂亮的包装纸，令许多顾客着迷。PAOS公司还进一步为松屋百货公司设计各种新奇的宣传广告，一时轰动了当地整个市场。松屋百货公司从此名声大振，经营业务由此蒸蒸日上，顺利地渡过了面临破产的危机。

2.咨询建议的形式

(1)成立咨询服务部。咨询服务部是组织的智囊团，其主要任务是向组织提供各种咨询建议，为领导科学决策发挥参谋作用。如广东对外经济贸易总公司曾为广州人民造纸厂引进一套造纸设备进行咨询，通过认真比较，分析国际行情价格，结果使这一项目为国家节约外汇100万美元。

(2)帮助组织选择决策方案和活动的时机。公关的咨询作用表现在运用公关手段，为决策者评价、选择和实施有关的决策方案，特别应关注决策方案在经济效益和社会效益方面的统一和协调，敦促决策者重视决策行为的社会影响和社会效果。同时，调动公关手段，广泛征询各类公众对象的意见，促进决策过程的民主化和科学化。

组织要提高知名度，就必须多参加和举办各种各样的公关活动，如举办记者招待会、商品展销会、博览会、策划新闻事件等。公关人员可根据自己的实践经验，为组织选择恰当的时间、地点和方式参与这些活动。通过活动，使组织广结良缘，提高声誉。

(3)参与决策。公关人员不仅要向组织提出一般的咨询建议，而且要尽可能参与决策，为领导决策提供必要的信息建议，直接影响决策过程，这才是公关咨询建议的最高形式。公关人员要努力开展工作，在决策之前，要广泛征询内外公众意见，获取全面信息，以供决策者参考，使决策方案具有较强的社会适应性和应变弹性，并争取通过决策方案中较完整地反映出公关人员的工作成绩及其思想从而引起领导层的重视，为公关人员更多地参与决策活动提供机会。

(三)传播沟通，塑造形象

这是公共关系传播与其他传播在目的与技巧方面不同的特有职能。

公共关系的传播沟通职能主要体现在两个方面：一是组织运用传播沟通的手段同公众进行双向交流，与公众交心，赢得公众的信任和支持；二是顺时造势，实现舆论导向。通过策划新闻、公关广告、专题活动等手段，制造声势，提高组织的知名度与美誉度，为组织创造良好的舆论环境。从某种意义上说，丧失了传播沟通的职能，公共关系将一事无成。

(四)协调关系，平衡利益

公共关系中的协调是在沟通的基础上，经过调整，达到组织与公众互惠互利和谐发展。协调的重要作用在于保持组织管理系统的整体平衡，使各个局部能步调一致，以利于发挥总体优势，确保计划的落实和目标的实现。协调关系分为广义协调和狭义协调。广义协调不仅包括组织内部的协调，而且包括组织对外的协调，如组织与政府、社区、消费者等的协调活动。狭义协调主要是指组织内部的协调，如组织内部上下级之间的协调，组织内部同一层次中的各部门、各单位之间的关系协调。内求团结，外求和谐，是公关协调工作的宗旨。

（五）社会交往，组建网络

公共关系被誉为“广交朋友的艺术”。社会交往，组建网络是对沟通、协调的细化。组织需要不断地同外界进行物质、能量和信息的交流。公共关系的对外交往主要是建立在利益一致基础上的沟通信息和互相帮助。公共关系要建立的网络是一种信息网络、互助网络，而绝不是有些人理解的结交公款吃喝的酒肉朋友，更不是以个人利益结党营私。有些人借公关的社会交往职能，为请客送礼等不正之风戴上“公关”的帽子，这是对公共关系的歪曲和误解。

（六）教育引导，培育市场

公共关系完成其社会职能，促进社会发展，就需要加强教育引导。提高美誉度更需要教育引导。公共关系的教育引导职能主要表现在对内、对外两个方面。

对内，公共关系的主要职能是传播公关意识，传播公共关系的思想和技巧，进行知识更新。不仅要对每个员工进行教育引导，而且也要说服组织领导接受公共关系思想。

对外，组织公共关系主要是对公众进行教育引导。人们常说“公众永远是对的”，这是从服务的角度将“正确”让给对方。但客观地讲，公众不可能永远正确，而是需要加以引导的。例如，“白色污染”已经被证明对生态环境会造成严重破坏，但是，一项旨在减少城市“白色污染”的菜篮子替换塑料袋计划却未必能获得市民的广泛赞同，毕竟，塑料袋为市民提供了比菜篮子更直接的便利。

另外，随着科技的突飞猛进、产品的极大丰富，需要公共关系来培育市场。公众不可能了解那么多的新产品，需要不断地对其进行商品知识、消费知识、安全保险等方面的教育和引导，使消费群体与组织认同。

（七）科学预警，危机管理

组织危机是指组织与公众发生冲突，或出现冲突事件，使公众舆论反应激烈，组织形象受到严重损害而陷入困境的状况。组织危机是组织生存发展的大敌，处理不好往往给组织造成重大损失，甚至断送组织的“生命”，因而组织公共关系将危机处理作为公共关系的主要职能和工作重点之一。随着公关理论和实践的发展，事前预测管理危机已成为公共关系对待危机的主流方法，这是组织公共关系的新发展。

（八）提高效益，促进发展

一般来说，公共关系为组织提高效益表现在以下三个方面：

1.提高经济效益

公共关系为组织提高经济效益不是通过产品开发，而是通过信息咨询、形象竞争和科学管理来实现的。公共关系可以有效帮助组织开发信息资源和形象资源，加强对经济政策的研究，提供科学预测，帮助组织实行新的战略；可以为公众提供充分的信息服务，改善组织的市场环境，为企业带来经济效益。

2.提高整体效益

从提高组织经济效益到提高社会整体效益是组织公共关系的一次飞跃，是组织在认识上的一次革命，在市场经济条件下尤其如此。组织公共关系提高社会整体效益主要表现为：一方面，组织为了建立信誉，总是选择社会和公众迫切需要的公共关系活动项目，促进经济发展；另一方面，大量的社会型公关活动可以促进社会文体教育和福利事业的发展。

3.提高环境效益

随着社会的进步,21世纪生态环境的问题日益受到重视。组织要在公众心目中塑造良好形象就必须自觉保护生态环境,主动想办法治理环境污染、美化社区,搞好组织同所在社区的关系,这样就使得环境得到改善。

公共关系是一个开放系统,组织公共关系的职能也是一个开放系统,它将随着社会的发展而发展,随着组织的个性不同而有所不同,组织也需要不断完善自身的公关职能。

二、公共关系的基本原则

公共关系既是一门科学,又是一门艺术。因此,成功地开展公共关系活动不仅要掌握一定的公共关系原理、方法和技巧,而且必须遵循一定的原则。

(一)实事求是原则

公共关系作为一种客观存在,必须以事实为基础,没有事实,公共关系工作就无法开展,先有事实,后有公共关系。

现代社会组织与环境之间处于不停的相互作用之中,两者之间总是存在着平衡与不平衡、协调与不协调的对立统一关系。公共关系工作的任务就是要变不协调为相对协调。一般来说,总是先有不平衡、不协调的"事实",然后才有变不平衡为平衡、变不协调为协调的公共关系工作。因此,公共关系的开展必须以事实为基础,以科学的调查研究、以对事实的充分了解和掌握为基本条件。

(二)互惠双赢原则

成功的公共关系活动应以组织利益与公众利益的统一为宗旨,满足社会效益。因为社会效益既包括组织利益,又包括公众利益,它是这两者根本利益的总和,是立足于整个社会而言的。在现代社会的运行中,每一个社会组织都不是孤立的个体,而是具有多向、多维、多层次内容的社会整体的一个组成部分,它们离不开社会网络的维系,而社会网络也需要它们来编织。在这一社会网络中,组织与公众相互间关系错综复杂,你中有我,我中有你,彼此间环环相扣,联系密切,利益相同。组织的生存与发展受制于它们所生存的环境,反过来又对这一环境产生影响,片面追求一方利益必将以牺牲另一方利益为代价,最终组织的利益也必然受到损害。在市场经济社会,社会组织与公众要建立长期的合作关系,必须实行互惠互利的原则,实现双赢。

(三)双向沟通原则

双向沟通既是公共关系的核心内容,又是公共关系的基本原则之一。作为原则,它强调沟通是双向的,即在把组织的信息向公众输出的同时又要广泛搜集来自公众的意见,把社会公众的信息向组织反馈。组织与公众的双向沟通不仅限于信息的沟通,而且还应包括感情的交流。

公共关系是与人打交道的行为,而人是有感情的,所以,组织必须对公众进行"感情投资",即与公众进行感情的交流。例如,有些商店长期开展微笑服务活动、对顾客早迎晚送活动;有的商店、车站为顾客免费提供遮雨塑料薄膜、打气筒,租借雨伞、雨鞋的做法等,都是日常对公众的感情投资。

(四)公众导向原则

现代公共关系实践的发展向人们昭示着:企业的发展离不开社会公众的支持与帮助,企业必须注重协调、处理好与各类公众的关系,按照公众的意愿与要求来开展企业活动,争取公众的好感、认可和接受。

遵循“公众导向”原则，企业应做到以下几点：

(1)企业必须在深入研究社会公众对企业的认识、态度和要求的基础上，不断检讨、纠正企业自身行为，使之与社会公众的利益和期望相适应，以谋求社会的好感、认可、支持与合作。当企业利益和公众利益发生矛盾时，应把公共利益放在首位。

(2)树立全面、整体的公众概念，即要求企业从更为普遍、广泛的意义上去认识企业的公众，以及企业与各类公众之间的关系，学会从各类公众利益的满足中寻找到企业发展空间和企业形象新的生长点。

(3)在企业领域开展广泛的“CS 运动”(Customers Satisfaction)，即“顾客满意运动”，并把它作为评估企业的重要标准之一。提高员工的业务技能，强化员工的职业意识，让顾客享受到高质量的、满意的服务。

(4)在企业内部建立保护员工正当利益的“缓冲”机制。这体现了体恤员工利益、服务员工的意识，企业的员工特别是一线员工，在维护企业形象和公众利益的服务工作中，常常要牺牲个人的权益。为了让“顾客满意运动”长期坚持下去，有必要对员工牺牲的这些“个人权益”给予适当的补偿和奖励，以表示企业对这种献身精神、敬业精神的大力提倡和鼓励。这也是“服务意识”在内部公众身上的体现。例如，我国一些企业内部设立的“委屈奖”，以及日本企业近年来流行的“ES 运动”(Employee Satisfaction)，即“员工满意运动”等。

【案例 1—4】

细节决定成败

法国巴黎有一家里兹大饭店。如果客人在这家大饭店预定了房间，乘出租车去饭店时，车刚在饭店门口停下，就会有看门人及时帮顾客打开车门，待客人下车后，又马上会记下出租车的号码。饭店看门人解释说：“巴黎共有 14 500 辆出租车，如果客人有物品遗忘在车上，这是帮助客人找回失物最有效、最简捷的方法。我们还必须记下客人的行李件数，一旦客人短少行李，就能很快查明这件行李是遗失在机场还是在饭店。”里兹大饭店之所以能在餐饮服务业竞争相当激烈的巴黎保持领先地位，“记下车号”这桩小事应记一功。

(摘自：zhidao.baidu.com)

(五)开拓创新原则

一切事物都在发展变化之中，没有变化，发展也就无从谈起。公共关系的变化与发展，无不体现着社会组织不断更新观念、更新模式来适应不断变化的外部环境。思维创新是决定性的创新，思维的创新必须遵循科学的策划规律。作为策划思维的主体——人脑，在进行策划思维时是有明确的目的、有一定的价值模式和知识储备的，当我们认识事物、策划公关活动时，容易用僵化的视角来认识事物；当我们将视角多元化、全方位观察事物时，新的创意思路将会产生。从肯定视角来看，可在失败、消极因素中看到希望；从否定视角来看，可在一帆风顺中找到危机；从自我和非我视角来看，可以认识自我与非我、人类与社会，认识团体间、民族间差异的合理性；从求同视角来看，可以认识事物的普遍性；从求异视角来看，可以认识事物的特殊性，打破思维定式，突破经验教条……策划将进一步向理性回归。

【案例 1—5】

高价迎宾

广州有一家电镀厂，专门生产仿古电镀产品。该厂厂长是一位创新意识很强的年轻人。他们仿制的古董简直使人真伪难辨，故生意兴隆，名气越来越大，连大洋彼岸的美国商家也请他们去展销产品。后来他们在广州市区建了一个门市部，经过精心策划，决定择日开张。他们摒弃了其他企业那种“开张志禧”“九折优惠”“大酬宾”“有奖销售”“欲购便宜上等货，请君从速!”之类的俗套招徕顾客的方法，而是早早通过新闻媒体，放出风声：开业三天，高价迎宾。这个突如其来的别出心裁之举，着实使人感到惊奇。就连见多识广的新闻记者也被振奋了，在庆祝开张的一片“低价迎宾”声中，这家仿古门市部却“鹤立鸡群”，提出“高价迎宾”，是不是故弄玄虚之举呢？海内外 7 家报社的记者在好奇心的驱使下，被吸引到广州做专程采访。

记者们通过现场采访，终于解开了“高价迎宾”之谜。原来，门市部开业头三天出售的全部仿古产品，都是仿造全国历代闻名佳品，且请高级技师精雕细刻，每件珍品仿制一两个后，就不再生产。令人叫绝的是，还把这些模子砸坏，并同仿制品同时展出，以此告诉买者，仿制你想要的那件古董的模子已被毁，虽然眼前是一件赝品，可这是世界第一假货，即世界“第二真货”。第一真货在中国历史博物馆，谁也不能占为己有，而“第二真货”却为你所有，真是三生有幸！因此，前来看究竟的许多古董收藏家、爱好者纷纷解囊购买。报社记者则大肆报道，一夜之间，该店名扬海内外。

这个案例体现了企业经营者的广告智慧和鲜明的个性，高价迎宾打破了思维定式，给人留下难以忘怀的印象。

(六)全员 PR 原则

公共关系是一种经营管理职能，负责社会组织的“无形资产”——知名度、美誉度、公众舆论和关系网络等的管理。正因为“无形”，所以大大增加了公共关系工作的难度。一个组织的公共关系工作要取得成功，仅靠专职的公关人员是不够的，必须依赖于组织的各个部门和全体成员的整体配合。所以，组织内上至最高领导、下至普通员工都是公关人员。

所谓全员 PR，是指通过对全体成员的公共关系教育和培训，提高公共关系意识，形成浓厚的公共关系氛围，使组织全体成员积极参加公共关系活动，并按照公共关系的要求开展工作。为此，必须做到如下三点：第一，决策层、领导者必须重视公共关系工作，并为之创造一切有利条件。第二，组织内部全体成员必须树立公共关系意识，把公共关系工作视为分内之事，按照公共关系的规范严格要求自己。第三，组织内部必须营造浓厚的公共关系氛围，凡是为组织赢得声誉的言行，都应该得到崇高的评价和奖赏；凡是有损组织形象的言行，都应该作为形象事故来处理，使重视公共关系在企业内部蔚然成风。

【案例 1—6】

花旗银行的全员公关意识

花旗银行是世界上最大的银行之一，每天的营业额高达数亿美元，业务十分繁忙。一天，一位陌生的顾客走进豪华的美国花旗银行营业大厅，仅要求换一张崭新的 100 美元钞票，准备当天下午作为礼品用。银行职员微笑着听完他的要求之后，立即先在一沓沓钞票中寻找，又拨了两次电话，15分钟后终于找到了一张这样的钞票，并把它放进一个小盒子里递给了这位陌生顾客，同时附上一张名片，上面写着“谢谢您想到了我们银行”。事隔不久，这位偶然光顾的陌生顾客又回来了，在这家银行开设了账户，在以后的几个月中，这位顾客所在的那家律师事务所在花旗银行存款25万美元。

从这个案例我们可以看到，花旗银行的全员公关意识已内化成为每一位员工平时工作中一点一滴的行动，正是员工这种急顾客之所急、想顾客之所想、全心全意为顾客服务、甘做顾客“仆人”的思想和行为，才最终造就了花旗银行这艘金融界的“巨轮”。

（摘自：wenku.baidu.com）

【小贴士】

公关专家的声音

公共关系是无法与企业的日常活动分开的，它是企业有机体的一部分。它是推销员脸上的微笑、皮鞋上的闪光和握手时的力量；是你迈入企业大门时笑盈盈地向你走来的服务生；是迅速为你接通电话的接线员；是你收到的一封封由总经理亲笔签名的热情洋溢的慰问信；是那些认为你的公司好、说你的公司好的批发商。更重要的是，公关是顾客洋溢在脸上的微笑和掩藏在心底的感激。任何一家哪怕是只与公司有一点点接触的企业，都有公关的存在；任何一个在公司工作的人员都是事实上的公关人员，上至总经理、下到刚报到的职员，概莫能外。

第四节　公共关系学的学科性质

公共关系学是一门以公共关系的客观现实和活动规律为研究对象的新兴的综合性应用学科，是研究组织与公众之间传播与沟通的行为、规律和方法的一门学科。在社会主义市场经济不断发展与完善的今天，没有公共关系意识的企业不是一个好企业，不掌握一定公共关系知识和技巧的人不是一个好的企业经营者。开设公共关系学的目的就是使学生掌握公共关系的基本理论，熟悉公共关系的主要技巧，成为对企业及社会发展有用的综合性应用人才。

一、公共关系学的学科性质

（一）公共关系学是一门综合性的学科

公共关系学的综合性主要表现为，它以众多的社会学科为理论基础。这些学科包括经营管理学、市场营销学、大众传播学、人际关系学、社会心理学、广告学、组织行为学等。从根本上说，公共关系学的这一学科特点源于公共关系实践的广泛性、多样性和复杂性。公共关系理论研究的先驱们也广泛地借鉴、吸取各门社会科学的研究方法和研究成果，理论与实践相互促进，使公共关系学逐渐从模糊的状态中“析出”，在许多相关学科的基础上发展成为一门独立的综合性应用学科。

（二）公共关系学是一门独立的学科

首先，虽然公共关系学是以众多的社会学科作为理论基础的，但这绝非意味着它仅仅是众多学科的简单“裁剪”“拼凑”。公共关系学是有选择地、系统地借鉴和吸取各门学科的成果，其目的是为研究自身特有的研究对象提供某一方面（不是全部的）的思维方法，因此可以说，各门学科代替不了公共关系，各门学科的总和也不是公共关系学。其次，公共关系有其自身特有的研究对象——公众，有其自身特有的目标——追求良好的公众关系和企业形象，从这一点来说，公共关系学具有其自身特有的核心理论部分，并且这是学科独立性的重要标志。综合以上两点，毋庸置疑，公共关系学是一门独立的学科。

（三）公共关系学是一门应用性极强的学科

首先，公共关系的应用范围非常广泛。在现代社会，任何一个组织都处在错综复杂的社会关系网络中，为了维持组织的平稳发展，必须与组织内外的各类公众建立密切而良好的关系。因此，公共关系的原理与实务可以运用于一切社会组织的各项事务中。其次，公共关系在实际工作中具有高度的技巧性。与许多社会学科一样，公共关系体现了科学性与艺术性的完美结合，总结公共关系活动的基本规律，为人们解决公共关系问题提供了可以借鉴的基本原则、方法和手段。但是，面对具体的公共关系问题，如转变公众的态度、危机问题的解决和公共关系策划等工作，则要求公共关系人员凭借丰富的实践经验，具体问题具体分析，灵活运用公共关系的基本原则和方法，充分发挥想象力和创造力，富有成效地达到公共关系目标。与其他学科相比，公共关系学的艺术性和技巧性特点更为突出，是一门应用性极强的学科。

二、公共关系学的研究对象

作为一门学科，公共关系学的研究对象从总体上看，包括所有的公共关系的社会现象和活动规律。公共关系作为社会组织，运用传播手段处理其各类公众的关系的行为，它的社会现象和活动规律可以具体化为以下三大方面，即公共关系学研究的三个具体对象：

（1）作为社会组织管理职能的公共关系的现象和规律；

（2）作为社会组织与其公众间的信息传播活动的公共关系的现象和规律；

（3）作为处理与各类具体公众关系的公共关系的现象和规律。

三、公共关系学的学习方法

学习任何一门学问都有方法问题，正确的方法不但能提高学习效果，保证实现学习的目标，而且可以避免走弯路。根据公共关系学的学科特点和本学科的教学目的要求，我们认为在学习本学科时应注意把握以下学习方法：

（一）要注意培养自己具有广博的知识结构

公共关系学所涉及的知识十分广泛，特别是对基础理论部分的学习，需要有多学科的知识准备，所以平时要注意博览群书，对相关学科要有较系统深入的了解。只有具备较广博的知识结构的人，才能较准确地把握好公共关系学的学问，才有可能对公共关系学做更为深入的学习和研究。

（二）要注意养成理论联系实际的学风，注重动手能力的培养

公共关系学不是一门纯理论性的学科，而是一门实践性、应用性的学科，要真正掌握它，单从书本到书本、从理论到理论是行不通的。应密切地与现实生活中的公关活动相联系，在联系中培养发现公关问题的敏感性和分析问题的能力。此外，要尽可能参加一些实践活动和实践训练，培养自己的动手能力。

(三)要自觉运用辩证法,克服形而上学

要用全面的和历史的观点,依时间、地点、条件为转移,去观察、研究公共关系工作的实践理论,防止脱离具体的条件,机械地、孤立地、静止地去研究和阐述各种公共关系方式和方法。

(四)要批判地借鉴西方公共关系学的经验,既洋为中用,又不照抄照搬

我们要实事求是、择善而从,以分析、批判的态度吸收合乎科学的、有用的东西,结合中国的实际,加以融合、消化和提炼,绝不可囫囵吞枣地照抄照搬。

复习思考题

1.如何理解公共关系的含义?

2.公共关系有哪些特征?

3.如何区分公共关系与广告、宣传等相关实务?

4.公共关系是由哪几个要素构成的?

5.公共关系的职能和原则有哪些?

6.公共关系学的研究对象是什么?如何学好"公共关系学"这门课程?

案例分析

永芳化妆品公司的制胜之道

马来西亚的"永芳"品牌化妆品,中国人对其倍感亲切。永芳化妆品公司主张做生意必须忠诚老实,要求产品货真质高,其生产的化妆品品位很高。永芳化妆品公司宣称自己是盈利的,但又主张取之于社会、用之于社会。短短几年内,永芳化妆品公司为中国残疾人福利会、广东家乡教育事业、大兴安岭灾民等捐款500多万元人民币,还在家乡投资3 000万元兴建宾馆,并准备投资1 000万元解决中小学教师的奖金和住房问题以及学生的部分学习费用。永芳化妆品公司还决定,今后"永芳"系列化妆品在中国销售盈利的50%,将分期分批地投放到中国现代化建设中。永芳化妆品公司的做法,受到社会的赞誉和欢迎,加上媒体的宣传,永芳化妆品公司的形象在中国大地上树立起来。

(摘自:wenku.baidu.com)

问题:

试分析消费者钟情"永芳"化妆品的原因。

第二章　公共关系的产生与发展

学习要点及目标

1.了解公共关系的起源与发展；
2.掌握现代公共关系的产生与发展的阶段；
3.了解现代公共关系在国外的发展状况；
4.理解中国公共关系发展中存在的问题及成因；
5.了解中国公共关系发展的前景。

核心概念

公共关系萌芽　　公共关系的起源　　公共关系的发展

引导案例

以茅屋为宫殿的帝王

很久以前，有一位叫尧的人当上了帝王。大臣们纷纷给他提议，要他建造一座金碧辉煌的宫殿。有的说，宫殿要以金为地、以玉为阶，宫殿的柱子要用美丽的大理石来做；有的说，宫殿的顶部要用最好的木料搭成，并包上闪闪发光的金皮；也有的提出，顶部要镶嵌上银制的日月星辰。总之，要把宫殿建造得无比雄伟壮丽，显示出帝王的气魄和人民对帝王的无限敬爱。尧静静地听完大臣们的建议，沉思良久，才缓缓说道："你们的心情可以理解。但是，现在人民生活仍很艰苦，若建造太好的宫殿就拉大了我和人民之间的距离。因此，我建议，应该把宫殿建成茅屋。"大臣们一愣，一齐跪在尧的脚下，异口同声地说："陛下英明、仁慈！"于是，尧率领大臣们亲自动手，从山上采来木头和茅草，盖了几间茅屋，算是寝宫，又盖了20多间相连的大茅屋，就算是和大臣们议事的大殿了。宫中的厨师给尧端来山珍海味，尧摆了摆手，让厨师送给70岁以上的老人们吃，自己喝野菜汤、吃糙米饭。宫中的裁缝要用绫罗绸缎给尧做衣服，尧摆了摆手，让把这些衣料发给准备结婚的少男少女们，而自己却穿粗麻布衣服，仅在天冷时披上一张兽皮。一位大臣于心不忍，对尧说："你的生活太清苦了。身为帝王，理应比一般人生活得好一些，人民也是理解的。但是，你现在的生活连一个守门小官都不如哩！"尧笑道："我和你的想法不一样。我想帝王不应该只想比人民生活得好，而应该想办法让人民生活得好一些。守门小官天不亮就起来，半夜才能睡，晚上有急事需要开门时还得起来，比我辛苦，也理应比我生活得好一点。”那位大臣感动得热泪纵横，说不出话来。于是，大臣们纷纷效仿尧，都过起了俭朴的生活。尧的时代距今已经好几千年了，而关于有德之君尧的传说，其意义又是如此深远。

尧的时代，或者说更早于尧的时代，原始先民之间发生的关系尽管较为单一，但他们为了生存，本身不得不结成一定形式和规模的社会群体，以共同适应严酷的自然条件。人们需要在思想上获得沟通，在意志及行动上得以协调。因此，他们在求取生存的过程中，存在某种思想互动、情感互动和行为互动，行为也就具有一定的目的性、自觉性、协调性和一致性。这种原始的协作关系既是人类各种社会关系赖以发生、发展的社会基础，又是公共关系这种特殊的社会关系得以形成和进一步获得发展的必要社会条件。从尧的传说中，我们看到，随着生产力的不断发展，社会的组织化程度得以进一步提高。人们可能从事不同的社会劳动、承担不同的社会角色或职能，因而就使人们失去原始状态下进行思想、情感相互交流与协调的天然条件和机会。从一定意义上讲，这也造成了人们相互之间的疏远与隔离；但同时也使得人与人之间的相互沟通与协调显得更加迫切和必要。尧的“以茅屋为宫殿”及一系列“贤明之举”，赢得了人民的爱戴。其以自身榜样行为，起到的沟通与协调效应也非比一般，以至于作为中国历史上的一位“有德明君”，其美誉度几千年盛传不衰。

（摘自：www.doc88.com）

公共关系作为一门学科只有不过百余年的历史，但作为一种社会活动、一种商业现象，不管是在国内还是在国外，却有着悠久的历史。我们追溯公共关系的起源，了解其发生与发展的历史过程，把握国内公共关系现状，对全面、准确、科学地把握公共关系的思想和理论，开创我国公共关系的新局面，具有重要意义。

第一节　公共关系的起源

一、古代公共关系在中国的萌芽

在古代中国，带有公共关系意识的思想或事例数不胜数。春秋时期的孔子周游列国，四处讲学。战国时期诸侯士大夫争相养士，那些幕僚策士常常为其统治者的利益而四处游说，向敌对方或民众宣传本国或本君主的政策方针，争取民心或动摇敌心。战国时期孟尝君礼贤下士，门下食客三千，其中一个食客冯谖，将孟尝君在某一领地的全部券契(债券)付之一炬，使得不久后孟尝君政治失意逃亡时受到该地区人民的欢迎，并在该地休养生息，重整旗鼓，最终得以东山再起。可以说，冯谖为孟尝君做了“公关投资”。春秋时期郑国子产不毁乡校，重视群众呼声，颇得百姓爱戴。刘备三顾茅庐，诸葛亮“于是感激，遂许先帝以驱驰”，为刘汉江山“鞠躬尽瘁，死而后已”。诸葛亮七擒七纵孟获，使顽固的孟获终有所感，归顺汉室，成为汉室可靠后方。李世民、朱元璋等帝王，命人编传民谣，树立自己“真命天子”的形象，为篡权夺位做舆论准备。相互依存、友好共处的观念可以说是最古老悠久的公共关系思想之一。到了西周，周公提出了著名的“防民之口，甚于防川”和“口之宣言者，善败于是乎兴”等观点，意即统治者对待舆论的方法就是国家管理的关键所在。在中国古代的经济活动中，公共关系的影子也到处可见。比如，酒馆或茶馆门口，挑出一面旗帜，上面写着“酒”或“茶”字来招揽顾客，类似于今天的广告宣传；许多商店招牌上写着“百年老店”的字样，目的就是让人们知道这家店的牌子老、信誉好，以赢得顾客的信任。而我国古代的重视宣传、重视民众的思想，都是我国古代原始公共关系观念与活动的反映。即使这样，我国古代的公共关系活动并不是真正意义上的公共关系，一是它没有专门的组织，二是没有职业的从业人员，三是没有平等意义上的双向沟通。但是，我国古代创造的无数杰出的计谋策略，确实非常值得现代公共关系予以借鉴。它为我国现代公共关系的发展铺垫了一个良好的人文环境。

二、古代西方公共关系的萌芽

在西方古代社会，同样也包含了丰富的公关意识及自发的公关活动。考古学家发现，早在公元前 1800 年，伊拉克的一种农业公告就有些像现代社会某些农业组织公共关系部的宣传资料，它告诉农民如何播种、灌溉，如何对付危害庄稼的老鼠，如何收获庄稼等。

古希腊、罗马的政治家们非常擅长自我宣传，利用各种场合发表演说，宣扬自己的政绩和德行，从而扩大自己的政治影响。古希腊人认为，较强的修辞能力是参与政治过程的基本条件之一，因为政治家与公众之间的桥梁是靠修辞来架筑的。古希腊哲学家亚里士多德在他的经典著作《修辞学》一书中，详细阐述了修辞的艺术，即如何运用语言来影响听众的思想和行为的艺术，他提出用“充满感情”的语言来影响公众的情绪。因此，西方公共关系学界认为，亚里士多德的《修辞学》堪称最早问世的公共关系学的理论书籍。古代罗马的统治者特别注重人民大众舆论的力量，重视民意的反映，并通过信使及复杂的间谍网络来进行舆论研究，因为罗马人认为“人民的声音就是上帝的声音”。罗马统治者同时还使用了制造舆论的工具。公元前 59 年恺撒当执政官时，办起了世界上第一份早报——《每日记闻》，并运用报纸引导舆论，这份报纸使用了当时的大众化语言——拉丁语，面向具备阅读能力的人，为恺撒歌功颂德。恺撒出征高卢及英伦三岛时，为了扩大自己在罗马城的影响，不断地派人将他和军队的情况写成报告用快报送往罗马城，这些报告通俗易懂、生动形象且富有感染力，结果在罗马广场上被人们争相传送，恺撒的个人威望也不断地提升。同时，恺撒把远征高卢的事迹写成了《高卢战记》一书，四处宣传自己的丰功伟绩，从而保证了他在公元前 46 年登上了独裁者的宝座。恺撒认为，要想获得民意的支持，就必须以自己的思想观念去影响他们。因此，不得不感叹，他的那本《高卢战记》绝对有资格称得上是一本“第一流的公共关系著作”。

在传递思想及观念方面，西方的宗教活动更堪称楷模。早期基督教的广泛流传，在很大程度上也依靠了现代社会所谓的“公关技术”或“公关活动”。公元 1 世纪，教徒保罗和彼德通过布道演讲、发送函件、策划事件等活动来宣传基督教的教义。在耶稣死后 40 年写成的四部《福音书》，不仅记载了耶稣的生平事迹，而且更为关键的是宣传了对基督教的信仰。因此，有人认为西方基督教卓著的宣传活动，如果用现代公关理论来衡量，可以说是应有尽有。从组织上来看，教会是一个自成体系的遍布各地的宗教组织，有教皇、主教、教士，也有教区、教堂，系统非常严密；从公众上来看，其教徒遍布各地，有的教会甚至是全国的国民都成了其施加影响的对象；从传播手段上来看，除广为传播的宣传品《圣经》以外，还通过洗礼、弥撒、演讲、各类函件、策划事件以及其他类似于公关的活动来传经、布道，宣扬其主张，扩大其影响。如1935年,英国的约翰·威克利夫为了把上帝的福音传播给更多的人,建议将《圣经》译成英语,并提出教会改革。为此,他带头上街演讲,利用出版书籍、小册子,发宣传单等方式进行宣传。

总之,公共关系的渊源可以追溯到古代社会,无论是在中国历史还是外国历史中都可以找到非常生动的公共关系现象。但从严格意义上来说,这与现代意义上的公共关系有着很大的区别,只能作为现代公共关系的萌芽,因而被称为"史前公关""准公关"或"类公关"。当然,古代公共关系的萌芽为现代意义上的公共关系的产生与发展提供了丰富的营养,值得学习与借鉴。

第二节　现代公共关系的产生与发展

一、现代公共关系产生的社会条件

现代公共关系产生于19世纪初的美国,主要是因为当时美国具备了公共关系产生和发展的四个条件:民主政治、市场经济、传播技术和现代管理理论。

(一)民主政治取代专制政治是公共关系产生的政治前提

社会政治生活的民主化及民主政治制度的产生,是公共关系赖以发展和产生的社会政治条件。从封建社会进入资本主义社会是人类社会民主化进程中的一个重要里程碑。在专制独裁的封建社会里,统治者依靠高压政策实施封建专制和独裁统治,他们视被统治阶级为"群氓"或"斗筲之徒",要么欺骗,要么镇压,从来不会平等地对待被统治者。例如,在古罗马时代就有统治者自封为独裁者;法国国王路易十四也是一个有名的专制君主,他曾公开声称"朕即国家"。而中国的皇帝则自称"天子",宣扬"普天之下,莫非王土;率土之滨,莫非王臣",享有"九五之尊","君要臣死,臣不得不死"。此时,民众既不需要关心政治,也无法干预政治,公众舆论不可能对社会进程产生重要影响。在政治生活以"民怕官"为主要特征的社会里,公共关系是没有任何用处的。

自资产阶级革命以后,加上《自由大宪章》《人权宣言》《独立宣言》等世界性划时代文章的传扬,民主观念逐渐深入人心。特别是当时的美国,作为资本主义国家的后起之秀,与当时的其他资本主义国家相比较,其政治体制的民主色彩更为浓厚。经过独立战争、南北战争,到20世纪初,美国确立了比较稳固、比较民主的三权分立的政治体制。民主政治取代专制统治,成为促进公共关系兴起的政治基础。资本主义商业社会的民主政治体制在客观上促成了社会各公众群体有必要维持的一种相互依赖、彼此合作的关系。

(二)市场经济的充分发展是公共关系产生的经济基础

古代社会的经济,特别是封建社会,都是一种以自给自足为目的的自然经济,包括小农经济与庄园经济。自然经济的自给自足决定了它的封闭性,以此为基础的社会人文关系也局限在"血缘"与"土地"的经纬之中,活动天地极为狭小。小农经济最突出的形象代表就是一副男耕女织图,他们自给自足、有吃有穿,几乎不需要与外界联系。古代庄园经济也是这样的,一个庄园就是一个独立王国,农、林、牧、副、渔应有尽有,也不必与外界发生联系。这种关系的特点是:非常狭隘、相当固定、极端封闭。受经济水平的限制,这种特点一直延续到资本主义初期。

美国南北战争之后，北方的工业经济与南方的种植园经济归属于一个政府管理，社会环境趋于稳定，政府的有效管理，促进了国内市场体系的健康成长。19世纪末20世纪初，在工业革命的基础上，市场经济得到迅速发展。资本主义市场经济与自然经济大不相同，它建立在社会化大生产之上，通过市场与分工两个支点，由竞争这一杠杆进行调节，从而形成了极其活跃的开放性关系网络。商品社会的内在运行机制决定了支配这个关系网络只能有一个法则，那就是平等交换、互惠互利。任何社会组织都需要得到社会的广泛认可和整体支持，才能生存和发展。这便成为公共关系兴起的必要条件。

在市场经济的发展过程中，市场形势经历了“卖方市场”向“买方市场”的逐步转变。在生产力水平尚不发达的资本主义前期，市场中供小于求，供求关系的不平衡使得销售者可以趾高气扬、随意涨价、无视公众，根本不能体现自愿平等、互惠互利的交易原则。在这种以卖方市场为主导的情况下，卖方可以完全不考虑公众的需求，因此也就不需要公共关系。随着生产力水平的提高，产品供给日渐充足，市场上的供求关系发生了根本性变化。消费者具有了更多的选择优势，可以根据产品质量、价格、服务以及人情关系等条件决定向谁购买所需商品。在这种以买方市场为主导的情况下，作为卖方的企业或商家必须主动与买方联络感情、建立关系，才能有效地维持生存和发展。因此，搞好公共关系，增进组织与公众的相互理解，提高组织声誉就显得越来越重要。

资本主义进入了垄断时期后，垄断资本间的竞争，广泛深入地影响着整个社会，不仅生产结构和人际关系发生了迅速变化，而且市场体制也发生了深刻变化。越来越多的企业管理人员认识到了市场机制的重要作用，这在客观上为通过开展公共关系活动与社会各界和广大消费者建立相互信赖、相互合作关系形成了有利条件。

综上所述，市场经济取代小农经济，买方市场取代卖方市场，以市场为中心取代以生产为中心，成为公共关系兴起的经济基础。

(三)传播技术的进步是公共关系兴起的物质基础

在生产力水平低下的古代社会，交通条件落后，其工具主要是舟楫车马，信息传播的手段谈不上先进，否则，古希腊人也不必从马拉松跑步到雅典传送信息了。这种情况必然造成社会的封闭。对一个国家来说，中央与地方、地区与地区之间大多处于一种相互隔绝的状态，至于偏远的地区，就更是“天高皇帝远了”，人们对外部世界的了解既没有传播工具，也没有内在动力。传播手段的落后，再加上统治者实行的高压政策，人与人之间的联系和沟通只能处于原始状态。在这种情况下，公共关系的开展是很难想象的。随着社会生产力的发展，特别是工业革命和世界市场形成之后，商品经济逐渐发达，科学技术突飞猛进，交通工具和传播手段日新月异，各种大众传播媒介的迅速发展和广泛应用，为人们进行广泛而深入的相互交往提供了方便。日益精细的社会分工，使人与人之间、组织与组织之间产生了纵横交错的复杂关系，同时也产生了相互沟通、彼此交往的迫切需要。在席卷全球的新技术革命中，微电子技术的应用进一步更新和完善了现代传播手段。运用这种技术的组织机构，能够更准确、更迅速地与各类公众建立关系、沟通信息，形成有效的信息反馈网络，从而使公共关系更为迅猛地发展。这是公共关系迅速兴起的重要技术条件。

(四)现代管理理论的发展是公共关系产生与发展的文化基础

美国是一个由许多民族的移民组成的国家，国民思想中具有很强的平等意识与群体观念。

移民来自不同的国家或地区，由于民族不同、语言不同、习俗不同，很自然地形成了强烈的群体观念。独立战争后美国成为一个独立统一的国家，原先被分裂的各个殖民地在政治、思想和经济上形成了大融合。各个社会组织之间、组织与其公众之间有计划、有目的的沟通与协调，为公共关系首先在美国的兴起奠定了思想基础。

由移民组成的美国，其文化体系中有三个突出的特性：个人主义、英雄主义、理性主义。个人主义的典型表现是富于浪漫的色彩；英雄主义的特点是富于竞争的精神；理性主义的明显标志是遵规守法，崇尚教条，重视数据和时效。管理科学的先驱泰罗的思想及其制度就是理性主义的典型代表。

泰罗是美国 19 世纪末 20 世纪初盛行的科学管理运动的创始人，又称为“科学管理之父”。泰罗的科学管理工作是他在一家钢铁公司当长工时开始的。当时工厂里许多工人工作效率很低，工资制度是多劳不多得，工人尽量少干，只要过得去就行。泰罗本人是技工，深知工人的生产潜力，他认为真的困难在于没有人知道一个人做多少工作是合理的，那时候雇主往往是靠一般的印象或通过观察来指定一个所谓合理的工作时间。泰罗雇用了一个年轻人用秒表来测定工人每一项工作的每一个动作所需的时间，得出完成该项工作所需的总时间，这就是泰罗制定的时间研究和动作研究的开始。泰罗制的核心是通过对时间和动作的分析、研究，强调一切活动的计量定额和严格的操作程序，甚至连手足动作的幅度、次数都要计算限定，“人是机器”是这一时期最典型的口号。因此，泰罗制理论的特征是把劳动者视为“机器人”“经纪人”和“完全理性人”，对人性的管理过于简单化，在其管理过程中，基本上找不到开展公共关系的依据。

20 世纪 20 年代末，主持“霍桑试验”的哈佛大学教授梅奥创立的人群关系理论和 20 世纪 40 年代末崛起的行为科学理论，为公共关系的产生及成长提供了最早的理论依据。人群关系学针对科学管理提出的“经纪人”提出了“社会人”的概念，认为人并不单纯是为经济利益而生存的，除了经济动机外，人还有其他的社会动机。

人群关系学理论与行为科学理论的共同精神是：组织的管理活动应由原来的以“事”为中心发展到以“人”为中心；由原来的对强制性纪律的研究发展到对自觉性行为的研究；由原来的监督管理发展到人性管理；由原来的独裁式管理方式发展到民主领导式管理。这些观念的形成，从理论上为开展组织内部的公共关系提供了依据。另外，自 20 世纪以来，社会学、心理学、传播学等现代学科的发展，也为公共关系提供了理论武器。特别是社会系统理论的建立，从理论上验证了为组织建立良好的外部公共关系的必要性。这样，在现代管理理论中，公共关系内求团结、外求发展的职能都找到了理论依据，得到了理论说明，这为在实践中推行公共关系打下了良好的理论基础。

二、现代公共关系发展的历史阶段

现代公共关系源于公共关系科学的萌芽、产生与发展，始于 19 世纪末 20 世纪初的美国，而美国的公共关系则起源于美国的独立战争。当时，美国的贵族爱国者与资产阶级保守党之间存在着严重的分歧和斗争，为了压倒对方，他们想方设法争取公众的支持。特别是在美国内战期间，南北双方的政治集团和军事集团也都把争取公众作为自己工作的焦点。同时，利用新闻宣传来筹措资金，促进军事发展，在美国也有相当长的历史，比较典型的是哈佛大学首先倡议的“用系统的努力来筹集资金”。当时，哈佛大学刚刚成立 5 年。为了使游说工作便于开展，就印制了一本叫《新英格兰的第一个成果》的小册子散发，以至于现在还有人把公共关系人员说成是“带着哈佛口音的人”。

严格来说，这时美国产生的公共关系活动在内容上较之公共关系的史前时期还没有产生根本性变化，但它较之于公共关系的史前时期却有着不同的意义和作用。这是因为，它所取得的成功，成为现代公共关系在美国产生和发展的直接原因。此后，公共关系经历了不同的历史阶段，并得到不同程度的发展。

(一)巴纳姆时期——愚弄公众时期

美国风行起来的各种组织的报刊宣传活动被认为是公共关系的真正源头。19世纪30年代，在美国报刊史上由《纽约太阳报》领头掀起了一场以大众读者为对象，大量印发通俗化报刊的“便士报运动”，这场“便士报运动”给那些急于宣传自己，为自己制造“神话”的公司、组织以可乘之机。当时，不少公司和财团雇用专门人员炮制煽动性新闻，为自己做夸大和虚假的宣传。而报刊则为了迎合下层读者的心理，也乐于接受发表。这种配合，便出现了当时的报刊宣传活动。当时最具有代表性的人物就是菲尼尔斯·巴纳姆(Phines T.Barnum)。

菲尼尔斯·巴纳姆是这一时期最有代表性的报刊代理人，因制造舆论宣传、推动马戏演出而闻名于世。巴纳姆的信条是“凡宣传都是好事”。他是一家马戏团的老板，利用报纸为自己的马戏团制造过不少“神话”。当这种骗局被揭穿之后，报刊宣传活动就受到了人们的批评。因此，在公共关系发展史上，这一时期又被称为“公众被愚弄的时期”“反公共关系的时期”或“公共关系的黑暗时期”。后来，人们以此为鉴，明确了在公共关系活动中必须奉行诚实、公正和维护公众利益的原则和精神。此外，1882年，美国律师、文官制度倡导者多尔曼·伊顿在耶鲁大学法学院发表题为《公共关系与法律职业的责任》的演讲。在这篇演讲中，他首次使用了“公共关系”这一概念。总之，这一时期在整个公共关系发展史上都起到了承上启下的重要作用，并为日后公共关系的飞速发展奠定了坚实的基础。

(二)艾维·李时期——单向灌输观念时期

19世纪末，美国已进入垄断资本主义时代，垄断财团占据着社会的绝大部分财富，这一时期是资本主义巨商和垄断资本家横行的时代。

1903年，美国著名记者艾维·李(Ivy.Lee)在美国开办了一家正式的公共关系事务所，标志着现代公共关系的问世。该公共关系事务所是顺应历史发展的潮流而产生的。

在19世纪下半叶，美国由自由竞争向垄断集中，美国3/5的经济命脉都掌握在垄断巨头手中，这些垄断巨头分布在铁路、矿山、石油、金融等领域，为了自己的利益，不惜牟取暴利，损害公众的利益，无视社会道德，引起社会公众的强烈不满。于是，阶级矛盾激化，各个阶层和集团之间的利益冲突也愈益尖锐，整个社会都充满了对工商巨头的敌意。在此情况下，终于爆发了以揭露工商企业的丑闻和阴暗面为主题的新闻揭丑运动——一些有责任心的记者专门收集、报道工商巨头的丑闻。这一运动在现代新闻史上被称为“揭丑运动”，也称“扒粪运动”。在1903～1912年近十年的时间里，各种报纸杂志上发表的此类文章达2 000多篇，从而使许多大企业和资本家声名狼藉。垄断财团最初试图使用高压手段来平息舆论，他们对新闻界进行恫吓，提出要起诉，说新闻界犯了诽谤罪；继而，又以不再参与揭丑运动的报刊登广告相威胁。当这些都未奏效时，他们又变换手法，以贿赂为“武器”，一些大财团和大公司公开雇用记者创办自己的报刊，仿效19世纪报刊宣传活动的手法，杜撰有利于工商巨子们的耸人听闻的“神话”和“新闻”，遮掩自己公司和企业中出现的种种问题。其结果适得其反，公众对垄断财团的敌意反而与日俱增，于是，以“说真话”“讲实情”来获得公众信任的主张提了出来，并越来越得到工商界一些开明人士的赞同，“象牙塔”被“玻璃屋”所取代（“象牙塔”——企业家们按自己的企图建成一个个独立封闭的企业；“玻璃屋”——提高企业的透明度，实行门户开放）。艾维·李就是“说真话”社会思潮的主要代表人物。艾维·李曾是《纽约日报》《纽约时报》和《纽约世界报》的一位记者。他针对巴纳姆时期宣传活动的局限性，提出了“说真话”的宣传思想。他认为一个企业、一个组织要获得良好的声誉，不是依靠向公众封锁消息或者欺骗行为来愚弄公众，而是必须把真实情况披露于世，把与公众利益相关的所有情况都告诉公众，以此来争取公众对组织的信任。

1903 年，艾维·李开办了一家正式的宣传咨询事务所，从而成为向客户提供公共关系咨询并收取费用的第一位职业公共关系人员。“说真话”和“公众应该被告知”是他的《原则宣言》中总结出来的著名的经验性主张，为公共关系理论的发展和体系的完善打下了基础。因此，他被人们誉为“现代公共关系之父”。

艾维·李的公共关系思想是主张“讲真话”“公众必须被告知”。他认为，对公众有益的，从长远来看对企业也会是有益的。正是由于他的努力，公共关系不但成为一种独立的社会职业，而且也朝着科学化的方向迅速发展。

【案例 2—1】

艾维·李对交通事故的处理

1906 年，美国宾夕法尼亚铁路公司发生一次严重的交通事故，造成了重大伤亡。铁路当局也寻求艾维·李的帮助。当时，对此类事件的处理，有关方面总是遮遮掩掩，不愿透露全部真相，公众也无法了解真情。面对惊恐万状的董事们，艾维·李坚持要改变传统的做法。他立即做出采取行动的安排，首先提出亡羊补牢的安排，系统检查路基以保证不再发生类似事故，并向死者家属支付赔偿，为受伤者治疗和提供赔偿。其次，派出了专列使记者能迅速抵达事故现场，并为采访提供一切方便，主动向记者提供事故资料、照片，回答记者提出的一切合理的问题等。事件处理的结果使董事们惊讶的是，艾维·李把惨案变成改善以往形象的时机，变成一场积极的公共关系活动。事后新闻媒介提供给社会的翔实报道，不但降低了公众的不满情绪，而且增进了公司与社会公众的相互理解，特别是与新闻界建立起良好的合作关系，使公司得到前所未有的最佳形象。

（摘自：陶应虎等.公共关系原理与实务.2006）

（三）伯纳斯时期——“投公众所好”时期

艾维·李是现代公共关系的创始人，但他的公共关系实践却被认为“只有艺术，无科学”，这就是说，他虽然有丰富的公共关系实践检验，但没有系统而科学的公共关系理论。真正为公共关系奠定理论基础，使现代公共关系科学化的，是另一位现代公共关系的先驱——美国著名的公共关系顾问爱德华·伯纳斯（Edward L.Bernays）。

1913 年，伯纳斯曾受聘于美国福特汽车公司担任该公司的公共关系经理。第一次世界大战结束后，他和夫人在纽约开办了公共关系公司。1923 年，他出版了论述公共关系理论的著作《舆论明鉴》，在该书中，第一次提出了“公共关系咨询”的概念，该书也成为公共关系学的第一部经典性著作。同年，他在纽约大学首次讲授公共关系课程。之后，又于 1925 年写了教科书《公共关系学》，1928 年写了《舆论》，从而使公共关系的基本理论和方法成为一个较为完整的体系。他是公共关系走向正规化、科学化的关键人物。伯纳斯公共关系思想的一个重要组成部分就是他提出的“投公众所好”的主张。他认为：首先应该了解公众喜欢什么，对组织有什么样的期待和要求，在确定公众价值观和态度的基础上，进行有组织的宣传工作，以迎合公众的需要，明确肯定了公共关系的重要职责之一是向组织提供政策咨询，而不是仅仅向社会做宣传。他提出公共关系的整个活动过程，应当包括从计划到反馈最后到重新评估等八个基本程序。此外，在 1924 年，美国的《芝加哥论坛报》发表社论强调指出，公共关系已成为一种专门职业，它既是一种管理艺术，也是一门科学，社会各界都必须重视公共关系。因此，有人认为，这一社论的发表既是公共关系科学化的标志，也是现代公共关系理论和实践系统化的标志。

爱德华·伯纳斯的理论探讨和实践活动为公共关系的职业化、科学化，为公共关系教育和科学的发展做出了重要贡献，对公共关系科学的形成和发展具有划时代的意义，因此被世人誉为“公共关系泰斗”。

(四)现代时期——双向对称时期

20 世纪 50 年代以来，公共关系的实践和理论研究都进入了一个全新的现代发展时期。其中，最有代表性的人物有斯科特·卡特李普、弗兰克·杰夫金斯等公关专家和大师。1955 年，国际公共关系协会(IPRA)在英国伦敦正式成立，第一批会员包括欧、美、亚、非几大洲的各个国家和地区，这标志着公共关系已作为一门世界性的行业而独立存在。这一时期，以卡特利普、森特和杰夫金斯为代表的一大批公关专家和公关大师，在理论和实践上把公共关系推向一个新的历史发展阶段。在前人研究的基础上，美国的卡特利普和森特提出了一种公关新模式，即“双向对称”模式。在他们看来，公共关系的最终目的，是要在组织与公众之间建立一种良好和谐的关系。因此，这就要求，一方面必须把组织的想法和信息传播给公众，另一方面又必须把公众的想法与信息反馈给组织，唯其如此，一个组织才能求得双向沟通和对称平衡的最佳生存和发展的环境。卡特利普和森特的“双向对称”模式的公关思想集中反映在他们于 1952 年出版的《有效的公共关系》这部著作中，这部著作被称为“公关圣经”。

弗兰克·杰夫金斯是英国著名的公共关系专家，英国公共关系协会顾问，主要负责科技公共关系，是一名出色的教育家。他写了大量的著作，早年主修经济学，并曾在伦托基尔公司从事公共关系工作。1968 年，他开办了公共关系学校，讲授公共关系、广告和市场等方面的课程，他不仅实践经验丰富，而且学识渊博，在许多方面都颇有建树，主要著作有《广告学》《市场学、广告学和公共关系辞典》《有效的公共关系设计》《公共关系学》等。这些著作丰富和发展了公共关系理论，促进了当代公关事业的发展。与此同时，公共关系的实务活动在全世界不同国家和地区得到了突飞猛进的发展，公关教育事业也有了相应的发展。至今为止，美国已有 400 多所大学开设了公共关系课程。

总之，公共关系在其历史发展过程中，由巴纳姆、艾维·李、伯纳斯到卡特利普、森特和杰夫金斯，是一个日趋成熟和不断完善的过程。严格来说，20 世纪 50 年代以后，公共关系的面貌才发生了巨大的变化，才真正走上科学和职业道德规范化的发展道路。

第三节　现代公共关系在国外的发展状况

一、公共关系在国外的发展

(一)现代公共关系在美国的发展

1924年,美国的《芝加哥论坛报》发表社论指出,公共关系已经成为一个专业的职业、一种管理艺术和一门科学,企业家和社会各界都应该重视公共关系。这一社论被认为是公共关系科学化的标志。

自美国电报电话公司于1908年设立第一个公共关系部以后,其他企业纷纷效仿,企业的公关部门迅速发展。特别是1929年爆发的波及全球的美国危机时,有的企业破产倒闭,而有的企业却安然无恙。这时,公共关系在美国企业中受到格外重视。

第二次世界大战期间,美国的公共关系事业得到了进一步发展的机会,各类公共关系协会纷纷成立。1935年,美国公立学校公共关系协会成立;1939年,美国全国真实宣传者协会成立;同年,美国公关关系理事会(ACPR)成立;1948年,由美国公共关系理事会与国家公共关系顾问协会合并在纽约成立了美国公关关系协会(PRSA);1954年,美国公共关系协会制定了《公共关系人员职业规范守则》,作为维护公共关系信誉和道德的"行业法规";1968年,美国公共关系国家理事会(NCPR)成立;同年,美国公共关系学生协会(PRSSA)在美国公共关系协会帮助下于纽约成立;1976年,人类沟通委员会(NCCHS)同美国公关关系协会合并成立了世界上最大的职业公共关系组织。

公共关系学科化的发展步伐也很迅速,公共关系教育事业蓬勃发展。1947年,波士顿大学开办公共关系学院(后改名为公众传播学院),并设立了公共关系硕士和博士学位,公共关系作为一门正式学科登上大学讲坛。1956年,全美公共关系教育委员会设立了公共关系教育与研究基金。一年后,美国公共关系协会又成立教育咨询委员会。这些都成为推动建立学术团体、支持公共关系教育与学术研究、促进公共关系领域朝着专业化发展的重要力量。至1970年,已经有100所院校开设此专业,约有300所院校开设此课程。其中设立博士学位的有10所大学,设立硕士学位的有23所大学,设立学士学位的有近100所大学。1977年美国进行了一次关于公共关系从业人员学历层次的调查。调查显示,在全美公共关系从业人员中,有54%的人有学士学位,有29%的人有硕士学位。公共关系学术性和行业性杂志主要有《公关研究月刊》《公关评论》《公关季刊》《公关杂志》《公关报道》《公关新闻》。出版了5 000多种公关著作,还有一部《公关协会文献摘要》。

(二)现代公共关系在欧洲的发展

20世纪20年代以后,公共关系传入欧洲。起初公共关系在欧洲被接受得很慢,这主要是由于欧洲经济上垄断的特点以及传统的经营管理思想的阻碍造成的。多数的企业拒绝公开它们的财产和管理作业的情况,不让职工和社会了解企业的活动。另外,在很长的一段时期,欧洲的新闻界对公共关系抱有怀疑的态度,怀疑公共关系活动是一种欺骗报纸杂志、诈取免费广告的伎俩。不少报刊拒绝在报道中使用"企业"的字眼,在广告的购买上也给予限制。这种抗拒心理起初虽很强烈,但在世界竞争面前,眼看美国做法的成功,欧洲各国再也不能无动于衷,模仿美国经营方法的心理也自然产生。欧洲企业界、新闻界态度的转变，使欧洲的公共关系事业在20世纪40～50年代迅速地发展起来。

1920年，公共关系由美国传入英国，并受到英国政府的重视。1926年皇家营销部成立，这是英国第一个公共关系机构。该组织开展的活动促进了英国市场经济的发展，这次活动使人们认识到公共关系能创造社会价值和经济价值。1948年，英国公共关系协会成立，它是欧洲最大的公共关系协会，拥有一些著名的公共关系专家，其中弗兰克·杰夫金斯就是一位杰出的代表。目前，英国是仅次于美国的公共关系第二大国。

1946年，公共关系在法国崭露头角，先进的公共关系思想与技术手段得到了法国经济学家的普遍赞赏。公共关系专家针对法国经济闭塞，呼吁企业家离开“象牙塔”，面向社会扩大知名度，走进向社会和公众敞开的“玻璃之屋”，进行现代营销管理，这便是闻名于世的“玻璃之屋”运动。这一成功的实践活动使公共关系在法国获得了声誉，并使法国的公共关系成为欧洲公共关系的主要力量之一。

20世纪40～50年代，公共关系在意大利、瑞典、奥地利、联邦德国等国家得到发展，于是在1959年成立了欧洲公共关系联盟。该联盟成员有法国、意大利、比利时、荷兰、英国、希腊、瑞士、西班牙、葡萄牙、芬兰等国家，成为欧洲各国公共关系从业人员的集合地，推动了欧洲公共关系事业的发展。

（三）亚洲及其他地区公共关系的发展

1.亚洲地区公共关系的发展

第二次世界大战之后，随着美国进入日本，公共关系开始传入日本，从此进入亚洲市场。1947年，驻日本联盟军总部的民间情报教育局用行政命令的方式在日本各府县设立“公共关系办公室”。1957年以后，公共关系作为一种新兴的职业在日本发展起来。1959年，日本东京召开了大规模的亚、非、拉公共关系大会。1964年，日本公共关系协会成立。专家认为，战后美国传入日本的公共关系，是促使日本经济突飞猛进和快速发展的一个重要因素。

1967年，“泛亚公共关系协会”在中国香港成立，公员主要来自中国香港、中国台湾和东南亚各国；1968年国际公关协会第四届大会在伊朗举行；1982年第九届世界公关大会在印度孟买举行。

2.其他地区公共关系的发展

1940年，公共关系传入加拿大，1947年加拿大成立全国公共关系协会，有7个分会。该国的公关教育成绩显著，为各行业提供了大量的公关人才。

1950～1955年间，公共关系在中美洲、南美洲、澳大利亚、新西兰和南非扎根。1960年由巴西、秘鲁、墨西哥等国家参加的泛美公共关系协会成立。

1975年，全非第一届公共关系工作会议举行。

二、国际性公共关系组织的成立

1955年，国际公共关系协会（IPRA）在英国伦敦正式成立，现总部在瑞士的日内瓦，它是世界性的权威组织，其成员来自70多个国家和地区，总数达1 000余人，其高级职业会员在联合国教科文组织中拥有顾问地位。其任务是：帮助会员了解世界和各地区的发展趋势和重大问题，研究公共关系的发展问题和管理问题。它是一个独立的组织，与各国公共关系组织并无直接的领导与被领导的关系，但保持着密切的联系与交往。它每三年举行一次世界性的公关大会，可以说是公关界的“奥运会”。

自1955年国际公共关系协会成立以后，许多国家也引入了公共关系，特别是中东、东南亚和拉美地区在这方面取得了显著的成绩。其中明显的就是发展中国家的公共关系教育体现了自己的特点，其教育大纲都要求适合本国国情。如最近10年印度公共关系教育普遍展开，印度公共关系协会及其分会每年组织年会和讨论会，举办短期培训，并与大专院校合作培养适合自己国情的高级公共关系人员。然而，由于印度公共关系师资匮乏，几乎所有的教师都来源于公共关系实践者，这些人虽然有丰富的公共关系工作经验，但毕竟没有受过正规训练，因此缺乏有效的教育方法，缺乏系统的公共关系理论和公共关系调研方法。另外，由于该国的习惯势力较强，政府较多地干预企业，公共关系的发展也受到一定的限制。

1959年，泛美公共关系联盟在墨西哥城成立，美国和大多数的拉丁美洲国家的代表出席了大会。同年，欧洲公共关系联盟(CEPR)在比利时宣告成立，它是目前欧洲公共关系组织的中心，现在拥有140多个集体会员和数百名个人会员。

1961年，国际公关协会在维也纳召开了第二届世界大会，制定并通过了《国际公共关系行为规则》。

1965年，在希腊雅典召开的第三届世界大会，又通过了《国际公共关系协会世界大会行为规则》。

1967年，泛亚太平洋地区公共关系联盟于夏威夷的檀香山成立。

1975年，在国际公关协会的赞助下，在肯尼亚首都内罗毕举行了第一届全非公共关系工作会议。

1978年，在墨西哥世界大会上通过的《墨西哥宣言》，对公共关系职业规范化和交流都起到了积极的推动作用。

国际公关协会设立“金纸奖”和“总统奖”，出版了不定期的《国际公共关系协会通讯》和季刊《国际公共关系协会评论》。

第四节　公共关系在中国的传播与发展

一、现代公共关系在中国的发展历程

20世纪60年代，在我国台湾和香港地区经济迅速发展时期，现代公共关系便已经传入台湾和香港并得到较快的发展。1963年，主要是一些跨国公司在台湾的分公司，纷纷把母公司的体制和管理方式引进台湾和香港，企业中的公共关系部迅速壮大。同期，在香港出现了第一家专业的公共关系公司，即韦特公共关系公司。1975年台湾的魏景蒙先生创办了第一家中国人自办的公共关系专业公司——“联合国际公司”。台湾《世界日报社》社长成舍我先生创办的世界新闻学校率先引入了公共关系课程。20世纪60～70年代，我国香港、台湾地区的公共关系已进入职业化阶段，公共关系以其独特的社会作用在香港产生了良好的影响。公共关系在港台地区的健康发展，为其传入中国大陆创造了良好的条件。公共关系传入大陆后，呈现出由南向北、由东向西、由沿海向内地、由城市向村镇、由企业组织向事业单位、由服务行业向工业企业、由外资企业向国有企业、由企事业组织向政府各部门逐步发展的格局。

1979年,我国开始创办经济特区,大批港商到深圳了解投资环境及商谈合作协议。他们中很多人运用公关方法在经济特区广交朋友,组织各种公关活动。随后在深圳和广州兴建一批合资酒店,设立公关部门,从中国香港地区或海外聘请公关人员主持工作。至此,“公共关系”这个新鲜的名词随着改革开放的大潮,在我国由南向北、由沿海向内地逐渐流传开来。

1980年,深港合资的深圳蛇口华森建筑设计顾问公司率先成立,这是我国第一家公共关系性质的专业公司,它主要是适应特区建设的需要,提供经验与技术。随后,公共关系迅速传播和延伸到北京、上海等中心城市。

1984年,全球最早成立(1927年)的世界第二大公关公司伟达公关(Hill & Knowlton)在北京设立了办事处。该公司亚洲地区经理认为在中国首都没有公共关系机构是不可想象的。

1984年4月28日,北京长城饭店在其美籍公关部经理的策划下,把美国总统访华的答谢宴会从人民大会堂的宴会厅搬到了刚刚开业的北京长城饭店。来自世界各地的500余名记者把里根总统连同长城饭店一起推销到了世界的每一个角落。

广州白云山制药厂是第一个设立公共关系部的国有企业。1984年,白云山制药厂设立公关部以后,每年拨出总产值的10%作为“信誉投资”,以提高企业的知名度。白云山制药厂随着其赞助的足球赛事和收购的歌舞团的南征北战而威名四播。同年12月,《经济日报》以“如虎添翼”为标题,报道了广州白云山制药厂公关工作的成功经验,并编发了“认真研究社会主义公共关系”的社论。

《文汇报》《北京日报》《广州日报》等30多家报刊先后报道、介绍了我国公关事业的兴起和发展状况。这就如同“催产素”一样,使公共关系这个怀胎十月的“婴儿”呱呱坠地,于是,我国的国有企业纷纷效仿,匆匆上马。一时之间,大江南北公关部如雨后春笋般蓬勃生长。此后,中国早期的公关从业人员在这些或洋或中的公关部里开始出现,一个崭新的职业群体开始浮出水面。

1985年1月,深圳总工会举办了我国有史以来的第一家公共关系培训班。公关的作用开始为企业所重视,成为企业战略的组成部分。

1985年8月,世界上最大的公关公司博雅合资新华社下属的中国新闻发展公司成立了中国第一家公关公司——中国环球公共关系公司。

1985年9月,深圳大学首先设立了公共关系专业,并设公关的必修和选修课程。自此,公关进入高等学府的讲堂。

1986年11月,中国社科院新闻研究所公关课题组编著的我国大陆第一部公共关系专著《公共关系学概论》由科学普及出版社出版。

1987年,国家教委正式把公共关系列入行政管理、工业经济、新闻学等专业的必修课。同年5月,中国公共关系协会在北京成立。

1988年1月,中国第一家公共关系专业报纸——《公共关系报》,在杭州创刊,并向全国发行。

1988年9月,全国省市公共关系组织第二届联席会议在西安通过了《中国公共关系职业道德准则(草案)》,这标志着公共关系已推广到全国各地和各行各业,同时,也表明公共关系向更加规范、更加专业化的高目标、高层次方向发展。最能反映这一高层次发展特征的就是中国环球公关公司所走的公关专业化之路。

1991年,伟达公关受中国政府所聘,负责在美国国会游说,争取美国给予中国最惠国待遇，成为第一家服务中国政府的外国公关公司。

1991年4月26日，中国国际公关协会在北京成立，并提出了“让世界了解中国，让中国走向世界”的宗旨和“指导、协调、服务、监督”的工作方针。

自1993年起，由中国国际公关协会主办了中国最佳公共关系案例大赛，每两年举行一届，到2012年，已举办了十届。

1994年9月6日，“中国公共关系市场高级研讨班”在北京举办。同年《中国经营报》刊登“中国公共关系市场探索”专版，引起中国公关市场讨论的热潮。

1997年11月15日，国家劳动和社会保障部成立了中国公共关系职业审定委员会。正式确立中国公关职业命名为“公关员”，于1999年5月将公共关系职业列入《国家职业分类大典》。它标志着经过近20年的发展，公共关系职业终于得到了社会的认可。

2000年，我国在全国范围内开始推广公共关系人员上岗资格考试，公关员同律师、医师、会计师一样，走上了职业化和专业化的道路。

2002年，中国申奥成功、国足出线、入世成功使该年度成为世界的中国公关年。

2003年，中国国际公共关系协会宣布，将把每年的12月20日定为“中国公关节”。

2003年，北京2008年奥运会申办委员会被授予公关最高奖项“环球杯”；嘉利公关收购本土品牌博能公关，中国本土公关第一并购案诞生。中国公关业进入一个新的整合时代。

二、中国公共关系发展中的问题及成因

20多年来，公共关系在我国取得了骄人的成绩，为我国经济的发展做出了重大的贡献。但在这过程中也暴露出许多问题，与国际公共关系的发展还有一定的差距。我们必须清楚地认识到这一点，在实践中克服困难，勇于创新，不断地推动它向前发展并与国际接轨。

(一)中国公共关系发展中的问题

1.中国公关理论的科学性、完整性、系统性还比较欠缺

中国公共关系是从酒店管理发展起来的，缺乏系统的理论研究。长期的闭关锁国，导致公共关系起步较晚，与国际相差甚远。理论知识主要通过对国际公共关系学的吸收，但又不能真正、有效地吸收。此外，一些领导和企业对公关的认识、观念有偏差，更加限制了公共关系理论的发展。

2.中国的公关教育与培训处在起步阶段，还不够成熟与完善

近年来，各级政府和企业逐渐认识到公共关系对经济发展的重要性，在全国各院校开设公共关系学的课程，公关培训公司也不断涌现出来，但从整体来看，公关教育和培训还处在起步阶段，不够成熟和完善。因此，政府还需加大对公共关系发展的支持力度，加快公关教育和培训的发展。

3.有些公共关系工作步入了庸俗关系的误区

公共关系进入中国以来，便被中国的一些不良社会风气所纠缠。中国公关业正在慢慢步入“海量”“选美”的误区。企业公关部、公关公司在招聘公关人才时，不是以公关理论知识和实践知识作为甄选标准，而是以应聘者的酒量或相貌作为标准。标准几乎与各选美比赛一致，如规定身高、体重、胸围、腰围等。

(二)中国公共关系发展问题的成因

1.全球经济衰退、各种不确定因素对中国公共关系行业冲击较大

经济全球化使国际上的各种危机不可避免地波及中国公关业。进入21世纪，全球经济衰退，“9·11”事件更是严重打击了投资消费信心，公关业受到前所未有的巨大冲击。2002年受美国“安然事件”的影响，全球公关业出现了一定程度的信用危机，业务明显下降，呈现负增长。各种不确定因素也对中国公关业造成了负面影响。2003年年初受伊拉克战争影响，新闻窗口收缩。SARS的爆发，使大量公关活动被迫推迟甚至取消。据北京市经济与社会发展研究所报告显示，以全年GDP预计增长10%为前提，SARS对全年北京经济总体影响大体可达3～4个百分点。从短期看，这些因素给中国公关业以巨大的打击。

2.地区差距使中国公关行业发展不平衡

大量事实表明，最近几年的中国地区差别，即沿海省份与其他边远地区的差别非但没有缩小，反而在扩大。目前中国已经是世界上地区差距最严重的国家之一。这些差距不仅表现在GDP增长上，也表现在社会发展上，而且地区差距与贫富差距、城乡差距相互交叉、重叠。虽然二三级城市公关市场已经启动，但地区差别使中国的公关市场无法平衡发展，中西部地区的行业滞后现象还将长期存在。

目前，中国每个省份均设立了职业培训点和公关员考点；但多数地区，尤其是中西部地区，无论是职业培训还是上岗考试，都只有省会城市才有培训点和考点，这与公关在中国的快速发展势头极不相称。

3.中国的公关教育重知识、轻技能

中国公关教育目前从低到高包括五个层次，即业余培训、函授教育、普通全日制专科教育、大学全日制本科教育和公共关系方向的硕士研究生的培养，基本实现层次化发展。但现在的公关教育仍以知识教育为主，培养的学生大多停留在纯理论知识方面，还缺乏对公关技术的实践。由于公关专业需要一定的动手能力，办学成本较高，声像技术传播实务课程就显得有些跟不上，一些公关创意、概念无法用影视平面操作设备还原，目前国内公关人员缺乏这方面的训练，因而不能真正满足专业公关公司在公关技能方面的要求。

4.人们对公共关系的认识存在误区

中国公关知识的普及远远落后于公关的发展，人们对公共关系的认识还存在着各种误区。例如，有人认为公共关系就是“拉关系、走后门”；也有人认为公共关系不外乎就是“凭脸蛋子，耍嘴皮子，使手腕子，塞大票子”；有些人还把“请客送礼，吃吃喝喝”当成了公共关系的代名词；而一些企业在招聘公关员时，以女性为必要条件，不把公关视为一种生活智慧和科学。

5.与国际公关巨头相比，本地公关公司的劣势明显

近几年来，本地公关公司取得了长足的进步，与国际公关公司相比，占尽天时、地利、人和，但其劣势也显而易见：

(1)实力较弱，知名度低，业务经验不足。许多中资本地公关公司底子薄、知名度低，而与它们竞争的国际公关巨头却实力非凡。博雅、奥美都曾被评为“全球最佳公关公司”；在国际公关协会(IPRA)2002年度评选中，博雅公司又获数项大奖，其中有两项出自博雅中国公司。在公开竞标中，国际公关公司主要以业务经验、服务品质和服务资源取胜，而本地公关公司则过分依赖执行力量。

(2)业务以产品传播为主，多数公司无法为客户提供高端咨询服务。据上海市公共关系协会和上海外国语大学对该市公关行业的调查显示，产品推广、邀请消费者参与活动、赞助排在企业公关活动的前三位，而有关企业形象的活动则排在最后——仅占4%。这表明企业更注

重短期利益，将公共关系活动当成推销的手段。大部分中资本地公关公司无法为客户提供高端咨询，很多都停留在“你说我干”的层面上。

(3)公共关系管理手段与国际公关公司存在较大差距。这种差距主要表现在公关调研与效果评估两方面。中资本地公关公司在调研方面，往往流于表面，无法深入问题实质；在效果评估时的主要手段是客户和市场反应，对媒介的评估能力不够，评估手段缺乏系统性和科学的量化标准。

(4)客户开发渠道狭窄。除本地十大公关公司(TOP10-local)外，其他本地公关公司只能以老客户介绍、关系营销和客户上门为主要开发手段，且所有的本地公关公司都不能以全球或地区代理作为主要开发渠道。

三、中国未来公共关系的发展与展望

中国的公关业经历了20年的发展，尽管有起有落，但主流是健康而强劲的，这为公共关系事业的进一步发展打下了坚实的基础，为公共关系在新时期发挥更大的作用提供了可靠的保障。20年来，中国的公关业已经初具规模，现在也迎来了最好的机遇期。美国的公关业诞生已经100多年了，日本的公关业也有了50年多的历史。但是，这样两个经济发达的国家，美国的公关业年增长率不超过6%；2003年，日本公关业的营业额相当于28亿元人民币。在2003年这一年，中国公关业的年增长率超过了30%，年营业额超过了33亿元人民币。可见，中国公共关系的发展前景比较乐观。

(一)公关意识不断加强

公共关系的普及与提高，使人们在公关活动中加深了对公关的认识，公关意识在不断加强，众多的企业界人士加强了现代公关的管理功能，他们在“创名牌”活动中渐次导入CIS；政府公关日益受到重视，城市形象工程以及对危机事件的专业管理等都有效地运用了公关传播。例如，北京市申奥和筹备奥运的公共关系、抗击SARS的公共关系、中法传播年的传播策略等，都使人们逐渐自觉运用公关这门高深而又实实在在的创造效益的科学为其目标服务。

【案例2—2】

航空公司的公关意识

英国航空公司所属波音747客机008号班机，准备从伦敦飞往日本东京时因故障推迟起飞20小时。为了不使在东京候此班机回伦敦的乘客耽误行程，英国航空公司及时帮助这些乘客换乘其他公司的飞机。共190名乘客欣然接受了英国航空公司的妥当安排，分别改乘别的班机飞往伦敦。但其中有一位叫大竹秀子的日本老太太，说什么也不肯换乘其他班机，坚决非要乘英国航空公司的008号班机不可。实在无奈，原拟另有飞行安排的008号班机只好照旧到达东京后再飞回伦敦。一个罕见的情景出现在人们面前：东京—伦敦，航程达13 000千米，可是英国航空公司的008号班机上只载着一名乘客，这就是大竹秀子。她一人独享该机的353个飞机座席以及6位机组人员和15位服务人员的周到服务。有人估计说，这次只有1名乘客的国际航班使英国航空公司至少损失约10万美元。从表面上来看，这的确是一个不小的损失。可是，从深一层来理解，它却是一个无法估价的收获。正是由于英国航空公司“一切为了组织信誉”的公关意识，在世界各国来去匆匆的旅客心目中竖立了用金钱也难以买到的良好公司形象。

（摘自：zhidao.baidu.com）

（二）公关活动范围扩大化

公共关系作为一种独特的职业，最早产生于美国的工商企业界，因而在经济领域发挥重要的社会功能。公共关系自身的不断发展以及社会对公共关系的需求，必然促进我国现代公关事业向深层次、高水平推进。我国公共关系的实践活动必将在深度和广度上有新的突破，它必将从营利性组织向非营利性组织发展，从经济组织向政府、文化组织发展，从单个组织向地区性组织、向城市发展，从国内向国际发展。

（三）公关职业化程度日益提高

由于公共关系在社会各个行业和领域中发挥着重要作用，因而逐渐从其他经营职能和行业中分化出来，成为一种越来越受人们尊重和向往的独立的社会职业。在知识经济时代，知识信息的加工、创造、传播与应用已成为经济增长的新的最重要的源泉，因而人们的思想、观念、心态与行为必然发生新的变化。经济领域的竞争、开拓与占领，政治领域的协调、促进与合作，对现代公关的需求更加迫切，对活动质量要求更严，对人员素质要求更高。正如加拿大的迈克尔·杜马斯先生指出的，靠“即兴的从业人员”是不可能担此重任的。靠个体的智慧与技巧，靠分散、作坊式的小打小闹，靠兼职人员或临时凑合专家团等，已不能满足社会的需求。因此，培养高品位、高素质的具有优秀策划、咨询、管理与创造能力的现代公关专业人才，已成为我国公关界之共识。

（四）公关技巧将更高、手段将更先进

传统媒体的改革与创新包括了多种机制的引进和营销模式的改革，以及新媒体的发展，包括互联网、博客、Google等，刺激了以传播为主体手段的公共关系。更多更先进的新技术将支持对公共关系传播沟通管理的方法和手段的更新。例如，北京奥运会从申办到结束期间使用的一系列高新技术，预示着未来中国的公共关系手段和技巧将更为丰富多彩。

复习思考题

1.简述公共关系的起源。
2.现代公共关系产生的条件有哪些？
3.谈谈现代公共关系在中国的发展历程。
4.中国公共关系发展中存在哪些问题？导致的原因是什么？
5.结合所学知识，谈谈中国未来公共关系的发展前景如何？

案例分析

借力“神五”，蒙牛诠释公关四大精髓

2003年可谓是拥有上千家企业的中国乳品业的多事之秋，几家被曝光、几家被收购，真是几家欢喜几家忧。在这纷纷扰扰中却始终有一个品牌独树一帜、高歌猛进，它就是来自内蒙古

草原的蒙牛。

2003年3月伊拉克战争期间，蒙牛集团率先进行事件营销；此后，它与中央电视台协商建立了一个应对突发新闻事件的快速反应机制，以确保蒙牛广告能在第一时间赢得商机；SARS期间，蒙牛集团加大广告投放，并增加了公益广告的力度；同年10月份，蒙牛利用获得“航天员专用牛奶”称号这一机会，进行大规模“举起你的右手，为中国喝彩”的公关活动；11月份，蒙牛夺得中央电视台的广告标王，再次成为社会关注的焦点。

分析蒙牛的每一次公关活动，尤其是借助神舟五号成功飞天的“航天员专用牛奶”公关活动，其成功的原因在于蒙牛的公关人员抓住了公关策划的四大精髓。

精髓之一：永远不忘产品的核心优势和品牌的核心价值；

精髓之二：始终警惕转瞬即逝的市场机会；

精髓之三：坚持感性路线和理性路线的完美结合；

精髓之四：清醒认识执行是保证公关成功的关键。

公关的营销力就是公关的策划力与执行力的综合匹配，即公关营销力＝公关策划力×执行力。应该说，蒙牛此次公关的“两力”都很强，其执行力体现在以下三方面：

1.执行的及时性

2003年10月16日6:23，神州五号飞船在内蒙古大草原安全着陆，宣告中国首次载人航天飞行圆满成功！就在举国同庆之时，蒙牛关于此次飞行事件的户外广告上午10:00即在各大城市实现“成功对接”。

2.执行的不走样且整齐划一性

在军队中之所以强调步调的一致性，在于其最能形成一种前进的态势或对敌人的震慑，所以我们也常常以执行是否走形、是否整齐划一来判断执行力的强弱。从蒙牛在各地相差不过一周的宣传情况来看，蒙牛的基层营销人员不仅正确理解了总部的部署，而且执行得不折不扣——户外广告最早挂，广告位置要抢眼，幅面大、质量好等。

3.执行的层次性

蒙牛在此次公关的执行中，还注意了从不同媒体的沟通主题到广告与促销的完美结合，使平面广告、影像广告和人员口碑等形成一个传播梯度，更好地实现感性路线和理性路线的结合。

（摘自：www.cnshu.cn）

问题：

1.结合本案例，思考公共关系对蒙牛的发展有何重要意义？

2.结合本案例，分析蒙牛集团的公关思路和公关手段是什么？对我国公关事业的发展带来哪些启发？

第三章　公共关系的主体

学习要点及目标

1.了解内部公共关系部的功能及其重要性；
2.掌握公共关系部的设置原则及模式；
3.了解公共关系公司的特点；
4.通过比较，掌握公关部与公关公司各自的优势和局限性；
5.重点掌握公共关系人员的素质要求。

核心概念

社会组织　　公共关系部　　公共关系公司　　公共关系人员

引导案例

“你会坐吗?”——一次公关部长的聘任考试

一家公司准备聘用一名公关部长，经笔试筛选后，只剩 8 名应试者等待面试。面试限定他们每人在两分钟内对主考官的提问做出回答。当每位应试者进入考场时，主考官说的是同一句话：“请您把大衣放好，在我面前坐下。”

然而，在进行面试的房间中，除了主考官使用的一张桌子和一把椅子外，什么东西也没有。

有两名应试者听到主考官的话以后，不知所措，另有两名急得直掉眼泪；还有一名听到提问后，脱下自己的大衣，搁在主考官的桌子上，然后说了句：“还有什么问题?”结果，这 5 名应试者全部被淘汰。

剩下的 3 名应试者，一名听到主考官发问后，先是一愣，旋即脱下大衣，往右手上一搭，躬身致礼，轻轻地说道：“这里没有椅子，我可以站着回答您的问话吗?”公司对这个人的评语是：“有一定的应变能力，但创新开拓不足。彬彬有礼，能适应严格的管理制度，可用于财务和秘书部门。”另一名应试者听到问题后，马上回答道：“既然没有椅子，就不用坐了。谢谢您的关心，我愿听候下一个问题。”公司对此人的评语是：“守中略有攻，可先培养用于对内，然后再对外。”最后一名考生在听到主考官的发问后，他眼睛一眨，随即出门去，把候考时坐过的椅子搬了进来，放在离主考官侧前约1米处，然后脱下自己的大衣，折好后放在椅子背后，自己就在椅子上端坐着。当“时间到”的铃声一响，他马上站起来，欠身一礼，说了声“谢谢”，便退出考试房间，把门轻轻地关上。公司对此人的评语是：“不着一词而巧妙地回答了问题；性格富有开拓精神，加上笔试成绩佳，可以录用为公关部长。”

可见，公共关系人员是公关工作的实施者，既要具备应变能力，又要富有创新开拓精神，同时懂得人际交往的礼仪规范等，否则，无法适应公关工作的需要。

（摘自：wenku.baidu.com）

公共关系的主体一般有两类：一是公共关系的构建者和承担者，称为需求主体；二是公共关系机构，专业从事公共关系的组织机构，代理着特定组织的公共关系工作，其实质是公共关系的实施主体。但除了上述两者外，我们还将考虑公共关系主体的另一个部分：公共关系人员。公共关系人员的自身素质、能力、从业水平也是决定公共关系活动成败的关键。要策划一个成功的公共关系活动，三者的协调合作非常重要，三者既要遵循公共关系的一般原理、运用公关的基本技巧，又要发挥主观能动性，创造性地开展公关活动，以达到预期的目的。

第一节　社会组织的特征与类型

社会组织是人类社会的组合方式，占据着决定性的地位。在人类历史的各个时期，尤其是在现代社会，各种组织的影响已渗透到社会的各个角落，其存在和发展构成了我们日常生活的基本部分。我们大部分人都属于某一组织，或同时属于几个组织，将来还有可能属于其他组织，在人类社会生活中，彼此孤立的个人通过一定的社会活动进行交往，由此建立起特定形式的社会联系并组合在一起。这种通过社会活动形成的联系和组合，本质是社会关系的体现，形式上便表现为社会组织。

一、社会组织的含义及特征

（一）社会组织的含义

各种组织的活动和发展变化形成了当代社会错综复杂的局面，影响着我们生活的各个方面，是现代公共关系产生的基础。公共关系说到底是指社会组织与其相应的公众对象之间的关系，在这一关系的协调中，社会组织起主导作用。

社会组织指的是一个群体，它是人们为有效达到特定的目标，按一定的宗旨、制度、任务的形式建立起来的协调力量和行动的合作系统。它是由许多功能和利益相关的群体所组成的有机整体，大小不一，功能不一，如政府、部队、企业、学校、医院、酒店、社会团体、商场等。

（二）社会组织的特征

社会中的组织形形色色，特点各异。作为公共关系的社会组织，一般具有以下几个方面的特征：

1.群体性

社会组织是多数人的集合体，是一个团体、群体，而不是哪一个人。也就是说，组织的成员是复数而不是单个个体。

2.目的性

组织是由社会中的一些人员所组成的群体，组织的生存和发展都是为了达到某个特定的目的，目的对组织的生存与发展具有导向作用，对社会组织成员具有统一认识、规范行为的作用，目的性是社会组织最基本的特征之一。

3.系统整体性

社会组织都有与实现特定目标相适应的明显的结构形式，以及与之相适应的足够数量的组织成员。社会组织内部的各个部门、各个环节、各个成员之间都是按一定的规章制度建立起来的相互依存、相互制约的关系，形成了一个协调统一的整体。

4.变动性

组织生存于社会环境中，其新生与消亡，在某种程度上，也往往要取决于社会环境的变化。社会组织的变动从两方面理解：一是社会环境是不断变化的，要适应这一变化，社会组织就应适时地进行目标、功能机构及人员的调整；二是社会组织本身也是要不断发展变化的，在不同的发展时期，组织的形象目标也会有所不同。因此，在进行形象目标的设计中，应充分考虑社会组织的变动性特征。

二、社会组织的类型

社会中的组织形形色色，组织的目标、原则、利益往往有差异，为了便于了解和掌握各种类型组织的特点以及它们活动的规律，按其对象目标及工作方式等方面的差异，可将社会组织分为下列几种：

（一）营利性组织

这类组织又称经济组织，其以追求利润为目标，首要问题是经济问题，所以，首先要与其所有者及对其经营成败有决定影响的顾客建立起良好的关系。营利性组织包括工商企业、旅游服务业、金融机构、保险公司等。其中，工商企业组织是公共关系工作运用得最多、最充分，受益最大、最明显的公共关系主体，因此，这类组织对公众的依赖性也是最强的。

（二）互利性组织

这类组织是指具有共同利益要求或背景的人们为实现某种社会理想自愿结成的非营利性组织，其目标是为组织的内部成员谋取利益，强调内部成员对组织本身的凝聚力和归属感，组织内部沟通是第一。主要包括各种党派团体、工会组织、职业团体组织、宗教组织等。

（三）事业性组织

这类组织是指那些由政府出资设立的满足社会某种需要的专门机构，以其特定的服务对象的需要为目标，还必须与其资助者、协助者保持稳定的关系。属于这类组织的有学校、医院、社会福利机构等。

互利性组织和事业性组织由于其自身的非营利性特点，其公共关系协调除了与其他组织共有的特征（如树立良好的形象、积极扩大社会影响）外，还有用其自身的行为积极影响社会舆论。

（四）公益性组织

这类组织包括政府部门、消防队、保安机关等，其以国家和社会的整体利益为目标，公共关系对象是整个社会公众。

社会组织是公共关系的主体，为数众多，形式多样，很难确定一个统一的分类标准将社会组织加以区分。一些学者根据研究需要，按组织成员之间的关系将组织分为正式组织和非正式组织；按组织的功能和目标将组织分为产业组织、整合组织、政治组织；按组织本身的性质又将其划分为政治组织、经济组织、军事组织、文化组织、宗教组织等。

从公共关系学的角度来说，对社会组织的划分，并不着重于形式上确定一个统一的划分标准将各类组织加以分门别类地区分，关键是要分清公共关系主要适用于哪些组织，根据这些组织与其公众的特点采取相应的公共关系策略。

第二节　公共关系的组织机构

公共关系工作是一项长期的、复杂的、有计划的工作，并非一时的权宜之计。随着社会的发展，公共关系的职业化特点越来越明显，现代社会需要专门的组织机构来从事公共关系工作，公共关系机构应运而生。

公共关系机构代理着特定组织的公共关系工作，其实质是公共关系的实施主体，它是随着公共关系问题的出现而产生的。公共关系机构作为一个具有特定职能的组织具有双重身份。首先，它本身是一个组织，也存在着需要不断解决的公共关系问题，这是公共关系的主体身份；其次，作为一个专业从事公共关系工作的机构，代理特定的组织处理其公共关系问题，进行有效的形象管理，这是实施者的身份。

现有的公共关系机构主要包括社会组织内部设立的公共关系部、专业的公共关系公司和独立的公共关系协会。这里主要介绍公共关系部和公共关系公司两大主要的公关机构。

一、公共关系部

公共关系部是指组织内部针对一定的目标，为开展公共关系工作而设立的专业职能机构。社会组织不同，其公共关系机构的设置和名称也不同，有的组织公共关系部门也被称为公共事务部、公共信息部、公共广告部或社区关系部等。

（一）组织内设立公共关系部的重要性

早在20世纪初，美国的一些大企业在聘请公共关系顾问的同时，开始在企业内部设立专门的公共关系机构——公共关系部。20世纪八九十年代，我国的许多企业和组织相继建立了公共关系部，负责组织的公共关系工作。随着市场竞争的不断加剧，越来越多的人认识到，公共关系部是企业中一个不可或缺的部门，通过公共关系部，可以提高企业与公众关系的和谐程度，树立良好的企业形象。对于企业自身来说，设置公共关系部的重要性体现在以下几个方面：

1.有利于企业领导集中精力解决重大问题

设置公共关系部后，可将分散的属于公关范围内的工作和公关职能统筹起来，减少领导层负担，使领导能从大量的接待、应酬、协调等琐碎事务中解脱出来，集中精力去考虑全局发展的战略问题。

2.有利于组织整体效能的实现

不设公共关系部的企业，其公关活动由各个部门分别处理。各个部门考虑问题，往往是从本部门利益出发，导致效能抵消，增加内耗，影响整体效能的发挥。此外，各平行部门之间还会相互封闭，妨碍共同前进。设立公共关系部以后，就可以从全局着眼，协调各部门的利益关系，发挥整体的最大效能。

3.有利于公关职能的充分发挥，保持公关活动的连续性和系统性

企业公共关系部是代表企业进行工作的，对内代表领导决策层协调处理职工与职工、职工与部门、职工与领导、部门与部门及部门与领导的关系；对外代表企业发布消息，征询意见，处理问题，接待来宾。由于公共关系部作为组织内部的常设机构，因此能保证公关工作的连续性和系统性。

【案例3—1】

上海锦江集团的公共关系部

上海锦江集团是我国较早设立公共关系部的企业。锦江集团公共关系部直属集团经理领导，主要任务是为集团拓展业务，提高知名度、美誉度。多年来，该公共关系部运用积极性公共关系，以"全方位公共关系"为工作方针，开展了一系列的公共关系活动，如：开门迎客，打破普通公众心目中锦江饭店庄严高贵的形象，赋予其亲切平和宜人的情调色彩，吸引了大量顾客；特色服务，采集提供各国风俗人情和贵宾个人生活特点，使入住的宾客有宾至如归的感觉；维系与老顾客的感情；广泛介入社会生活，扩大影响，举办多种公关活动，使经济效益和社会效益双丰收；在建设集团"企业文化"方面积极出谋划策；等等。该公共关系部为锦江集团改变单一的以饭店业为主的经营范围，扩展为集旅游、宾馆、设备生产与安装，服务生产与经营等多种生产和经营于一体的集团做出了贡献。

（摘自：www.docin.com）

（二）公共关系部的功能

公共关系部是组织内部专门负责处理公共关系工作的职能部门，与企业中其他部门一样，同样具备自身特有的功能。

1."情报部"功能

公共关系部着意建立广泛的社会联系和通畅的信息网络系统，发挥着组织"耳目"的作用。它要搜集、处理、存储与组织有关的内、外部各类信息、资料，便于随时调用。任何关系到组织生存、发展的信息都是公共关系部搜集的对象。要做的主要工作有：了解内部公众对组织的意见和建议；了解社会政治、经济、文化的现状及变化；了解外部公众的舆论、态度、需求等。例如，有些企业公共关系部熟知每一个员工的家庭状况、爱好及生日，每到员工生日那天，就会以企业名义送上一份小礼物，礼轻情意重，让员工体会到企业对他的关心，从而增强员工对企业的归属感，使其更加努力地工作。

2."参谋部"功能

在现代社会中，一个企业的兴衰存亡与其所处的环境有着密切的关系，因此，企业做决策时除考虑技术因素外，还必须考虑社会关系因素。企业公共关系部正是决策者把握社会"脉搏"的参谋部。这种参谋作用体现在以下几个方面：

（1）评价企业的知名度和美誉度。公共关系部人员根据公众的反馈意见，公正评价企业形象，为决策提供正确依据。

(2)参与制定企业经营方针、策略等。

(3)把握社会公众心理活动规律,为企业品牌和营销决策提供建议。例如,消费者心理活动中有受传统观念、民族习惯影响的习俗心理需要,还有超前心理需要、优越心理需要、新奇和偏爱心理需要等。同时,人们的购买心理随着消费者购买能力、性别、年龄、职业的不同而呈现不同特点。

3.“外交部”功能

随着组织与外界交往日益密切,对外联络和应酬交际的任务越来越重。同时,组织与外部的各种摩擦和纠纷也随之增多,需要进行协调,公共关系部作为一个组织的对外机构就担负着这些工作。从一定意义上来说,公共关系部是组织的“喉舌”“外交官”,向组织内、外部公众发布各种信息,类似于一个组织的新闻发言人。

【案例 3—2】

“青岛狮王”的对外宣传策划

青岛狮王日用化工品有限公司为了让消费者更多更好地了解狮王牙膏这种新产品,特意在全国“爱牙日”这天,向本市新入学的小学生每人赠送一张附有《口腔卫生》有关内容的课程表和精美书签,它们至少要被使用一个学期,于是“小狮王”在这些孩子们心目中留下了深刻的印象。不仅如此,教孩子们爱护牙齿的“小狮王”也得到了家长和老师们的喜爱。此宣传活动成功的原因就在于企业抓住了儿童和家长的感情特点,以“情”作为公共关系活动的主题,充分体现了对下一代健康的关心,从而引发了消费者的购买动机。

(摘自:夏年喜.世界上最迷人的公共关系大师.工商出版社)

4.“消防队”功能

公共关系部在必要的时候还须处理公关事故,即由于产品质量或其他方面的原因所引起的公众不满情绪和行为,其中有的属于公众误会,有的实属企业失误。公关事故的发生犹如房子失火,若不及时扑灭,必然会阻碍企业的正常运转,严重的还会导致企业倒闭。例如,广东大亚湾核电站建设过程中曾遭到香港公众的联名反对,核电站公关部做了大量宣传、协调工作,消除了公众忧虑,才使工程得以顺利进行。

在有些公共关系学著作中,把公共关系部门称为企业的“五官”:眼、耳、鼻、舌、喉。眼:观察组织与公众之间的关系;耳:倾听公众对企业的批评和建议;鼻:嗅出企业行为与公众利益不一致的“气味”;舌:品尝和体会公众的冷暖与甘苦,为公众排忧解难;喉:向公众传播与之相关的企业信息,赢得公众的理解与合作。这“五官”功能正是公共关系职能的重要体现。

(三)公共关系部的特点

公共关系部作为组织的职能部门有其自身的特点,它不同于组织的办公室或秘书处,在设置公共关系部时就必须明确。公共关系部既不是基层的管理部门,也不是直接的经营管理部门,而是高层次的服务部门,它为管理决策部门提供必要的咨询与建议。从机构性质上看,公共关系部主要有以下四个特点:

1.专业性

它是指公共关系部作为组织内从事公共关系工作的机构,不能成为“杂货店”,也不是临时班子，必须保证其队伍的专业化和工作内容的专业化。

2.协同性

它是指在实现公共关系计划所确定的目标时，组织不能只靠公共关系部单枪匹马、孤军作战，还应依靠组织中各部门的相互配合及全体成员的共同努力。公共关系部在组织各部门相互配合的过程中，要发挥沟通、协调和组织的作用。因此，这就要求公共关系部必须与组织的各个部门保持密切、良好的工作关系。离开了各部门的相互配合，离开了全体人员的共同努力，公共关系部无论有多大的能量、多大的神通，都难以实现公共关系目标。

3.自主性

它是指公共关系部在组织中要有独立的地位，有一定的权限范围，可以自主地开展各项工作。公共关系部的自主性特点是与其在组织中的“决策参谋”地位分不开的。否则，公共关系部就无法完成组织的公共关系目标，发挥其应有的功能。因此，在组建公共关系部时，要考虑它的自主性要求，并在组织上给予保证。

4.服务性

公共关系部是一种具有服务性质的较高层次的间接管理部门，但它不是直接的管理者，也不是领导者和生产者，其职能作用体现在向组织决策层和组织各职能机构提供有效的服务。这种服务工作是高级的经营管理工作，是为实现公共关系目标而提供的服务工作。它可以通过建议与咨询的形式为其他部门服务，可以通过专项公共关系活动为组织服务，也可以通过日常公共关系活动为员工及社会公众服务。因此，应当确立公共关系部是服务部门的指导思想，并使公共关系人员在思想和工作作风上适应这种服务性。

(四)公共关系部的设置原则

由于各组织的规模和工作内容不同，对公共关系活动的要求不同，因而所设公共关系部的规模也会不同。但是，任何一个组织在设置公共关系部时，至少要考虑以下几项原则：

1.规模适应性

所谓规模适应性，是指公共关系部规模的大小应当与组织的规模及其发展相适应。组织的规模有大有小，规模大的组织可达几千人、上万人；而规模小的组织仅有几十人、十几人。因此，大型组织可设立人数较多、门类齐全、分工细致的公共关系部；中型规模的组织可设立人数不多、具有综合性的多职多能的公共关系办公室；小型组织可以不设立公共关系部门，而任命专职的公共关系人员或从社会上的公共关系公司聘请公共关系顾问来开展本组织的公共关系工作。

2.整体协调性

所谓整体协调性，就是在设置公共关系部机构时，应与组织内部各部门相协调，如果有冲突，应做适当调整，以免产生矛盾。同时，机构内部人员的设置也应考虑整体效应，使公共关系部协调一致地工作。

3.工作针对性

所谓工作针对性，是指公共关系部的机构设置，要根据不同组织的工作性质和自身所面向的社会公众的特殊性来确定。公共关系部总是依附于特定的组织，这些组织又是性质多样、类型各异的。组织的性质不同，公共关系工作的目标、内容、方法也不同，面对的公众也不同。有的以特定的公众为对象，有的以整个社会公众为对象。因此，在设置公共关系部时，就不能盲目照搬或仿效别人的做法，而应遵循“针对性”原则，根据组织自身的性质、根据组织特定的公众对象来进行工作。

4.机构权威性

公共关系部是代表一个组织进行工作的，它的一言一行、一举一动都关系到组织的形象和整个事业的顺利发展，这就要求把它放在十分重要的位置上，使它具有一定的权威性。公共关系部作为高层次的管理机构，其负责人应进入组织的最高决策层，至少应有直接向决策层汇报、提建议或参与决策讨论的权力。在组织内部，任何其他部门无权干涉公共关系部的工作，无权对公共关系部下达命令，公共关系部直接对组织最高领导层负责。在组织外部，公共关系部应具有代表组织发布信息、处理组织与外部环境事务的权力。总之，公共关系部必须有责有权，才能有效地发挥其职能，获得最佳功效。

(五)公共关系部的组织类型

公共关系部的组织机构没有固定的模式，但有各种各样的类型。下面以经济组织为例，介绍几种类型。

1.按工作方式分类

从工作方式来观察，公共关系部的组织类型可以分为公共关系对象型、公共关系手段型和公共关系复合型。

(1)公共关系对象型。它也称分类公共关系型，即公共关系部下属机构的名称分别是公共关系工作对象的名称。其结构模式参见图 3－1。

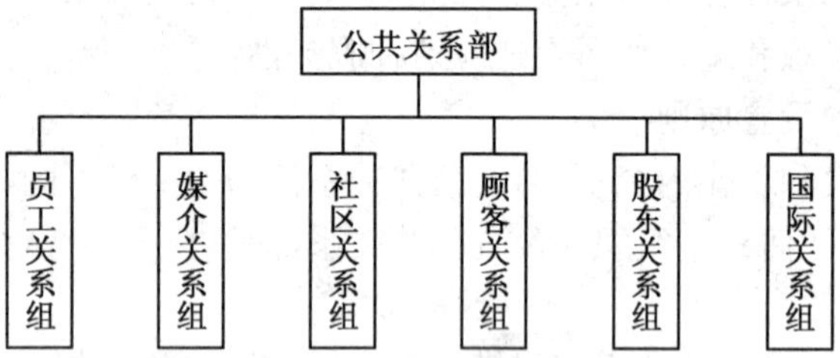

图 3－1　公共关系对象型结构模式

公共关系对象型结构的优点是：有利于熟悉自己的工作对象，了解其需要和反应，便于有针对性地开展公共关系活动。

(2)公共关系手段型。它也称公共关系技术型，即公共关系部所属机构的名称分别是一种公共关系技术手段的名称。其结构模式参见图 3－2。

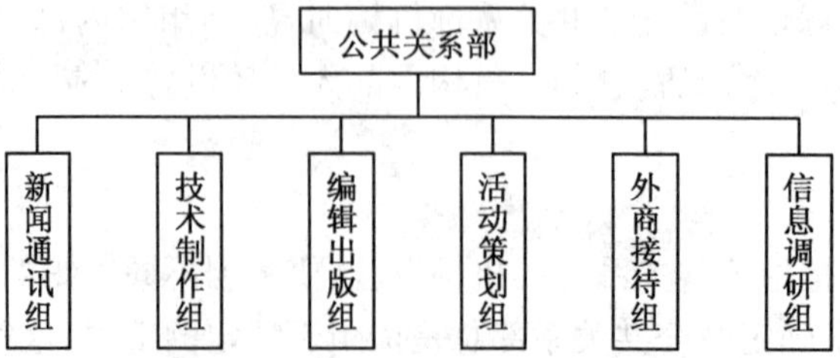

图 3－2　公共关系手段型结构模式

公共关系手段型结构的优点是：各部门的工作内容按照工作人员的技术专业划分，工作人员根据自己所从事的工作，着重在提高专业技术水平方面下功夫，便于熟练地掌握和运用各自的公共关系手段，开展多方面的公共关系活动。

(3)公共关系复合型。即在机构内具体部门，其机构名称既反映公共关系的工作手段，又反映公共关系的对象。其结构模式参见图3－3。

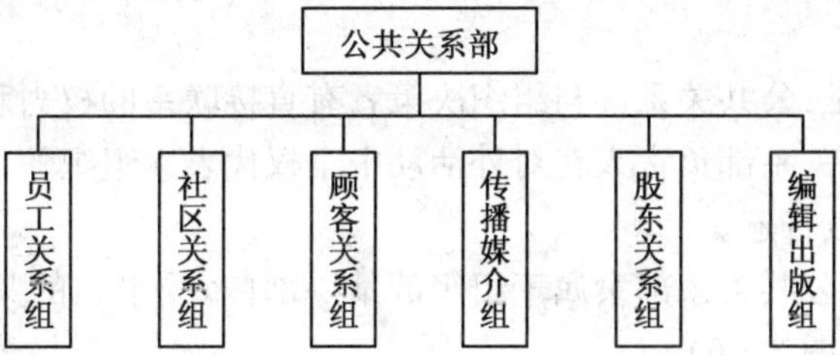

图3－3　公共关系复合型结构模式

公共关系复合型模式的优点是：把手段型和对象型结构合二为一，根据实际需要来设置下属机构，不拘泥于固定模式。据日本20世纪70年代的调查，日本的先进企业采用这种类型公共关系部的为数最多。目前这也是我国大多数单位所采用的公共关系组织机构模式。

2.按领导方式分类

从领导方式来看，或从组织管理角度考虑，或从公共关系部在组织中的地位来考察，公共关系部的设置可分为以下四种类型。

(1)总经理直接负责型。它是由组织的最高负责人兼任或由副职领导担任公共关系部负责人(见图3－4)。

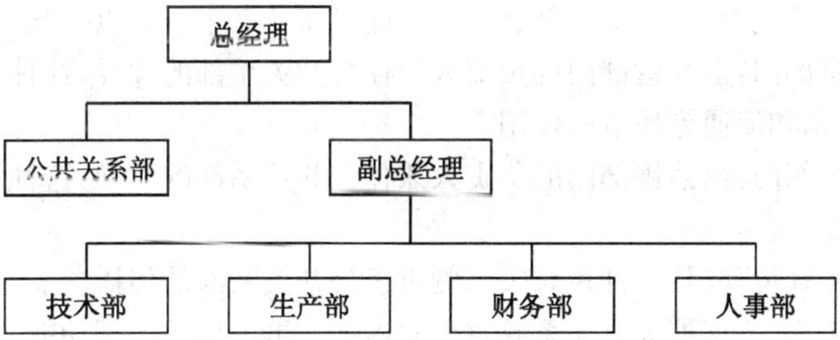

图3－4　总经理直接负责型结构模式

这种模式充分显示了公共关系部在组织中的重要地位。其优点是：公共关系部与组织的最高负责人直接联系，处于组织的中枢地位，因而能着眼于组织的各个经营环节，便于全面地、有针对性地开展工作。对于组织的公共关系思想和政策能融会贯通，并使公共关系部的工作具有一定的权威性。

(2)总经理间接负责型，又称部门并列型。公共关系部由组织的最高领导人间接负责或由机构中的中层经理担任部长，而公共关系部的负责人与其他部门负责人的地位并行，并直接对组织的最高领导人负责，处于组织管理的第二层次(见图3－5)。

图 3—5　总经理间接负责型结构模式

这种模式的优点是：公共关系部与组织决策者有直接联系的权力和机会，对组织决策有直接的影响。有时，公共关系部负责人在对外活动中全权代表本组织的最高负责人。目前，这一模式在我国的应用比较普遍。

(3)部门所属型。公共关系部隶属于组织的某一部门，受组织的某一部门直接领导，处于组织管理的第三层(见图 3—6)。

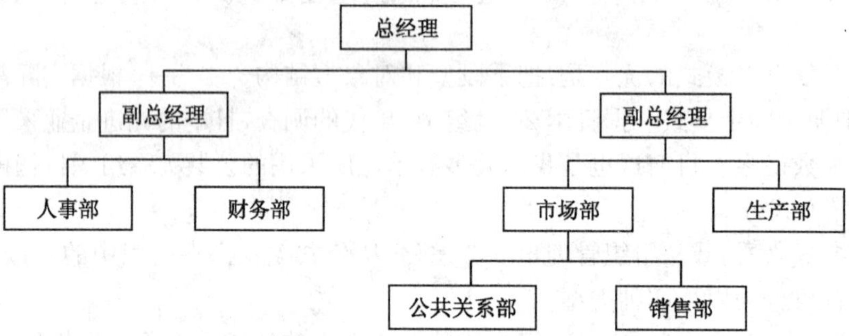

图 3—6　部门所属型结构模式

从目前国内外情况看，公共关系部在组织中的隶属关系主要有以下几种：

①隶属于经营部门：由经营部门的负责人兼任公共关系部的领导，这种隶属关系强调了公共关系在生产、营销和流通等环节的作用。

②隶属于销售部门：由销售部门的负责人兼任公共关系部的领导，这种隶属关系强调了公共关系的促销功能。

③隶属于广告宣传部门：这种隶属关系侧重于公共关系部的传播功能。

④隶属于人事部门：这种隶属关系侧重于对内部人事关系的协调功能。

⑤隶属于接待部门：这种隶属关系侧重于公共关系的社会交往作用。

⑥隶属于行政办公室：一般由办公室的负责人(主任或副主任)兼任公共关系部的领导。在这种隶属关系中，公共关系部仍然和最高层次比较接近，联系也比较方便。与隶属于其他部门的公共关系部比较，有利条件比较多。

(4)公共关系委员会。这种模式是在公共关系部之上，还有一个由组织最高领导人和各部门负责人组成的公共关系委员会，它主要为一些特大型企业所采用，委员会统筹本单位的各项公共关系工作。例如，研讨、制订公共关系部的工作计划；批准各项公共关系预算；监督计划的执行情况；评价公共关系工作效果；等等。它不直接从事具体的公共关系工作，其优点是：可以使公共关系工作具有权威性，并能使组织的各个部门都来关心、支持、参与公共关系工作。缺点是：多了一个层次，使各种关系变得更为复杂。

以上所介绍的四种类型中，从管理学的角度分析，总经理直接和间接负责型具有明显的优势，而部门所属型和公共关系委员会则有明显的缺陷。英国著名公共关系专家弗兰克·杰夫金斯曾经指出："鉴于公共关系工作涉及整个组织的各个方面，把这项工作置于销售经理或人事经理的领导之下真是愚蠢至极。"他认为公共关系部及其公共关系人员应当直接向总经理或最高管理决策部门负责。

3.按公共关系部机构的规模分类

从公共关系部机构的规模考察，公共关系部的设置可分为小、中、大三种类型。

(1)小型公共关系部。这种模式的特点是：机构简单，一般具有两个层次，人员也较少。适合于小型企事业单位。其机构设置参见图 3—7。

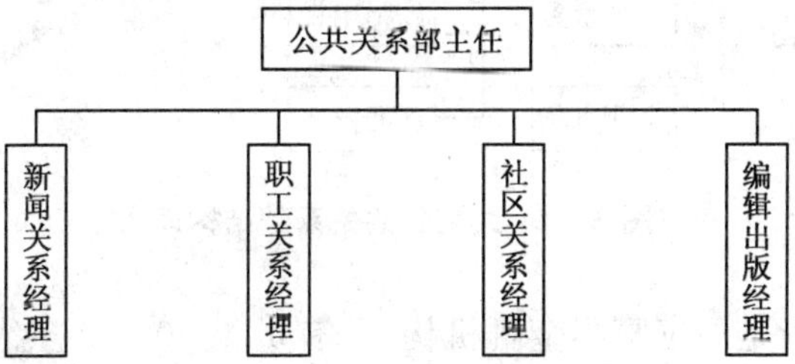

图 3—7　小型公共关系部结构模式

(2)中型公共关系部。这种模式的特点是：机构比较齐全，一般具有三个层次，组合层次分明，分工明确，形成完整、统一、和谐的工作机构，公共关系工作的密度、深度和广度都比较集中，适用于中型企事业单位。其机构设置参见图 3—8。

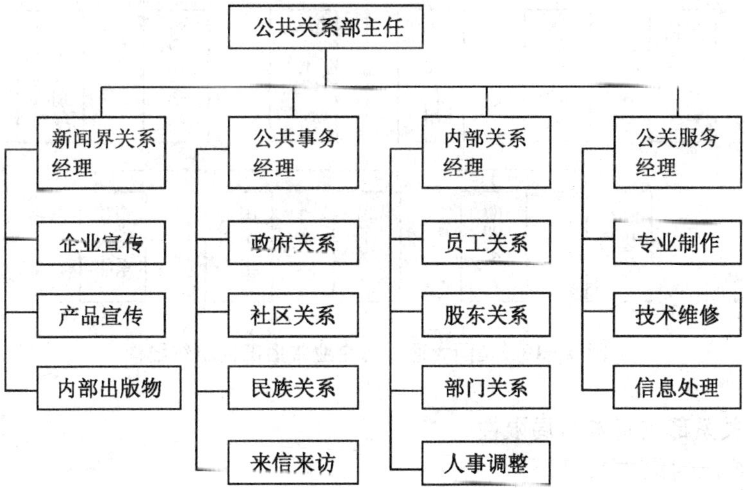

图 3—8　中型公共关系部结构模式

(3)大型公共关系部。这种模式的特点是：机构复杂，人员众多，分工较细，工作要求协调统一，能胜任重大的公共关系活动，适用于大型企事业单位。其机构设置参见图 3—9。

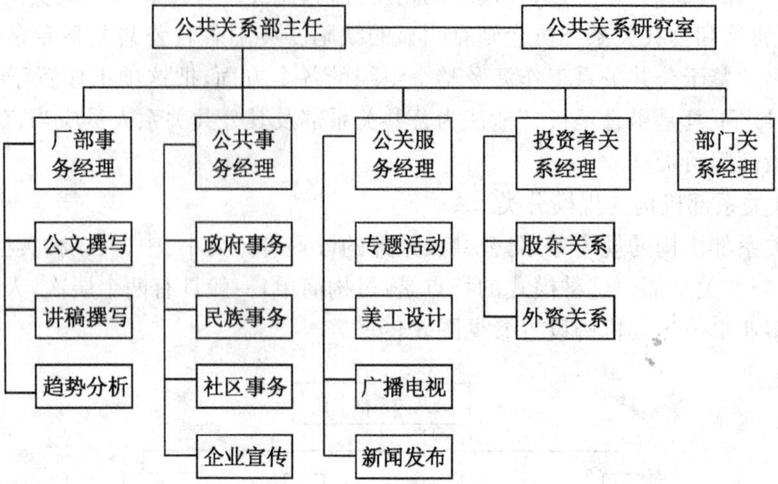

图 3—9　大型公共关系部结构模式

例如，美国大通银行是一家跨国金融机构，共有员工 30 000 多人，分支机构 2 000 多家。该银行企业传播部（即公共关系部）从业人员有 200 多人，由一位高级副总裁担任该部门主管。其组织机构是大型公共关系部门的典型模式，其机构设置见图 3—10。

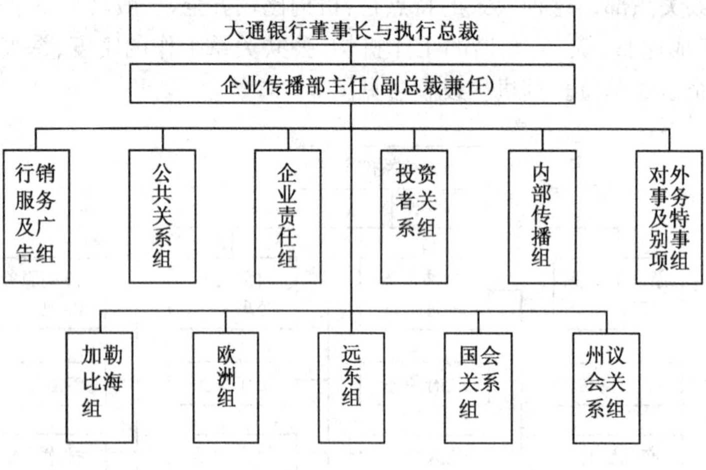

图 3—10　美国大通银行企业传播部的组织结构

（六）公共关系部的优势与局限性

1.公共关系部的优势

在组织内部建立公共关系部，对于开展公共关系有以下好处：

（1）熟悉组织情况。公共关系部的工作人员都是组织成员，他们对组织内的各种情况比较熟悉，尤其是对组织运营的特点和各种因素的相关程度了解得比较透彻，把握得比较准确。诸如：组织内各个部门、各个成员之间的关系及其在组织中所起的作用；谁是关键的人物；何处是关键性的环节；什么是最主要的问题；等等。同时，他们在组织内拥有良好的人际关系，能及时获取比较可靠的、最新的信息。因此，在开展工作时，他们容易抓住组织存在的问题的症结，可以“对症下药”，提高公共关系工作的有效性。

(2)能提供及时的公共关系服务。由于组织内的公共关系部对本单位情况比较了解，可以随时为组织的领导层提供业务咨询和建议。特别是在突发性的事件，如失火、爆炸等紧急情况出现时，公共关系部可以做出快速决定，及时提出对策，发布新闻，协调关系。不失时机是公关工作成功的关键之一，而公关公司往往来不及赶赴现场，容易贻误时机。

(3)有利于保持公共关系工作的连续性和稳定性。公共关系工作是组织一项长期而持久的工作，这是因为组织与社会环境之间的矛盾发展是一个无限的过程，旧的矛盾解决了，新的矛盾又会产生。另外，为了使组织与公众之间的关系保持平衡与稳定状态，不断完善组织自身在公众心目中的良好形象，创造有利于组织进一步发展的社会环境，开展一两项公关活动难以实现这个根本目标。而外请(聘)的或临时的公关人员，由于对组织或工作情况不熟悉，也很难保证工作的连续性和稳定性。这样，公共关系部作为组织内的一个常设机构，在时间、人力、物力上能保持公关工作的经常化和职能化，有利于保持公关工作的连续性和稳定性。

(4)有利于节约经费。在组织自身发展过程中，公关问题随处可见。有些重大的公共关系专项活动，组织可委托公关公司或聘请公关专家来处理，但如果大量的、例行的事务性工作都委托公司或专家解决，对组织来说将是一笔不小的开支。而公共关系部由于与所属组织在利益上的一致性，因此在开展各项活动与实施公共关系计划时，不仅要考虑公关工作的效果，同时还注意节约经费、减少开支。

2.公共关系部的局限性

公共关系部具有自己的优势，同时也有自己的局限性，其表现在：

(1)职责不明，负担过重。这是公共关系部最常见的不足之处。由于公关工作涉及面广，组织的领导很容易把许多“三不管”的问题交给公共关系部去处理。有时还很容易把许多虽然属于公共关系范畴，但应由其他部门办的事情也交给公共关系部去办，影响正常工作的进度。这样，就会造成公共关系部的任务过重，无法集中力量去完成应该完成的专项任务。

(2)看问题有时不够客观，即所谓“当局者迷”。公共关系部的人员在处理问题时，有时不够客观，容易受组织内的人际关系等因素的影响，如因人事、工资等方面受制于本单位，担心得罪领导，违心地去迎合领导的意图，不如实报道情况；或出于对自己前途的考虑，有可能掩盖问题的真相，从而造成主观地看问题或处理问题，不够实事求是。

(3)总费用可能比聘请公共关系公司多。这是因为公共关系部的工作人员都要占有一定的编制，除了需要长期支付工作人员的工资外，还需要购置大量的办公设备，如长期租用办公地点，购买影视、照相、录音器材等。

(4)有可能成为组织的一种负担。如果组织内公共关系部的建立不具备条件，而是为了赶时髦，东拼西凑而成；或其工作人员缺少专业训练，难以胜任工作；或由于公关经理不具备领导素质，得不到领导部门的重视，难以开展工作。这样，公共关系部既占编又占人，就可能成为组织的一种负担。

二、公共关系公司

公共关系公司，又称公共关系顾问公司或公共关系咨询公司，是由各具专长的公共关系专家和公共关系人员组成，专门从事公共关系方面的有关咨询和公共关系活动；或受具体企事业单位委托，为其开展公共关系工作，提供设计方案、决策参考的社会服务机构。

(一)公共关系公司的基本特征

1.社会性

公共关系公司是一个职业化的机构，不同于松散的公共关系社团，是一个经济实体。它要求有明确的组织目标、严格的组织机构、受过专业训练的专门人才，有共同遵守的规章制度，有周密的发展规划。

2.服务性

公共关系公司是服务性行业，它通过从业人员掌握的广泛的信息、丰富的知识和经验、现代化的技术手段，为客户提供市场、形势、信誉等多功能的服务。

3.营利性

公共关系公司作为商业性机构，按照一定的标准，提供有偿服务，通过经营、服务活动取得利润。

(二)公共关系公司的经营范围

1.公共关系咨询

公共关系公司可根据客户的要求，凭借现代化的通信、办公技术，众多的专门人才，为客户提供社会政治、经济、文化、教育、科技等方面的情报，提供市场信息、公众态度、社会心理倾向及社区文化习俗的分析资料；为客户进行公共关系问题的分析与诊断；为客户的形象设计、形象评价及公共关系政策或决策提供咨询等。

2.传播信息

为客户进行各种信息传播，包括为客户撰写新闻稿件、选择新闻媒体、建立媒介关系、举行记者招待会(或新闻发布会)；为客户设计、印制宣传资料和纪念物品及统一的标识制品；为客户制作宣传影片、录像带或光盘等视听资料；为客户制订广告投资计划，设计制作产品广告及公共关系广告；协助客户推广产品信息，制造有利的市场气氛；等等。

3.组织活动

协助客户与相关公众进行有效的联络沟通，帮助客户与政府、社区、媒体等公众建立并维持良好的关系；为客户安排、组织重要的交往活动，如贵宾和社会政要的参观访问等；为客户策划组织各种专题活动，如剪彩仪式、庆典、联谊以及各种社会赞助活动等；组织各种会议，如信息交流会、产品展销会及洽谈、谈判会。针对企业、产品、名人等形象受损时产生的各种危机，提供专业的危机公共关系服务，使其快速摆脱困境，维护和提升公众形象。针对企业的各类产品做出行之有效的市场营销策划方案，协同企业开拓广阔的市场及增创更高的效益。

4.人员培训

公共关系公司可代为客户进行各类人员的知识或技能培训，使其具有足够的公共关系理论知识和实际操作技能，以适应岗位的需要。

(三)公共关系公司的类型和组织机构

1.公共关系公司的类型

同组织的公共关系部门一样，公共关系公司的组织机构也没有固定的模式。

(1)从工作范围看，跨地区、跨国经营的大公司，如一些大型国际公共关系公司就设有地区部门和国际部门，以提供地区性和国际性服务。也有工作范围只局限在一个地区的小公司，其机构要简单得多，其工作人员大多身兼数职。

(2)从公司规模看，可分为小型、中型、大型公共关系公司。据美国的调查，小型公共关系公司的工作人员平均为 6 人以下；中型公司平均为 7～25 人；拥有 25 人以上则为大型公共关系公司。至于伟达公司、博雅公司这样的国际性公共关系公司，则拥有工作人员数百名乃至上千名。

(3)从服务项目看，有综合性的公共关系公司，其业务范围全面，可以承办数项以至数十项业务；也有专项性的公共关系公司，其经营规模和业务范畴较小，主要为特定组织提供一项或几项服务。

(4)从经营方式看，有独立经营的公共关系公司，也有与广告公司合营的公共关系公司。独立经营的公共关系公司与其他社会组织没有隶属关系，它们独立开展各种公共关系业务，为自己的客户提供服务。20 世纪 70 年代以来，国际上出现了公共关系公司与广告公司合营的趋势。据调查，美国十大公共关系公司中有六家是广告公司的分公司或一个部门。这一类公司的服务对象可以是广告公司的客户，也可以独立地接受自己的客户。

2.公共关系公司的组织机构

公共关系公司的组织机构虽然没有一个固定的模式，但其机构主要由以下几个部门组成：

(1)行政部门。它是指负责行政管理和行政指挥工作的决策机构，包括总部和各个行政分部。人员主要有公司总经理、副总经理和一定数量的业务经理。总经理全面负责公司的决策工作和检查实施情况；副总经理协助总经理分管几个具体部门，负责公共关系工作的实施和评估；业务经理的主要工作是具体组织、制定和实施为委托人服务的公共关系项目。

(2)审计部门。它是指专门对承接的公共关系项目进行审计工作的部门。这个部门一般由业务经理人员、业务部门的负责人和高级公共关系专家组成。其任务是对公司承办的各项业务、各个项目计划，审查其可行性，并撰写财务收支计划；根据实施计划，统筹安排人力、物力、财力，及时对有关计划和项目提供指导和咨询。目的是在保证公共关系项目质量的前提下，以最少的经费，获取最大的经济效益，保证公司财务收入。

(3)专业部门。它是指具体从事公共关系项目的业务部门。它要根据公司的业务范围和专业特色来设置，每个部门都配有一定数量的精通本部门业务的公共关系专家。业务部门一般不对外承揽业务，只是听从业务经理的安排。例如，一位业务经理承办一家企业的公共关系项目是召开一次大型记者招待会，于是，他请公司新闻部的专家出面策划。当这位业务经理同时承办的另一家企业的公共关系项目是编辑出版一份对外刊物时，他又组织美工部的专家来商议刊物的版式、封面等方面的具体工作。这样，同一个专业部门可以在同一个时间内为两个或两个以上的客户提供服务，这主要由业务经理做统一安排。

(4)国际业务部门。它是指专为外国和外地区提供公共关系服务的业务部门，如东南亚、西欧、北美等地区服务的部门。这是大型国际公共关系公司内部应设置的部门，目的是为特定地区或国家提供公共关系咨询和技术服务。每个负责外国或外地区公共关系的部门，其内部专业人员必须全面掌握该国、该地区的风土人情、消费习惯、宗教信仰、国情民情、礼仪礼节等方面的知识，以便有的放矢地为特定地区和国家提供服务。

(四)公共关系公司的工作原则

公共关系公司所从事的工作，一方面涉及委托单位或个人的形象与信誉，另一方面要对社会公众负责，因此，公关公司在工作中应自觉遵守以下原则：

1.遵纪守法

公共关系公司要自觉遵守国家法律、法令及有关方针政策。公司既是社会服务性机构，又是一个经济实体，其主要任务是为社会服务，而不能将贸易开发、商品经营作为主营项目。公司要在国家方针、政策的指导下开展活动，以遵纪守法和高质量的服务赢得公众的信任。

2.讲求真实、准确

公共关系公司必须保证将真实、准确的信息提供给客户。真实就是客观地报道，不隐瞒任何情况，对待客户一片真心诚意，绝不搞虚情假意，敷衍塞责。准确就是不夸大、不缩小，实事求是，切忌夸夸其谈，并针对利弊指明改正的途径，绝不避重就轻、草草了事。

3.不干涉内务

公共关系公司的工作人员，由于是受委托开展公共关系活动，必然在一定程度上对委托单位的内部情况有所了解。因此，公司不得利用工作之便对委托单位或委托人的事务施加影响，或将自己的意思强加于对方。特别是在双方合作结束后，更应强化自我约束，不干涉客户内务，不损害客户利益。

4.保守秘密

公共关系公司在代理委托单位的公共关系业务过程中，为保证实现公共关系目标，经常要了解一些委托单位的机密，公司应严格为其保守秘密，并且不得接受那些可能泄露或利用这些机密的单位的聘请，以防有损委托单位的利益或形象。

5.避免为相互竞争的委托组织同时服务

公共关系公司不能随意为相互竞争的委托单位同时开展公共关系活动。美国公共关系协会全体大会于 1977 年通过的最新版本《关于公共关系业务的职业道德准则》中明确规定："会员在没有获得有关各方的特别允许的情况下，在事实充分展开之后，不得代表相互冲突或竞争的利益集团；在会员的利益正在或可能同客户的利益相冲突时，应将这些利益冲突充分告知对方。"

6.一切为客户着想

公共关系公司的宗旨是信誉第一、服务第一、客户第一。公司应竭尽全力为客户办好事、办实事，事先向客户介绍服务项目、收费标准等，并站在客户的立场上考虑费用预算，尽可能为客户节约经费。另外，公司在为客户服务的过程中，在没有得到客户的许可和充分告知事实的情况下，不得接受客户以外任何人所给的同上述服务有关的小费、佣金和高价报酬。

(五)公共关系公司的收费方式

公共关系公司是对外营业的企业单位，在客户要求提供咨询或公共关系业务帮助时，以公共关系劳务的形式为客户服务，并向客户收取费用。公共关系公司的收费方式一般有以下几种：

1.项目收费

项目收费是将公共关系业务工作进行分解，分成不同的项目，并根据项目的内容及其开支状况确定其费用，然后，对各项费用进行汇总，得出其总费用。收费项目主要有：

(1)咨询服务费。它包括项目实施期间工作人员的工资以及与项目有关的高级管理人员、专家和文秘人员的报酬。

(2)行政管理费。它包括在承揽项目期间所需的房租、水电费、取暖费、电话费、上网费等。

(3)项目支出费。这是承担项目期间所需要的印刷费、邮资、差旅费等。这些全部由客户实报实销。

(4)公共关系活动经费。在项目实施的整个过程中，往往需要进行各种形式的公共关系活动，按活动计划及各项活动的需要确定费用金额。

(5)项目利润。这是指扣除各种税费后，公关公司应得到的纯利润。一般根据项目所需时间的长短，由公司和客户双方协商确定。

项目收费的基本公式是：

项目收费＝咨询服务费＋行政管理费＋项目支出费＋公共关系活动费＋项目利润＋…＋上缴税收

项目收费方式的优点是：专款专用，有利于保证公共关系项目的质量，便于考核管理。

2.计时收费

计时收费即按参加工作的各级种类人员的不同标准，按工作时间收费。一般来说，每小时收取的费用是每人每小时收入(含工资和奖金)的2～5倍，有的公司为了方便起见，采取每小时收取固定费用的办法。如在美国，采取这种办法的公司收费标准为每小时35～40美元。计时收费的标准根据公司声誉的高低而定，有时收费受专家本人的声望和资历的影响，有时受具体工作的难易程度的影响。总之，计时收费没有统一的标准，一般根据具体情况由双方商定。

3.综合收费

公共关系公司与客户双方根据业务需要，协商确定费用的总金额。这种费用一般在业务开始时由客户预付，它有利于根据有限的资金统筹安排，合理使用。缺点是，客户难以监督。

4.按项目需要分次收费

这是综合收费的变通形式。客户若不愿采用综合收费，也可按项目实际需要，分次逐项付款。对于公司来说，可将此视为项目收费。对于客户来说，可以监督公司代理业务的质量，如果对该公司的服务不满意，其他业务可以考虑选择别家公共关系公司。

5.项目成果分成

即公共关系公司和项目委托人(单位)共同承担风险、共同受益。一般由委托人负责项目的实际费用，公共关系公司负责项目的调查、计划、决策研究、公共关系活动等，最后形成项目成果。这种成果一般可长期受益，按成果每年收益的百分率享受分成。

(六)选择公共关系公司的标准

企业或组织在公共关系公司代理业务之前，都要根据一些标准来评价公共关系公司。客户选择公共关系公司的主要标准有：

1.公司的信誉

公司成立时间、规模、知名度、美誉度，在公共关系界是否有权威，能提供哪些服务项目或举办过哪些著名的、重大的公共关系活动，有多大影响，等等，这些都是客户需要考虑的因素。

2.公司的客户情况

公司曾经接待过哪些客户，现在有哪些客户，客户的社会地位如何，它们对公司的技术业务和服务态度的满意程度怎样。

3.公司人员的业务水平

在公司里服务的公关人员的业务水平往往决定了该公司的服务水准，所以公司从业人员是否受过专门训练，个人专业技术水平如何，能否与客户的要求相一致并努力去满足他们的需求，能否保证按时完成工作，等等，这些都是客户所关心的问题。

4.收费标准

一家信誉良好的公司也可能是收费较高的公司，但是每一位客户都希望能花较少的钱，取得较好的效果。因此，客户选择和评价公司实际上是将其信任度、服务质量同收费标准进行比较。

(七)公共关系公司的优势与局限性

1.公共关系公司的优势

与公共关系部比较,公共关系公司的优势有:

(1)职业水准比较高。公共关系公司不仅提供一般服务,还承担培训公关人员的任务,因而其工作人员必须具有较高的职业水准。另外,公共关系公司面向社会,广泛搜罗人才,因此,公共关系公司选择人员面比较广,通常都能选聘到相当数量的各种专业的公关专家和人才。此外,公共关系公司承办的业务大多是各社会组织难以解决的,这类业务往往既复杂难度又大。在长期与各种复杂难题打交道的工作实践中,公共关系公司的工作人员积累了丰富的工作经验,练就了较高的技术水平,公司具备各方面(如教育、政府关系、新闻、财务、美工、广告、法律、声像等)的专家。因此,公共关系公司以其人力和经验方面的优势,在应付复杂局面、解决难题方面,要比组织内部的公共关系部更为理想。

(2)看问题比较客观。由于公司与委托的组织没有直接的利益关系,公共关系公司的人员不是组织的员工,不受该组织内各种人事关系的影响,也不必听命于该组织的某位领导,与该组织和个人无任何瓜葛。俗话说"旁观者清",因此,他们可以从旁冷静地观察问题,以客观、公正的态度,实事求是地分析问题,不带主观想象或感情色彩。公正是公共关系公司和公关人员的必备条件。

(3)社会关系广泛。公共关系公司活跃于整个社会,在长期的工作过程中,同社会各类组织及公众建立了广泛密切的联系,如与政府部门、财政部门、社会团体及社会各界人士都有良好的关系,特别是公共关系公司对大众传播媒介比组织的公共关系部更为熟悉。因此,它能广泛地反映公众的意见,联系工作也方便,有利于扩大和提高组织的知名度与美誉度。

(4)信息比较灵通。公共关系公司的第一项任务就是收集和提供信息,其所有的咨询工作都是在信息分析的基础上进行的。因此,拥有信息是公共关系公司的最大优势之一。人们评价公共关系公司质量的一个方法就是看它掌握信息的多少。现代化的公共关系公司大多采用电脑储存和处理信息,能以最快的速度、最好的质量满足客户的需要。

(5)机动性强。由于公共关系公司尤其是大型公司拥有雄厚的人力、物力和财力,可以针对不同的公关任务和不同的客户,组织相对集中的人、财、物打"歼灭战"。在接受紧急任务或遇到紧急情况时,公共关系公司的人员具有很强的机动性,公司可以临时抽调有关专业人员,组织专门的工作班子,集中力量解决问题。在没有任务时,这些人员可以回到专业部门去做业务准备。

(6)建议容易为人们所重视。俗话说"远来的和尚会念经",与公共关系部相比,公共关系公司提出的建议更容易被组织的领导所接受。其原因,一方面是公共关系公司派出的专家经验比较丰富、技术水平比较高,能提出有价值的建议和方案;另一方面,由于他们是组织专门聘请的,深受组织领导的信赖,在组织领导心目中有良好的形象和较高的威望,因而他们提出的建议和方案,更具有说服力和影响力,更容易引起重视,更易为客户采纳和实行。

(7)整体规划的经济性。对于规模较小的组织,单独设置公共关系机构,必然要增加人员,从经济的角度来考虑,并非是最佳选择。针对组织的目标,如果开展专项公共关系活动,经过整体规划,委托公共关系公司代理,效果会更好,经济上也合算。

2.公共关系公司的局限性

公共关系公司同公共关系部一样,有自己的优势,也有自己的弱点,其不足之处主要有:

(1)不太熟悉客户情况。由于公共关系公司是组织外的机构,因而对客户的情况了解不深,而客户有时也不便或不愿意把一些内部的有关情报透露给公共关系公司,这就增加了公共关系公司人员了解情况的难度,特别是在最初阶段,无法介入或参与最高决策,难免要影响工作进度和工作质量。

(2)工作缺乏连续性、持久性。对于组织来说,只聘用公共关系公司的专家,很难使组织内部的公关工作持续化、稳定化。因为组织往往只是在遇到公共关系问题时,才临时求助于公共关系公司的,公共关系公司为某一组织提供服务的时间一般不会太长,这样,就很难为客户制订和执行长期的公共关系计划。另外,由于收费的限制,公共关系公司也不可能为组织提供长期的服务和进行大量的调查研究,往往只注重短期目标,这也是不可避免的。即使有些大的咨询公司为某一客户服务时间很长,如10年、20年,甚至30年,但此时的公共关系公司就很难再坚持客观性了,因为公共关系公司的专家有可能已成为客户单位的"内部"成员了。

(3)远离客户。由于大多数公共关系公司设在大城市,因而对于地处中小城市的客户来说,聘请公共关系公司的专家很不方便,不仅路遥费时,还要增加往返的差旅费,使人感到得不偿失。特别是遇到紧急情况时,由于公共关系公司与客户距离较远,不利于马上开展公共关系工作。

第三节　公共关系人员

公共关系人员是指以从事公共关系工作为专门职业的人员,是公共关系活动的主体核心。一切公共关系活动最终都落实在公共关系人员身上,由公共关系人员策划和操办,公共关系人员在公共关系活动中起着决定性作用。因此,公共关系是一项复杂的、高级的工作,并不是长得年轻、漂亮、有风度、会微笑就能从事公共关系工作,公共关系人员需要具备一定的素质、能力和职业道德,才具备起码的从业资格。

一、公共关系人员的基本素质

所谓公共关系人员的素质,是指从事公共关系工作的职业人员的气质、性格、兴趣、风度、学识和技能方面的综合品质。公共关系人员的素质,是其本人个性特征的总和,是一种综合能力的概括。

(一)公共关系人员的生理素质

公共关系人员经常要代表组织与外部各方面的公众进行交往,从某一方面表现了组织形象,因此公共关系人员应该有适中的体型、端庄的仪表、快捷的反应速度、较强的适应能力等。这些"硬件"可以给公共关系对象留下良好的第一印象,从而更加顺利地实现双方的沟通合作。

(二)公共关系人员的心理素质

仅有好身材、好体质、好脸蛋还是不能完全胜任公共关系工作的,良好的心理素质是必不可少的。心理素质是指人在心理方面的特点与品质,它包括人的感知能力、思维能力、反应能力、记忆能力、运动能力,以及个人的性格、气质、兴趣、意志等方面的特征。公共关系人员的良好心理素质应该体现在以下几个方面:

1.开放的心理

公共关系是一种开放型的工作，又是一种创造性很强的工作，也是一种艰苦的工作，它要求公共关系人员以开放的心理和热情的态度去不断接受新观念、认识新事物、熟悉新情况、面对新挑战。“海纳百川”以接受形形色色风格、林林总总性格的公众，做到“异中求同”。正如美国心理学家戴尔·卡耐基所说的：“说话的人表现了高度的热忱，即便是最单调乏味的课题也能变得有趣。否则，连最有趣的话也会令人生厌的。”

2.良好的性格

公共关系工作始终是争取人心、求得“人和”的工作，要求公共关系人员要热情开朗、乐观幽默、谈吐动人、风度优雅、和蔼可亲、意志坚定、善解人意、善于交际，既有感染力和吸引力，又有忍耐心和周旋力，使别人愉快地接受你。日本保险业界连续 15 年保持销量第一的原一平，曾为了说服一位顾客投保，两年之内登门拜访了这位顾客 73 次，终于获得成功。他靠的是坚忍不拔的意志和出众的忍耐力，以及他的勤奋敬业精神和乐观和蔼的性格。据分析，外向型性格的人比内向型性格的人更适于从事公共关系工作。在美国成功的公共关系人员中，外向型性格与内向型性格之比为 9∶1 。有人说“性格就是命运”，这是有一定道理的。

3.广泛的兴趣

公共关系工作的涉及面经纬万端，公共关系人员应培养广泛的兴趣，涉猎各方面的知识，以便与各种公众都能有共同的语言，避免“话不投机半句多”的沟通障碍。一个多才多艺的公共关系人员比兴趣单一的人要多许多沟通的手段和机会。美国有不少的公共关系人员第一次去拜访客户时，都非常注意观察对方的兴趣爱好，尽可能先谈对方有兴趣爱好的事，然后再谈公务。如果一时不熟悉对方有兴趣的事，也会先不谈公务，回去钻研这方面的知识后再去拜访。

4.敏锐的思维

敏锐的思维是在与公众沟通中不可缺少的一种心理素质。公共关系活动的环境是千变万化的，要适应环境的可变性、复杂性和不确定性，公共关系人员必须勤于思考和分析，善于捕捉和利用各种可靠的信息，用一句不太“雅”的比喻来说，就是要有“狗一样的嗅觉，猫一样的灵敏”，运用丰富的想象力和创造力去策划各种公共关系活动。

【案例 3—3】

公共关系人员的机智幽默

法国一家小餐馆有段时间生意不太好，餐馆老板在门口竖了一个牌子，上面写着：“请来用餐吧，否则你我都要挨饿了！”人们认为这家餐馆的老板既诚恳实在，又风趣幽默，都表示同情或欣赏，结果使餐馆生意变得很好。

上海一家储蓄所因底楼维修，临时搬到楼上营业，便在楼底贴了一张告示：“因底楼维修，办理业务请您登楼。”上到二楼又见一告示：“二楼办理单位业务，个人储蓄请您再登楼。”到了三楼还有一告示：“尊敬的用户，您辛苦了！个人储蓄在四楼，请您更上一层楼。”结果在维修期间，储蓄业务一点儿也没受影响。

（三）公共关系人员的文化素质

公共关系工作是一项综合性的创造活动，它需要公共关系人员具备复合的知识结构和较高层次的文化修养。

1.公共关系专业知识

公共关系专业理论包括公共关系的概念、职能、要素、主体、客体、媒介、形象、礼仪等理论知识和实务知识。不具备这些专业知识而去开展公共关系是不可思议的。1991～1992 年成都地区如雨后春笋般冒出的几十家公共关系公司或公共关系事务所，在不到一年的时间纷纷关闭，其根本原因是开办这些公司的人绝大多数都不具备公共关系的专业知识。凭着好奇心和满腔热血就想操持公共关系业务，顶多也只能昙花一现。

2.公共关系的相关知识

公共关系是一门新兴的综合性的边缘学科，相关学科很多，主要有管理学、传播学、社会学、心理学、市场营销学、广告学、美学、交际学、法学、经济学、演讲与写作、摄影、表演等，公关人员应广泛涉猎。如国外经济管理学派提出的"蜘蛛网型"知识结构，对于公共关系人员构建自己的文化知识很有启发作用。

3.公共关系业务涉及的特定行业知识

公共关系总是为具体的特定的行业服务的，这就需要公共关系人员具备相应的行业知识，才能有效地开展工作。例如，企业的产品由内销转为外销，组织需要开展国际公共关系工作，这时，公共关系人员就有必要了解国际关系、国际市场营销、国际公共关系等方面的专业知识和有关国家的政治、经济等情况。

(四)公共关系人员的道德素质

公共关系人员不仅要具备广博的知识和多方面的能力，更重要的是必须具备良好的思想道德素质。

1.实事求是

真实是公共关系的生命，因此，公共关系人员必须具备实事求是的品质。公共关系人员无论是与公众打交道，还是进行调查研究、收集信息、传播信息，都必须以真实为处事原则，不得有意传播虚假或容易使人发生误解的信息，不欺世盗名，不自欺欺人。只有这样，才能收集到可供组织决策参考的可靠信息，才能在公众中为组织树立良好的形象。

2.公正无私

公正，意味着公共关系人员对所有的公众要一视同仁，平等对待，不能以衣帽、地位取人。不论是对过去的公众还是对现在的甚至将来的公众，不论是对老客户还是新客户，不论是对职高位尊权大者还是对无职位卑无权者，都应一样看待，不能厚此薄彼。

无私，则要求公共关系人员不谋求组织利益之外的个人利益，更不能以牺牲组织利益来换取个人的利益。特别是对于一名优秀的公共关系人员来说，不仅要重视其所在组织的特殊利益，而且要重视公众利益，要对整个社会负责，绝不能为了本组织的小团体利益，甚至个人私利而损害社会的整体利益。

3.勤奋努力

公共关系工作看上去轻松、潇洒，但做起来却十分辛苦。公共关系人员应该具有吃苦耐劳、勤奋努力、不怕困难、不怕挫折、不断进取的精神。当然，勤奋努力不仅仅是指多干苦干，更重要的是勤于动脑，勇于进行创造性思维，敢于创新，要树立一种勇于开拓、不断进取的精神。

4.乐于助人

公共关系人员与人打交道的机会极多，在处理人际关系的活动中，应当以善解人意、乐于助人作为自己行为的一项准则。在处理人际关系时不仅要懂得宽容人、理解人，容忍他人的缺点和弱点，更重要的是要主动帮助别人。乐于扶危济困是做好公共关系工作的重要基础，它体现出公共关系人员待人热情、富于同情心，具有为他人着想、关心他人的良好品德。

5.光明磊落

在竞争时代，公共关系人员应该以坦荡的胸襟来处理与竞争对手的关系。即使在激烈的商业竞争中，也不以诋毁竞争对手的手段来抬高自己，不有意破坏其他公共关系人员的名誉和工作；同时，也不搞违反职业道德的小动作，不用行贿、收买的手段来进行推销活动。

(五)公共关系人员的能力素质

公共关系人员最终的工作业绩是要靠能力去创造的，公共关系人员应在实践中从多方面去培养自己的能力。

1.信息处理能力

公共关系人员要眼观六路、耳听八方，善于发现和挖掘与本组织有关的一切信息，加以处理后提供给领导层做决策依据，还要善于用最有效的传播手段把组织的信息告诉有关的公众，并收集反馈信息。这时的公共关系人员应该是一个机敏的“情报员”。

2.语言表达能力

有的人一句话可以把人说哭，一句话可以把人说笑，这充分反映了语言表达能力的重要作用。一席精彩的演讲，可以使人兴奋、感动，从而引导公众心理的取向；一番画蛇添足的发言，也可以使人讨厌反感，从而失去公众的“青睐”。正所谓“良言一句三冬暖，恶语伤人六月寒”。语言，在公共关系工作中实在是太重要了，这就要求公共关系人员要掌握好说话的技巧和艺术。讲话要吐字清楚、简明扼要、抑扬顿挫、有节奏感；交谈态度应诚恳、坦率、热情、大方；不可态度冷漠、虚情假意，或言不由衷，或哗众取宠，或搞外交辞令。公共关系人员应该是一个能言善辩的“演说家”。那种“茶壶装饺子有货倒不出”和喋喋不休而不知所云的人是不适合从事公共关系工作的。

3.文字写作能力

公共关系的大量工作都离不开写作，例如，公共关系人员需要撰写宣传材料、讲演稿、新闻稿、广告词、策划书、评估报告等，如果没有熟练驾驭文字的能力是不能胜任工作的。美国公共关系人员从业要求第一条就是会“有效地写作”。一篇精彩的公共关系新闻稿、一句绝妙的公共关系广告词，给组织带来的好处也许是你意想不到的。这时的公共关系人员应该是一个职业“写手”，是组织忠诚的“宣传员”。

4.协调应变能力

公共关系工作需要上下左右、齐心协力共创组织良好形象，除了大量的日常工作，还要策划和组织各种大型专题活动。这就需要公共关系人员善于协调和组织，否则一个好的活动计划都可能毁于一旦。此外，大型活动中如果出现意外情况，公共关系人员还必须做到遇事不乱、随机应变、消除隐患、转危为安。

【案例3—4】

公共关系人员的随机应变

广州某合资企业为款待外方客人而举办舞会时突然停电。中方经理临阵不慌，迅速宣布：

“各位女士、各位先生，现在我向大家报告一个好消息：上帝就要光临我们的舞会了！”外方客人一听，立即鼓掌，以为这是特意按照圣经故事安排的节目，中方人员也一起鼓掌，在井然有序的程序中，中方经理叫人拿来了防备万一的红蜡烛，开始了“烛光舞会”。

还有一次，一位著名的节目主持人登台主持一台大型文艺演出节目，当她手持话筒信步登上舞台时，没想到还未走到预定位置，就被脚底下缠绕的话筒线绊了个跟头，一下子摔倒在舞台上。台下立即响起惊呼，有的观众还惊得站了起来。对节目主持人来说，这个大洋相已经无法挽回了，但她起身后对着台下是这样说的：“各位观众，刚才我提前给大家拜年了，请接受我带给大家的礼物。”所有的观众都被这位节目主持人的应变能力与幽默话语所折服，继而报以热烈的掌声。试想，如果她说“对不起”，观众只能给予同情，只有失败者才会得到同情。如果遇到更大的天灾人祸，如空难、地震、水灾等就更需要这样的能力。这时的公共关系人员应该是一个“多面手”。

（摘自：www.xkyy.org.公共关系人员应具备的素质）

5.社会交往能力

公共关系工作在某种意义上可以说是一种交际艺术，所有的工作都要从交往开始。公共关系人员要懂得各种社交礼仪和语言艺术，综合运用自身所具备的种种知识和修养，与社会各阶层公众广泛接触，建立起亲密的人际关系。美国前总统布什曾说：“一个人一生中打交道的人，百分之八十都是陌生人。”能否具备交际能力是衡量一个公共关系人员是否适应现代开放社会和是否适合从事公共关系工作的一个重要标准。那种画地为牢、拒人于千里之外、与社会环境格格不入的人，是不能从事公共关系工作的。这里要求公共关系人员必须是一个合格的“外交官”。

6.创意策划能力

公共关系活动是一种创造性的智力活动，无论是重大的公共关系活动策划，还是一般的客户联谊活动，都需要公共关系人员不断突破常规，勤于思索，多动脑筋，大胆设想，刻意求新。在同行的竞争中只有不断求新、求异才能技高一筹、领先一步，才能达到扩大影响、树立形象、推销产品、争取公众的目的。创新理论的倡导者熊彼特说：创新是经济发展的最大原动力。亦如国外一些企业家说的“拿你的创意换钱”。如果因袭前人、因循守旧，不去开拓创造，公共关系活动就没有了生机而难以为继；如果不具备创新策划能力，公共关系人员也就只能充当一般的接待员或联络员。

【案例3－5】

别出心裁的歌舞晚会

某电梯有限公司在建厂一周年大庆的时候，别出心裁地策划了一场大型歌舞晚会，邀请了国内著名的歌星、舞星、笑星，并通过上海电视台现场直播。在晚会中途，公司总经理宣布了一个轰动性新闻：“凡与××电梯有限公司同年同月同日出生的上海小公民，可以得到一份公司赠送的生日礼物。”晚会结束的第二天，该新闻一下子成为街头巷尾的热门话题，各大新闻媒体竞相刊载。社会各界人士大发议论：“电梯公司能花大价钱搞公共关系活动，足见其实力雄厚。”“电梯公司能为祖国的未来投资，有战略眼光。”孩子们的家长高兴地说：“电梯公司竟然能想起我们的宝贝,真好!”

由此可见,出色的创意策划能力是公司发展的根本。

（摘自:袁祥华.现代公共关系学.南京大学出版社）

7.自我调节的控制能力

自我调节的控制即自控,是指一个人控制自己情绪的能力。公共关系人员经常要同社会公众打交道,如果有人平白无故地指责你,指责你的组织,你该怎么办?倘若缺乏自我调节和控制,就无法取得公众的谅解,更谈不上妥善地处理各种纠纷了。以微笑服务著称的公共关系人员遇到这种情况时必须要有很强的自制能力,才能做好与公众联系的工作,使公众获得对组织的良好印象。他们应能以自己的冷静使对方平静,以自己和颜悦色的微笑服务消除对方的冲天怒气,而这些都要求公共关系人员首先要控制自己的情绪。公共关系人员应该认识到,他们的举动关系着组织的声誉,他们的责任就是以自己的真诚服务来树立组织的形象。他们应该学会“忍”,这种忍不是装出来的,而是真诚的,是涵养性强的表现。外国人所说的“顾客就是上帝”,中国的服务业开展“假如我是一位顾客”的活动,都是公共关系活动的口号,它对于培养服务人员的自控能力是一个很好的促进。

【案例3—6】

宽以待人　巧除蛮横

有一个商场营业员,遇到一个中年男子来“退”一只电饭锅。那锅已经用得半新不旧了,他却粗声粗气地说:“我用了一个多月就坏了,你再给我换一只!”营业员耐心解释,他却大吼大叫:“我来了你就得给退,光卖不退算啥!”营业员虽然占理,但为了不使争吵继续下去,便温和地对他说:“这种电饭锅已经使用一段时间了,又没有质量问题,按规定是不能退的,可是你执意要退,那就干脆卖给我好了。”就在她掏钱的时候,那个粗暴的男顾客脸红了,他停止了争吵,悄然离去。

（摘自:www.wenxueboke.cn.青年办事能力训练教程）

二、公共关系人员的角色

公共关系工作需要一大批人去做,这些人由于其工作性质、范围、职能的不同,因而在公共关系工作中充当不同的角色,承担不同的义务,享受不同的权利与待遇。公共关系人员角色大体上可以分为四种类型:专家型、领导型、技术型和事务型。

(一)专家型角色

专家型角色是研究和解决公共关系理论与实践问题的权威,他们有渊博的知识、丰富的经验,有较高的理论水平与宣传推广能力。他们是公共关系队伍中的中坚和精华。专家型角色主要包括以下人员:

1.公共关系顾问

公共关系顾问是公共关系的专职高级工作者,是处理和解决公共关系方面问题的社会技术专家,为专业的公共关系咨询公司工作。

2.公共关系学者和教育家

公共关系学者和公共关系教育家是公共关系研究与教育方面的专家。他们从事社会调查，进行公共关系理论研究，总结公共关系策略与经验，从事不同层次的正规教育与业余培训。这些人主要包括权威的新闻记者与编辑、专栏评论家、大学教师和研究员等。

（二）领导型角色

领导型角色是指在各公共关系组织或相关单位中担任领导职务者，主要包括经理、部长、主任、兼职领导、社会活动家等。

1.经理、部长、主任

他们是公共关系机构的直接领导者，是一个部门进行公共关系工作的总设计师，他们的工作对整个组织举足轻重。由于公共关系工作横向牵涉面广，又与国家设置的行政业务机构不可分割，因此公共关系部门的领导通常由组织或企业的行政负责人兼任，一般以副职出任为多。有的部门公共关系机构大、任务重，可以设置专门的领导人员，主持日常公共关系工作。

2.兼职领导

各地区、各部门的公共关系工作的开展，不同程度地得到了各级党政领导的关怀与支持。他们出于对事业的关心，积极参与各地区、各组织系统的公共关系活动，并进行宏观指导。他们利用自己的社会地位与工作条件，为公共关系大造舆论，解决难题，扩大影响，把公共关系工作作为一种社会工作予以重视。而公共关系组织也利用他们的特有条件，求得政府和党团的支持与配合。他们虽然不是专职人员，但作为兼职或业余的成员对公共关系的发展起着重要的作用。

（三）技术型角色

技术型角色是公共关系部门从事专项技术的业务工作人员。主要包括一般的记者、编辑、摄影师、广告师、设计师及其他技术人员，他们以各自的技术专长进入公共关系角色。他们可以是专职固定人员，也可以是根据需要聘请的专门人才。

（四）事务型角色

事务型角色是组织中从事一般日常公共关系工作的人员，他们是最普通也是最基层的公共关系人员，主要包括秘书、办事员、服务员、招待员、翻译、助理员、导游、消费引导员等。

三、公共关系人员的选拔与培养

选拔和培养公共关系人员，是我国当前开展公共关系工作和发展公共关系事业的一项迫切任务。其重要意义在于：公共关系是一项社会工作，为了组织的兴旺发达，必须要求这项工作的从业人员有较高的业务技能和文化修养。对公共关系人员进行严格的挑选和职业培养，直接影响建立良好的社会关系和创造顺利的工作环境。没有大批训练有素的骨干人才，公共关系工作是难以完成自己的职责和使命的。

（一）选拔公共关系人员的原则

目前，我国专门培养公共关系人才的专业学校还不多，虽然一些学校已经设立了这样的专业或已经培养出了一些学生，但解决不了现在公共关系人才短缺的问题。因此，公共关系人员的基本来源是从各行各业中选拔。选拔时一般应遵循以下原则：

1.因人施任，任人唯贤

在安排某个公共关系工作职务之前，用人部门应该对所用之人的情况有所考虑。坚决改变“任人唯亲”的用人习惯，要确实根据所用之人的特点、能力、条件来安排他做最合适的工作，并使其超出自己的能力，使其竭尽全力做好工作，发展自身。

2.广选博择，正视能力

组织在选择公共关系人才时，眼界应该放宽一些，不要局限在自己的组织范围内，更不要把眼光盯在某几个人身上。应该面向整个社会招聘公共关系人才，把那些有志从事公共关系工作、德才兼备的人招聘进来，这不失为一种广选博择的好办法。

3.用人之长，避人之短

在实际工作中，优点突出的人，往往缺点也很突出。世界上没有完美无缺的人，问题是看他在哪方面强一些。用人之长，避人之短，既符合人的特性，也符合公共关系工作的特点。如果一个人擅长于写文章、绘画，那么就应该安排他在组织的公共关系活动中负责书面的宣传工作。

(二)公共关系人员的培养目标

根据公共关系工作的需要，对不同的公共关系人员应该有不同的培养目标。一般认为，公共关系人才培养应该朝两个方向努力：一是培养通才式的公共关系人才；二是培养专才式的公共关系人才。

通才式的公共关系人才，要求知识面广，头脑灵活，思路开阔，考虑问题周全，并有较全面的知识结构、能力结构和完整的性格结构，在工作中能够独当一面，担任公共关系工作的组织者和指挥者。

专才式的公共关系人才，要精通某一方面的公共关系技术，如新闻写作、广告、美工制作、摄影、书法、绘画、市场分析、资料编辑等。组织中许多具体的公共关系工作都需要这些人亲自动手。这样的人，在组织中宜有不宜无、宜多不宜少，他们是一个健全的公共关系组织不可缺少的人才。

(三)公共关系人员的培养途径

从公共关系教育的角度看，公共关系人员的培养途径主要有以下几种形式：

1.大学本科教育

大学公共关系专业一般为四年制本科或毕业后再接受1～2年的研究生教育。它通常有系统和严格的教学计划、教学大纲、专业师资和专业教材，有明确的培养方法和目标，教学要求很高。公共关系人员进入正规大学学习，可以获得系统的科学知识，有利于培养具有独立的工作能力和各种才能的公共关系人才。这些人将成为各大公司公关部经理及公关咨询公司顾问等高级公关人才。这种形式是比较正规、有效地培养合格人才的途径。

2.大专培训班

大专培训班由综合大学的公共关系专业或相关专业举办，也可由教育单位与用人单位联合举办，学制一般为两年。学生通过学习可以获得比较广泛的知识，有较全面的智力结构、能力结构和完整的性格结构，能成为通才式的公共关系人才，将来可以从事公共关系部门的各类日常工作。这种形式比较适合我国现阶段的状况，可以缩短周期，早出人才。

3.函授教育

采取函授教育的方式培养公共关系人员，这是一种应急办法。函授教育的时间比院校教育的时间短，通常为一年。这种培养公共关系人员的形式既有广播电视教育，又有网络教育。它使学习这方面知识的人可以不受时间、地点等条件的限制，利用业余时间学习、掌握有关知识，是“无院墙的大学”，很受求学者的欢迎。它的对象主要是已经从事公共关系工作和立志从事这一工作的人员。

4.公共关系培训班

公共关系培训班，有的长达数月，有的短至几天，时间上没有统一规定，伸缩性很强。由于培训时间长短不同，讲课者和学员的情况差别很大，所以各种培训班的教学内容不尽相同。培训班的主攻目标往往以掌握各种业务技能为主，培养专才式的公共关系人才。由于学员本身具有一定的社会工作经历，他们通过在培训班的学习，可以具备公共关系某种专业技能或精通某一方面公共关系技术，如广告设计、新闻采写、情报调查、美工摄影等。这类人才在我国目前比较缺乏，需要大量培养。因此，公共关系培训班对于社会在职人员了解公共关系的基本内容，获知公共关系研究和实践的最新成果，提高公共关系工作水平，有"短、平、快"的效果。

复习思考题

1.社会组织的特征是什么？有哪些类型？

2.简述组织的公共关系部的设置原则。

3.从工作方式的角度，公共关系部可分为哪几种类型？各有哪些优点？

4.公共关系公司的特征是什么？其经营范围有哪些？

5.如何选择公共关系公司？

6.试比较公共关系部与公共关系公司的优势和不足之处。

7.公共关系人员应具备哪些素质？

案例分析

国际化公司的本土化

——联合利华公司的中国本土化公关

联合利华公司是世界上最大的跨国公司之一。该公司成立于1930年，由荷兰的尤尼麦格林公司与英国利华兄弟公司组成。目前，联合利华公司在全世界拥有500多家分公司，1997年全球销售额超过500亿美元，在世界大型跨国工业企业中列第20位左右。联合利华公司在全球执行同样的准则，即成为一个"本土化的跨国公司"，联合利华公司在中国同样遵循这一准则。早在1932年，联合利华公司就在上海开办了第一家工厂——上海制皂厂，生产"日光牌"香皂。1986年，它重新回到中国投资建厂。截至1997年，联合利华公司在中国的总投资超过6.4亿美元，投资行业为日用消费品和食品。1997年以前，联合利华公司每年向中国政府缴纳税收5亿元人民币。

为了达到本土化的目的，1998年，联合利华公司针对中国市场酝酿了一系列重大举措。首先，调整联合利华公司内部的组织结构，中国分公司被提升为一个业务集团，同时把区域性总部从新加坡转移到上海；其次，动用大量资金，准备采取多种形式发展包括"中华牙膏""京华茶叶""老蔡酱油"等多个中国民族品牌；再次，准备对在中国的联合利华公司企业进行资产重组，成立一系列控股公司，达到资本优化，提高市场竞争力；最后，组织有才华的中方雇员到海外接受培训，实现本土化管理。在此基础上，联合利华公司认为，在今后一段时间内，运用各种手段，实现由联合利华公司控股的公司在中国上市，其本土化进程才能实现阶段性成功。优化外部环境，为本土化进程铺平道路，成为联合利华公司 1998 年乃至今后公共关系工作中不可回避同时也是最为重要的任务。基于强烈的本土化愿望，联合利华公司 1998 年在中国的各项工作都围绕这一主旨展开。经过详尽的调研分析，联合利华公司展开了以下公关：

1. 争取政府认同

首先，对于联合利华公司大规模的收购计划，政府主管部门的态度显得十分重要。其次，联合利华公司处于食品及日用工业品行业，并不属于我国政府希望优先注入外资的行业。从这个意义上讲，与我国政府的沟通显得十分必要；另外，当时针对外资或合资企业在中国上市的问题，我国还没有明确的政策。为此，解决上述问题，首先要进行政府游说工作，获得政策支持，在条件成熟的情况下，允许联合利华公司作为第一批外资控股公司上市。因此，联合利华公司的两位总裁先是会见上海市市长徐匡迪，通报了要将总部设在上海并就联合利华公司资产重组问题与徐市长交换了意见。又在 1998 年 6 月 10 日下午，与时任国务院总理朱镕基进行了会谈，会谈期间，联合利华公司表达了在中国长期投资的信心，同时就本土化进程中的一些问题与朱总理交换了看法。

2. 举办宴会，联络感情

6 月 10 日，联合利华公司的两位总裁在人民大会堂宴会厅宴请我国有关政府机构的负责人、中方合作单位代表及社会知名人士。同时，两位总裁借此机会宴请联合利华公司的退休职工，表达关爱之情。

3. 公益活动

6 月 10 日，联合利华公司出资 30 万元人民币，资助 125 名贫困大学生的学习生活费用。这 125 名“联合利华希望之星”来自江西、陕西、云南、湖南和重庆市的三峡库区，每名学生每年可获得 4 000 元的资助。

4. 媒体宣传

6 月 10 日下午，联合利华公司在人民大会堂河北厅举行新闻发布会。两位总裁及来自北京 34 家新闻单位的 42 名记者出席了新闻发布会。会议期间，两位总裁透露了联合利华公司在我国进一步发展的设想并回答了记者感兴趣的问题。早些时候，在上海举行了同样内容的新闻发布会，会议上着重强调联合利华公司将总部迁往上海的理由，从而获得了上海媒介的认同感。

两位总裁在天安门前与中国少年儿童共同品尝“和路雪”，同时邀请在京主要新闻单位的摄影记者到现场采访。两位总裁以这种轻松、独特的方式“亮相”，巧妙地表达了联合利华公司对中国的友好与亲近，预示着联合利华公司在华实施本土化战略的强烈愿望。当日，联合利华公司两位总裁接受中央电视台“世界经济报道”栏目的专访。利用中央电视台的金牌经济栏目，集中发布联合利华公司的声音，可以系统地阐述联合利华公司在我国发展的长远设想，全面地表达了本土化的意愿。

（摘自：wenku.baidu.com）

问题：

1. 本案例中的公共关系活动模式是何类型？在实际应用中应注意什么问题？
2. 你认为营利性组织的公共关系部除了案例中所述外，还有什么职能？
3. 怎样理解公共关系部的“智囊”作用？
4. 公共关系只是公共关系部的事情吗？企业公共关系与营销有何关系？

第四章　公共关系的客体——公众

学习要点及目标

1.了解公众、内部公众、外部公众的概念；
2.掌握公众的基本特征及分类；
3.了解公众的心理特征；
4.掌握公众的个体心理分析内容和方法；
5.掌握公众的群体心理分析内容和方法；
6.了解组织内部公众关系的重要性和处理要领；
7.了解组织外部公众关系的重要性和处理要领。

核心概念

公众　　内部公众　　外部公众　　公众心理　　公众的个体心理　　公众的群体心理

引导案例

大亚湾核电站的公众关系处理

我国的核电从无到有、从小到大，已经在我国能源紧缺的沿海地区发挥作用。由广东核电合资有限公司负责建设和营运的广东大亚湾核电站于1979年年底开始进行经济技术可行性研究，1987年主题工程开工，两台机组分别于1994年1月1日和5月6日先后投入商业运行，为我国香港地区和广东省的经济发展和繁荣做出了积极贡献。

核电作为一个特殊的产业，对许多人来说仍是一个陌生的领域，核电的特殊性为其蒙上了神秘的色彩，特别是苏联切尔诺贝利核电站事故的发生，使为数众多的普通老百姓担心核安全。广东核电合资有限公司从核电站建设之日起就制定了有效的外部公关策略，为扭转舆论偏向、消除公众误会及偏激、取得公众的理解和支持做了大量的公共关系工作。

为了更好地加强与香港公众的沟通，公司邀请香港各界知名人士和专业人士参加，成立了大亚湾核电站安全咨询委员会，并每年定期举行会议，向委员会汇报核电站建设和生产运行的情况。安全咨询委员会是大亚湾核电站安全问题与香港公众沟通的专责机构，使香港公众客观地了解了大亚湾核电站工程建设和生产运行中安全方面的情况。

为广泛普及核电知识，树立良好的公司形象，公司先后在香港、广州、深圳、北京等地举办或参加不同类型的科普展览会。1986 年 10 月，联合香港科技协进会在香港举办了核能技术展览会，以及专题讲座、公众咨询等活动。十年多来，共计举办了不同类型的展览会 12 次之多，参观人数达 70 万人次，分发宣传资料 20 万余册。

通过展览，广泛地普及核电知识，让公众认识了解核能的发电原理、核电发展概况以及大亚湾核电站与切尔诺贝利核电站的区别，使公众认识到核电是一种安全可靠、清洁的能源。公司每年定期举办两次记者招待会(后改为每年一次)，通过媒体，让公众及时了解大亚湾核电站的情况，并加强与各新闻媒体的联系，主动提供资料，增加了核电站的社会透明度，增强公众对核电的信任感。组织公众参观核电站，十多年来，公司共接待中外参观者约 19 万人次，并认真回答他们提出的各种问题。

从以上案例可以看出，大亚湾核电站针对其公众，通过普及核电知识、建立公开透明的体系、增加公众对于核电站的了解，扭转了舆论偏向，消除了公众误会及偏激，取得了公众的理解和支持，从而化解了公众心中的不安，创造了一个有利于核电站运营的社会环境，保证了核电站的发展和运营。

公众作为公共关系活动的客体，是公共关系工作的对象，是组织为了自身的存在和发展所要重视的各类群体或个人。如果作为公共关系的主体——组织，不了解公众就难以做好公共关系工作；不熟悉自己的公众，就无法有针对性地开展公共关系工作，增强公共关系活动的效果。因此，公共关系工作要想取得较好的成效，就应该从认真研究和分析公众开始。只有正确理解和把握公众的概念、特征和分类，分析公众的心理及基本目标，才能正确地制定公共关系的目标、策略和措施。

第一节　公众的概念和特征

公众是公共关系学中的一个基本概念，它的构成比较复杂。正确理解和把握公众的含义和特征有助于公关活动确立明确的对象，而且只有对公众进行正确的认识和分析，才能为社会组织制定公共关系目标、策略和措施提出科学依据。

一、公众的含义

在公共关系中，公众是指与特定的社会组织发生联系，并对其生存和发展具有重要影响的个人、群体和组织，是公共关系工作对象的总称。比如，一个企业的公众不仅仅是顾客和经销商，还包括该企业内部的全体员工、股东、原材料供应者、政府、新闻界、社区居民等。这些个人、群体或组织与公共关系主体有相关的利益，而且对公共关系主体影响很大，这种影响体现在他们的态度、意向和行动上，将制约社会组织的生存和发展。而组织的观念、政策和行为也将影响这些个人、群体或组织。因此，他们成为公共关系主体传播交流信息的对象。

概括起来，公众包括以下四项基本含义：

(1)公众是公共关系主体传播沟通对象的总称。

(2)公众是相对特定组织而存在的。

(3)公众是因为共同的利益、问题等而联结起来并与特定组织发生联系或互相作用的个人、群体或组织的总和。

(4)公众是客观存在的。社会组织不可能独立存在,它总是与社会各界发生着千丝万缕的关系,因此,组织的公众是客观存在的,不以组织的意志为转移。

二、公众的特征

把握公共关系中公众的特点,就可以在公共关系工作中正确地认识和区分组织的公众对象,准确地把握公众环境,做好组织的准确定位,为有效地进行公共关系工作打好基础。作为公共关系学中的一个概念,公众有以下几个特征。

(一)整体性

公众不是单一的群体或个人,而是与某一组织运行有关的整体环境。任何社会组织的生存和发展都离不开一定的公众环境。公众环境与自然环境、地理环境不同,它是组织运行过程中必须面对的社会关系和社会舆论的总和。这些社会关系和社会舆论的范围很广,涉及组织内部和外部、社会的方方面面,而且相互关联。公共关系工作不可只注意其中某一类公众而忽略其他公众。对其中任何一种公众的疏忽都可能致使整个公众环境的恶化,公众环境的恶化必将影响组织的生存和发展。因此,我们首先应该将组织面对的公众视为一个完整的环境,要用全面、系统的观点来分析自己所面临的公众。

(二)同质性

公众之所以成为公众,并且广泛存在,是因为公众的成员,遇到了共同的问题、共同的利益、共同的需求、共同的目的、共同的兴趣等。这些共同的问题、利益、需求、目的、兴趣,往大的方面说,可以是国家的大事,甚至国际事件;往小的方面说,可以是家庭琐事或者个人的衣着打扮偏好。但无论事情的大小,只要有充分数量的人共同面临,那么这些人就可以形成公众。比如,一些顾客购买了某种牌子的冰箱,那么这些顾客就成了该冰箱厂的公众。其实,同质性的核心在于“性质”相同或“面临共同问题”,即公众中的每一个个体因为某种具体或抽象的问题与组织之间发生某种联系,这就是公众的同质性。

(三)相关性

所谓相关性,是指因共同问题而聚集的公众和与该问题有牵连的特定组织机构之间相互影响、相互制约的关系。具有相关性的“公众”并不是抽象或空泛的概念,而是与特定社会组织之间由于某种因素而产生相互联系的状态。公众因一定的问题而聚集,这种问题直接、间接地与该组织机构的目标和发展相联系,从而使组织与公众之间产生利益相关性。由于公众与社会组织的这种相关性,公众的选择和确定就成为公共关系的重要任务,以及制定公共关系策略的前提条件。所以,公众应该是具体的,是与特定的社会组织相关而形成的,它总是相对于一定的组织主体而存在,不同的组织主体的公众对象自然是不同的。凡不与某一社会组织发生关系的“公众”,都不是该组织的公众。

(四)多变性

社会组织的运行处于动态的过程之中,因此,社会公众也不是固定封闭、一成不变的对象。公众会因为“面临的共同问题”而产生和存在,也会随着“共同问题”的变化而发生变化。这主要表现在,社会组织在运行过程中,组织主体必须随着环境条件的变化而随时调整自身的发展运行目标，相应的对象公众也会随着主体的条件、客观环境的变化而变化，新的公众会代替原来的公众，公众的范围也会随着“面临共同问题”者的增加而不断扩大。例如，营利性的企业所面对的公众，对企业产品的要求在某一段时间内是以产品质量为主，当产品进入成熟期后，也会转向更高层次的要求，如追求产品的款式要新颖，售后服务要及时等。

(五)多元性

由于公众的组成结构不相同，公众对组织公关行为的认识和理解必然存在客观差异，这就造成了公众的多元性。公众的多元性，首先体现在它具有多层次的立体结构。公众可以是单独一个人，也可以是一个社会团体、社会组织或者是某些社会单位、部门。这种公众的多层次性客观地表现为公众的复杂性，也决定了公共关系是一种多维的社会关系。其次，多元性还表现在公众目标和需求的多元化。作为特定组织的公众，都面临着一个共同的问题，但在解决这一问题的过程中，他们所表现出来的利益追求和价值取向存在一定的差异。一般来说，如果利益一致或基本相同，就易形成和谐关系；反之，则可能产生对抗性。最后，公众的多元性还表现为它具有多种类型，有的公众与组织发生直接关系，如员工；有的公众与组织发生间接关系，如员工家属。即使是同一类公众，也可以有不同的存在形式。比如消费者公众，可以是松散的个体，也可以是特殊的利益团体(如消费者协会)，还可以是一个严密的组织(如使用产品的某家公司乃至政府)等。了解公众形式的多元性，才能按照具体公众的特殊性进行分析，制定相应的公共关系措施。

【案例4—1】

星巴克的“第三空间”

“星巴克”咖啡馆是一个强势品牌，但却很少做广告。一般认为，广告在建立强势品牌方面扮演着核心的角色，然而“星巴克”的经验表明，广告和强势品牌之间并不存在直接的逻辑关系。

“星巴克”走了一条完全不同的品牌建设之路。每当新产品推出之际，直接的竞争对手“麦当劳”和“Dunkin’Donuts”从来都是一掷千金大打电视广告，这是惯常的品牌推广模式。据统计，2006年“麦当劳”在美国的广告开支为7.82亿美元，Dunkin’Donuts花了1.16亿美元，而“星巴克”仅花了区区3 800万美元，只是“麦当劳”的一个零头。

“星巴克”例来有反广告主义情绪。20世纪80年代末，“星巴克”开始从西雅图家乡对外扩张的时候，董事长霍华德·舒尔茨(Howard Schultz)就刻意强调社区化营销。“星巴克”一直将自己视为成千上万家转角咖啡馆的集合体，每个咖啡馆面向邻近居民，以店堂为营销中心进行推广。建立起良好的社区关系，以顾客的口碑带动销售，是“星巴克”要倡导的经营方式。相应地，在理念方面，“星巴克”强调了所谓的“第三空间”，即成为消费者在家和办公室之外以休闲聚会和遐想为主的第三个空间。这份独一的理念，让“星巴克”在一堆与其具有相同经营模式的咖啡馆连锁品牌中，以其独特的形象，吸引了媒体和公众的持续关注。一个有趣的现象是，媒体和消费者自动成为星巴克的“第三方认证”。媒体文章中，“星巴克”是时常不经意要提到的一个名字，一个各种社交活动和引发各种创意活动的温馨和友好的背景地点。

从以上案例可以看出，当组织以动态和发展的眼光来认识和服务于目标公众对象时，就会促进组织稳定地发展，实现双赢。

(摘自：饶欣，徐刚.客户关系管理.2014)

第二节 公众的分类

任何组织面临的公众都不是单一的，都是比较复杂和多元化的。只有对公众进行分类，把握公众的性质，了解公众的特点和要求，才能制定出具有针对性的公共关系活动计划，实现公共关系的目标。本节根据不同的标准将公众分为不同的种类，目的是通过这些种类的划分，帮助组织针对不同特点的公众，有的放矢地开展公关工作。

一、内部公众和外部公众

根据公众的隶属关系，可以将公众分为内部公众和外部公众。

(一)内部公众

内部公众是指组织的全体成员。如企业中的工人、技术人员、管理人员、股东；大学里的教师、学生、干部、后勤人员等。他们的一言一行都会直接影响组织的整体形象，与组织的关系最为直接、紧密。他们是组织的主体，也是组织中最具有能动性和创造性的生产力，是组织公关的首要对象，也是组织公关活动的施动者，是与组织相关性最强的一类公众。组织的内部公众主要包括员工和股东两类。

1.员工

员工既包括操作人员、技术人员，也包括管理人员。一方面，员工是组织的成员，处理好员工关系可以极大地调动员工的工作能动性和创造性，提高组织的运营效率；另一方面，他们与外部公众直接接触，是组织形象的代表，是外部公众了解组织的“橱窗”。因此，针对员工公众的公关活动不仅是组织对象公关工作中最基本的一个环节，也是组织全员公关的基础。

2.股东

股东是组织的投资者，既包括个体投资者，也包括团体投资者。股东与组织的生存发展密切相关，他们是组织的财务支持者，为组织的发展提供资金支持。搞好股东关系对组织生产经营十分重要。

(二) 外部公众

外部公众主要是指社会组织外部的，与组织存在着某种利益相关性，对组织的生产经营有重要影响的公众。这类公众不隶属于组织，他们与组织的关系没有内部公众那么密切，但由于外部公众对组织的生存和发展具有现实或潜在的影响力，因此，组织需要通过与外部公众直接或者间接地联系来实现自己的发展目标。所以，公关部门应当树立组织的良好形象，争取外部公众更多的理解与支持，为组织的发展构建良好的外部环境。组织的外部公众众多，常见的外部公众包括顾客公众、政府公众、媒介公众、社区公众。

1.顾客公众

组织外部公众中最为重要的就是顾客公众。顾客公众是组织的衣食父母，顾客公众对于组织的生存和发展是十分重要的。因此，以顾客为导向、顾客第一是大部分企业在经营活动中采取的重要措施，组织的生产经营活动都围绕顾客进行，即以顾客为中心。这种经营理念反映了组织在处理与消费者的关系时所持有的基本态度和立场，其核心就是要让顾客满意。只有让顾客满意，才有可能让顾客忠诚，这种忠诚不仅是指重复购买的行为，还包括顾客对组织产品的偏好以及正面口碑传播等方面。因此，处理好组织与顾客之间的关系的重要性是不言而喻的。

2.政府公众

政府公众是组织与政府沟通的具体对象，是政府各级行政机构及其官员和工作人员。社会组织必须接受政府的管理和制约，因此需要与政府的有关职能机构和管理部门打交道。政府公众从纵向来看，包括中央政府、各级地方政府；从横向来看，包括工商管理、税务、土地、司法等不同的职能部门。社会组织、个人和团体都是在政府的统一、有序管理下才能正常运行的，组织也不例外。组织的行为不能违反政府的政策法规，有时其生产经营活动还需要政府部门的支持，如土地审批。此外，政府是公关公众中最为权威的公众，政府的认可与支持也最具影响力。霸王洗发水"致癌门"事件中，国家质检总局发布公告称"霸王相关产品的抽检样品中，二恶烷含量水平不会对消费者健康产生危害"，正是国家质检总局的澄清才使得"致癌门"事件逐渐趋于平静。因此，与政府公众建立良好的关系，争取政府对组织的了解、信任与支持，是组织生存与发展的重要保障。

3.媒介公众

媒介公众，也称新闻界公众，是指新闻传播机构及其工作人员，包括报纸杂志社、广播电台、电视台及其编辑、记者等。媒介公众是公共关系工作对象中最敏感、最重要的一部分。它们是组织向其他公众传播信息的主要渠道。信息传递迅速、影响范围大、威信高是新闻媒介最大的特点，它们可以在很大程度上左右社会公众的价值判断。因此，组织公关部门需要通过它们传播信息，树立组织的良好形象。同时，新闻媒介具有舆论监督作用，它可能曝光组织的不合理、不合法行为，使组织形象受损，甚至是完全溃败，危及组织生存。因此，媒介公众对组织的生存与发展也具有举足轻重的作用。

4.社区公众

社区是普遍存在于城市生活中，因居住区域集中自然而形成的一定的区域范围。社区公众是在一定区域范围内与组织发生某种特定关系的各类群体或组织，包括当地的政府部门、地方团体组织、左邻右舍的居民百姓。一般情况下，社区公众包括：社区内的居民及其家庭，尤其是对组织活动构成影响的各种活跃分子；社区中与本组织有某种利益关系或其他关系的社会组织及其成员；组织所在地的各级政府机构及其官员和工作人员；社区内的新闻机构及其工作人员等。社区公众是组织重要的外部公众之一，组织提高内部员工的士气，使他们心情舒畅，促进组织或企业顺利发展，就必须搞好与社区公众的关系。而且，对于存在于社区内的组织而言，社区公众对其具有重要意义。一方面，它可以是组织员工的重要来源；另一方面，它又可以是组织的公共关系对象，是组织产品的消费者或服务的提供者。组织只有理顺与社区公众间的关系才能拥有一个良好的邻里关系，得到周围环境的大力支持与协助，才能顺利地进行生产和经营。由此可见，社区公众与组织的利益紧密相连，与组织的发展息息相关。

二、非公众、潜在公众、知晓公众和行动公众

根据公众发展过程中不同阶段的特点，可以将公众分为非公众、潜在公众、知晓公众和行动公众。

（一）非公众

非公众是公共关系学中的特殊概念。在特定的时空条件下，非公众虽然处于组织主体的

影响范围之中，但却与该组织无直接利益关系，其观点态度和行为不受该组织的影响，也不对该组织产生作用。在从事公共关系工作时应当正确区分公众与非公众。只有这样，公共关系工作才具有明确的目标和重点。但是，值得注意的是，非公众也并非是绝对不变的，它会随着时间、地点、条件和环境的变化而变化，这时非公众就有可能转变为潜在公众。

（二）潜在公众

潜在公众是指由于面临的潜在的共同关系问题而形成的潜伏公众、隐患公众、隐蔽公众或未来公众。某一社会群体面临着组织行为或环境引起的某个潜在问题，这个潜在问题还未暴露，这些公众本身还没有意识到问题的存在，他们与组织的关系还处于潜伏状态。例如，企业在生产过程中，因为工人操作失误，排放了无色无味的有害气体，但是工厂周围的居民却还没有意识到这一点，于是就成了该企业的潜在公众。由于没有认识到问题，潜在公众还没有形成态度的变化，也没有采取任何行动，但是一旦他们得知，他们就会发展成为知晓公众。一般来说，潜在公众阶段是公关工作开展的最好时机。如果是让公众受益的事情，组织应当尽早采取公关活动让潜在公众转变为知晓公众、行动公众；如果是危及潜在公众利益的事情，为了避免处于被动，组织应当采取行动让公众了解事情的真相，采取补救措施，将问题解决在萌芽状态，避免酿成更大的危机。

（三）知晓公众

知晓公众是潜在公众逻辑发展的结果。潜在公众已经面临着组织行为引起的共同问题，但尚未意识到；知晓公众面临着共同的问题，并且已经意识到问题的存在。在上例中，如果附近居民知道了企业排放的气体有毒，对居民的身体健康会产生影响，此时他们就会急于了解情况，想知道更多的相关问题的细节以及解决问题的办法，如到底排放了多少气体？是什么时候开始排放的？气体对人们身体健康的影响程度如何？会不会产生后遗症？等等。知晓公众对一切有关问题的信息都想了解。对于组织来说，此时采取积极主动的公关姿态，及时沟通，主动传播，满足公众被告知的心理，使公众对组织产生信赖感，对于主动控制舆论局势非常重要。如果知晓公众不能从有关组织那里获得必要的信息，便会转向其他信息渠道，各种不准确的小道消息就会流传开来，局势就会难以控制，事后的解释也会事倍功半。美国前总统尼克松处理“水门事件”时，由于没有正视知晓公众的要求，失去了引导公众舆论的时机，使自己越来越被动，最后只好辞职下台。事后，尼克松在其回忆录中总结“水门事件”的经验教训时写道：“这完全是公共关系的失策。”

（四）行动公众

行动公众又是知晓公众发展的结果。行动公众不仅意识到问题的存在，而且准备或已经自行采取行动来求得问题的解决。行动公众会对组织构成相当大的压力，会迫使组织必须用行动去处理和解决他们的问题，而不是只停留在语言和文字上，也就是说，行动公众必然促成公共关系行为的发生。组织面对着行动公众，除了采取相应的行动别无选择。当然，恰当的公共关系行动方案会使行动公众的压力转变为动力，转变为对组织有力的合力，这也是公共关系工作的最佳结果。

【小贴士】

公众角色的转变

某商店出售一批食品，事后发现这批食品已经变质。购买了这批食品的顾客，由于还没有食用，也没有发现问题，因而暂时没有反应，这时，他们就是潜在公众；当顾客吃了这批食品，发现了变质问题，顾客就成了该商店的知晓公众，他们可能向该商店提出质询；假如顾客发现商店出售变质食品后，纷纷上门索赔，同时向有关部门投诉等，这部分顾客就构成了行动公众。

将公众划分为非公众、潜在公众、知晓公众和行动公众，是按照组织遇到的一个问题形成的相应的公众的发展阶段而确定的。在这个过程中，公共关系的从业人员，可以用自身的专业使他们转变为非公众，这样就会及时地化解组织的危机。

【案例 4—2】

35 次紧急电话

美国女记者基泰斯到东京探亲，她在东京的奥达克余百货公司买了一台“索尼牌”电唱机，准备送给东京的亲戚。回到住处后，她发现该机未装内件，是一台空心电唱机。当她第二天准备到百货公司进行交涉时，该公司打来了紧急电话，在一连串的道歉后，说该公司副经理将登门拜访。时隔 50 分钟，奥达克余百货公司副经理和一名职工匆匆赶到并送上一台新电唱机，另外加一盒蛋糕和著名唱片。在赔罪的同时，他们讲述了公司自行发觉并尽快纠正这一错误的经过：当天下午 4 点 32 分，售货员发现售出一台空机后，即刻报告警卫人员迅速寻找这位美国顾客，但为时已晚，随后又报告了管理员，管理员又向经理汇报。经分析，他们决定从顾客留下的“美国快递公司”名片这一线索查找。当晚他们连续打了 32 次紧急电话向东京周围的旅馆询问。另外，还派专员用长途电话向“美国快递公司”总部打听，结果从快递公司回电中知悉这位顾客在纽约的母亲家中的电话，随即再打电话了解到这位顾客在东京亲戚家的电话，结果终于在她离开之前打通了电话，找到了基泰斯，更换了唱机，取得了美国顾客的充分谅解和信任。

这前后 35 次紧急电话的案例，充分说明日本奥达克余百货公司对知晓公众的高度重视，不遗余力地去赢得知晓公众的理解和信任，在其尚未转变成行动公众之前，就使他们的态度朝着有利于组织的方向转化。

（摘自：皮骏.客户关系管理教程.2011）

三、首要公众、次要公众和边缘公众

根据公众对组织的重要性，可以将公众分为首要公众、次要公众和边缘公众。

（一）首要公众

首要公众是关系到组织的生死存亡、决定组织成败的那部分公众。他们对组织的生存发展具有重要的影响力和决定性作用，同时还会影响其他公众。例如，组织中所有的员工和股东、商店的顾客、工厂的用户等都是组织的首要公众。这些公众群体是社会组织正常运行和发展的主要动力，是构成社会组织结构和功能的基础，是公共关系活动的重要对象。所以，对于此类公众的公共关系活动的人力、物力、财力等应该多做安排。

（二）次要公众

次要公众是那些对组织的生存和发展有一定影响，但没有决定性意义的公众，如政府公众、媒介公众及社区公众等。此类公众虽然不是组织公共关系工作的重点对象，但是建立、保持与这类公众的良好关系是组织发展不可忽略的事项。次要公众虽然在数量上看可能相当多，但是由于其影响力比较弱，投入大量的力量，也只能收到较少的效益。

(三)边缘公众

边缘公众是指处在组织公众与非公众交界地带的人员和群体，它与组织的生存和发展有一定的关系，但其作用要次于首要公众和次要公众，如组织的非主管部门、科研机构、各种民间协会、团体、非同类企业组织等。边缘公众的灵活性、稳定性较差，他们可以是某个组织的边缘公众，也可以是某几个组织的共同边缘公众。但是，边缘公众并非固定不变，在一定的条件下，他们可以转变为首要公众和次要公众，会对组织产生巨大的影响。所以，组织在兼顾首要公众和次要公众的同时，也要注意边缘公众，掌握他们的变化状况，防止他们上升为首要公众或次要公众时，由于组织不了解情况而采取错误的方法和措施，在组织和公众双方间产生不应有的误解，造成不应有的损失。

四、顺意公众、逆意公众和独立公众

根据公众对组织的态度，可将公众划分为顺意公众、逆意公众和独立公众。

(一)顺意公众

顺意公众是指意见和态度都和组织的行为相对保持一致的公众群体。他们对组织的产品、生产经营活动以及政策等都持赞成、支持的态度。他们的支持有助于组织的生产和发展。组织在制订公关计划时，应当加强与这类公众的联系和沟通，强化他们的积极态度，避免因组织的不当行为或者是外部环境的变化导致这类公众态度的转变。也就是组织的公关部门应当保持和扩大顺意公众的规模。

(二)逆意公众

逆意公众是指对组织的政策和行为持反对态度并提出否定意见的公众群体。任何公共关系的主体都会面对这样的客体——逆意公众，只是数量不同而已。任何一个社会组织，它的政策、行为不可能所有人都赞成，没有人持反对意见。组织的工作受到阻碍或不能按照原计划顺利进行的原因之一就是有逆意公众的存在，因此，组织必须充分重视逆意公众，加强与他们的信息交流与沟通，让逆意公众了解组织、信任组织、谅解组织，同时改变他们对组织的态度。

(三)独立公众

独立公众是指那些对组织持有中立的态度和观点，即意向不是很明确的公众。他们既有可能转变为顺意公众，又有可能转变为逆意公众，也有可能保持不为所动的状态。在没有转变之前，独立公众的态度和行为对组织的生存和发展影响不大。例如，2010 年 7 月，国家食品药品监督管理局通报了对“霸王”洗发水相关产品的抽检情况，结果显示，抽检样品中二恶烷的含量水平不会对消费者健康产生危害。使用该品牌产品的消费者由于用量不大，因此对霸王“致癌门”事件的态度同以前一样，还是处于中立，既不支持也没有表示反对。针对这类公众，组织的公关部门应当竭尽全力避免其向逆意公众转变，争取使其转变为顺意公众。因此，公关部门必须做好调查研究，采取有效措施，加强与这类公众的沟通和交流。

【案例 4—3】

冰雪灾害天气下铁路部门的公众及类型

2008 年年初，我国南方各省发生严重的冰雪灾害。南方电网和铁路、公路运输受到严重影响。由于出现罕见的天气状况，加上电力系统及其能源供应不足，京广线被迫停运。与此同时，南方多条高速公路由于冰雪无法通行，客货运输压力又进一步集中到铁路部门。于是，铁路系统就成为国家、地方各级政府、众多旅客、货主及新闻媒体关注的焦点，成为滞留广州火车站的千百万计划回家过年的旅客批评的对象。

滞留的旅客都因为冰雪天气这一共同性质问题而成为铁路部门要面对的临时群体；如果旅客滞留问题解决不好，就会直接影响组织的利益和形象；铁路部门在处理这一事件时面对的公众除了旅客外，还有领导、员工、媒体记者等；随着组织解决问题的措施的有效实行，那些滞留的旅客安全回家，就不再构成铁路部门的公众了。广大员工和领导，尤其是春节期间奋战在客货运输一线的员工和技术人员是内部公众；要回家过年的亿万乘客、各级政府、新闻媒体、电力部门等合作伙伴是其外部公众；大多数旅客是铁路部门的中立公众，其中不排除一直对铁路交通情有独钟的顺意公众，但由于影响其正常利益，中立公众和顺意公众可能变成了逆意公众；内部公众、旅客和电视台的新闻记者是首要公众，电力部门等合作伙伴是次要公众；这一事件让许多原来的非公众、潜在公众在很短的时间内变成了知晓公众，甚至行动公众。

（摘自：张克非.公共关系学.2014）

第三节　公众心理

公众心理就是公共关系心理，也称为大众心理，它是一种团体心理现象，在日常社会生活中普遍存在。公众心理非常复杂，它是由不同的个体心理现象组成的，是在一定的社会条件和外部环境下逐渐形成的。社会组织和公众之间的互动关系构成了公共关系，公共关系情境中公众受组织行为的影响和大众影响方式的作用形成了公众心理。公众心理是公关活动的承受者对主体行为的感知和反映。组织可以调整自身行为来塑造良好的形象，掌握公众心理的变化规律，促进公关活动的顺利进行，影响和改变公众心理，引导组织和公众之间的关系向着更有利的方向发展。

一、公众心理特征及结构

（一）公众心理特征

公众心理受社会环境的影响，是社会现实的反映。社会团体中的个体对某一现象的看法、体验、意向，由于其各自的背景不同而不同，但是却相互影响，最后会自发地趋向集中，形成相近的看法和一致的行为。因此，公众作为社会群体的成员，其心理特征具有同质性、变化性、从众性和攀比性。

1.同质性

公众心理的同质性是指当群体面临某一共同问题或社会事件时，虽然群体中的个体经历、教养、文化、个性等方面存在差异，但是他们在面临某一种共同利益和需求、受到组织的决策影响和制约时，会形成共同的社会心理，并会做出较为一致的反应。值得注意的是，在事件结束或问题解决后，因利益趋向变化，公众的同质心理将发生变化，所以这种特性是临时的。例如，2006 年春节，香港迪斯尼乐园以游客爆满为由，拒绝一些持有半年有效门票的游客入园。许多内地游客春节前就在不同的旅行社订购了迪斯尼乐园的门票。他们扶老携幼，满怀欣喜来到香港迪斯尼乐园，想玩个痛快，却被拒绝在乐园门外。拥挤的场面，期待、焦躁的心情，构成了埋怨、愤怒的心理，颇有上当受骗的感觉。为维护自身的权益，这些游客联合起来向有关部门投诉。尽管这些游客的性别、年龄、职业、文化程度及来自的地域不同，但是当他们的权益受到了侵害时，自觉地维护自身权益这一共同目标将他们彼此联系在一起，他们所要求解决共同问题的心理状态是相同的，所产生的态度和行为也就较为一致。

2.变化性

公众心理的变化性也可以理解为公众心理的不确定性，它是现代社会不断发展、生活模式不断变化的反映，同时也是每个个体或群体在社会生活中角色变化的结果。流行或时尚的此起彼伏引起了公众心理的变化，而这种变化过程是每一种流行方式本身的寿命。除此之外，由于公众在社会中所扮演的角色日趋多样化，如因公众自身的背景不同、所处条件不同，其显示的角色和他类角色在心理上肯定是有差异的，因此其心理具有变换性和伸缩性。例如，企业家们每日逛菜市场时会为涨价怨声不断，但坐到办公室桌前又会为自己的产品提价进行筹划。这种生产者与消费者的角色行为冲突，就反映了公众心理的变化性。

3.从众性

从众性是一种长期存在的心理现象，在现代社会被赋予了更加丰富的形式和内容。尽管现代社会强调个性，但是大多数公众并不能有效鉴别和把握个性所在，而且公众的思维和心理由于大众传播媒介所提供的各种信息而变得模糊，因此就会产生效仿传播媒介所提供的“形象”，这些“形象”成为公众追求“个性”和“流行”的模板。传播媒介的传播内容成了大众传播的内容。大众传播的内容是大众所关心、接受的，能引起尽可能多的受众兴趣的思想趋同，因此，大众传播的内容一般是难以满足个性化需求的。追求“个性”的发展过程包括三个阶段：追求个性（个别创新）—众从（大多数人效仿）—从众（最后紧追而上）。从这个过程中可以看出，追求“个性”的最终结果恰恰导致了“从众”现象。

【案例 4—4】

“抢盐”风波

2011 年 3 月 16 日起，中国各地忽然爆发市民抢购食盐“盛况”，大量超市的食盐销售一空。个别不良商家借机提价，北京一箱 40 多元的食盐卖到 600 元。微博上很多人的问候语都变成“你买盐了吗”。北京电视台及北京广播电台的多个栏目第一时间开始报道“抢盐”现象。北京电视台播出的《北京新闻》《首都经济报道》等栏目、北京广播电台的《新闻 2011》《一路畅通》节目都对市民“抢盐”现场进行了报道：跟风排队的购盐人群、大包小包提着盐袋的人、超市里空空如也的货架……镜头记录着人们“疯狂”的举动。17 日，北京收听率最高的广播节目《一路畅通》就以轻松愉快的播报方式，和听众一起讨论“抢盐”事件。当天和听众交流的主题为《盐过其实》，读了不少听众自己发来的“抢盐”经历短信、留言，用调侃的方式告知市民，买了一箱盐的还是赶紧分给那些没有买到盐的邻居朋友们。18日,“抢盐”事件依然是各类新闻节目中的主要新闻,但内容却发生了变化。《首都经济报道》的记者再次走进全市各大超市,看见的却是货架上已经有了盐,排队买盐的队伍没有了,买盐人的数量已经下降了一半。此时,已经有人开始陆续来退盐。到了22日、23日,超市里又出现了长队,但不是买盐了,而是退盐了。

“抢盐”风波发生在日本地震海啸以后。抢购食盐的所谓理由基本有两个:一是吃盐防辐射,二是核辐射污染海盐。大部分人“抢盐”是从众行为,看到大家都买,所以也买,商店越脱销,越激发抢购。后来卫生部门第一时间就辟了谣,表示吃盐不防辐射,另外中国食盐中海盐比例不超过20%。而海盐大多产自东南沿海,距离日本较远。各地盐业公司纷纷采取措施保障充足供应。在官方媒体及网络的影响下,谣言很快不攻自破。这部分从众“抢盐”的人又在超市里排起了长队退盐。当然,从众是人性的弱点。盐商正是利用了公众从众心理的弱点,在当下食盐供应无比充足的情况下,卖盐是利润很低的生意,借机炒作大赚了一笔。利用从众心理的现象在股市上表现得更加淋漓尽致。不少股票就是这样炒上去的。但是,在公共关系实践中,不违法、不炒作,适当利用公众的从众心理来扩大影响,还是有必要的。

(摘自:龙志鹤. 公关案例选粹与评析.2011)

4.攀比性

人们通常会通过与他人的比较、选择来确定自己的观点和行为,其实这就是一种攀比心理。攀比是一种与自己心目中强者或现实中比自己条件优越的人的比较心理和行为。人们常常把与之比较的对象分为两类:一类是与自己一样的人,这些人构成自己的“隶属群体”;另一类是自己心目中向往成为的人,这些人构成他的“参照群体”。由于公众这一特殊的群体是未经组织的,没有严格的规范性,因此更多的是与参照群体而不是隶属群体进行比较,并由此产生行为上的攀比。这种攀比能够造成追求时尚或流行的现象。例如,很多年轻人都追求时尚,常常对明星的服饰、发型有一种模仿心理,这就形成了明星服饰与发型在青年公众中的流行,也会促使这些公众产生购买欲望。

(二)公众心理特征的结构

公共关系的对象,也就是公共关系的公众,包括个体公众和群体公众。因此,公众的心理特征可以分为公众的个体心理特征和公众的群体心理特征。例如,一位消费者购买了某个组织的产品,这时,这位消费者就是这个组织的个体顾客公众,而许多消费者购买了相同的产品,这些消费者就形成了生产或销售该产品的组织的群体顾客公众。在早期,个体顾客公众还没有意识到有群体顾客公众的存在,但是这些群体顾客公众是确实存在的,而且是以他们购买的同样产品为纽带,当很多个体顾客公众遇到相同的问题时,群体顾客公众的有形性就会显现出来。因此,公众的心理特征结构包括个体心理特征结构和群体心理特征结构。而且这两个部分是相对独立又相互影响的。公众的个体心理特征是群体心理特征的基础,个体心理特征体现在与其他个体的差异上,具有稳定性和独立性;而公众的群体心理特征是在群体的互动中产生的,与个体的心理特征是相对应的关系,这种群体心理特征表现除了人类普遍的社会性和群体性特点,还具有一定的凝聚性和排他性。

二、公众的个体心理分析及利用

(一)公众的个体心理特征

公众是一个社会群体,这个社会群体又是由很多个体组成的。要分析公众的心理,必须首先分析公众的个体心理特征。公众的个体心理特征是指表现于公众个体身上的最稳定、最根本的心理特征,它主要包括三个方面:能力、气质和性格。能力是保证公众个体成功地完成某种活动的潜能系统;气质是公众个体心理活动的动力特征;性格是公众个体在反映客观现实时表现出来的稳定的心理风格和习惯的行为方式。能力、气质和性格是每一个公众个体都具备的心理特征,它们贯穿于心理活动的全过程,制约着人的各种心理活动。因此,它是公众个体的最稳定、最根本的心理特征。

1.公众个体的能力

能力是指直接影响活动效率,使活动顺利完成的个性心理特征。人的能力是在人的先天素质基础上形成和发展起来的,其最鲜明的特点就是与活动效果相联系。能力也可以理解为是完成一定活动的本领,存在于人的具体活动之中。人们在各项活动中所表现出来的能力是多方面的,有观察力、记忆力、想象力、感受力和鉴赏力等。人与人之间能力上的差异导致了人有不同意识、不同评价、不同决断以及不同的行为模式。从公共关系的角度来讲,社会组织针对公众能力的差异,可以采取灵活多样的公共关系手段。

2.公众个体的气质

气质是人的典型的、稳定的心理特征,它是决定一个人心理活动的全部动力。通俗地讲,气质即一个人的“脾气”和“性情”。气质在一个人各种各样的行动中,都会始终如一地得到同样的表现。气质是在人的生理素质基础上,通过实践,在后天生活条件的影响下形成的,并受人的世界观和性格等因素的制约,它只能使人的个性带有一定的独特的色彩,但不能决定个性特征的内容。

现代心理学家认为,气质是高级神经活动类型的表现。高级神经活动具有兴奋和抑制两个基本过程。有的人兴奋性强,有的人兴奋性弱;有的人兴奋的强度和抑制的强度相平衡,有的则不能平衡;有的兴奋和抑制转换灵活,对外部刺激反应速度快,有的则正好相反。这样就产生了四种典型的高级神经活动类型,并由此表现为四种典型的气质:(1)兴奋过程特别强,抑制过程受很大压抑(胆汁质);(2)兴奋过程强,但转换灵活,反应快(多血质);(3)兴奋过程较强,但反应不灵活(黏液质);(4)兴奋过程弱,抑制过程为主导(抑郁质)。

【小贴士】

不同类型气质的人的特点

胆汁质气质的人。一般表现为精力过人、不易疲劳;争强好胜、不怕挫折;大喜大怒、难以控制;办事果断但容易急躁;具有明显的外倾性。

多血质气质的人。一般表现为精力充沛、活泼好动;反应迅速、适应性强;兴趣广泛、善于交际;容易轻浮、不够踏实;有明显的外倾性。

黏液质气质的人。一般表现为沉静、稳重;工作时坐得住、不喜欢表现自己;忍耐性强、情绪不易外露;办事容易拖拉、比较固执;具有内倾性。

抑郁质气质的人。一般表现为行为孤僻、不太合群；观察细致、非常敏感；表情腼腆、多愁善感；行动迟缓、优柔寡断；具有明显的内倾性。

以上四种不同的气质本身没有优劣之分，但是，由于不同的工作要求，就有了不同气质的人适应不同工作的问题，同时也出现了为适应工作而改变自己某种气质的问题。在公共关系工作中，对不同气质的人运用的方式、方法要因人而异。例如，对于抑郁质的人就要多加关怀和照顾；对胆汁质和多血质型的人，由于他们承受挫折的忍耐力强，则可以进行比较严厉的批评。总之，组织要了解和把握公众的气质类型，发现和识别气质方面的特点，注意利用公众气质特征的积极方面，控制其消极方面。

3.公众个体的性格

性格是一个人较稳定的对现实的态度和与之相应的习惯化的行为方式，是一个人的全部品质和特点的总和。性格与气质的区别在于：气质是高级神经活动类型在行为、活动中的直接表现，而性格则是在高级神经活动类型的基础上形成的联系系统；气质主要由生理特点决定，而性格则主要在社会实践中形成。气质的动力特征可以按照自己的动力方式渲染性格特征；而性格特征也可以在一定程度上掩盖和改变气质。一个人的性格是区别于他人的集中体现。性格和气质与公众行为的关系也是极为密切的，对一个人的性格、气质的了解，不仅可以说明他现在的行为，而且也能预测他未来的行为。一个组织的公共关系人员对待公众，特别是对待内部公众，不能局限于仅仅了解他们的性格，而且应该积极创造条件，让他们的性格向着积极、健康的方向发展，努力在组织内部营造一个良好的有利于其成长的公共关系环境。

（二）公众的个体心理分析

在了解了个体心理特征的基础上，如何在公共关系活动中判别和了解具体公众个体的心理是公关人员所必须具备的技能之一。一般来说，判别一个具体公众个体的心理特征可以通过外部特征和言语动作两个方面来分析。

1.公众个体的外部特征

公众个体的外部特征实质上就是公众个体外观上的特征，包括总体形象和局部形象。从一定程度上说，公众个体的外部特征是其个体心理的反映，因而通过细致地观察可以在一定程度上判别隐藏在外部特征背后的公众的个体心理。下面就公众个体的相貌、肤色与体型、发型与服饰等外部特征来分析和判断公众个体的心理特征。

(1)相貌。人的相貌既具有生物性，也具有社会性。相貌并不是相片，它是活动的，是具有丰富表情的，所以人们看到的每一种相貌都是具有一定表情的相貌，它可以体现出一个人的心理特征。因此，公共关系从业人员可以在一定程度上从某一公众个体的相貌判断和认知他(她)的心理特点。

(2)肤色与体型。与人的相貌一样，肤色与体型不仅具有审美价值，也能在一定程度上反映个体的心理特点。在古代，人们将读书人称为“白面书生”，是因为书生闭门读书的时间多，外出晒太阳的时间少，因而皮肤比较白。而且闭门读书的“白面书生”与整日劳作的工人、农民有不同的心理特点。人们常说“心宽体胖”，这也是经验性地说明人的体型与其心理特点之间有一定的关系。法国精神病学家克雷奇默尔，就曾以602个病例的研究数据为基础，出版了《体型与性格》一书。他认为人的体型分为瘦弱型、肥胖型和健壮型，三种体型都与人的性情相关：瘦弱型的人内向、乖戾；肥胖型的人达观、饶舌；健壮型的人死板、坚毅。从经验与心理学家的研究来看，肤色与体型确实同个性有一定的关系。肤色和体型与相貌相比，变化更加显著，这正好说明肤色与体型的变化同人的社会性联系更加密切。

(3)发型与服饰。在现代社会，人们更加注重表现自我。发型与服饰在一定程度上可以对相貌、肤色与体型进行加工、掩饰，是衬托个人气质的最普通、最简单的方法，所以人们通常以变换发型与服饰作为表现自我的重要手段之一。一个人是不修边幅还是重视仪容、仪表，是善于修饰还是不善于修饰，与他的心理特征、心理倾向性有着直接的联系，因此，发型与服饰是认知公众个体心理的最直观、最容易做出判断的一个因素。

公共关系的从业人员可以从公众个体的相貌、肤色、体型、发型和服饰来认知公众的心理特征。但是也要注意，相貌、肤色、体型、发型和服饰之间是可以互相映照、补充的。公共关系的从业人员应综合观察公众个体的外部特征，避免单项观察的不足，进一步提高认知公众个体心理的准确性。

2.公众个体的言语、动作

公众的外部特征是静态的，而言语和动作是动态的，言语是说出来的话，动作是肢体或面部的活动。言语和动作更能够反映公众当时的心理状态，与公众的内心活动有关。公众在没有掩饰的情况下，一般说的都是真话，能够反映公众的心理，但也不排除有虚假性，在这种情况下，公关人员就可以通过动作和行为来进一步鉴别公众的真实心理活动。在人际交往的过程中，公众个体的动作，如他们的表情、手势、体姿虽然是无声言语，不能直接表达心理状态，但也在侧面反映了公众的真实意愿，对于公关人员的工作来说也具有重要作用。而且，人的某些心理特征，如人的能力，只有在言语和动作中才能更充分地显示出来。人的气质、性格在言语和动作中也能对外部特征做进一步的补充。另外，公众个体的外部特征只能用眼睛来观察，而公众个体的言语和动作则需要眼睛、耳朵并用，不仅要“听其言”，还要“观其行”。正是从这个意义上说，公众个体的言语和动作可以为我们认知公众的个体心理提供更可靠的凭据。

通过以上分析，我们可以看出，公共关系活动中采取必要方式和方法对公众个体心理进行分析是必要的，也是可行的。重要的是，公共关系的从业人员不能将这种分析只停留在口头上和书本知识上，而要在公共关系实践中细心观察、悉心探索，努力提高自己分析和把握公众个体心理的能力，这样才能把公共关系工作做得更好。

三、公众的群体心理分析及利用

公众群体是公众个体的集合体，公众个体的心理特征会在公众群体中表现出来。对公众个体的心理分析不能代替公众群体的心理分析。而且在新环境下，个体心理一定会发生变化，群体心理一定会对个体心理产生影响。因此，公关人员既要对公众的个体心理进行分析，也要对公众的群体心理进行分析，这样才能更全面地了解和掌握公众的心理状态。

(一)公众群体的一般心理特征

社会群体既可以分为正式群体和非正式群体，也可以分为实存群体和隐形群体，这些群体都会表现出群体的一般心理特征。这些特征表现为：

1.归属意识

在社会群体中，无论何种群体成员，他们都有归属于群体的共同心理特征，其实就是具有依赖群体的要求。一般来说，这种依赖和归属特征，在正式群体中有两种表现：一是自愿归属和自愿依赖；二是不自愿归属和不自愿依赖。因为在正式群体中，归属某个群体多少受到制度的约束。而在非正式群体中,归属和依赖就变得比较自愿。不同的归属意愿有时会导致群体凝聚力的强弱,而凝聚力的强弱又反衬着归属意识的程度。

2.认同意识

正式群体的成员和非正式群体的成员,他们都有认同群体的共同心理特征,他们都不否认自己是该群体的成员。他们对自己群体的目标有一致的认识,认同群体的规范,并在此基础上产生自觉自愿的行动,而且对重大事件和原则问题保持共同的认识和评价。当然,每个群体内部的认同程度是不一样的,一般来说,大群体内部的认同程度相对低于小群体内部的认同程度。

【小贴士】

心理认同作用的提示

老师上课时提问学生,如果学生认为是老师器重自己才让自己来回答问题,他就会以积极的态度配合老师;有的学生可能认为是老师惩罚自己、出自己的洋相才让自己回答问题的,他就会以消极的态度对待老师的提问。学生的心理认同存在问题往往是教育工作者在教育教学过程中"出力不讨好"的实际原因。事实上,老师总认为是为了学生好而结果往往把学生搞得"痛不欲生";父母总是为了子女好而可能常常把子女弄得"死去活来"!如果学生、子女对老师、家长所说的和所做的达到了心理认同,那么还会出现这样事与愿违的情形吗?

心理认同作用也提示我们:要想在思想上或行为上影响某个人或某个群体,我们首先要尽量取得他们心理上的认同。

3.凝聚意识

群体都会对其成员有强烈的吸引力。在群体的成员之间,因为他们可能会有共同的背景、目标、利益或兴趣爱好,就会产生互相吸引的凝聚力。一般情况下,群体的规模越小,凝聚力就越强;而且当群体面临外界压力时,其凝聚力也会越强。

4.整体意识

归属意识和凝聚意识必然带来整体意识。由于群体成员之间的凝聚力以及群体成员之间对群体的认同和归属,使他们产生了或强或弱的群体整体意识,也就是意识到了自己所在群体的整体性和共同性。由于整体意识的程度不同,个体对群体的整体意识有强弱之分,使得群体中公众的行为不同。一般情况下,群体成员的整体意识越强,其行为和群体中其他成员的行为就越容易达成一致。但是也有特例,当群体某成员发现群体多数人的行为会有害于群体利益时,由于其整体意识强烈而采取与多数群体成员不一致的行为;反之,则由于其整体意识的低弱而采取与多数成员一致的行为。

5.排他意识

由于群体成员具有归属意识、认同意识、凝聚意识和整体意识,所以群体成员也就意识到了他们所在的群体是相对独立的。这种独立性也就体现了群体成员的排他性心理:群体中的成员把自己看成是该群体的一部分,而反对自己属于其他群体的心理。群体成员的这种排他心理的产生实质上是由群体之间的利益差别或是人们的不同需求造成的。

公众的群体心理特征,既是对公共关系活动客体——公众的心理特征的分析,也是社会组织主体心理特征的一种反应。社会组织要想进行有效的公共关系活动，就必须把握群体的一般心理特征，才能提高组织的凝聚力，增强组织公共关系活动的针对性。

【小贴士】

国家应制定整体心理干预计划

汶川大地震发生后，全国各地的心理医生从四面八方赶赴四川地震灾区，对灾区百姓进行危机心理干预。这种局面令人感动。许多专家一直在一线工作，但是，就整个灾区而言，还缺乏整体性有组织的危机心理干预计划，而主要是各自为政，凭医务工作者的热情去做。国家有关部门应根据灾区实际需要，对全国心理医疗资源进行统一调配，全面深入地为灾区群众做好心理服务，在此基础上再制订出中长期心理干预计划，规范有序地进行灾后危机心理干预。同时，还希望相关部门把突发公共安全事件的心理干预作为预案的一个重要组成部分，今后形成一个制度，一旦遇到问题，第一时间派出心理医生进行干预。

（二）公众的群体心理分析

公众群体是由公众个体组成的，在公共关系工作中对公众个体心理的分析代替不了对公众群体的心理分析。在公共关系中，最重要的公众群体分为五类，他们是内部公众群体、购买公众群体、社区公众群体、媒介公众群体和政府公众群体。这些公众群体都有各自的特点，对他们的心理分析也是有差异的。

1.内部公众群体心理分析

社会组织内部的公众，是其得以维持和发展的基本力量；社会组织内部的凝聚力和向心力，是其得以维持和发展的基本保证。凝聚力和向心力本身不是社会组织内部公众的心理，但它却反映了内部公众的心理，是社会组织内部公众心理的外部行为的表现。在对公众群体心理一般特征分析的基础上，如何将内部公众心理引向有利于社会组织的生存和发展，是公共关系的重要任务。就公众群体一般特征而言，归属意识、认同意识、凝聚意识和整体意识是群体公众中有利于社会组织生存和发展的心理特征，有了这些意识，社会组织内部的向心力和凝聚力才会增强，而排外意识则是在社会组织内部的凝聚力工程中必须淡化的一种意识。

2.购买公众群体心理分析

购买公众也可称为消费者公众群体。这一公众群体的心理特征往往表现为在与社会组织交往的过程中，消费者与社会组织是通过社会组织提供的商品或服务为纽带而建立起来的交换者的关系。因此，购买公众群体的心理和行为特征经常表现为三个方面：第一，具有知晓商品和服务信息的权利；第二，具有选择商品和服务内容的权利；第三，具有买卖公平的权利。只有承认购买公众具有这三种基本权利，才能够满足购买公众的心理。社会组织只有告知同购买有关的一切情况、提供各种购买的选择、进行公平的买卖交易，才能使购买公众满意，使之近悦远来，社会组织的声誉和交换业务才能日益兴隆。购买公众的心理成百上千条，要求尊重和维护购买权利的心理是最重要的一条。所以，社会组织和购买公众在公共关系活动中的主、客体位置是相对的，漠视购买公众的购买权利，等于放弃公共关系主体的地位，也就只有交换活动而没有公共关系活动。反过来，尊重和维护购买公众的权利，表面看来降低了社会组织的主体地位，实际上正是主体地位的体现。尊重和维护购买公众的权利，想方设法满足购买公众的权利要求，是社会组织主动认知和适应购买公众心理的基本前提和首要任务。

3.社区公众群体心理分析

社区公众是社会组织所在地生活着的居民、各种社会组织和各种群体中的人。我们可以将一个企业、一所学校看成是一个社区，当然企业和学校所在的街道、行政区、乡或县是一个范围更大的社区。虽然社区公众可能包含社会组织内部公众，但是他们是两个不同的概念。社区公众是与社会组织发生另外一种关系的群体。社区公众是生活在社区里的人们，社区是人们生存和生活的环境，因而社区公众的最大愿望无非就是社区里的各种生活配套设施完备、能够给生活带来很多方便、能够提供更高质量的服务。其实这实质上是社区公众的愿望和要求，也是他们的心理特征。社会组织只有掌握社区公众的心理，才能尽可能地满足社区公众的要求，以此来扩大社会组织的影响，树立其良好形象，提高社会组织在社区中的地位和声誉。其实，了解社区公众有哪些最强烈的愿望和要求就是对社区公众心理的分析，通过分析社区公众心理，才能把握社会组织的主动权，才能与社区公众建立良好的公共关系。

4.媒介公众群体心理分析

媒介公众一般是指新闻媒介公众(排除本组织中从事新闻媒体工作的员工)。不可否认，媒介和公共关系之间存在着不同的侧重点和需求。媒介的存在离不开公关，公关的成果离不开媒介，两者是相辅相成的。媒介公众有其自身的心理特征，社会组织的公关人员在与媒介交往中一定要先做好功课，也就是充分了解媒介公众的心理特征，熟悉媒介的需求，才能更好地宣传组织的良好形象，达到组织的最终目的。一般情况下，媒介公众群体的心理和行为特征包括猎奇心理、客观公正报道心理、出名心理和独家新闻心理。组织只有抓住了这些心理特征，才能知道媒介公众的需求，才能与其建立良好的公共关系，才能更好地宣传组织的公关形象。

5.政府公众群体心理分析

政府公众是国家机关的工作人员，是国家法律、方针、政策的执行者。任何一个组织都免不了与政府公众发生关系，因而需要对政府公众的心理进行认知和分析。政府公众的工作有别于其他外部公众的工作，具有自身的工作特点，比如管理内容的社会性、与管理对象的非经济关系等，因此，分析政府公众的心理要从认识其工作特点着手。政府公众群体的工作特点包括三个方面：首先，政府公众群体具有创造社会影响的心理。由于政府公众管理内容的社会性，其心理上即表现为工作的社会影响力。其次，政府公众具有政策贯彻的心理。政府同其管理对象有着明显的监督者和被监督者的关系，监督的标准又往往是国家的方针、政策和法律等，因此，政府公众在其工作中，希望被管理对象理解、遵守国家的方针、政策、法律等。最后，政府公众群体具有彰显政绩的心理。由于政府公众工作具有广泛性和社会性等特性，因此，政府公众工作的绩效有时难以评估。但政府部门考核政府公众的尺度又往往以政绩为标准，所以，彰显政绩就逐渐成为政府公众的心理。

如果说，对公众进行分类是公众分析的前提，那么，对公众心理进行分析则是公众分析的深入。组织只有深入到公众的心理层面，对各类公众的心理状态进行分析，才能真正了解公众，进而把握公众。作为公共关系的从业人员，要想争取公众的支持，实现组织目标，在谋划公共关系战略、策划和实施公共关系活动方案的过程中，就应该学会在不同场合、不同情况下认知公众心理，识别和预见公众的特定心理活动，掌握公众的心理需求和心理活动规律，预测公众的行为趋向，以便掌握公众的心理状态，与公众进行心理沟通，对公众心理施加积极的影响。

第四节　组织内部公众关系

组织内部公众是组织内部沟通、传播的对象，包括组织内部的员工和股东，他们是与组织关系最密切、最重要的公众。内部公众的心理状态、工作状态和协调合作状态，直接关系到组织工作效能的发挥，也直接关系到组织在生存和发展中的竞争能力，因此“内求团结”是组织公共关系的起点。

一、员工关系

员工关系是组织在管理过程中形成的人事关系，是组织内上下左右各方面关系的总称，包括组织内上下级之间的关系，部门、科室、班组之间的关系，员工个人之间的关系。员工是组织内部公众，是内部团结的首要对象，是与组织公共关系主体最密切的公众。任何一种组织都需要首先处理好自己的内部关系，才能使他们成为对外公共关系的主体力量。建立良好的员工关系的目的，是培养组织成员的认同感和归属感，形成向心力和凝聚力。

(一)员工关系的重要性

虽然组织因其性质、面临的公众对象而不同，但这些组织都有一个共同点，就是每个组织都有自己的员工。员工是构成组织的“细胞”，是组织赖以存在的基础，是组织的物质承担者，是实现主体的目标和利润最大化的主要依靠力量。组织的各项目标只有通过他们的分工协作、各尽其职，才能付诸实现。

从一定意义上讲，员工关系是最重要的内部公共关系，公共关系工作必须从建立良好的员工关系开始，着力培养和引导员工对所在组织的认同感、归属感，形成凝聚力。搞好员工关系的最终目的是把组织中的每一名员工都纳入到组织整体中去，在团结互助的气氛中充分发挥员工的潜能，推动组织的发展与建设。

(二)员工关系的处理

社会组织处理员工关系时，可以从两个方面入手：有效管理和有效激励。

1.有效管理

(1)完善的人力资源管理工作。社会组织通过规范、细致和完善的方法对组织内部员工的情况进行全面、持续的跟踪，全面地了解自己的员工，这是搞好员工关系的前提。只有全面地了解组织内部的员工，组织才能够根据员工的情况变化，及时做出反应，以应对各种不同的情况。同时，组织还应定期对员工的工作进行评估。对工作出色的员工进行表扬，帮助工作中失误的员工总结失败教训。值得注意的是，评估工作必须开宗明义地进行，这有助于员工理解组织的具体愿景，消除员工的抵触情绪，而且能帮助员工使其有明确的努力方向。相反，纯粹的严厉批评和责骂解决不了任何问题。

(2)双向有效的沟通。首先，组织可以通过有效的征询和倾听员工的意见和建议，及时获知他们的心理变化。这不仅仅能够使组织了解员工，而且也能够给员工提供一条疏解心中苦恼和困惑的途径。同时，还能够增加员工的“被重视感”，让员工感受到“原来我的意见也很重要”“有人愿意听我的想法”，这样就鼓舞了员工积极参与组织事务的热情，增强了其主人翁的意识，使私下的牢骚逐渐减少。其次，组织必须保证信息的公开透明。公共关系的手段就是双向的沟通传播,因此,保持社会组织内的信息公开透明是十分重要的。作为社会组织的成员,了解自己的组织是做好工作的前提,也是与组织之间建立感情、形成向心力的基础。信息的公开透明有助于消除成员和组织之间理解的偏差,避免非正式渠道信息的蔓延,有利于形成良好的工作氛围。

(3)培训和辅导。在现代社会组织中,尤其是在企业中,大量的培训机会和完善的培训制度,不仅有利于组织自身的发展,也有利于留住优秀员工。当今社会,培训与薪资一样,越来越被认为是一种组织给予员工的福利待遇。甚至有人认为,良好的成长机会和优质的培训比眼前的收入更能吸引人才。因为个人的成长会使自己受益终身,这也是培训制度完善的跨国公司吸引人才的重要优势。再者,随着社会和组织自身的迅速发展,员工感受到的内外压力越来越大。而面对压力,有一个良好的心理状态对于员工的工作以及组织的发展是至关重要的。很多企业在公司内部设立了心理咨询热线,对员工提供必要的帮助。心理咨询有其独特性和不可替代性,员工的心理问题可能由于种种原因会涉及个人隐私而不适合或者不愿意向他人诉说,而专业的心理咨询可以为其保守秘密,充分尊重咨询者的个人意愿,甚至可以匿名咨询,这样可以打消员工的顾虑,帮助其化解心理问题,但这要求心理咨询机构保持一定的独立性。

2.有效激励

(1)完善的福利制度。对于公共关系而言,福利制度不在多,而在全。与奖金和薪酬相比,福利更倾向于体现出一种对人的尊重与关怀。如果说一切以利益为目标的、明确而吸引人的奖金制度使员工和组织之间多了些冰冷的目标感,那么完善而未必很多的福利制度则会使员工和组织之间平添几分温馨的关怀气息。过年过节发放的礼物、加班费的及时足额发放、员工定期体检、假期的严格执行等无不体现了对员工人格的尊重,这样才会建立起真正意义上的、类似于"以厂为家"的强大凝聚力。

(2)细致的人文关怀。相对于福利制度而言,人文关怀则更加偏重从情感方面体现组织对于内部员工的尊重和关怀。有时候,一句恰如其分的贴心问候也许会让员工感到舒心,一个宽容的微笑也许会让员工之间充满感动,一个信任的眼神也许会获得下属员工的忠诚,这些细节都可以让组织中的员工关系变得和谐融洽。人文关怀可以有很多种形式:定期组织员工和家属看电影,六一儿童节给员工的孩子送礼物,举办一些员工娱乐活动等。一个很典型的例子是:当员工平时忙于工作,甚至连自己的生日都不曾记起时,如果组织或公司高层能够以一封电子邮件的形式向其表示祝贺,那么对于这位员工产生的激励可能会比多发一些奖金更为显著。还有一个方面的人文关怀就是在辞退员工和招聘新员工时,要保持对员工的足够尊重,"欺生"和"一脚踢开"都不可取。不仅要使员工进入组织后对组织产生一个良好的印象,也要使员工在离开组织后对组织依然留有好的印象,这对于组织保持长久的吸引力和树立良好的口碑是至关重要的。

【案例4—5】

"我们在同一条船上"

上海第十七漂染厂良好的员工关系,主要来自于领导对员工的感情投资。感情虽不是商品,也不是货币,但却是一种非常重要的关系资源。这种关系资源的内在价值不是金钱可以衡量的。有位老工人,已经接近退休年龄,突然患了严重的心脏病,医院认为需要给他装一个心脏起搏器。厂长一听，二话不说，“不管要多少钱，也给他装！”装一个心脏起搏器，再加住院费、手术费，厂里花掉了近万元。职工们看在眼里，说：“有这样的厂长当家，我们工人还能不肯出力吗?”厂里没有买过小轿车，唯一的一辆面包车是免费供员工结婚、产妇出院、接送病人等用的。有一次，一名员工(产妇)要出院，向厂里定好了车，这天正好厂长也要用车，当他得知车子要供产妇用时，愉快地“让了路”。还有一次，工会干部要去慰问退休工人，因为车子派了别的用场，厂长立即决定从厂长基金中拿出钱来租了一辆出租车。领导对员工的关心和信任，会赢得下级真诚的回报，这往往体现在员工们努力工作和主动帮助领导处理一些事务之中。有一段时间，厂里资金短缺，员工们得知后纷纷自愿拿出钱来帮助厂里解决困难，他们只说了一句话：“我们同在一条船上!”

案例评析：“我们在同一条船上”，这是上海第十七漂染厂的员工向领导发出的肺腑之言，体现了企业领导与员工之间的一种情感融洽、命运与共的内部公共关系。

（摘自：陈力丹，陈俊妮. 传播学入门.2011）

(3)公平而广阔的发展空间。对于员工来说，任何眼前的利益也不能代替长期持久的成长与发展。因此，组织为员工提供一个公平而广阔的发展空间是吸引员工的重要条件和因素，也是保持员工队伍稳定性的根本保证。创造这样一个发展的环境，首先要做到制度上的严谨和公平，不能搞双重标准，并且做到公开竞争、保持足够的透明度以及信守承诺，让每一位员工都明白只要凭借自己的努力就可以达到目标，从而极大地调动员工的积极性。另外，组织在员工的发展上要结合组织的发展特点，设置多元化的发展方向，尽可能为员工创造更多的发展机会。

【案例 4—6】

富士康“13 连跳”事件

2010 年 1～6 月，一共有 13 位年轻的富士康员工选择跳楼结束他们鲜活的生命，富士康被贴上了“血汗工厂”的标签。2010 年 5 月 26 日，在深圳龙华厂，富士康科技集团总裁郭台铭首度公开面对数百家媒体。当着千余人，他深深三鞠躬：“除了道歉还是道歉，除了痛惜还是痛惜。”

2010 年 5 月 25 日，富士康科技集团总裁郭台铭来到深圳，于 5 月 26 日在富士康龙华园区会见 200 多名海内外媒体记者，并主动带记者参观社区、厂区、车间、宿舍楼、员工关爱中心等。为避免伤亡再次发生，近日，富士康在宿舍楼的阳台安装防护网，吊车进入富士康担负起吊任务。

富士康“13 连跳”事件已经造成轰动一时的社会影响，第 13 跳主人公获救，并没有给富士康带来转机。随着富士康员工连环跳楼事件的不断升级，在 2010 年引起了国内外人士的高度关注。富士康“连跳”事件已经成为境内外舆论所广泛关注和探讨的话题。社会各界纷纷对富士康的企业文化和管理体系提出质疑。富士康一开始采取回避与沉默的态度。2010 年 5 月 26 日，“11 跳”后，郭台铭终于亲临深圳，陪同媒体参观工厂，召开新闻发布会，鞠躬道歉。可以看出在以人为本、关注内部公众需要方面，富士康做得不尽人意。员工“第 11 跳”，才引起高层的重视，但动作实在太迟缓了。事实上，早在 2006 年，《第一财经日报》就批评富士康为“血汗工厂”,其傲慢、自大、对抗舆论的负面形象还没有消除,跳楼事件又出现了。富士康长期忽略员工的基本需要、忽视员工的个人价值、无视员工的矛盾和纠纷。在跳楼的员工中,“劳动强度过大,不堪重负”“工薪太低,投入和回报不成比例”“看不到前途”“没有做人的尊严”“人际关系矛盾”等是外界分析跳楼的主要原因。的确,在富士康,内部关系几乎断裂:一是企业与员工之间的关系断裂。企业和员工的关系很简单明了,企业过度追求利润,基层员工劳动强度极大,被训练成为一台台“机器”。员工加班很正常,国家法律规定每月上限36小时的加班,成为一纸空文。二是员工与员工之间的关系断裂。员工之间的关系比较淡漠,平时大家基本上没有交流,“住在一起就跟陌生人一样”。三是工会与企业、员工之间的关系断裂。《劳动监察条例》第七条明确规定,各级工会依法维护劳动者的合法权益,对用人单位遵守劳动保障法律、法规和规章的情况进行监督。《工会法》第六条则规定,工会维护职工的合法权益。工会必须密切联系职工,听取和反映职工的意见和要求,关心职工的生活,帮助职工解决困难,全心全意为职工服务。但在富士康,工会显然未能发挥应有的作用。几万人的工厂,没有做思想工作的人员、没有心理调节方面的部门或心理咨询师,怎么不让人有“血汗工厂”之感!随着国家政府部门的介入,富士康开展了一系列的工作:主动配合政府彻查事件;宣布为所有员工加薪30%以上;成立庞大的心理咨询团队进驻富士康,定期为员工提供心理咨询;邀请外部专家成立企业监察团,监察富士康用工情况,同时为富士康企业管理提供决策参考;在全工厂加装防自杀防护措施等。希望富士康真正关注员工的需要,采取的措施是“治本”而不是“治标”。

(摘自:龙志鹤. 公关案例选粹与评析.2011)

二、股东关系

股东是股份制经济组织的投资者、资产拥有者。有些股东是社会个人,他们是普通的股票持有者,有些股东是具有法人资格的组织,还有些股东本身是组织内部的员工。从利益关系看,股东是组织的内部公众。现阶段,股东的概念在我国已经被众多人所熟悉。所谓股东关系,是指社会组织如企业与投资者、股票交易商、股票经纪人、证券分析家、托管人、银行家、投资公司和投资俱乐部等的关系。股东关系中所包含的公众有三类:一般关系股东、董事会成员和金融舆论专家。一般关系股东,人数较多,持有企业股份有多有少,分散在社会各地,不直接参与企业的决策管理,但对企业财产拥有所有权,关心组织的经营状况,希望组织兴旺发达;一旦组织经营不善,他们受到的冲击也最大。董事会成员,一般是占有较多股份的个人、组织或社会名流,他们通常是由股东大会选举产生,并代表股东行使对组织的管理权。金融舆论专家,他们是证券分析家、股票经纪人、投资银行家以及金融新闻人员等,他们的观点、评论、意见,会影响、左右广大投资者的行为,对组织影响很大。

(一)股东关系的重要性

为了稳定已有的股东队伍,获得股东的信任与支持,创造出有利的投资环境和融洽气氛,争取新的投资者,企业就必须维护好与股东之间的关系。因为企业组织的生产经营活动决定着股东的投资利益,作为投资者和资产拥有者,他们具有法定的投资权益,因此自然而然会产生“主人意识”。组织有义务视股东为自家人,而且应尽量满足他们的“主人意识”,从而获得他们的信任与支持,创造出有利的投资环境和融洽气氛,稳定已有的股东队伍,争取新的投资者。此外,还可以通过股东向外宣传组织的形象,扩大组织在社会上的影响力。

(二)股东关系的处理

企业和股东的关系是一种极其重要而又特殊的内部公众关系，处理好股东关系意义重大。要处理好股东关系，就必须重视和做好下列工作：

1.尊重、维护股东的正当权益

从某种意义上讲，股东就是企业的“主人”，他们的经济利益与企业的经济效益息息相关。股东拥有参与公司经营管理权、优先认股权、经营成果分享权、剩余财产分配权、股份转让权等权利。尊重和维护股东的正当权益，就是要满足他们参与管理、了解企业经营和发展信息的要求。为此，组织除了要及时、准确、全面地向股东报告组织的动态外，公关部门在与股东联系的全过程中，始终要保持谦恭的态度，尊重股东的“特权意识”，努力维护股东的正当合法权益。

2.做好与股东的信息沟通工作

与股东的信息沟通，是内部公共关系协调的重要任务和目标。一方面，应及时、准确、全面地向股东汇报有关组织的各种信息，这些信息主要包括企业的经营管理信息和经营管理状况，如企业的方针政策、发展目标和发展计划，资金的流动状况和使用情况，企业财务报表，股利分配政策，企业面临的内、外部环境，等等。在向股东汇报时，切忌报喜不报忧，应坚持“公开事实真相的原则”。因为只有让股东及时、全面地了解组织的有关信息，才能求得他们的理解、信任和支持。另外要注意的是，组织与股东的信息交流应该自始至终。外国一些公司在与自己的股东联系的全过程中，从股东购入第一张股票起，就发出总经理签名的“欢迎信”，逢年过节，发出“感谢信”，而当股东抛出了最后一张股票时，则发出“遗憾信”。企业向股东传递信息可以采取的方式有很多种，如年终报告、季度报告、股东代表大会报告、信息发布会、座谈会、内部刊物等。而年终总结报告则是其中最为重要的传递方式之一，因为许多股东往往就是凭这份年终报告来判断组织的信誉和形象。因此，企业公关部门应该予以足够的重视，做好充分的准备。另一方面，企业公关部门还要注意收集来自股东方面的信息。股东生活在社会的各个层面，消息灵通，各有所长，他们提供的信息能客观反映出公众对企业的评价，有助于企业做出科学的战略决策。因此，公关部门要与他们经常保持联系，从他们那里了解各种有关信息，如股东本人情况，股东本人对企业的意见和建议、对企业产品或服务的感想，等等。

【小贴士】

与股东的沟通

洛克菲勒在创业之初，一度曾发生经营危机，种种传闻到了股东那儿，使得人心惶惶。人们络绎不绝地找上门来了解究竟。洛克菲勒了解股东的心情，干脆把仅有的一些钱堆在桌上，另一边放着股票。他向每位来访者详细地报告了企业的实际情况，并客观分析了即将走出低谷、迅速发展的现实前景。最后，他告诉每一位来访者，如果感到没有保障，要想退股，现在即可提走现金。现金和股票让股东自由选择。结果竟没有一个要现金的，他们全被洛克菲勒那客观、自信又深刻的分析所折服，有的原想退股的，临走时反倒带走了更多的股票。这个事例告诉我们，只有了解股东、双向沟通，才能“对症下药”，真正解决问题。

第五节　组织外部公众关系

外部条件，是组织发展的社会环境，公共关系的本质就是与环境协调，以争取理解与支持。组织对外部环境的依赖使外部公众成为组织的重要公众，也使外部公共关系成为组织公共关系工作的重点。根据外部公众的不同，可将组织外部公共关系分为顾客关系、政府关系、媒介关系和社区关系。开展外部公共关系的目的在于促进组织与外部公众之间的了解与合作，协调组织与外部环境的相互利益关系，消除可能出现的各种矛盾和冲突，促进彼此之间的理解和信任，为组织的生产和发展提供良好的外部环境条件。

一、顾客关系

顾客就是上帝，组织拥有了顾客，就拥有了发展的机会。所以说，顾客是组织最重要的外部公众，企业一旦失去了顾客，也就失去了存在的意义和可能。因此，处理好顾客关系是组织外部公共关系成功的关键。各类组织都面临如何正确处理顾客关系的问题。

(一)提供优质的产品和服务，使顾客满意

组织将质量合格、性能优良的产品称为优质产品；将尊重顾客、以顾客的需求为自己的行为标准，尽量满足顾客合理需求的服务称为优质服务。顾客购买组织的产品或接受组织的服务的消费行为形成了组织与顾客之间的关系。因此，提供优质的产品和满意的服务是顾客关系的基础。如果不能给顾客提供优质的产品和满意的服务，就不能维系良好的顾客关系。知名企业的成功往往就在于他们优质的产品和令顾客满意的服务。

(二)重视与顾客的信息沟通

组织应当高度重视与顾客之间的信息沟通，通过各种途径及时、有效、准确地向顾客传递相关的信息，如企业的政策方针和经营现状，产品的功能、使用方法、维修及售后服务的具体措施等。同时，也应注意收集顾客的需求变化和对产品的反应。随着人们生活水平的不断提高，顾客的消费期待、消费品位和消费品种也随之发生变化，组织应当及时把握顾客需求变化，对组织的产品和服务做出相应的调整，以适应顾客的需求。这就需要顾客与组织之间的信息沟通要保持顺畅。

(三)及时妥善处理顾客投诉，维护顾客的合法权益

妥善处理顾客的投诉，积极维护顾客的合法权益，是建立良好的顾客公共关系的根本。每个组织都会遇到顾客的投诉、质疑、批评与纠纷，组织应当做好充分的心理和思想准备，认真听取顾客对组织产品和服务的意见，并将顾客的提议行为看成是对组织的关心、对组织的一种好意。不论组织面对的是误会还是实情，组织都应当以诚恳耐心的方式进行处理。首先，组织的公共关系人员面对顾客的投诉，应该用心倾听顾客的意见，站在顾客的角度考虑问题，争取在情感上与顾客保持一致，尽快平息顾客的不满，做好善后工作，以防事态的扩大和恶化。其次，公共关系人员应该认真、严肃、迅速、准确地答复顾客的任何投诉或质疑，积极、慎重、耐心地解释和解决实际问题，并且建议组织的决策层改进组织的产品和服务，从根本上消除顾客的不满。

二、政府关系

政府关系或者说政府公众关系是组织与政府及其各职能机构、政府官员之间的沟通关系。政府是国家的权力执行机关，履行着管理整个国家经济生活的重要职能，组织的正常发展离不开政府有关部门的指导与关心。对于经济组织来说，政府既是管理者，又是外部公众，是组织所有传播和沟通对象中最具有社会权威性的对象。建立和维护好政府关系，有利于组织争取到良好的政府环境、法律保护以及行政支持和社会政治条件，从而获得稳定的发展机会。

处理好组织与政府的关系应从以下几个方面入手：

（一）熟悉政府颁布的有关政策、法规

政府主要通过政策、法律规范来管理社会组织，组织的一切活动都必须在国家政策、法律规范允许的范围内进行。因此，组织的公关部门要熟悉政府所颁布的各项政策和法律规范，并及时进行分析研究，同时注意政策、法律规范的变动，根据变化修正组织的方针政策和实际行动方案。而且组织要求得生存和发展，就必须遵纪守法，使自身的活动在政策、法律规范规定的范围内进行，同时，政策相对于法律来说灵活性、变通性大，熟知政策，才能灵活运用，并最大限度地使组织受惠，让组织得以更好更快地发展。

（二）熟悉政府机构的组织结构及其职能

政府机构上至国务院、省、地、市政府，下到街道办事处，其层次不同，有的是组织的直接领导，有的是间接领导。组织与政府日常交往的主要对象是其主管部门或一些相关的具体职能部门，而并不需要与所有政府部门打交道。熟悉政府机构的内部分工、工作范围、办事程序、负责人员，并与有关部门的工作人员保持应有的联系，可减少“公文旅行”“踢皮球”现象，提高办事效率。

（三）积极配合政府工作，自觉接受政府领导

组织要认真学习上级部门颁布的各项方针、政策，并深入贯彻落实。使组织的决策层及时、全面、准确地掌握政府的有关方针政策，让组织在决策上与政府保持一致。在利益关系上组织应以大局为重，以国家利益为重。

（四）加强与政府的信息沟通

组织除了要了解国家的有关方针、政策、法律外，还应及时将实际工作部门的具体情况反馈到政府的有关部门，并根据本地区、本行业、本部门的特殊情况，主动提出新的政策设想、法律建议，并通过适当的渠道进行宣传、说服工作，协助发现及纠正政策执行中出现的偏差或失误。同时，应尽量争取有利于自身发展的法律、政策。

（五）努力树立组织在政府及主管部门中的良好形象

为了获得政府的支持与帮助，组织要努力营造自己在社会和消费者中的良好形象，把握一切有利时机，扩大企业在政府部门中的信誉和影响，使政府了解组织对社会、对国家所做的贡献和取得的成就。比如，组织可以将利润的一部分投资于公益事业、慈善事业、环保事业等，积极承担起社会责任，在公众与政府中树立起良好的口碑。

三、媒介关系

媒介关系是指社会组织与各种新闻媒介的关系，包括组织与非人格化的新闻机构，如报社、杂志社、广播电台、电视台等大众传播机构的关系；组织与新闻工作人员，如记者、编辑等的

关系。新闻媒介对于组织而言具有双重身份，一方面，它是组织公共关系的客体，是组织竭力追求的公众；另一方面，它又是组织实现公共关系目标的重要中介，是组织与其他公众进行沟通的桥梁、联系的纽带。而且新闻媒介在一定程度上的影响力是相当巨大的，也是公共关系工作经常面对的工作对象，从某种意义而言，新闻媒介既可以帮助企业走上成功之路，也可以使企业声名狼藉。因此，企业要想建立良好的信誉和形象，就必须与新闻媒介建立良好的工作关系。

搞好组织与新闻媒介的关系应注意以下几点。

(一)了解、熟悉各种媒体、传播活动的特点和规律及其工作方式

了解它们的编辑方针、发刊周期、截稿时间等特点，使组织掌握发布信息的主动权，能不失时机地召开记者会等相关的沟通性会议，积极提供方便，配合媒介人员的工作，争取媒介人员的支持。

(二)尊重媒介工作规律，尊重媒介工作人员的职业尊严

新闻工作有自己的价值标准和职业规范，组织的领导人和公关人员不能迫使新闻媒体发表有利于自己的新闻，而阻挠其发布不利于自己的新闻报道，不能对新闻工作者施加任何压力，应充分尊重他们发表真实声音的权利。

(三)保证新闻的真实性

社会组织向媒介人员提供的信息一定要客观公正，特别是在组织出现问题时，一定要提供真实信息，协助媒介人员做出客观的报道；以正确的态度对待新闻媒介关于组织的信息传播。面对媒介人员误解或不实际的报道，态度恳切、冷静客观、实事求是地把真实信息提供给媒介人员，以得到媒介人员的理解与支持。除此之外，公关人员还要在真实的基础上合理创造新闻，即把握新闻的特殊角度以引起人们的兴趣。

【案例 4—7】

鸽子事件

美国纽约联合碳化钙公司当年正在筹划如何向社会介绍刚竣工的52层总部大楼时，忽然有人发现楼上一门房内有一大群鸽子。这本来可以轰走，而公关顾问却以此为一个契机，大做文章。先是关门闭户不让鸽子飞掉，然后通知动物保护协会前来处理保护动物的“大事”。动物保护协会的行动惊动了纽约新闻界，大批记者蜂拥而至，大肆宣传。总部大楼负责人借机也频频亮相，甚为风光。3天后事情结束，随着鸽子一一重上蓝天，总部大楼也传遍全美。

（摘自：yingyu.100xuexi.com）

(四)重视媒介交往，制订专门的媒介交往计划

社会组织应适时邀请新闻界人士前来参观访问，通过他们的切身感受，既为新闻媒介提供了新闻题材，使新闻报道更加客观真实，又为组织创造了新闻宣传的机会。同时，组织还应与新闻界保持长期接触，进一步增进组织和新闻媒介的相互了解。例如，常年保持与媒介关系的例行工作，规划好年度内需要媒介合作的重大项目等。对这些工作做出预先安排，为媒介人员提供充分的材料并提前告知。

【小贴士】

媒介的力量

位居美国汽车业“第三把交椅”的克莱斯勒公司曾经创下亏损116亿美元的纪录，并且濒临破产的边缘。临危受命的亚柯卡在其他方案都行不通的情况下，决定以公司全部资产做抵押向美国联邦政府申请贷款。消息传开，举国大哗，反对声鹊起，联邦政府一时拿不定主意。为了争取到全国公众和政府的理解支持，亚柯卡发起了强大的舆论攻势。媒介发表了一系列阐述公司主张的有亚柯卡亲笔签名的社论。这些社论的标题和内容是公众最为关心的问题：失去了克莱斯勒，美国的境况会更好吗？克莱斯勒有前途吗？克莱斯勒的领导部门是否有足够的力量扭转公司的局面？卡特政府的官员和国会的议员们每天都拿着这些广告和社论边看边议。同时，亚柯卡还派出专人到国会和联邦政府进行游说活动。这些公关活动的开展，逐渐恢复了各界公众对公司的信任，国会也终于在圣诞节前夕通过了贷款法案。有了这笔巨资的支持，克莱斯勒最终起死回生，并在20世纪80年代东山再起。

四、社区关系

社区是组织生存和发展不可缺少的外部环境，是组织的根基，是指一定地域内的人口集体，由地域、人口、制度、地缘四个要素构成。组织同其所在地的社区有着休戚与共的依存关系。组织在生产经营活动过程中，不可避免地与社区内的其他组织与民众发生这样或那样的联系，没有一个安定良好的社区环境，组织的日常生产和运营就无法正常进行。因此，社区公关的目的就是为了争取社区公众对本组织的了解和支持，使其知晓组织可能给社区带来的有利方面，从而为组织创造一个稳定的生存环境，奠定良好的根基。

维护好组织与社区公众间的关系应注意以下三个方面：

(一)树立居民意识，正确处理社区利益与组织利益

社区是组织及其他社区公众共同使用的地方，因而组织活动必然对周围的环境产生影响。这种影响可以是积极的，也有可能是消极的。组织要树立居民意识，关心社区其他公众的利益，自觉遵守社区的各种规定，服从社区公约等。努力均衡社区利益与组织利益，不能为了自身暂时的利益而不惜损害社区的利益，尽可能避免或减少自身活动对社区其他公众正常活动的影响，为自身树立一个有责任、有担当的社区成员形象。

(二)加强信息交流，增加相互了解

组织应当及时向社区公众宣传组织的宗旨、政策等，表达其愿意为地方发展出力的愿望，以取得社区公众对组织的认可。并且，组织的经济、文化等活动应努力立足本社区，尽可能地视当地公众为最基本、最直接的顾客，及时了解其需求变化，并及时跟进组织政策或产品上的变化；让社区公众与组织之间形成良好的沟通管道，加强两者的信息交流，增加相互之间的了解，更明白对方的需求与避讳，使两者的关系更加融洽。

(三)积极承担社区内的公共事务，支持各类公益活动

组织作为社区居民的组成部分，要密切掌握社区的最新动态和小区内重大的活动信息，及时给社区活动以人力、财力、物力上的支持，如捐助公共设施、赞助文艺表演、提供义务性的专业服务等。这样不仅能惠及社区公众，还能树立良好的组织形象。

【案例4—8】

白云山制药厂的社区公关

坐落在广州市北郊白云山下的白云山制药厂，在完善企业自身内部机制的同时，很注重和周围乡镇建立良好的社区关系。在公关策划中，厂方制定了让利于农民、把风险留给自己的措施，帮助周围发展乡镇企业。在办厂期间，不论盈亏，厂方每年都拨款20万元给这些乡镇企业用于经营、发展。随着药厂生产规模的不断扩大，它又有计划地把农村剩余劳动力吸收到现代企业中来。其中有一个村，45岁以下的劳动力都被吸收入厂加以培养和训练，45岁以上的劳动力则给予生活补贴，符合退休年龄的老人给“养老金”，男性每月120元，女性每月100元。至于帮助周围农村修桥铺路，发展文教事业，那更是常事了。正因为这样，制药厂在一定程度上达到了与周围农村的“一体化”，形成了“人和”的社区环境，实现了工农亲如一家的良好公关状态，树立起了“在自身发展的同时，带动周围农村一起前进”的良好形象。

复习思考题

1.如何理解公众的含义？
2.公众有哪些基本特征？
3.联系实际思考各种不同的公众分类方法的作用和意义。
4.联系实际列举组织的目标公众，并运用2～3种分类。
5.举例说明公众的个体心理特征和公众的群体心理特征。
6.组织内部公众关系包括哪些内容？如何处理组织内部公众关系？
7.组织外部公众关系包括哪些内容？如何处理组织外部公众关系？

案例分析

音乐起，摩擦生

北京某大学校园旁，有一家服装厂，这家服装厂的生产车间与这所大学职工的住宅区隔墙相望。有一段时间，这家工厂借鉴国外的先进经验，为消除工人在重复劳动中产生的疲劳感和单调感，每到上午9:00～10:00点之间，就在车间内播放各种流行音乐。可是在这段时间内，正是大学的教学科研人员从事科学研究的“黄金时间”，他们需要一个安静的环境，使自己的大脑进入正常工作状态。然而，从仅隔一墙的服装厂传来的“震耳欲聋”的流行音乐，却破坏了他们的工作环境，使他们无论如何也无法进入正常的思维状态。这引起了大学教学人员和科研人员的不满和愤怒，他们多次找厂方交涉，但始终没有得到结果。无奈，不得不采取行动，投诉报纸，呼吁社会舆论的支持及政府的干预。

问题：

1.假如你是服装厂的公关部主任，请你进行公关策划，解决大学教学科研人员与服装生产厂的矛盾。

2.结合实际，谈谈发展社区公共关系的意义。

摩托罗拉公司进行政府公关的四种途径

跨国公司在进入中国之前或者进来之后遇到重大问题时，一般都要搞好与中国政府的关系。这主要可以通过以下四个途径来进行：

一是公司高层领导访华，会见我国重要领导人，并通过改善两国间的贸易关系促进与中国的合作。摩托罗拉公司注意协助美国政府改善对华贸易关系。1999 年 11 月，美国众议院刚刚通过对华永久性正常贸易关系地位 3 天后，摩托罗拉首席执行官克里斯托夫·高尔文先生就来到中国，郑重地向江泽民承诺："中国加入 WTO 后，摩托罗拉公司不仅将继续在中国做投资商，而且要加大在中国的投资力度，把高新技术带入中国。"江泽民对摩托罗拉公司的立场给予了高度赞赏。2000 年 5 月 24 日，美国国会众议院以 237 票同意、197 票反对，通过了"对中国永久性正常贸易关系案(PNTR)"，摩托罗拉公司对这一投票结果感到非常高兴。为了积极推动美国国会尽快通过这项法案，摩托罗拉公司做了大量的工作，包括呼吁国会尽快通过 PNTR、发起"敲门运动"，先后与 75 个议员举行了 300 多次会谈，游说他们支持 PNTR，并花费巨资在报纸、电台和电视上大做广告，支持中国的正常贸易关系地位。

二是与高层政府机构合作。摩托罗拉公司和国家计委于 1997 年 4 月签署备忘录，计划将在 5 年之内培训 1 000 家国有企业，把摩托罗拉先进的技术水平和管理经验与中国企业分享。国家计委对摩托罗拉此项工作深表赞赏，给予了大力支持，并特别指导摩托罗拉成立企业优化中心来具体组织实施这项工作。至今，摩托罗拉已经举办了 29 期培训班，学员超过 1 700 人，他们来自全国 3 个省市自治区的 500 多家国有企业。

三是着力改善与地方政府的关系。摩托罗拉在中国取得的巨大成功，关键是选择了天津作为战略合作伙伴。摩托罗拉努力处理好与地方政府——天津市委与市政府的关系，致力于与天津建设"不可动摇的战略伙伴关系"，共同促进天津经济的发展，尤其是高科技的发展。天津市委和政府也投桃报李，给予了摩托罗拉很大的支持，帮助其解决遇到的各种困难。

四是借支持中国公共事业和经济建设赢得政府好感。在 1998 年百年不遇的洪灾中，摩托罗拉捐赠了 2 800 万元的现金和物资，在湖北、湖南、江西和吉林建造了十多所"摩托罗拉抗洪新生小学"。当北京 2001 年 7 月 13 日申奥成功时，摩托罗拉公司首席执行官、董事长克里斯托夫·高尔文先生访问北京和天津，与中国政府高级官员、重要客户和员工进行了会见，热烈祝贺北京申奥成功，并会见了时任国务委员吴仪、国家计委主任曾培炎、北京市长刘淇、天津市委书记张立昌、市长李盛霖和信息产业部副部长曲维枝等，高尔文先生向北京申奥成功表示祝贺的同时，承诺将积极做北京的科技伙伴，帮助建设科技奥运。从 2000 年开始，中国实施西部开发战略，许多跨国公司迅速瞄准西部市场，纷纷向西部转移资本、扩大投资。在进军西部的同时，跨国公司不忘开展一些有效的公关活动，摩托罗拉公司就是积极响应我国建设西部地区号召的典型。为更好地为西部国有企业服务，企业优化中心于 2000 年 6 月首次尝试"送课上门"，与西安高新技术开发区合作在西安软件园举办了第 19 期培训，9 月又在成都成功举办了第 23 期培训，受到了参训企业的欢迎，也得到了国家计委、地方计委及地方政府领导的支持和肯定。不久，摩托罗拉公司与四川省政府签订了关于成立四川——摩托罗拉合作委员会的备忘录，成立了四川——摩托罗拉合作委员会，标志着四川省和摩托罗拉公司的友好合作关系进入了一个新的历史阶段。

问题：

1.为什么跨国公司必须十分注重政府公共关系?

2.摩托罗拉公司的政府公关策略给了中国企业什么启示?

第五章　公共关系传播

学习要点及目标

1.了解传播及公共关系传播的含义；
2.了解公共关系传播的要素、特点及原则；
3.掌握各种公关传播媒介的优缺点；
4.了解公关传播的类型；
5.掌握各种公关传播活动的组织与实施。

核心概念

公共关系传播　大众传播　新闻发布会　展览会　策划新闻活动　公共关系广告

引导案例

凡客诚品的公关传播

凡客诚品是一家根植于互联网的服装电子商务企业，2007年10月18日正式运营，三年间凡客诚品实现了300%的增长，2010年全年销售突破20亿元人民币。

根据第三方研究数据，2010年上半年，公司在网络购物领域位居第四位，仅次于京东商城、当当网、卓越亚马逊，是前四名中唯一的自有品牌网购企业。凡客诚品在2009年已经通过了国家级高新技术企业认证，多项软件制作权，所有的应用包括前台、仓储、后台运营环节全部都是自主开发的。凡客诚品带动了国内服装B2C产业的发展，有效地推动了国内服装纺织行业的转型与升广计划。2010年5月4日，平面广告大量占据北京、上海、广州、深圳的公交站站牌、地铁站灯箱、公交车身，凡客诚品的品牌知名度也瞬间大幅提升。

2010年11月16日，中科三方发布第五次中国互联网络品牌认知、消费行为及满意度调查报告。报告中数据显示，凡客诚品的用户满意度在所有主流网络购物企业中以6.09分(7分为满分)排名第一，得到了绝大多数用户的肯定。其公关传播的特点如下：

1. 不同阶段，传播信息不同

认知期——使目标受众了解产品基本信息，对凡客产生初步关注；

兴趣激发期——使目标受众了解凡客文化，将消费者对“凡客体”、明星的兴趣过渡到凡客产品上，并开始思考产品兴趣和利益关注点；

深度沟通诱导期——通过信息全面散播，使目标受众主动接受信息内容，并对凡客产品利益点进行主动搜集。

2. 公关人群定位：爱时尚，快时尚，爱创新，爱花样

作为互联网快时尚品牌，凡客诚品定位于20～40岁的消费群体，旨在打造“网上的三里屯village、网上的西单大悦城”。与优衣库等国际大牌相比，凡客诚品坚持高性价比、平民价格、大众时尚的路线，并以此传达真实、健康、积极、平等的时尚观念，倡导健康的消费观。

3. 公共活动亮点：“凡客体”事件

2010年7月份，凡客诚品官方微博、官方博客等自媒体，在品牌代言人韩寒《独唱团》创刊号面世之机，开展了演绎“我是凡客”广告语赠送韩寒《独唱团》等活动，使得凡客诚品的线下广告开始线上化，并得到了无数网民的支持与参与。7月末、8月初这则广告开始被网友自发演绎成2010年互联网的热点事件——“凡客体”，豆瓣的线上活动相册几天内参与人数过万。“凡客体”事件被国内外上百家主流报纸、网络、电视台大篇幅报道，凡客诚品在互联网内外的影响力大幅提升。

4. 公关广告策略：与强势门户网站合作＋开创电商社区

(1)捆绑式地投放在各大门户网站

凡客的广告投放和营销策略一直在不断地创新及调整之中，在不同媒介、不同传播手段中的营销呈现出因时而异的特点。创立之初，凡客放弃与传统媒体的合作，将营销战场定位在互联网。凡客大规模采取和网络媒体分账的模式——凡客不支付任何广告费用，将广告悬挂在国内大大小小的网站上，通过网络技术追踪订单来源，当发生实际交易时，凡客再按照约定的比例和网站分账。对于新浪等强势门户网站(它们一般不与广告商分账)，凡客采取打包合作的方式。在门户的重要位置(如首页)投放广告，在其他频道则采取分账方式。

(2)名人代言

2010年4月，凡客诚品邀请韩寒、王珞丹为其品牌代言人。随后，凡客诚品开始启动大规模品牌线下王珞丹“我是凡客”视频广告片同步发布。这次凡客诚品广告较之前版本，做了一些形式上的调整，比如减少了文案字数、背景做了改变，但是基本与原版清新、简约的风格和品牌调性一致。

(3)“凡客达人”——首创电商社区

2011年1月底，凡客诚品旗下的社会化电子商务平台“凡客达人”正式上线。社交媒体化的电子商务在国外也是新生事物，用户可以在平台上以社交网站的方式结交朋友、彼此推荐中意的商品、对商品发表看法。“凡客达人”在国内也算先行者之一。

凡客诚品借助它强势的品牌力量不断发展产品与扩充市场平台，它将品牌文化顺应互联网时尚消费的潮流，并通过有效的品牌传播，在消费者心中树立了美誉度和忠诚度。

（摘自：wenku.baidu.com）

“传播”一词同公共关系一样，也是一个外来语，其英文“Communication”源于拉丁文“Comuny”，原意包括“传布”“沟通”“交流”“交往”等多种含义。它强调传者与受者的同等地位和相互作用，强调“双向”和“交互”的词义。公共关系活动的过程，其实就是组织与公众之间进行信息传播和沟通的过程。随着现代传播技术的迅猛发展，尤其是网络等新媒体的广泛应用，进一步丰富了公共关系的传播手段，为公共关系的发展开辟了更为广阔的空间。能否有效地利用各种传播媒介，遵循沟通活动的基本原则，营造有利的舆论环境，是组织公关目标能否顺利实现的关键。

第一节 公共关系传播概述

一、传播及公共关系传播的含义

传播是人类社会赖以生存和发展的基础，自从人类诞生以来，就产生了传播行为。现代意义上的传播学产生于20世纪30年代的美国，40年代从美国传至欧洲，以后传到日本，70年代末传入中国大陆。“传播”一词译自英文Communication，我国香港学者也译作“传”。目前，关于传播的定义大约有200多种。一般来讲，传播是指个人、组织、社会之间信息的双向传递、接受、共享和沟通的过程。

公共关系传播是指社会组织借助一定的载体和途径，将信息有计划地与公众进行交流和沟通的活动。与一般的传播相比，公共关系传播的基本含义表现在以下三个方面：

(一)公共关系传播大多侧重于信息沟通的非宣传性传播

宣传性传播固然对统一人们的思想、改变人们的态度和行为具有较大的作用，但它相对来说是建立在受众被动接受的基础上，有“灌输”的意味。公共关系传播的目的在于提高社会组织的透明度、知名度和美誉度，而这些又是建立在公众评估之上的，因此，需要充分尊重公众的知晓权。

(二)公共关系传播更注重双向交流

公共关系传播的目的不仅要改变公众的态度，还要根据公众反馈回来的信息调整自己的行为，完善组织的形象。这就要求组织与公众之间的信息传播应当是双向的，既有传递，又有反馈，互相理解、互相影响，互相适应、互利互惠，从而建立组织同公众之间的和谐关系。

【案例5－1】

了解员工心理，把握员工需求

美国马萨诸塞州巴莫尔的戴蒙德国际纸板箱厂，因市场萎缩，工人为前途担心。65%的员工感到管理层对员工不尊重，56%的员工对工作感到悲观，79%的员工认为他们没有得到因出色工作而该有的报偿。

为此，管理层推出“100分俱乐部”计划，即无论哪位员工，全年工作绩效高于平均水平的，则可得到相应分数，如安全无事故20分、全勤25分等，每年结算一次，并将结果送到每位员工家里，如分数达到100分，便可获得一件印有公司标志和“100分俱乐部”臂章的浅蓝色的夹克衫。

两年后，工厂生产率提高了16.5%，质量差错率下降了40%，员工不满意见减少了72%，由于工业事故而损失的时间减少了43.7%，工厂每年多创收100万美元利润。年底评议时，86%的员工认为管理层对员工很重视，81%的员工感到自己的工作得到了承认，79%的员工认为自己的工作与组织成果关系更密切了。

(三)公共关系传播更加注重情感传播

在公共关系传播过程中，传播活动是在四个层次上进行的，依次是信息层次、情感层次、态度层次和行为层次。其中，信息层次是最基本的层次，一般社会组织就是依靠向公众传播信息逐步建立信誉的。一名优秀的公关人员，往往从情感入手，通过真情实感去打动公众，进而改变公众的态度，引导公众的行为，达到公众对组织支持和合作的目的。

【案例5－2】

一个垂危病人医疗照顾权的“争夺”

广州白云山制药厂从上海医药研究所调动科研人员梅放，然而调动手续刚办好，梅放突然胃癌复发，生命垂危。面对此情此景，上海医药研究所主动表示要照顾梅放，而白云山制药厂则强调调动手续已办妥，坚持要承担医治梅放的责任。双方争执不下，最后，根据梅放的意见来到白云山制药厂。就这样，在梅放离开人世的前一天，终于完成了甲苯咪唑有效结晶的重复试验。

两家单位各自寻找理由争取一个垂危病人的医疗照顾权，充分表现了组织对员工的深情厚谊。两家单位通过这次成功的“情感传播”，不仅促进了内部员工的归属感，增加了凝聚力，激发了职工的工作热情，而且也在社会上树立了组织的良好形象。显然，情感传播的作用比单纯信息传播的作用要大得多。

(摘自:www.docin.com)

二、公共关系传播的过程及要素

(一)公共关系传播的过程

传播的起点是传播者，其终点就是接受者，传播的内容称为信息，而信息又是由各种符号来表达的，这就构成了公共关系最简单的传播过程。自20世纪20年代以来，西方传播学家从各个不同的角度对传播过程进行探讨，提出了许多传播理论和对传播过程进行高度概括的传播模式。在此介绍几种比较典型的传播模式理论。

1.公共关系传播的基本过程

根据传播原理，公共关系传播的基本过程可用图5－1的模式来表示。

信源将信息内容经过编码成为信息，通过传播媒介，传送到信宿，但信宿须经译码过程才能接受信息的内容。信宿对信息的反应，须通过编码，反映给信源，信源也须经译码过程才能全部接受其反馈内容。而干扰可能产生在传播的各个环节。一切传播活动都在一定的社会条件下进行。

传播学关于传播过程的模式研究十分丰富，各种模式均力图勾画出传播活动的主要因素、各因素之间的关系，以及这些关系所形成的过程。如果将复杂的传播过程简化，可以归纳成如图5－2所描述的模式。

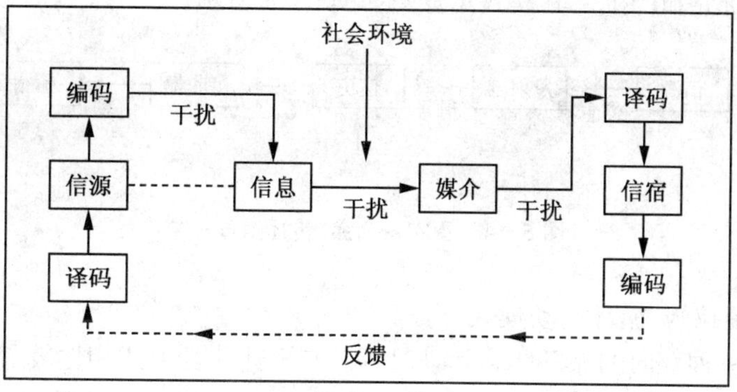

图 5—1 公共关系传播的基本过程

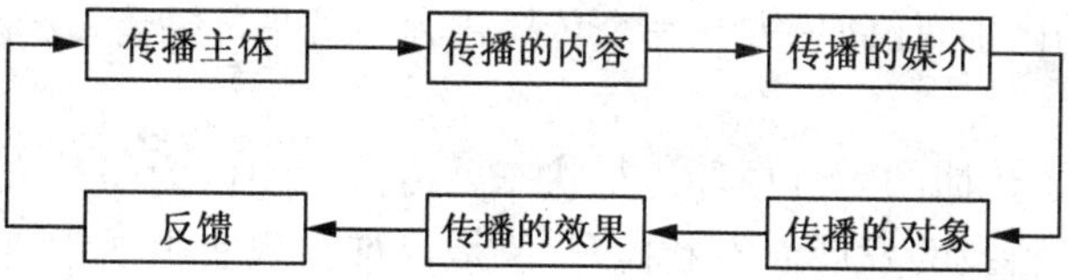

图 5—2 简化的传播模式

虽然不能说这个模式非常准确地反映了现实的传播过程，但它包含了传播过程中最重要的因素，并揭示出这些传播因素之间的最基本的顺序关系和因果关系："传播主体"（如某公司公共关系部）制作出"传播内容"（如关于企业新产品上市的新闻稿），提供给"传播的媒介"（如报纸和电台）发表，告知和影响了"传播对象"（如消费者），引起了"传播的效果"（如消费者的关注），再"反馈"给"传播主体"。在这个过程中，缺了任何一个要素，都会影响传播过程的完整性，导致传播过程或不能发生，或传播受阻，或达不到效果等。

2."五W"模式

美国传播学家哈罗德·拉斯韦尔在1948年发表的《社会传播的结构与功能》一文中，提出了构成传播过程的五种基本要素，并用五个疑问代词加以表述，即 who（谁）、says what（说什么）、in which channel（通过什么渠道）、to whom（对谁说）、with what effects（有什么效果）。这就是所谓的"五W 模式"或"拉斯韦尔模式"。

英国传播学家 D. 麦奎尔等将该模式演变为图 5—3 所示模式。

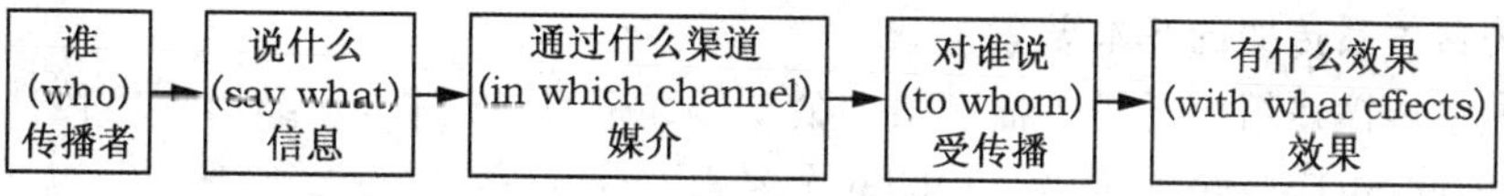

图 5—3 "五W"模式

3.香农—韦弗"传播数学模式"

美国信息学者 C.香农和 W.韦弗从信息论角度，提出了直线性单向传播数学模式。该模式运用通信电路原理对传播进行了探讨，特别提出噪声这一负功能概念因素，影响了许多其他传播过程模式的研究和产生。其模式示意图如图5－4所示。

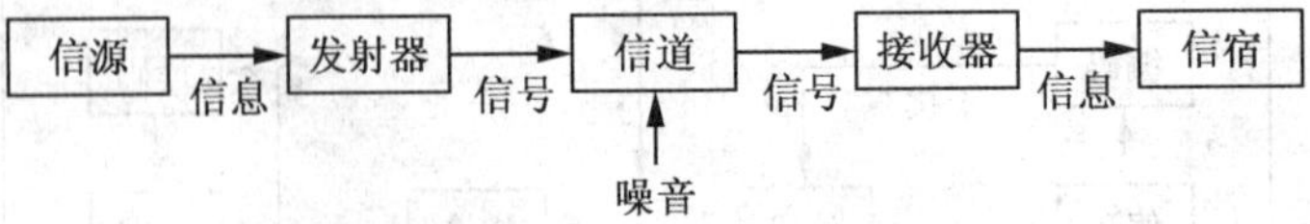

图5－4 香农—韦弗"传播数学模式"

4.韦尔伯·施拉姆"循环互动模式"

这种模式是一种双向的循环闭合运动过程。与上述两类模式相比较，其特点有以下几种：

(1)该模式设置了反馈机制。传播者进行传播的主要目的，已不是单纯地进行信息传递，而是为了获得反馈信息。

(2)该模式是以平等对称形式建立的。传播者与接受者随着传播频率不断加快，身份上已经没有严格意义上的区别，任何一方在一个传播过程中既是传播者，又是接受者。两者是相互均等、相互转换的。

(3)该模式体现了传播的闭合循环运行状态。传播活动作为一种人类社会运行的基本活动，随着人类的进步、科技的发展而不断提升，但是很难在现实生活中将一个传播过程严格地与另一个传播过程区别开来，因为人类传播是连续的、不间断的。

(4)该模式反映了信息传递与信息反馈的逻辑关系。施拉姆的"循环互动模式"可以看作由两个香农—韦弗"传播数学模式"组成，信息反馈过程既是前一个信息传递过程的结果，又是后一个信息传递过程的动因，即互为因果关系。其模式如图5－5所示。

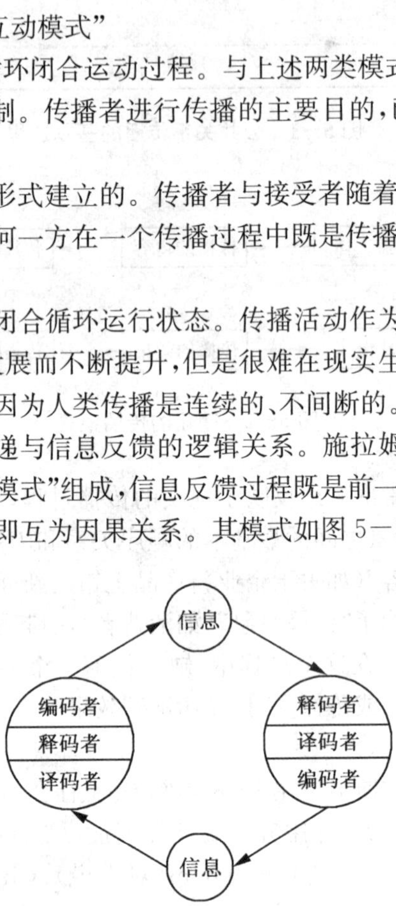

图5－5 循环互动模式

(二)公共关系传播的基本要素

公共关系传播是组织运用传播手段向公众传递信息的过程，它经历了由传播者到受传者的全过程，因此，也应当包含传播过程的5个要素。

对哈罗德·拉斯韦尔的传播五要素稍加调整，就形成了公共关系传播的基本要素：公共关系传播者、公共关系传播内容、公共关系传播渠道、目标公众以及公共关系传播效果。

1.公共关系传播者

公共关系传播者是组织信息的采集者、发布者，是代表组织行使传播职能的人。在我国政治组织中，该角色一般由党和国家的新闻发布机构、新闻发布人以及各级党和政府的新闻、宣传部门担任(在其他一些国家还包括政府中的公共关系人员);在各种福利组织和营利性组织中,该角色由组织内部的宣传部门、公共关系部门或宣传人员、公共关系人员担任。

公共关系传播者是公共关系的主体,因为它是构成传播过程的主导因素。在协调公众关系、改善周围环境的过程中,在树立自身形象、提高信誉的过程中,在沟通内外联系、谋求支持与合作的过程中,公共关系传播者居于主动地位,起着控制者与组织者的作用。它的任务是将外部的信息传达给组织内部公众,将有关组织的信息发布出去,传递给目标公众。

2.公共关系传播内容

公共关系传播内容是指传播者发出的有关组织的所有信息。它大体上可以分为如下两类:

一类是告知性内容,即向公众介绍有关组织的情况,如组织的目标、宗旨、方针、经营思想、产品和服务质量等。在信息传播过程中,告知性内容往往以动态消息或是专题报道的形式出现。前者是关于组织新近发生的某一事件的基本事实的描述,比如,关于商店开业、展览会闭幕、新产品问世、超额完成产值等情况的报道;后者是对事件全景或某一侧面进行的放大式描述,例如,介绍新产品的设计过程、制作工艺、用途、专家鉴定情况等。

另一类是劝导性的内容,即号召公众响应一项决议,呼吁公众参与一项社会公益活动,或者劝说人们购买某一种牌子的商品。在利用大众传媒进行宣传的过程中,政党、政府及其他非营利性组织发布的劝导性的内容,往往以社论、评论、倡议书的形式出现,而营利性组织发布的此类内容,则多以商业广告的形式出现。

3.公共关系传播渠道

所谓传播渠道,是指信息流通的载体,也称媒介或工具。人们通常把用于传播的工具统称为传播媒介,而把公共关系活动中使用的传播媒介,称为公共关系媒介。可供公关人员利用的传播媒介有两种:一种是大众传播媒介,另一种是人际传播手段。具体来说,公共关系传播媒介是各种各样、丰富多彩的。常见的有语言媒介,如报纸与杂志、书籍与纪念刊、海报与传单、组织名片与函件等;有电子媒介,如广播、电视、录音、录像、幻灯和电影等;有标识,如摄影与图片、商标与徽记、门面与包装、代表色等。此外,还有非语言传播媒介,如表情、体态、目光等。我们也可以把公共关系媒介分为基本媒介和综合媒介两种。所谓基本媒介,主要包括人与人之间的传播、广播、电视、印刷品、摄影作品、电影等;综合媒介则包括与新闻界的联络、特别节目、展览、会议等。显然,所谓综合媒介是各种基本媒介的集合。

4.目标公众

目标公众是指那些与组织有着某种利益关系的特定公众。他们是大众传播受传者中的一部分,是组织意欲影响的重点对象。这类公众的特点是:

第一,目标公众是有一定范围的,是具体的、可知的,也是相对稳定的,即每个组织都有自己的特定公众。

第二,公众是复杂的。尽管某些个人由于某种共同性构成了某一组织的公众,但他们之间还是有着明显的差异。

第三,公众趋向集合。当组织与公众之间的利益关系变得突出时,原来松散的公众集合体就会趋于集中,显示出它特有的集体力量。

第四,公众是变化的。当组织与公众之间的利益关系结束了,这一类公众就不再为该组织的公众。

5.公共关系传播效果

公共关系传播效果，是指目标公众对信息传播的反应，也是公共关系人员对传播对象的影响程度。

人们对传播效果的研究经历了半个多世纪的历程，先是提出“传播万能论”，继而提出“有限效果论”（以“两极传播”为主要内容），后来又由“两极传播模式”发展为“多极传播模式”。传播效果理论的演变告诉我们，大众传播媒介固然能够改变受众原有的观念，但其效果不是无限的。在实际工作中，公共关系人员不能把大众传播媒介作为唯一的手段，而应当将它与人际传播、组织传播等多种方式结合起来，以便收到更好的效果。同时，受众的被动地位是相对的，他们对信息的注意、理解和记忆都是有选择的。公共关系人员可以通过各种调查手段（如观察、访问、文献分析、抽样调查等）了解公众对信息的接受程度，知己知彼，百战不殆。此外，在信息传播过程中，还要重视专家、学者、社会名流等“意见领袖”的中转作用，设法通过他们影响公众。

三、公共关系传播的特点

公共关系传播有其自身的特点，具体表现在以下几个方面：

（一）传播行为的受制性

公共关系传播是一种重要的组织行为，是为实现组织目标服务的，因而要受到组织特性的制约。从时间和空间上、内容和形式上，都要受到组织目标、组织制度、组织规范等的制约。

（二）传播内容的求实性

公共关系传播是组织的一种公共关系行为，其目的是为了沟通公众、服务公众，在社会公众心目中树立良好的社会形象，进而求得公众的理解与支持。因此，公共关系传播首先必须讲求其内容的真实性和态度的诚实性，要使公众感觉到组织的公共关系传播是客观的、实在的和公正的。

（三）传播渠道的多样性

公共关系传播的对象是公众，公众是一个类型复杂、层次多样的社会群体。他们当中有个人、有群体，也有组织；他们的年龄、性别、阅历、个性等都不尽相同，各自喜欢的信息渠道也就不同。因此，公共关系传播必须针对目标公众，采取多种传播渠道进行信息传播，保证公共关系传播的针对性和影响面。

（四）传播方式的策略性

公共关系是一门科学，也是一门艺术，公共关系传播在遵循传播规律和原则、确保传播内容真实和客观的前提下，还要掌握传播的技巧和谋略，创造性地运用各种传播的技术与方法，巧妙地向公众传播公共关系信息，从而有效地影响公众、服务公众、沟通公众、赢得公众，取得最佳的公共关系传播效果。

（五）传播活动的高效性

在公共关系传播中，可根据不同情况采取普遍性目标公众策略、选择性目标公众策略、集中性目标公众策略，确保公共关系传播的指向性和针对性。注重传播时机的选择，按组织发展的不同时期的特点来进行公共关系传播，注重选择传输通道，确保公共关系传播的高效性。公共关系传播要受到人们追求最佳效益的欲望所驱动，并以传播的最佳效益为原则。

四、公共关系传播的原则

(一)目的明确原则

弗兰克·杰夫金斯说过:“公共关系是一组织为了达到与公众之间相互理解的特定目标,而有计划地采用的对内、对外传播方式的总和。”因此,公关传播是带有明确目的性的传播,它的总目标是树立、改善组织形象,形成有利的舆论环境,获得各界的支持。根据传播效果四层次理论,一般性目的可分为四种:引起公众注意,诱发公众兴趣,取得公众的肯定态度,促发公众的支持行为。

(二)双向沟通原则

双向沟通原则是指传播双方互相传递、互相理解的信息互助原则。具体包含以下三个内容:一是沟通必须由两人以上进行;二是沟通双方互为角色;三是沟通双方相互理解并有所交流。

双向沟通原则要求在实施过程中应注意以下两个方面:

1.创造沟通的共识区域

即沟通双方具有共同的经验范围。

2.具备反馈意识

它一方面是指沟通双方在互相理解后要有反应,包括信息反馈的主动、及时、对路和适量等;另一方面是指沟通双方应根据反馈来做自我调节,它实际上是用结果(输出信息的实践结果)对原因的反作用来调节沟通,使沟通双方轮流充当施控者与受控者,彼此都对对方的行为产生制约力。

(三)平衡理论原则

平衡理论原则是指传播者利用“相似性”的人际吸引为中介,通过沟通与受众产生认同,达到协调的原则。它可通过以下两种方式进行:

1.A—A 式平行沟通

公关传播就是要创造 A—A 式的平行沟通的环境,即双方均以平等、理性的成人状态参与沟通,并随时注意公众反应,不断调节使其保持在 A—A 状态之中。这种方法就是以个人心态的平衡去引导、建立双方关系的平衡。

2.情感沟通

情感是形成态度的重要条件,平衡理论要求在沟通中诉诸情感,通过情感互动和思想交流,产生接近与认同,达到态度的一致和关系的平衡。

(四)整分合原则

它是指在整体规划下,将沟通过程的各相关部分进行有效综合的原则。首先,要把传播过程看作一个整体,处理好传播主体、传播客体、传播技术及传播观念之间的关系,对不同的传播客体、不同的传播内容,应选择不同的传播媒介和传播技术;同时,对各个公关传播环节、层次、方式要相互协调,避免出现冲突和矛盾。

(五)有效沟通原则

公关传播追求的是有效沟通,即通过沟通使公众理解、喜爱、支持组织。影响与公众有效沟通的因素有三种:一是信息的真实性与信息量的大小;二是传播者的方式与态度;三是传播内容的制作技巧与传播渠道的畅通。

第二节　公共关系传播的类型

按照传播的方式和内容，公共关系传播类型一般可分为四种：人际传播、群体传播、组织传播和大众传播。

一、人际传播

人际传播是指发生于个人与个人之间互通信息、交流思想、沟通感情的社会行为。它是构成并维持社会的前提，是人际关系得以实现的基础，也是最常见、最普遍渗透于人类生活的基本传播方式。其表现形式分为面对面传播和非面对面传播两种。前者一般通过语言、动作和表情等媒介进行交流；后者则通过电话、电报和书信等媒介进行交流。公关活动中往往会涉及大量而频繁的人际交流，公关人员在许多场合也需要个别地与顾客、专家、记者等进行交往。因此，人际传播是公关人员最直接、最具体的工作，也是公关工作中最为广泛的一种传播方式。其特点如下：

(一)私人性，易于情感沟通

由于人际传播一般仅限于个体之间的信息互动，因此具有明显的个人性、私人性，最便于表达对交往对象的关注与对方进行情感沟通。因此，在所有的传播方式中，人际交往的情感色彩最浓，最容易达到晓之以理、动之以情的效果。

(二)交流形式多样，信息交流充分

人际传播多以面对面传播为主，在交流中，传播双方除了使用口语之外，还可以大量地使用表情、体态语进行交流，使彼此之间的信息交流更为通畅，不易造成误解。

(三)反馈直接、迅速

人际传播是传播双方的双向互动过程，在这一过程中双方同时充当传者和受者的双重角色，使各自都能不断地根据对方的反馈调整传播内容，从而有效地控制交流的速度、广度和深度。

当然，人际传播毕竟是个体对个体的传播，其传播的范围是极为有限的，如果信息需要广泛地进行传播，就必须借助于其他传播方式。

二、群体传播

群体传播是一群人按照一定的聚集方式，在一定的场合接受传播。在两千多年前的古希腊，就出现过许多公民聚集在广场、大厅里聆听演说的群体传播现象。著名学者亚里士多德专门写了一本著作《修辞学》，阐述了群体传播的特点。在现代社会，我们的演讲会、报告会、记者招待会等，都属于群体传播。这种传播的场合是公开性的，往往能容纳上百人，甚至几千人，如会场、展览厅、礼堂、广场、体育馆等。这种传播的对象一般都是为了共同的兴趣而聚集在一起的。群体传播分为小团体传播和公众传播两种。

(一)小团体传播

小团体传播是指小群体成员(10 人左右)之间直接的、面对面的、多向性的沟通与交流。在现实生活及公共关系工作中，存在许多小团体传播情况，如在家庭成员之间、在班组和宿舍成员之间、在部门内部同事之间等。这种小团体沟通是介乎于人际传播和组织传播之间的一种传播形式，即群体内的人际沟通活动，它不完全等同于人际关系。

1.参与传播的人数较少，可进行直接的、面对面的交流

小团体传播的人数显然超过人际传播的两人，但也不能太多，否则无法保证每个参与者彼此保持面对面状态，从而影响参与的积极性和充分性。

2.传播参与者之间多向性的沟通交流

小团体传播要求所有成员全部参与，每个成员向他人做出的信息传递，均是对某一成员信息的反馈，成员之间互为启发和补充。

3.传播活动效果依靠共同目标和行为规范的支持

小团体传播是在特定的文化背景下进行的，缺少人际传播的随意性，每一成员必须以完成共同目标为沟通宗旨和方向（如策划方案、创意设计），必须以规章、制度及活动原则约束和规范自身沟通行为（如不允许攻击指责），以期达到相互启迪、充分交流的效果。

（二）公众传播

公众传播是指相对少数的传播主体，面向相对集中、人数较多的公众群体进行的传播，如专题报告演讲、展览、大型演出活动等。其特点如下：

1.面向相对集中、明确、人数较多的公众群体

公众传播不同于小团体传播，其人数较多，传播覆盖面较大；又明显区别于大众传播，大众传播对象人数虽然众多，但很难明确具体参数（如具体人员的性质、方位、状态及人员之间的联系等）。而公众传播的公众因参与同一活动聚集在同一场合，参数具体明确。

2.传播者与传播对象大规模现场参与

虽然受参与者人数越多、参与积极性越差的传播规律的影响，但由于公众传播是在一个特定现场进行的特定主题的大规模传播活动，因此容易激发公众的参与热情，形成极强的现场人气；再加上公众情绪相互感染，特别有利于营造热烈的气氛和舆论，形成轰动性传播效果，所以是社会组织对内、对外常用的一种有效传播手段。

3.多种媒体的综合应用

由于公众传播往往是在特定的、拥有较大空间的场所进行的，为了取得相应的传播效果，必须同时运用多种媒体，尤其是声、光、电效果俱佳的现代多媒体。

三、组织传播

组织传播是指社会组织运行过程中所涉及的信息传播活动，包括组织内部成员与成员之间、部门与部门之间、成员与部门之间，以及社会组织与相关的外部环境之间的信息交流沟通活动。组织传播是保证组织内部正常、和谐运行的信息纽带，也是组织从社会环境中吸取信息、获取支持的重要途径。这种传播方式经常使用组织自控媒介，如黑板报、内部刊物等媒介来进行信息传播，其目的是使组织内的公众能有共同的信念和目标，同心协力完成组织任务。日本著名企业家松下幸之助先生就制定过一个组织传播计划。他每日按时地利用公司内部闭路电视系统向全体员工进行一次简短的讲话，通报公司发展进程中存在的问题和要求，使该公司全体员工都能及时了解公司当天发生的事情，对凝聚组织内部员工的力量很有帮助。组织传播具有以下特点：

(一)传播的实质性主体是组织而不是个人

在大量组织传播中,传播是以组织的名义进行的,传递的是组织的观点、主张、态度和立场。虽然有时是通过某一个人的言行进行表述的,但此时个人已不具有个体身份,只是组织传播中的工具,如新闻发言人。

(二)组织内部正式传播的层次性和有序性

组织的正式传播是按组织的行政体制和内部制度规范所确定的程序方向进行的轴心化传播,是伴随着行政组织层次逐次展开进行的。组织的正式传播严格控制越级的发生,确保传播方向规范性操作。过多的不合理的层次可能会导致信息的衰减和失真。组织正式传播一般包括下行传播、上行传播、平行传播。

1.下行传播

下行传播是自上而下的沟通形式,是上级领导层将政策、命令等传达给下级的过程。下行传播是管理者发布指令,争取全体职工合作支持、采取行动的基本依据。有效的下行传播可以使职工准确、及时地完成上级布置的任务,并使职工认识其工作价值,激发荣誉感,消除对上级的疑虑和恐惧;反之,下达信息就会被曲解、失落或冷淡置之。

2.上行传播

上行传播是自下而上的沟通形式,是下层成员向上级领导反映情况、汇报工作和提出建议的正常渠道。良好的上行传播能向决策层及时传递具体工作中的各种问题;同时,良好的下情上传也是与良好的上情下达相辅相成的。

3.平行传播

平行传播是同级成员之间或同级部门之间的沟通形式。平行传播最重要的任务是协调组织内部各单位间、各职员间能以合作一致的态度,去完成共同的目标。平行传播具有以下效益:弥补上行传播和下行传播的不足;简化办事手续、节省时间、提高工作效率;培养组织的团体精神和员工间的友谊,并满足彼此间的需求。

(三)组织内部非正式传播的自由性和平等性

组织内部非正式传播是指组织运行程序系统以外所发生的传播,是组织正式传播的补充。非正式传播的随意性较强,规范性较差,不刻意要求信息是否具有相应的主题、范围、深度和系统,甚至信息的编码形式也趋于简单化、口语化、通俗化,从而提高了传播的自由性。非正式传播的参与双方虽然具有高低之分的组织身份,但传播是以无轴心状态进行的,传播主体和客体反复交换,趋于平等。组织非正式传播较正式传播而言,更有利于情感的沟通和积累,更有利于积极、健康、自由、宽松的组织氛围的营造。

(四)组织外部传播的公众性和大众性

组织外部传播对象较内部传播对象数量更为众多,层次更为复杂。针对相对集中的传播对象可借助公众传播完成组织信息传递,针对高度分散的公众则可通过大众传播媒介进行信息传递。

四、大众传播

大众传播是指通过报纸、杂志、广播、电视、网络等大众传播媒介,将大量经过复制的信息传送给广大受众的过程和活动。大众传播是公关活动中最主要的传播方式,其主要特点如下:

(一)传播主体的组织化、专业化

大众传播的传播者一般都是拥有现代化大众传播媒介的专业化的组织机构,它集中了大量经过专业训练的职业人员,对采集的信息进行选择、过滤和加工,按传播者的意图和受众的需要予以传播。

(二)传播手段的现代化、技术化

现代大众传播运用了当今世界大量先进的技术成果,特别是电子技术、通信技术、印刷技术的飞速发展和在传播领域的广泛采用,使大众传播能够高速度、大范围地复制和传播信息,促进公关活动的顺利进行。其传播的速度、广度和海量信息是人际传播所无法比拟的。

(三)传播对象的广泛性

大众传播面对的公众是十分广泛和分散的,通过无线电波、同步通信卫星,大众传播的受众可以跨越地域、超越民族和国家,无法准确把握其数量。因为对象都是广泛而分散的,传播内容自然无特别针对性,较少个人感情色彩,任何人都可以共享。这使得一些公众无法了解到自己需要的信息,而人际传播则可以满足特殊信息的需求。

(四)信息反馈比较缓慢、间接

大众传播过程中因为信息传递距离远、范围广,得到信息反馈十分困难,无法进行及时纠正或补充,并且因为缺少面对面的各种体态语或表情的表达,所以稍有不慎则可能造成公众的误解。当然,由于互联网的出现,这种状况已经有了明显的改善。而在人际传播过程中,信息可以迅速得到反馈,传播者可以根据反馈来评判自己发出信息的效果,从而及时加以补充、纠正、解释、澄清,保证信息传播准确无误。

由此可见,不同类型的传播方式在传递信息过程中有各自不同的特点。公关人员应准确把握它们的特点,根据实际情况选择传播方式。要想取得理想的传播效果,往往需要这些传播方式同时使用,取长补短。

第三节 公共关系传播媒介

传播媒介是公共关系信息传播的工具。随着科技与经济的飞速发展,可供选择的媒介也越来越多,如报纸、杂志、电视、广播、互联网、电影、霓虹灯、挂历、包装纸等均可作为广告媒体。不同的传播媒介具有各自不同的特点,起着不同的作用。选择什么样的传播媒介,对是否能把公关信息及时有效地传递给公众,具有重要的影响。了解和掌握这些媒介的特性,公关传播才能扬长避短,选择最适合的媒介或媒介组合,取得最佳的传播效果。

一、公共关系传播媒介的种类

信息传播媒介的种类十分丰富,概括起来有大众传播媒介和组织传播媒介两大类。

(一)大众传播媒介

传统的大众传播包括四大媒介:报纸、杂志、广播、电视。这是当今世界最有影响力的四大传统媒介,其最大的特点是传播的广泛性,是公关工作不可缺少的现代化传播手段。现在网络传播得到越来越广泛的使用,网络成为又一重要的大众传播媒介。

1.报纸

报纸是以刊载新闻和时事为主，评论现实生活，引导社会舆论的定期的公开出版物。它是国内外十分重要的一种传播媒介。报纸的优点主要有：

(1)充分处理信息资料。广播和电视在传播上注重时间，往往比较直观、表面，而报纸却因为时间充分、篇幅充足，可以对事件进行更深入、更详尽的报道，甚至可以反映某些用口语和图像难以表述的事物。

(2)读者有充分的选择余地。广播和电视都在固定的时间播放，错过时机就难以再次接收，听众没有较多选择的主动权，而报纸的读者却可以按照自己的需要、阅读的习惯和时间自行决定阅读的时间、地点、顺序、速度和次数，并且还可以把几种报纸对同一事件的报道进行对比，将某一种报纸在不同时间里的报道进行对比。

(3)资料便于保存和检索。报纸上的信息内容都是以文字的形式固定下来，便于剪辑、保存和查找。人们可以把自己感兴趣的资料进行保存，作为历史资料和专门知识反复使用。

(4)制作容易，成本较低，易于流传普及。报纸印刷的设备、材料等造价较低，费用少，读者接受信息时也不需要任何设备。

但报纸也有缺点：第一，传播速度较慢。传播新闻不如广播、电视迅速及时，在传播速度上无法与广播、电视相比，报纸还缺少同时性，不能像广播、电视那样迅速报道新闻事件。第二，感染力较差。报纸传递信息主要以文字形式表达，有时附以图表，需要抽象思维，不够生动形象，不能直观地报道，感染力相对较差。第三，读者的数量有一定的限制。因为阅读需要一定的文化水平和阅读能力，专业性印刷品更需要有专业知识才行，而且人的习惯是听多于读，所以接受者数量受限，不如电视和广播普及。

2.杂志

杂志又称为期刊，是指定期或不定期成册连续出版的印刷品。它是受到普遍欢迎的一种印刷类大众传播媒介。按其内容，杂志可分为知识性、趣味性和专业性杂志三类。它具有以下三个优点：

(1)全面性。在我国，各类杂志达几千种，涉及各行各业，发行量大，读者范围广。

(2)深入性。杂志由于编辑时间较长，可以免受时间因素的影响，因此在报道事件时可以有充分的时间去采访和分析，广泛收集资料，详加解释，还可以配置必要的图片和图表，提供详尽而深入的报道，比报纸等其他媒介完整系统，具有独特的参考价值，能给读者留下深刻而完整的印象。

(3)专业性。杂志的专业性是十分明显的，针对性强，使公众便于选择自己所感兴趣的类型。社会组织可在周年庆等特殊时机，利用杂志来进行详尽报道，使公众全面了解组织的经营理念、组织精神及各方面情况。

杂志的缺点也是十分明显的：一是出版周期长，因而不能迅速地报道新闻事件，缺乏时效性；二是杂志要求读者具有相当的文化水平和理解力，对于专业性杂志来说，还要求读者具有一定的专业知识，限制了读者的接受程度。

3.广播

广播是覆盖面最广的一种电子类大众传播媒介。特别是在我国，无线广播与有线广播的结合，构成了一个遍及全国城乡的大众传播网络。广播的优点是：

(1)传播迅速，覆盖面广。广播上的信息不受空间和时间的限制，通过电波可以在转瞬之间传遍地球的各个角落。

(2)收听对象非常广泛。文化程度稍低、视力不佳或行动不便的公众都可以收听,人们甚至可以边干活边收听、边开车边收听,不受工作条件及环境的限制。

(3)感染力较强。广播依靠声音传播内容,声音的优势在于具有传真感,听其声能如临其境、如见其人,能唤起听众的视觉形象,有很强的吸引力。

(4)制作成本低。其制作成本是电子类大众传播媒介中最经济的。

广播的主要缺点是:传播信息稍纵即逝,如果不及时录音,内容就无法保存;广播能有效利用的电波频道是有限的,不能像印刷品那样无限量地增加。因为只有声音,没有图像,其生动性不及电视。另外,广播自由选择节目的范围有限,也不能任意改变收听的时间、顺序,听众的地位很被动。

4.电视

电视是我国发展最快、影响最大、普及最广的大众媒介,也是公共关系传播中最重要的手段之一。其优点是:

(1)形象生动。电视集音响、图像、动作、色彩于一身,在传播信息过程中,能同时诉诸人的听觉和视觉,形象生动,现场感强,最能激发人的兴趣和吸引人的注意力。

(2)艺术性强。电视可以使用多种艺术手法表达信息,增强感染力,制造舆论、引起共鸣的效果大。

(3)迅速及时。由于摄像、传播技术的发展,卫星直播电视技术的采用,电视传播可以做到时间上同时、空间上同位,人们可以在第一时间获取信息。

(4)广泛普及。电视信息以声音、图像为主,不受文化水平的限制,老少皆宜、雅俗共赏,因而有较高的普及率。

但电视与广播媒介有着共同的缺点,即不易保存,频道有限,必须在固定时间按时接收等,且传播的内容较浅显,不能全面而深入地阐述信息内容,而且信息传递速度无法控制,接受者没有太多思考的时间。电视节目制作费用相对比较高,需要一定的经济承受能力。另外,它不便携带,使观众的选择余地很小。

5.网络

《大众科技报》曾报道了一系列数据:"1 500 万人通过'手机报'了解奥运第一时间的报道;成立不足1年的开心网估值已达 2 500 万美元;到 2012 年时,全球使用 3G(第三代移动通信)移动电视服务的手机用户总量有望达到 4 200 万户……"这显示着新媒体时代已经来临。据悉,"财富 100 强"中,13%的公司都有自己的网上新闻发布中心,而 93%的公司将非 IT 类记者的新闻稿件投入网站上发表。可见,新媒体公关已成为公关传播的前沿课题。

网络传播是一种以多媒体为终端,以光纤为通道,把所有的个人和组织都联结在一起,并能与"个人化"受众进行互动沟通的现代先进的信息交流形式。随着现代科技革命的突飞猛进,特别是信息技术的快速发展,互联网已成为世界上规模最大、覆盖面最广、信息资源最丰富、运用最便捷的信息传播网络。中国人民大学舆论研究所所长喻国明教授说:"互联网正在全面渗透到社会生活的各个方面,并成为社会舆论最重要的传播载体。"中国互联网络信息中心(CNNIC)发布的第 30 次中国互联网络发展状况统计报告显示:截至 2012 年 6 月底,中国网民数量达到 5.38 亿,互联网普及率为 39.9%。在普及率达到约四成的同时,中国网民增长速度延续了自 2011 年以来放缓的趋势,2012 年上半年网民增量为 2 450 万,普及率提升 1.6

个百分点。

这一新兴传播方式的出现及其巨大作用的不断发掘，在日益改变着人们的生活方式、工作方式和思维方式的同时，也为公共关系的发展提出了新的课题，展现了新的发展领域。建立在公共关系与互联网相结合最新成果基础上的网络公关，为现代公共关系提供了新的思维方式、策划思路及传播工具。

网络传播的主要优点有：

(1)不受时间、空间限制。由于数字化技术的应用，使传播告别了传统媒介形式的传递工作，信息的储存、传递、处理变得简易、快捷。网络可以给公关活动提供巨大的变化机会。如企业可以在网上通过网络论坛、BBS(电子公告板系统)、E-mail 及其他方法发布企业新闻。这样一来，全世界就有 200 多个国家和地区的网上公众有可能接收到该信息。互联网可以 24 小时发布企业信息，公众可以全天候进行点击，比报纸、杂志、电视等媒介工具更方便接受信息，更具有时效性。世界上任何地方发生的任何事情，任何国家的任何用户，只要上了网，就可以在瞬间传遍全球。网络传播打破了时空界限，随时随地可向公众传播信息，从而成为企业在新经济时代树立形象、创造名牌的重要手段。利用网络优势"制造新闻"，扩大影响，是公共关系实施中的一种手段。一些社会组织利用网络不受空间、时间的限制，通过制造新闻，引起轰动效应，从而扩散信息，提高企业与产品的知名度。例如，可口可乐用近一个世纪才建立起它的知名度，而网络世界的一些著名品牌如微软、雅虎等仅用几年就建立起来了，这不能不说网络公关劳苦功高。

(2)互动性更强。网络与传统传播媒介相比的优势之一就在于信息交流互动性大大加强，企业可以及时地获得公众的反馈。而传统的传播是单向的信息输送，对公众是一种"灌输"，要了解公众的反应，必须进行专门的市场调查，耗时长，付出的人力、财力多。网络成本低廉，可以迅速地确定受众的数量、时间、分布地域，许多网站采用电子问卷等形式给公司提供访问者的反馈意见，为企业确定公关对象和制定公关策略提供依据。

【案例 5—3】

百事互动："节奏大师"亮相上海地铁

手游在当今社会已越来越火，"节奏大师"则是一款老少皆宜的产品，在 2014 年新年到来之际，把百事《我们把乐带回家》2014 年微电影主题曲——《快乐送》植入"节奏大师"中，在地铁 LED 屏幕前充分实现人机互动，让乘坐地铁的旅客们一边玩一边乐，真正实现百事倡导的"把乐带回家"。

在上海的人民广场、徐家汇、静安寺、陕西南路四大核心商业区，百事"节奏大师"互动游戏如火如荼进行。当人们在 LED 屏幕前随着音乐节奏互动时，基美传媒使用的尖端技术红外感应 Airscan 装置，可以即时捕捉互动动作，既可获得游戏带来的乐趣，又能得到百事可乐。此次线下互动活动结合微博、微信等方式进行线上传播，同时，活动全过程还被拍摄成视频进行全网传播。

(二)组织传播媒介

公共关系传播除了要运用大众传播媒介以外，还需要运用组织传播媒介。

1.文字类传播媒介

这主要包括公共关系刊物(如杂志或小报、简报、通信);宣传小册子(如折页、活页印刷品);传单和目录(如单页、卡片等);海报和招贴;壁报和宣传栏等。

2.影视类传播媒介

这主要包括幻灯片(用于展览会放映、辅助会议演讲);电视录像带(用于展览会或参观讲解,综合性或专题性的资料介绍等);电影(可供电影院、电视台公开放映,或供集会上放映)。

3.语言类传播媒介

这主要是指演讲、报告、对话、座谈、谈判、录音等。

4.实物类传播媒介

这包括产品样品(用于展览、赠送);产品赞助(赞助某项社会活动的制品);模型(产品、设备或企业的模型,用作标志、展览和大型活动);小纪念品(用于宣传企业的名称、徽记、商标的小型用品)。

5.个人传播媒介

这主要是指公关交际场合常用的各种个体媒介,如电话、信函、贺卡、礼仪电报、慰问礼品、名片等。

6.图像标识系列媒介

这主要包括照片与图画(用作新闻稿、广告、刊物的插图,以及展览会陈列);组织标识(如徽记或标志、商标、门面装修、建筑物、产品包装乃至人员着装、用品上的代表色彩等)。

7.特别的活动媒体

在许多特别设计、策划的公关活动中,往往突出某种形象生动的媒体。如潍坊风筝节中的“风筝”、哈尔滨冰灯节中的“冰灯”、海南椰子节中的“椰子”等。

二、公共关系传播媒介的选择

适当的媒介可以有效地将组织信息迅速准确地传递给公众,直接影响传播的效果。正确地选择传播媒介,一般要考虑以下几个因素:

(一)媒介的覆盖面

传播媒介发挥主要影响的地域即为某一媒介的覆盖面。企业在选择传播媒介时,一定要考虑传播媒介的覆盖面,尽可能使传播媒介的覆盖面与公共关系传播对象的分布区域相一致,这样才能达到传播的效果。

(二)媒介的可信度

公共关系传播的目的是树立组织良好的形象,争取公众的信任、支持与合作。如果选择没有信誉的媒介,公众会因对该媒介的不信任而推及到对传播信息的不信任。媒介的社会影响力直接影响公共关系的宣传效果,正式报刊的可信度显然是非正式报刊所不可比的,中央电视台的可信度更非街头招贴可比。只有选择可信度高的媒体,才有利于实现组织目标。

(三)公众的媒介习惯

选择传播媒介,要考虑公众接触媒介的习惯。公众对象有性别、年龄、职业、民族等方面的差异,应针对不同的公众对象选择不同的媒介。如对以知识分子为主要对象的传播最好选择报纸、杂志媒介;对以农民为主要对象的传播最好选择广播、电视媒介;对以高科技人员为主要对象的高科技介绍性信息最好选择专业杂志或专业印刷品媒介。

(四)商品的特点

不同的商品,其特点、性能是不同的。具有不同特性的商品,消费对象不同,媒介的适应性也不同。例如,生产儿童用品企业的广告,可选用电视作为媒介;生产时装企业的广告,选择电视或杂志作为媒介,能增加美感和吸引力。

(五)媒介的费用

公共关系传播媒介的选择要依据组织的实力,量力而行。选择一种媒体还是多种媒体组合,一方面要从传播效果考虑,争取获得最佳传播效果,但同时也要考虑本组织的实际支付能力。当两者发生矛盾时,组织应根据自己的财力,选择费用少、收效比较好的传播媒介。

在考虑媒介的收费价格时,要注意进行科学的考虑,不仅要考虑广告价格的绝对金额,还要考虑广告价格的相对金额,即计算其单位费用。收费价格相同的两种媒介往往其单位费用是不同的。

例如:两份报纸同样在第四版位置登广告,按 1/4 版 4 000 元价格收费。其中甲报发行 500 万份,乙报发行 300 万份,那么通过计算可知:甲报单位收费价格为每万份 8 元,乙报则是每万份 13 元多。

有时收费多的媒介,其单位价格比收费少的单位价格还要低。比如,一家电视台在一般时间播出广告收费是 30 秒 3 000 元,而在黄金时间播放广告收费是每秒 3 600 元。表面上看,后者收费多于前者。但通过调查得知,在一般时间电视观众有 10 万人,而在黄金时间观众有 30 万人,计算一下分配到每个观众的收费价格:在一般时间是 0.03 元,在黄金时间是 0.012 元。

所以,当组织选择传播媒介、了解广告价格之后,还要进一步进行分析、计算,然后从中选择最佳广告媒介,以保证使费用的投入最大限度地收到传播效果。

第四节　公共关系传播活动的实务操作

公共关系人员为了达到预期的目标,配合整个公共关系方案的实施,要进行各种各样的公共关系专题活动。这些专题活动一般围绕一个明确的主题而展开,是企业或组织就某一方面的问题与公众进行重点沟通。专题活动有它们共同的特点,因而也就有举办这些活动的普遍性方法,即公共关系的一般工作程序和方法。但是,由于这些活动有不同的公众对象,有不同的公众对象的权益要求,就要做不同方面的具体工作,也就有了不同的具体工作步骤和方法。本节着重讨论公共关系实务活动中最常见的几种形式:新闻发布会、展览会、庆典活动、对外开放参观、赞助活动、策划新闻事件以及公共关系广告等。

一、新闻发布会

新闻发布会又称记者招待会,是社会组织为公布重大新闻或解释重要方针政策而邀请记者参加的一种公共关系专题活动。它是社会组织传播信息、吸引媒体的客观报道、搞好新闻媒介关系行之有效的途径和手段。

(一)新闻发布会的特点

新闻发布会属于形式比较正规、隆重,而且规格较高的一种公共关系会议性专题活动,比起其他各类信息发布的方式都更为优越,但其所需费用较高。在新闻发布会上,记者们可根据自己的兴趣和所侧重的角度进行提问，以便更好地发掘组织内部的新闻。新闻发布会的效果也取决于主持人和发言人的水平、经验和素质。

(二)新闻发布会的筹划与准备

1.确定新闻发布会的主题

在召开新闻发布会之前，先要明确发布会的主题，即新闻发布会的中心议题。社会组织要从新闻媒介和社会公众的角度出发，确定会议的主题，再进一步考虑这个主题是否非常重要，是否具有新闻价值、能否对公众产生重大影响等。

2.选择新闻发布会的时间和地点

举行新闻发布会的时机很重要，应在最适宜的时间向公众传播本组织的重要新闻，因此，要尽量选择被邀请记者都能参加的时间，以免影响发布会效果。新闻发布会的地点则应选择与发布会的主题、规格、气氛相符合的场所。

3.确定邀请记者的范围

邀请记者的范围要根据发布信息的重要程度和事情的影响范围而定，还可邀请一些有关专家与知名人士参加，以提高发布会的权威性和可信度。在新闻发布会的时间确定后应提前几天给记者寄送请柬，遇到突发事件则可用电话通知。临近发布会举行时，还应与记者联系以确定出席情况。

4.选定新闻发布会的主持人和发言人

主持人和发言人的素质高低也是新闻发布会成功与否的一个重要条件。主持人一般应由具有较高专业技巧的人担任。发言人则清楚地掌握企业整体情况及方针、政策和计划等问题，并且回答的问题具有权威性。主持人和发言人必须思维敏捷、反应快、口齿灵活，面对记者提出的各种尖锐、敏感问题，能够应对自如、游刃有余。

5.准备材料

要根据新闻发布会的主题准备好各种有关材料，其中包括文字、图片、图表、实物、模型、音像资料等，同时还应提前向与会记者提供有关背景材料。

6.会场布置与安排

布置会场是准备工作中的重要环节，要创造一个安静、舒适的会议环境，便于发布会的顺利进行。还要为记者准备好灯光、电源、电传及其他设备，并委派专人协助记者放置设备。精心安排好嘉宾的座位排列顺序，要分清主次，必要时可制作胸卡和摆放在桌上的名牌，写明嘉宾的姓名。

7.做好费用预算

根据新闻发布会的规格与规模做出可行性预算，如租用场地、印制资料、购置礼品以及支付交通费等。如有必要，还可在发布会之后邀请记者用餐，以融洽与新闻界的关系。

(三)新闻发布会的一般程序

(1)来宾签到及分发会议资料。

(2)主持人宣布会议正式开始，介绍与会代表。

(3)主持人对发布会的背景和目的做简要介绍。

(4)发言人讲话。若有几位发言人，应安排好次序和讲话重点。

(5)回答记者提问。

(6)主持人宣布会议结束。

(7)安排其他活动。

(四)新闻发布会的注意事项

(1)所发布的信息应准确无误。

(2)主持人和发言人应该密切配合,共同维护组织的形象。

(3)会议主持人要充分发挥主持和组织作用,通过自身的言谈和感染力,既要活跃会场气氛,又要消除紧张空气,巧妙地将记者提问引向主题;不要随意延长预定会议时间。

(4)发言人讲话时,应紧扣主题,切忌冗长。对于不愿发表和透露的内容,应婉转地向记者做解释。不要随意打断记者的提问,也不要以各种动作、表情和语言对记者表示不满。即使记者的提问带有很强的偏见或带有挑衅性,也不能激动发怒。遇到回答不了的问题时,不能简单地说"不清楚""不知道""我不能告诉你"等,而应采取灵活而又通情的办法给予回答,切忌因此引起记者的不满和反感。

(五)新闻发布会后的总结工作

(1)尽快整理出新闻发布会的记录材料,并对新闻发布会的筹备、组织和实施进行总结,吸取经验,找出不足,将总结材料归档备查。

(2)搜集到会各记者采写的新闻稿件,并逐一分析记者所发稿件的内容及倾向,检查是否达到预定目标、是否有由于自身失误而造成的谬误。

(3)收集各方面对发布会的反应,以便改进日后工作。

二、展览会

展览会是一种通过实物、文字、图像、音像资料或操作演示等形式,在一定时间和地点集中向公众展示组织的成果、风貌、特征,树立组织形象的公关专题活动。展览会综合运用多种传播手段,是新企业和新产品塑造形象的最优的公共关系传播活动之一。

(一)展览会的特点

展览会具有其他传播活动所不具备的特点。

1.展览会是一种复合性的传播方式

所谓复合性传播方式,是指同时使用多种媒介进行交叉混合传播的方式。由于展览会这种复合性传播方式综合了多种传播媒介的优点,所以展览会通常能达到令人满意的沟通效果。

2.展览会是一种非常直观、形象和生动的传播方式

一个展览会通常以展出实物为主,并进行现场的示范表演,展示方式有静有动,形式多样。这种形象记忆能深刻刺激参观者,起到强化效果的作用。

3.展览会能给组织提供与公众进行直接沟通的机会

展览会上能够有效地利用讲解、咨询、洽谈、意见征询等方式,让参观者就他们感兴趣的内容与组织进行深入的讨论,在公众了解组织的同时,组织也了解公众对自身形象、展品等的意见反映,达到沟通的效果。另外,这种直接沟通的针对性很强,能就个别公众或某种特殊情况进行交流,从而收到较好效果。

4.展览会是一种高效率和高度集中的沟通方式

一个展览会可以集中许多行业的不同展品,也可以集中同一行业中多种牌号的同类展品,这就为参观者提供了更多的机会,并节省了大量时间和费用,方便了参观者。许多参展者也正是通过展览会建立了自己的良好形象和打开了展品销路。

5.展览会容易形成新闻热点

新闻媒介对展览会及展品的传播，会对公众产生很大的影响。参展单位可以利用展览会的机会大造新闻，扩大影响，并可以借用与新闻记者广泛接触的好机会，搞好与新闻界的关系。

【案例 5—4】

四季沐歌展览会

四季沐歌用了不到 8 年的时间，一跃成为行业内排名数一数二的品牌，并且准备用 3～5 年的时间打造出行业第一品牌，其成长的速度可谓飞快。四季沐歌在快速成长的过程中，也一直在借用展会的力量进行全国网络布局，因而几乎在每个展会上都会看到四季沐歌形象独特、个性鲜明的展厅。四季沐歌“无力界创新整合”的营销战略思想更是在太阳能展会上得到了充分贯彻。

飞天产品上市，四季沐歌展厅借用火箭发射的形式，将产品架到半空；工程展会上，四季沐歌整合了建筑与一体化资源，盖起了安装太阳能热水器集热模块的木屋子，推出绿房子计划；无氟飞天产品上市，四季沐歌展厅又变成了有风车、有花草、有树木，让产品长出绿色藤蔓的创意，无一不在昭示无氟飞天产品的环保性能和健康特点，只要你一到展厅，就立刻能够体验到“无氟无害，新热水时代”的环保、健康、惬意的意境。

四季沐歌参加的这些展会，在众多参展厂商中既不是占地面积最大的，也不是摆出产品最多的，但它总是以最新的面孔出现在大家的眼前，体现出大品牌的应有风范和品位，每次展会的效果都非常好，极大地促进了四季沐歌在全国各地的发展。

(二)展览会的类型

展览会从不同的角度可划分为不同的类型。

1.按展览会的性质区分

它可分为宣传性展览会和贸易性展览会。宣传性展览会的重点是宣传组织形象，具有一定的整体性和概括性。这种展览会通常通过展出照片资料、图表和有关实物，达到宣传的效果。贸易性展览会的重点是开拓商品市场，促进商品销售。这种展览会主要展出实物产品。

2.按展览的规模区分

它可分为世界性、全国性、地区性、行业性及企业自己举办的展览会。不同规模的展览会应根据展品的数量和涉及范围的大小来确定。

3.按展览的内容区分

它可分为综合性展览会和专业性展览会。综合性展览会是一种全方位的展示活动，展示规模很大，参展项目繁多、内容全面、综合概括性强。专业性展览会是围绕某一特定专题或某一内容而举办的，内容单一、规模小，但主题鲜明、内容集中而有深度。

【小贴士】

世界博览会

世界博览会(简称世博会)分为两种形式：一种是综合性世博会，另一种是专业性世博会。

世博会是一项由主办国政府组织或政府委托有关部门举办的有较大影响和悠久历史的国际性博览活动。参展者向世界各国展示当代的文化、科技和产业上正面影响各种生活范畴的成果。

1851年5月1日，第一次世界博览会在英国召开。世博会的起源是中世纪欧洲商人定期的市集，市集起初只涉及经济贸易。到19世纪，商界在欧洲地位提升，市集的规模渐渐扩大，商品交易的种类和参与的人员越来越多，影响范围越来越大，从经济到生活艺术到生活理想哲学……到19世纪20年代，这种具规模的大型市集便成为博览会(Expositions)。

4.按展览的时间区分

它可分为长期固定形式的展览会、定期更换内容的展览会和一次性展览会。

5.按展览的地点区分

它可分为室内展览会和露天展览会。大多数展览会在室内举行，不受天气的影响，举办的时间可以延长。但室内展览会的布置较为复杂，所需的费用也较高。露天展览会则布置简单，费用较少，但受天气影响，往往由于天气原因而影响展览效果。

(三)展览会的安排与组织

1.确定展览会的主题

每一次展览会都应有明确的主题，只有主题明确才能使参展物有机地结合在一起，并以此决定展览会中将使用的沟通方法、展览形式和接待形式。

2.确定展览会的地点

要综合考虑多方面的因素来选择展览会的地点，如参展的内容、交通情况、周围环境等。

3.准备好展览会所需的各种资料

要事先准备好参展展品、录音录像资料及各种小册子、技术资料等辅助宣传资料，并备好各种纪念品。

4.培训展览会工作人员

展览会工作人员的素质和展览技能的掌握，对整个展览效果起重要影响。对讲解员、接待员、服务员等进行良好的训练和专业知识培训，能够满足展览会的要求，使参观者满意。

5.构思展览会的结构

要提前拟订出活动的整体结构，包括设计会标、主题画、整体布局、拟订前言和结束语等。

6.搞好经费预算

要根据展览会所要达到的效果来考虑花费标准，既要节约，又要留有余地。支出费用主要包括场地租金、设计和布展费、展品模型费、运输费、广告费、印刷费、各种劳务费等。

(四)进行展览会的效果测定

展览会的效果是指实施公共关系传播活动所带来的经济效益和社会效益。测定方法有很多种，如举办有奖测验活动、设置观众留言处、主动征求意见、召开观众座谈会、登门访问或发放调查信件等。

三、庆典活动

隆重的庆祝典礼谓之庆典，是社会组织围绕重要节日或自身重大事件举行庆祝的一种公共关系活动。如果庆典活动组织得隆重大方、气氛热烈，将会给公众留下深刻的印象。借这些活动对内可以营造和谐氛围，增强员工凝聚力；对外可以协调关系，扩大宣传，塑造形象。公共关系人员应当研究和掌握组织这类活动的规律，通晓其规范要求和仪式。

（一）庆典活动的类型

1.节日庆典

它是指为节日或共同的喜事而举行的表示快乐或纪念的庆祝活动。其中包括法定的节日（国庆、元旦、春节等）和某一具体单位的成立纪念日，如“校庆”“厂庆”等。庆典是提高知名度、扩大社会影响的公共关系活动，同时可以总结一段时间的工作，借此机会谋求新闻媒介报道。节庆日是公共关系部门特别是宾馆等接待服务单位开展公共关系活动的极好时机，要恰到好处地开展节庆活动并达到预期效果。

2.开工、竣工典礼和开幕式

它是指为第一次与公众见面的具有纪念意义的事件而举行的庄重而又热烈的活动，如新设施奠基、新设施落成、企业开业、各类展览展销会开幕、举行典礼或仪式、实行交接或剪彩等。这样的活动往往是某个单位事业发展的里程碑。为强化作用、扩大影响，公共关系人员均可精心设计安排庄重而热烈的开幕式以示庆祝。

3.签字仪式

通过谈判，达成了某项协议协定，都要举行一个签字仪式，互换正式文本。参加仪式的人员基本上是参加会谈的人员，也可以邀请上级部门的负责人与其他代表出席。

4.发奖、授勋仪式

它是指为表彰先进而特地举行的大会或为某些有突出成就的人物授予勋章、奖章、称号等的仪式。

（二）庆典活动的组织

在单位举行盛大庆祝活动时，公共关系人员要充分利用这些机会，进行周密策划，以加深公众对组织的好感和记忆。

1.拟订出席典礼或仪式的宾客名单

嘉宾应包括政府有关部门负责人、社区负责人、知名人士、社团代表、同行业代表、新闻记者、员工代表以及公众代表等。请柬应尽可能早地寄出，以便被邀请者安排时间，按时赴会。

2.拟订典礼程序

典礼与仪式的一般程序为：宣布典礼或仪式开始，宣读重要来宾名单，剪彩或授旗、授勋、签字与互换文本，致辞。程序最好能事先印制好，在宾客到来之前分发至每个座位上，也可以在签到时发放。

3.确定致辞人员名单

要求宾客致辞时，应提前通知他们，以期充分准备，并在活动开始前逐一落实。

4.确定剪彩人员或发奖人员

参加剪彩和发奖的除本单位负责人外，还应在宾客中约请一些地位较高、有一定声望的知名人士同时进行。

5.安排各项接待事宜

应事先确定接待、剪彩、放鞭炮、摄像、录像、扩音等有关服务人员，这些人员要在典礼前到达指定岗位。最好能安排一个专门的接待室，备有茶水、饮料等。

6.确定登上主席台或站在第一排的主要宾客名单

主要宾客站立的地方应铺上地毯，以示庄严。主席台座位顺序以正中间为大，分左、右两边依次类推，左大右小。对一般宾客也应热情周到地安排座次。

7.签字仪式的特殊安排

筹办签字仪式应摆好签字者的桌、椅和要签署的文字材料，并标明哪一方是哪一位签字者，国际协议签字以国旗或团体旗帜为标志。

8.安排专人接待新闻记者，为他们提供方便

大规模的活动最好设立新闻中心，其组织方法与记者招待会相似。

9.组织参观

典礼或仪式结束后，可以组织来宾参观本企业的生产设施、服务设施，以及产品或商品陈列。这是让上级、同行和社会公众了解自己、宣传产品或商品的好机会。

四、对外开放参观

对外开放参观，是公共关系活动中的重要手段之一。它是组织通过直接的人际接触，来传递组织信息，谋求社会公众的好感与信任的最有效手段之一。组织利用开放的机会接待来访者，直接向来访者展开宣传攻势，证实组织存在的价值，同时能直接地了解到公众的看法。这不仅可以得到公众的理解、信任与好感，而且可以做到双向沟通，是提高美誉度的最好契机。

(一)对外开放参观的目的

对外开放参观是将组织内部有关场所和工作程序对外开放。它可以让公众亲眼看见组织的整洁环境、先进的工艺、现代化的厂房设备、科学的管理制度、高素质的人员以及给社区和社会所做的贡献，还可以通过厂史、校史等资料向公众立体地、全面地展示组织的过去、现在和未来前景。组织公众前来参观的目的主要有：一是扩大组织知名度；二是促进业务拓展；三是密切组织与公众的关系；四是增强员工及家属的自豪感。

(二)对外开放参观活动的注意事项

1.明确参观活动的目的和主题

组织的任何一次对外开放活动，都应确定一个明确的主题，即通过这次活动让对象公众留下怎样的印象，取得什么效果，达到什么目的。

2.安排好参观的时间

组织对外开放的时间以不影响组织的正常工作为标准，同时要考虑选择公众方便的时候开放。另外，要有足够的时间来准备开放组织活动的工作。

3.成立专门机构

为使开放组织活动办得有声有色、尽善尽美，最好成立一个专门的筹备委员会，其成员可包括组织的领导人员、公关人员、行政和人事部门人员等。

4.做好宣传准备工作

要想使开放组织活动获得成功，最重要的是做好各种宣传工作，如编写通俗易懂的解说词，准备一份简单明了的说明书，搞好环境卫生和参观地点的装饰、场景的布置、实物的陈列等。

5.撰写参观活动的路线

参观活动不是一种自由、随便的活动，不能任由参观者到处走动，要提前拟订好参观路线，制作向导图及标志，标明办公室、餐厅、休息室、医务室、卫生间等有关方位。如有保密和安全需要，应注意防止参观者越过所限范围，以免发生意外的伤亡事故和影响正常的工作秩序。

6.做好向导

应当有专人做向导工作,由向导陪同参观者沿规定好的参观路线进行参观,并设置明显的路标为参观者导向,在人们可能最感兴趣的地方,安排专人做集中讲解。

7.做好服务接待工作

对参观者应热情友好、服务周到,认真做好接待工作。要提供休息场所,还可适当开展一些娱乐活动或开放俱乐部等,有条件的可准备一些茶水、饮料、点心,或准备签名册,以作纪念。

8.其他工作安排

对外开放参观活动不仅仅是公关部门的责任,也是组织内全体员工的责任,除了公关部门的准备、组织工作要做好外,还要让员工了解开放的责任,并积极配合,保证各条沟通路线畅通,使参观者各方面都感到满意,留下美好的印象。参观活动结束后,还需要进行一系列的公关活动,如致函向来宾道谢,登报向各界鸣谢,召开参观者代表座谈会,听取意见和建议,以改进管理。必要时,可给参观者准备一些纪念品。

五、赞助活动

赞助活动是社会组织无偿地提供资金或物质支持等社会事业或社会活动,以获得一定形象传播效益的公共关系活动。这种活动,可以使提供赞助的组织与赞助的项目同步成名,是一种信誉投资和感情投资行为,也是一种有效的公共关系手段。

(一)赞助活动的作用

任何一个组织的慷慨赞助活动都是与某项社会事业或特殊事件紧密相连的,对组织发展及塑造公关形象具有特别重要的意义。

第一,通过赞助活动树立组织关心社会公益事业的良好形象,为组织的生存和发展创造有利的社会环境。

第二,赞助活动总是与组织的名称一起出现在新闻媒体的宣传报道中,这样会大大提高组织的社会知名度,扩大其社会影响力。

第三,赞助活动表明组织对社会具有很高的责任感,体现组织在履行社会责任和义务方面的积极态度。

第四,赞助活动能够证明组织的经济实力,赢得社会公众的信任。

第五,赞助活动还能增强组织宣传广告的说服力和影响力,扩大营销。

(二)赞助活动的类型

赞助活动的具体形式可以是多种多样的,其中常见的赞助形式有以下几种:

1.赞助体育运动

这是企业赞助最常见的一种形式。随着人民生活水平的提高,人们对体育运动越来越感兴趣。进行体育运动的赞助,尤其是通过对世界性体育比赛的赞助,能让企业的知名度弘扬于世界。"健力宝"企业就是在对国内、国际几次大型体育赛事的赞助之后而畅销中国,走向世界的。随着天津普利司通女排连续三年夺得全国女子排球联赛的冠军,普利司通企业也享誉全国。

2.赞助社会慈善和福利事业

这是企业谋求与社区和政府搞好关系的重要手段,也是企业向社会表明其为社会分忧,承担其责任和义务的手段。例如,享誉全国的肯德基快餐企业,职工倡导每人每年自愿出资 40

元人民币资助一名贫困地区失学儿童的活动，使肯德基得到社会公众更多的赞誉和支持，也使肯德基树立了很好的公共形象。

3.赞助教育事业

赞助教育活动由来已久，因为一个国家文化教育水平的高低，标志着这个国家经济发展的状况，也预示着这个国家未来发展的趋势。企业赞助教育事业既能促进教育事业发展，又能提高企业在人们心中的美誉度。例如，我国香港企业家霍英东、李嘉诚、邵逸夫、曾宪梓等人先后捐资设立各种教育奖励基金，资助国内教育事业的发展，其中邵逸夫一人就捐资 6 亿元，资助了数十所学校建设图书馆和教学楼，成为成功赞助教育的典范。

4.赞助文化生活

企业进行文化生活方面的赞助，不仅可以培养与公众的良好感情，而且还可以大大提高企业的社会效益，如每年都举办的“春兰杯”我最喜爱的春节晚会节目评选活动，使得春兰的品牌几十年屹立不倒。

（三）赞助活动的安排与组织

1.做好赞助活动的选择与研究

赞助内容可以由社会组织主动选择对象予以资助，也可以根据请求再做出反应。无论采取哪种形式的赞助，都要进行赞助项目的前期研究。首先，赞助活动最根本的要求是具有积极的社会意义和广泛的社会影响，使组织和社会同时受益。其次，从组织的公共关系目标、经营政策入手，分析赞助活动能否达到树立企业良好形象、扩大社会影响力的目的。最后，成立专门的赞助机构，负责赞助的事宜，保证赞助工作的顺利进行。

2.制订资助计划

在赞助选择与研究的基础上，由负责赞助工作的机构，根据组织的赞助方向和政策制订出赞助计划。它一般包括赞助的宗旨、赞助的对象、赞助的费用预算、赞助的形式和举办赞助的组织管理等。通过它可以控制赞助范围，防止赞助的规模超过组织的承受能力。

3.赞助活动的实施

在实施赞助活动中，赞助机构应派出专门的公关人员负责落实赞助事宜，充分运用各种有效的公共关系手段与技巧，全力扩大赞助活动对社会的影响力。

4.赞助活动的效果测评

一次赞助就是组织的一次重大公关活动，因此在活动结束时，应该进行效果测评，收集各个方面如公众、新闻媒介、受赞助组织对此次赞助的看法、评论，检查各项指标的完成程度，找出存在的不足及原因，并把这些写成总结存档，为以后的赞助活动提供参考。

（四）赞助活动应注意的问题

赞助活动要优先考虑对各种社会福利事业和公共设施及教育事业的赞助。这样做既能表明组织对社会的责任和义务，又比较容易获得社会各界的普遍好感，树立组织良好形象。但要注意，任何形式的赞助活动，都要量力而行。因此，制订赞助计划要考虑留一部分机动款项，以防不虞事故发生。对不能满足或不能全部满足赞助要求的，应坦诚相告并解释原因，以免引起矛盾。必要时可诉诸社会舆论和法律，以保障组织的合法权利。总之，既要克服赞助活动变成单纯商业宣传活动而削弱组织形象的倾向，又要配合各种公共关系手段增加组织的社会影响力。

六、策划新闻事件

策划具有新闻价值的事件也称作“制造新闻”或“策划新闻”，是组织争取新闻宣传机会的一种技巧。即在真实的、不损害公众利益的前提下，策划、举办具有新闻价值的事件或活动，吸引新闻界和公众的注意力，制造新闻热点，争取被报道的机会，使本组织成为新闻的主角，以达到提高知名度、扩大社会影响的目的。这需要公关人员具备“新闻脑”，富于创造性和想象力。策划新闻事件的具体方法有以下两种：

(一)利用公众在某一时期关注的热点来制造新闻

在不同地区的不同时期，有大多数公众都十分关注的重大事件，围绕这些事件会形成当时当地的热门话题。因此，社会组织如果能把自己的活动与这些热点有机结合起来，从公众的需求和社会组织的需要出发来制造新闻，就会对一大批公众产生影响，从而引起新闻媒介的关注。

(二)抓住“新、特、奇”来制造新闻

在激烈的企业形象竞争中，要成功地制造新闻，公共关系人员必须独出心裁，使公共关系活动具有新、奇、特的条件，即突出主题的“新”、形式的“奇”、内容的“特”。

【案例 5—5】

保险柜公司的独特宣传

2010 年，我国香港一家经营保险柜的公司，由于其生产的产品刚上市，生意很不景气。一天，这家公司在当地很有影响的报纸上登了一则消息：“明天上午十点，在此将在本公司出售的保险柜内放上 100 000 美元的现金，若有哪位先生、小姐在不弄响保险柜铃铛的情况下将它打开，这里面的钱就奉送给他(她)。”这个消息不胫而走。第二天，人们将这家公司的店铺围得水泄不通，电视台的录像车也开来了。人们一个接着一个地上来试运气，来人中有警察、开锁技师等各种各样的人。结果，保险柜的门纹丝不动。这一切都被录像机摄入镜头。这家公司的保险柜从此销量大增。

(三)事先制造热烈气氛，使公众有心理准备，强化制造新闻的效果

在媒体高度竞争、追求“眼球经济”的今天，要想成为新闻并不容易。因此，很多社会组织在制造新闻时，会有意识地制造一些悬念以吸引公众和媒体的注意力，或者事先就制造一些热烈气氛，使公众有一种先入为主的感觉。

【案例 5—6】

白兰地公司的赠酒仪式

法国白兰地公司通过给美国总统艾森豪威尔赠送两桶有 67 年酿造史的名贵白兰地作为其 67 岁寿辰的贺礼，以制造有关白兰地酒的新闻。在赠送仪式举行的前一个月，各种媒介开始传播赠酒的消息和关于白兰地的种种传说与趣闻，使之成为华盛顿市民的热门话题，以致到总统寿辰那天，竟出现了万人空巷的现象，人们都集中在白宫门前等待赠酒仪式的举行。从此，白兰地向美国市场发起了猛烈进攻。

(四)制造新闻时,要有意识地把企业和某些权威人士或社会名流联系在一起

社会名流、明星、权威人士往往是媒体的“宠儿”,他们的一举一动都会成为媒体追逐的对象。因此,如果能把社会组织制造的新闻事件与社会名流、明星、权威人士联系起来,则一方面能利用名人效应调动大众传媒采访报道;另一方面能借用名人的知名度和美誉度,提高企业在公众中的形象。

(五)善于利用传统的节日或纪念日制造有关企业的新闻

到了春节、中秋节、端午节等传统节日,与家人、朋友团聚,叙亲情、讲友情又成为人们的首选话题。社会组织可以利用这一时机制造新闻,引起人们的关注。例如,美国拉蔡食品公司在中国农历新年来临之际,用幻灯片介绍了各种用拉蔡食品为材料烹调的美食,以“全家齐动手,共享天伦之乐”的主题推出。于是,一直没有什么新奇商品的拉蔡公司在这个春节期间获得了新闻界的注意,新食谱也受到了居民们的欢迎。

(六)注意和各新闻媒介联合举办各种活动,以增加企业在新闻媒介中亮相的机会

制造新闻能不能成功,其标志是能不能引起新闻界注意并加以报道,新闻媒体是最后的“把关人”。所以在某种程度上,制造新闻“谋事在组织,成事在媒介”,这就要求社会组织与新闻界建立良好的关系。为此,一方面,社会组织的公共关系人员要了解新闻界的经营宗旨、经营风格、报道重点和工作方式,以便有的放矢地策划新闻;另一方面,社会组织要注意与新闻机构联合举办活动,在活动中增进与新闻媒体的关系,从而增加被新闻媒体报道的机会。

七、公共关系广告

广告在现代社会中是一种传递信息的重要工具。随着科学技术的进步和商品经济的发展,各式各样的广告无孔不入地渗透到人们生活的各个领域,发挥其强大的传递信息、引导消费、美化环境、潜形教育的作用。利用广告开展公共关系活动,宣传组织形象,是公共关系部门的一项重要工作任务,这就形成了公共关系广告。公共关系广告既属于公共关系活动的一部分,又属于广告的范畴,它集公共关系的特点和广告的特点于一身,形成了一种特殊的广告。

(一)公共关系广告的含义和特点

所谓公共关系广告,就是为扩大组织的知名度,提高信誉度,树立良好的形象,以求社会公众对组织的理解与支持而进行的广告宣传性工作。其主要特点在于:

1.广泛性

公共关系广告是广告的一部分,是广告的一种重要表现形式,它的适应范围很广,任何社会组织都可以运用公共关系广告树立组织形象。

2.间接性

公共关系广告通过宣传组织的信誉,树立组织的形象这种间接的方式,使公众对组织产生好感,进而与组织建立起相互信任、相互支持和相互合作的良好关系。

3.长期性

公共关系广告的宣传与公共关系工作一样,需要通过长期的、持久的努力,才能在广大的社会公众心目中树立起组织的良好形象。

4.反复性

公共关系广告的宣传是反复的信息传播,而不像一般的新闻报道那样一次性传播,公共关系广告的反复传播,能在社会公众中留下深刻的印象。

(二)公共关系广告与商品广告的联系和区别

广告一般可分为一般性商品广告和公共关系广告两大类,两类广告都需要支付一定的费用,通过传播媒介来传播信息。但两者有着明显的区别:

1.广告目的不同

商品广告是直接宣传产品名称或性能,其目的就是诱发消费者的购买动机,促进产品或服务的销售。例如,"华力牌电蚊香,默默无闻的奉献""威力洗衣机,献给母亲的爱"等。

公共关系广告则不直接宣传产品,而是传播产品之外的各种与组织形象相关的信息。例如,杭州旅游公关广告"中国杭州——平静似湖,柔滑似丝";坦桑尼亚国家公园广告"不要让别人说你没有来的时候,这里的一切都是美好的。那么,对你来说是一种耻辱"。对于两者的区别,人们形象地说:商品广告是要公众买我,公共关系广告是要公众爱我。

2.宣传模式不同

同样是通过传递信息去影响公众,两者还是有不同之处:商品广告是让公众先认识产品然后再认识企业组织,而公共关系广告则是让公众先认识组织再认识产品。这两者的模式如下所示:

公共关系广告:公众—组织—产品

商品广告:公众—产品—组织

3.感情色彩不同

商品广告注重引导人们的购买行为,商业色彩较浓;公共关系广告则重视与公众进行情感交流,引发公众好感,所以商业色彩较少,而融入了更多的对人性、对社会的关怀。如恒源祥公司备受争议的广告(恒源祥、羊羊羊,来回念三遍)就纯粹是一种广而告之的商业行为。但深圳南方制药厂在中央电视台的公共关系广告呈现给观众的是他们与灾民同舟共济的真情:在黑白天地间,一边是一只可怜的被洪水困在山坡上的小狗,一边是孩子们设法营救小狗的真挚感人、令人心动的画面。小狗得救后,推出广告语:滔滔里,风雨同舟。

4.广告主体不同

商品广告的主体是工商企业,而公共关系广告的主体则可以是政府部门、非营利组织等各种类型的组织。例如,美国政府的征兵广告"美国需要你";国外某交通安全广告:"阁下驾驶汽车,时速不超过 30 千米,可以欣赏本市的美丽景色;超过 60 千米,请到法院做客;超过 80 千米,请光顾本市设备最新的医院;上了 100 千米,祝您安息吧!"

(三)公共关系广告的类型

根据社会组织公共关系目标的不同,公共关系广告可采用不同的广告类型。常见的公共关系广告的类型主要有以下几种:

1.组织广告

组织广告是指传播组织自身各种信息的广告,其重点是宣传组织的自然状况、组织的文化等,其目的是让更多的社会公众了解组织,树立自己的良好形象。

2.观念广告

观念广告是指通过提倡或灌输某种观念和意见,影响公众的态度与行为的广告。向社会宣传企业的经营目的、管理哲学、价值观念、方针政策、企业精神等,在广告中创造性地以一些口号的形式概括出来,使它成为一种基本的象征和基本信念,对内产生凝聚力,对外产生号召力,使企业的形象连同它的观念和口号深入公众心目中。例如,美伊战争时期,统一润滑油在中央电视台做的广告“少一份摩擦,多一份润滑!”又如,为了树立尊敬父母的观念,统一企业做的“慈母手中线,游子感恩结”“爸爸的脚步”和“今天陪爸爸走一段路”三幅广告获得台湾地区广告金像奖。

3.声势广告

声势广告是指主要借开业、大型庆典活动等制造声势,以唤起公众的注意、兴趣,提高组织的知名度的广告。

4.信誉广告

信誉广告是指社会组织向公众对其优质产品、优质服务的良好信誉以及在国内外评优获奖情况进行宣传的广告,是宣传组织的信誉和良好形象的最直接的一种公共关系广告形式。如上海申光彩色胶卷广告“36个放心”。

5.致歉广告

致歉广告是指社会组织就自身工作不足之处或自身过错向公众致歉,表示诚意,或以致歉的方式表达已获得的进展和进一步发展,以退为进,出奇制胜的广告。例如,“近月来在我省许多地市发生‘虫草宝’口服液脱销之事,使众多顾客未能如愿,我们深表歉意。我公司目前正加紧安装一条新生产线,投产后将使产量提高80%,一定能更好地满足大众的需求。”

6.解释广告

解释广告是指在社会组织形象被歪曲、造成公众误解时,及时向公众解释事实真相,阐明态度,宣传其政策、方针,澄清混淆视听的传言,以矫正被损害的形象,维护声誉的广告。这是一种表明组织对某些事件的立场、态度的广告。例如,南京《扬子晚报》刊登《一台沙松冰箱爆炸》的消息后,沙松冰箱厂在《南京日报》上刊登了广告:“厂家提醒用户不要在冰箱内存放易燃易爆危险品。”

7.倡议广告

倡议广告是指以社会组织名义率先发起一项对社会有重要意义和影响的活动,或倡议一种新观念,显示其社会责任感、伦理道德观、创新精神等,显示其良好的社会风范,率先开拓、领导潮流、敢为天下先的胆识,为公众所瞩目和称道的广告。例如,一国际大酒店在其施工工地树一广告牌,上书“建立卫生城市,争做文明市民”。

8.谢意广告

谢意广告是指节日、纪念日之际,或社会组织举办某种活动圆满结束时,向消费者公众或社会各界公众表示衷心感谢的广告。社会组织的表达谢意之举,更加增进与公众的情感交流,维系与公众的关系,烘托友谊的氛围。如日本亚细亚航空公司15周年庆典之际,做了一则公关广告。标题是:“每一次相遇,我们都心存感激,未来,就从此刻延续”。正文是:“由于您的关爱,使我们拥有今日成果,对于您的知遇,我们由衷感激。而今15年的相处,我们更加了解您的需求,当您走入亚航的新天地,您将感受到由内而外的焕然一新,更典雅的风貌、更体贴的关怀,让您拥有最舒适的航程。新的亚航天地,更加精致温馨,诚恳期待您。”

9.公益广告

公益广告是指社会组织为社会公益活动提供服务的广告传播。它包括完全以公益性为主题制作的广告(如保护环境、社会安全、援助受灾的灾民修建公益设施等),这类广告将公益事业本身作为传播的主题,在为社会公众服务的同时,也为本组织赢得了社会公众的好感。例如,“夜深了,请您调低电视机音量,以免影响邻居休息”“今天下雪路滑,保险公司提醒市民请注意交通安全”等。这种细心、及时、真诚的提示，缩小了公众与组织之间的心理距离，表明了组织对公众的关心、爱护，赢得了公众的喜爱。

由于公益广告用极其凝练、富有艺术性的文字和创意性的画面与公众达成一种感情上的沟通和心理上的契合，因此，很容易使公众对组织产生某种认同感，从而改善和强化公众对组织的印象，它是社会组织树立形象、赢得公众信任和支持的一种有效手段和策略。

10.响应广告

响应广告是指用来表示组织与社会各界具有关联性和共同性，以获得各界公众的信任与支持的一种广告。其内容可以是联络感情性质的，如表达对其他组织的祝贺、支持和赞许；也可以是社会性的，如响应和支持公众生活中的某一重大主题。这类广告一方面显示组织关心、参与公众生活，向公众或其他组织表达善意和好感；另一方面借助于社会主题的影响或借助于对方的传播机会来扩大本组织的影响。

响应广告较为常见的形式是祝贺性广告。如某公司新开业以同行的身份刊登广告致以热烈祝贺，这是表示愿意携手合作，共同繁荣，可收到广结良缘之效。其他如报道性广告，即正面描述组织举办各种活动的情况，以显示自己的实力，提高组织的知名度。例如，赞助体育比赛、文艺活动、纪念活动、主办展览等，也属响应广告一类。

公共关系广告往往不拘泥于某种固定的类型，而是经常出现几种类型交叉或混合，尤其是与商品广告的结合越来越密切。所以，公共关系广告在实际运用中应灵活掌握，以便充分发挥其作用。

(四)公共关系广告的表现原则

制作公共关系广告不能随心所欲、草率行事，必须坚持以下原则：

1.内容真实

公共关系广告必须以事实为依据，既不能夸张，也不能掺假，要始终按照客观事实的本来面目进行宣传。若其内容不真实或言过其实，就会损害公众的利益，对组织的声誉是不利的，会导致组织声誉下降。必须谨慎使用诸如“领导世界新潮流”等一类词语。

2.合规重德

合规重德是指公共关系广告要符合国家有关方针政策和法律的规定，注重社会道德规范的要求。在当前改革开放的形势下，公关广告不仅是一种简单的经济现象，而且是一种社会意识形态，它的内容和形式对社会文化和社会风气的好坏都将产生一定的影响。因此，公共关系广告的制作必须做到合规重德。

3.寓意深刻

公共关系广告要宣传什么主题，要达到一个什么样的宣传效果，要运用什么样的宣传方式使听众最易接受、启迪最深，这些都是公共关系广告立意构思的重要内容。公共关系广告的创作必须通过宣传使公众认识到组织的整体形象，领悟到组织的群体精神，感受到组织的强大凝聚力；否则，广告宣传也就失去了意义。例如，一则理发店广告：“别以为你丢失了头发，应看作你赢得了面子。”寥寥数语，引发人们无尽的联想。

4.构思新颖

公共关系广告的效果在于新颖性、启发性，有艺术感染力。为此，创意要时时更新，用语要时时出新，不能囿于格式化，忌讳人云亦云和千篇一律。创作人员要发挥艺术想象力，力求构思独特，内容简洁完整，令公众产生新奇惊喜之感，这样广告所要传达的信息也就深深刻印在公众的心中了。

5.友善悦人

公共关系广告的宗旨是尽可能多地争取朋友,协调与同行间的关系。在广告制作过程中,要通过文字的表达和感情的倾诉密切组织与同行间的关系,在和谐的气氛中使接触者感受到组织的亲切和温暖。就是对竞争对手,也不要肆意贬低,对那些曾排挤和刁难过自己的公众,也不要肆意攻击。另外,公共关系广告应给人以真善美的熏陶,使人获得精神上的愉悦和享受。

(五)公共关系广告的表现技巧

1.以诚求胜

以诚求胜就是用真诚的广告宣传,在公众心目中树立良好的声誉,获得公众的信赖和好感,从而提高组织的美誉度。例如,美国的快餐店“麦当劳”初入北京时,为了达到迅速扩大知名度、塑造企业良好形象的公关目标,做了一次以“社区服务”为主题的成功创意的广告宣传。身穿麦当劳服装的职员们在长安街、中山公园、地铁车站非常认真地清洗打扫公共卫生,在川流不息的过往行人纷纷投来赞许目光的同时,“麦当劳”的企业形象和声誉也广为传播。

2.以奇制胜

以奇制胜就是要想到别人想不到的东西,使得广告一问世便能产生强烈的效果。其表现形式有两种:一是奇在内容上,即围绕公众的关心点,寻求独特的诉求方式;二是奇在手法上,即运用独特的手法吸引公众注意。例如,德国某豆浆公司的广告:“亚洲人为什么能发明瓷器、造纸术和发现磁力原理?为什么远在2 000年前中国能筑起万里长城?是什么使他们头脑那么聪明的?——我们已经找到了答案:亚洲人爱吃黄豆。”

3.以新赢人

以新赢人即以新颖的形式、新奇的内容,引起人们的关注。同时要留意挖掘幽默。例如,美国皇冠牌香烟在旅游区张贴宣传画,上写“禁止吸烟”四个大字,下注“皇冠牌香烟也不例外”的字样。

4.以巧动人

以巧动人就是用广告点燃公众的兴奋点,它可以通过以下三种方式来表现:

(1)贴切地利用社会的重大事件,如水灾、地震等。

(2)巧妙地利用新闻热点,如“3·15”“9·18”等。

(3)适时地利用社会关注的焦点,例如,“9·11”时,中国银行率先提出向受难者捐助200万美元。

5.以情感人

广告语言要善于“煽情”。即以真情来打动人们,引起人们的共鸣。例如,南京起重机械厂的广告:“在最需要的地方,助您一臂之力。”

6.以理服人

在短短的广告词中把道理讲清说透,可起到画龙点睛的作用,包括写实、警示、哲理、权威四种形式。例如,美国汉堡王快餐店的广告:“如果你还是个孩子,请去麦当劳;如果你认为你已长大成人,请来汉堡王。”

复习思考题

1.什么是公共关系传播?

2.公共关系传播的要素和特点是什么?

3.公共关系传播有哪几种类型?

4.公共关系传播媒介有哪些?应如何选择?

5.如何组织与实施公共关系传播活动?

案例分析

毛姆的征婚广告

某一天,英国各大报纸不约而同地登出一则征婚广告,寥寥数语:“本人喜欢音乐和运动,是个年轻而又有教养的百万富翁,希望能和毛姆小说中的女主角完全一样的女性结婚。”这则征婚广告一时间在英国引起颇大的轰动,那些日夜想嫁给“年轻而又有教养的百万富翁”的小姐们,纷纷将毛姆小说购回藏于香闺;那些时刻惦记女儿命运、千方百计要给女儿安排个好归宿的太太们,则遍索毛姆小说赠送女儿作礼品或“教本”。几天之内,伦敦各书店毛姆小说被抢购一空,并在畅销书中独占鳌头。其实,刊登这则征婚广告的不是别人,正是毛姆自己。

问题:

毛姆利用征婚广告售书的技巧是什么?

奉送金币

香港一家经营强力胶水的商店,坐落在一条鲜为人知的街道上,生意很不景气。一天这家商店的店主在门口贴了一张布告:“明天上午九点,在此将用本店出售的强力胶水把一枚价值4 500美元的金币贴在墙上,若有哪位先生、小姐用手把它揭下来,这枚金币就奉送给他(她),本店绝不食言!”这个消息不胫而走。第二天,人们将这家店铺围得水泄不通,电视台录像车也来了。店主拿出一瓶强力胶水,高声重复广告中的承诺,接着便在那枚从金饰店定做的金币背面薄薄涂上一层胶水,将它贴到墙上。人们一个接着一个地上来试运气,结果金币纹丝不动。这一切都被录像机摄入镜头。这家商店的强力胶水从此销量大增。

问题:

这家公司采取的是什么类型的公关传播活动?为什么会取得成功?

“玩美女人”传播不当

上海某服装有限公司委托某广告公司做内衣广告宣传。广告公司精心策划出“玩美女人”的广告词,其意为此内衣为追求和崇尚美丽的女人的选择,广告词又与“完美女人”谐音,言下之意为选择此内衣,即可成为完美女人。公司将此得意的广告词制作成灯箱广告,挂到街道两边。不料,此举引起群众的不满,大多数群众将广告词理解为“玩,美女人”,并举报到工商管理部门。工商管理部门认为此广告词确实不雅,思想境界不健康,责令公司将印有“玩美女人”字样的灯箱广告全部撤下。公司不服与之理论,未果,最后由法院裁决,判定广告公司败诉,撤下所有印有该字样的广告，另外处以20万元的罚款。

问题：

请说明该服装公司此次传播活动失败的原因。

第六章　公共关系调查

学习要点及目标

1.明确公共关系调查的意义；
2.了解公共关系调查的内容；
3.了解公共关系调查的基本程序；
4.理解并掌握公共关系调查的原则；
5.理解并掌握常用的调查方法；
6.能够撰写公共关系调查报告。

核心概念

公共关系调查　　公共关系调查内容　　公共关系调查程序　　公共关系调查方法

引导案例

女总统的笑

马耳他女总统芭芭拉访问上海期间曾下榻锦江饭店。锦江饭店公关部的工作人员在接到任务后查阅了大量的资料，进行了周密的准备。当芭芭拉走进总统套房时，意外地发现化妆台上放置着她喜欢用的全套的"露美化妆品"、烘发吹风机和珠花拖鞋，房内还放置了一架昂贵的钢琴，弹钢琴是她最大的业余爱好。几天后临行时，芭芭拉亲笔留言："在上海逗留期间，感谢你们给予我第一流的服务，并祝你们幸福，前途美好。"

可见，锦江饭店通过调查，搜集了大量资料，为接待总统做好了周密的准备，赢得女总统的好评。因此，必要的公共关系调查是公共关系工作顺利开展的重要依据。

（摘自：http://wenku.baidu/view）

公共关系是现代组织管理工作中一种相当复杂的活动，这不仅是由于各类社会组织面对着不同类型的公众，而且它们所采取的公共关系手法也是千差万别的。然而，各种类型的公共关系活动中又有某些共同的规律可循。按照这些规律操作，才能达到预期的效果，发挥公共关系的最佳效益。要做到这些,必须按照一定的程序开展公共关系工作。为此,斯科特·卡特李普将这一程序概括为公共关系的“四步工作法”,认为“公共关系问题的解决过程,是一个持续的、循环往复的过程,各步骤相互联结,缺一不可,呈现出一个动态的环状结构”。所谓的公共关系“四步工作法”是指公共关系工作程序,包括公共关系调查、公共关系策划、公共关系实施和公共关系评估四个环节。本章主要介绍第一个环节——公共关系调查。

第一节　公共关系调查的意义与内容

公共关系的一条基本原则就是从事实出发,这就要求公共关系部门及时了解组织周围环境的信息,掌握公众的动态,了解组织自身的生存状况。美国公共关系专家格鲁尼格教授认为,现代的社会组织可以分成两大类:一类是开放性组织,它们积极地对待环境变化,了解公众对自身的反映,并及时调整自己的经营战略,因此可以主宰自己的命运,在市场中如鱼得水;另一类属于封闭性组织,它们与外部环境处于割裂状态,世界的变化、技术的进步、市场的变迁、竞争对手的发展、公众要求的变化对它们都没有任何影响。它们我行我素,到头来只能丧失自我更新的机会,自生自灭。可见,是否重视调查研究,关系到组织的生死存亡。调查研究是组织内所有部门都必须予以重视的大事,其中,公共关系部门应当发挥信息中枢的核心作用。

一、公共关系调查的意义

公共关系调查是全部公共关系工作的起始点,它为公共关系目标的确立和公共关系计划的制定提供了基本依据,也为公共关系方案的实施提供了根本保证,是社会调查的一种表现形式。公共关系调查是指社会组织通过运用科学方法,搜集公众对组织主体的评价资料,进而对主体公共关系状态进行客观分析的一种公共关系实务活动。

公共关系调查是公共关系工作开展的必要前提,是组织“运筹帷幄”的重要依据。美国公共关系专家西蒙说:“不论人们如何表达公共关系活动的流程,调查研究都是举足轻重的。如果把公共关系活动视为一个‘车轮’,调查研究便是这个‘车轮’的‘轴’了。”

(一)使组织准确进行形象定位,有利于塑造良好的组织形象

一个组织的生存发展,除了依赖于组织自身的实际行动之外,还依赖于相关的社会组织和个人对本组织的行为和政策的理解与合作程度。由于受主观与客观条件的影响和限制,组织对自身形象的评价往往感觉良好。通过公共关系调查,组织可以了解和掌握自身在公众心目中的形象地位,找出组织自我期望的形象与公众心目中的实际形象之间的差距,确定问题的症结所在,针对差距和症结策划行之有效的公共关系活动方案,构建或矫正甚至重塑组织形象。

(二)为组织决策提供科学依据

及时地为组织提供决策依据,并能有效地预测和检验决策的正确性是公共关系调查的主要任务之一。要保证决策的正确,离不开正确的目标和最优的方案,这就要求组织必须充分占有大量信息资料,而调查是最好的方法。因为只有通过调查,才能了解公众的要求、愿望、态度和行为,进而才能做出符合公众要求、切合实际的决策,并且认真实施,提升组织在公众心目中的良好形象。

(三)使组织及时把握公众舆论

公共关系调查可使组织及时地把握公众舆论并适时地做出决策。公众舆论是指公众的意见或看法,是社会上全体或部分成员的一致意见或共同信念,并处于不断扩大或缩小的动态中,它是公众对组织的一种浮动的表层认识。但是,当少数人的观点、态度扩张为多数人的观点、态度,分散的、彼此孤立的意见集合为彼此呼应的公众整体意见,声势尚小、影响甚微的局部意见变成声势浩大的公众的共同反响时,对组织的形象将产生很大的影响。积极的公众舆论有利于组织塑造良好的形象,消极的舆论则有损于组织的形象,甚至会造成形象危机。因此,通过公共关系调查,可以收集到与组织方针、政策、行为有关的公众舆论,加以科学、准确的分析,不断调整组织的政策和行为,改善组织与公众的关系,及时地引导舆论和把握舆论。

(四)提高组织公关活动成功率

知己知彼,百战不殆。组织在开展某项公共关系之前,必须对自身的主观和客观条件进行必要的详细的了解,对参与活动的人力和组织所能承受的财力进行分析,必要时还要做现场考察。通过调查,组织对所要开展的公共关系活动的主、客观条件有了足够的了解,这样,才能保证公共关系活动有充分的准备和切实可行的计划,并取得良好的效果。

二、公共关系调查的内容

公共关系调查的内容范围是十分广泛的,大致可以分为三个基本方面,包括组织形象调查、相关公众调查和组织社会环境调查。

(一)组织形象调查

所谓组织形象,就是组织在公众心目中留下的印象。换而言之,组织形象也就是公众对组织的看法和评价。随着现代科技的不断发展,同类产品在质量、价格等方面的差异越来越小,组织形象就成了企业的重要资源,很大程度上左右着公众的市场选择。所以,公共关系人员首先要对组织现有形象有所了解,做到心中有数。组织的形象调查又可以分为以下三个部分:

1.组织自我期望形象调查

公共关系调查工作首先要通过组织内部的调查分析,了解组织的自我评价,揭示组织对公共关系工作的期望值,这是公共关系调查的第一步。组织自我期望形象调查是指一个组织自己所期望达到的形象目标,它是一个组织开展公共关系活动的内在动力和方向。期望值越高,组织所做出的努力就越大,但不切实际的期望往往成功率很低,因此,组织自我形象设计要注重主观愿望与实际可行的结合。

2.组织实际形象调查

一个组织的自我期望形象往往与公众心目中的实际社会形象有较大差距。组织必须借助公众评价和社会舆论来反映组织的实际社会形象。组织的实际形象调查可以分为以下两个部分:

(1)形象地位测定。一个组织实际的社会形象,需要用公众对该组织的认识、看法和评价来反映,这些指标又可以概括为知名度和美誉度这两个综合指标。

知名度是社会公众对该组织认识、知晓的程度。其计算公式为:

$$\text{组织在该地区的知名度}=\frac{\text{该地区知晓公众数}}{\text{该地区公众总数}}\times 100\%$$

美誉度是社会公众对本组织信任和赞誉的程度。其计算公式为:

$$\text{组织在该地区的美誉度}=\frac{\text{该地区持赞赏态度的公众数}}{\text{该地区知晓公众人数}}\times 100\%$$

一个组织的形象好坏，通过知名度和美誉度两个指标就可以反映出来。将调查获得的数据进行综合，就构成了一个组织形象地位图(如图6—1所示)，它是公共关系专家们测定组织实际形象的主要工具。

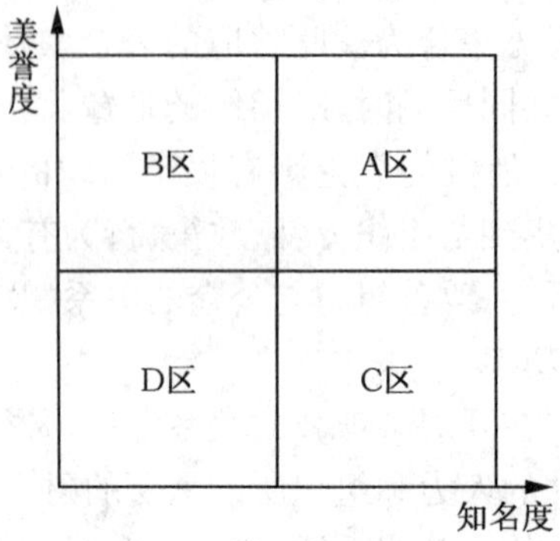

图6—1　组织形象地位图

象限A区域代表高知名度、高美誉度。说明组织的公共关系属于最佳状态，将来的问题是如何更进一步保持荣誉。但是也要注意，过高的知名度也会给美誉度造成压力，组织必须时刻保持高度的警惕。

象限B区域代表低知名度、高美誉度。说明组织的公共关系处于较为稳定、安全的一种状态。公共关系工作的重点应该是在维持美誉度的基础上，提高知名度。

象限C区域代表高知名度、低美誉度。处于这种形象地位，说明组织的公共关系属于臭名远扬的恶劣状态。在这种情况下，公共关系工作的重点首先应该在于降低负面知名度，减少舆论界的注意，默默地努力改善自身，设法挽回荣誉，提高美誉度，再求发展。

象限D区域代表低美誉度、低知名度。处于这种形象地位，说明组织的公共关系处于原始状态。在这种状态下，组织首先应该完善自身，争取较高的美誉度，之后做好提高知名度的工作。

(2)形象要素的分析。了解了组织在公众心目中的实际社会形象后，公共关系人员还必须了解公众为什么会形成这样的印象。因此，有必要进一步分析构成组织形象的具体要素。组织形象包含很多方面内容，对企业而言，具体涉及经营方针、产品质量、服务态度、办事效率、业务水平等各种要素。为了精确表达公众的意见，这些要素指标可以用语意差别量表来表现。从表6—1中我们可以看出，这家公司的知名度不太高，主要是由于业务缺少创新、领导者能力较差、组织综合实力不高，大致相当于高美誉度、低知名度的企业。因此，应该在领导者能力上进行加强。

表6—1　　**组织形象要素分析表**　　单位：人

评价 调查项目	非常	相当	稍微	中	稍微	相当	非常	评价 调查项目
经营宗旨正确		60	30	10				经营宗旨不正确
产品质量好			30	60	10			产品质量差
服务态度端正				15	20	65		服务态度恶劣

续表

评价 调查项目	非常	相当	稍微	中	稍微	相当	非常	评价 调查项目
工作效率高			25	65	10			工作效率低
技术创新能力强					20	70	10	技术创新能力弱
管理水平高				10	40	50		管理水平低
领导者能力强					10	10	80	领导者能力差
组织综合实力强					30	60	10	组织综合实力弱

3.组织形象差距比较分析

将组织自我期望具有的形象与组织实际具有的社会形象进行对比，就可以发现其中的差距。而揭示两者之间的差距，为今后的公共关系工作指出了前进的方向。实际上，公共关系工作的目标就是弥补或者缩小这种差距。其方法如图 6－2 所示，可用 1～7 作为数值标尺，将组织形象要素分成 7 个档次，如经营指标非常不正确为 1，相当不正确为 2，稍微不正确为 3，一般为 4，以此类推，并根据表 6－1 中调查项目的实际数据，计算出每一项目评价的平均值。其计算方法是调查项目的评价人数乘以相应栏目的数值，将该项目各档次评价总分相加，再除以调查总人数。如表 6－1 中第一栏经营宗旨一项平均值为：

(60×6＋30×5＋10×4)÷100＝5.5

根据上述的调查结果，计算公众对每一个调查项目评价的平均值，将各个平均值分别标定在数值标尺的相对位置上，连接各点，就形成了组织的形象曲线图，虚线为组织的自我期望形象，实线为组织的实际形象，两条曲线之间的差距就是组织的形象差距。

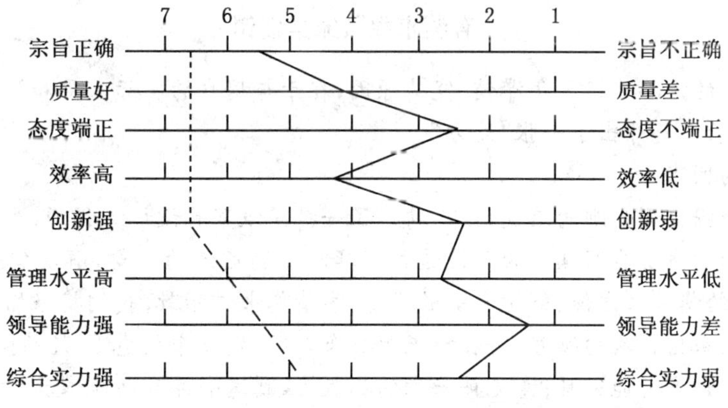

图 6－2　组织形象要素图

(二)相关公众调查

1.公众构成

任何一种公共关系活动都很难全面地影响所有的公众。开展公众构成情况调查有利于确定公共关系工作的基本范围和重点对象，避免盲目开展公共关系工作。公众的构成情况主要包括：第一，内部公众构成情况。如组织成员的数量构成、职称职务构成、需求层次构成、劳动态度构成、思想素质构成等。第二,外部公众构成情况。如外部公众的数量构成、空间构成、特征构成、需求构成、观念构成、与组织的结构状态构成、对组织的重要性构成、对组织的依赖性构成等。

2.公众需求

社会组织是为人的需要而存在、为人的需要而发展的。社会组织要有效地开展公共关系工作,必须做好对公众需求情况的调查工作,以掌握公众需求信息,不断设法满足公众的合理需要。公众需求情况调查主要涉及两个方面:第一,公众的物质需求情况。如公众对改善物质生活环境的需求,公众对获得优质物质产品的需求,公众对获得各种有形服务的需求。第二,公众的精神需求情况。如公众对组织接纳的需求,公众对合法权益的需求,公众对获得满意服务的需求,公众对获得重要信息的需求,公众对获得组织重视的需求等。

3.公众评价

任何公共关系工作的开展,必须基于对组织实际社会形象的清楚认识。组织形象,实际上还是公众对社会组织各种评价的综合。因此,社会组织开展公共关系调查,必须着重收集公众对组织的评价性信息。公众对组织的评价主要有:第一,对组织产品的评价,如对产品的内在质量的评价、对产品外形的评价、对产品价值的评价等。第二,对组织服务质量的评价,如公众对组织服务项目、服务方式、服务措施、服务水平的评价等。第三,对组织管理水平的评价,如公众对组织管理机构及其办事效率的评价、对组织经营创新和管理革新的评价、对组织管理效益的评价等。第四,对组织人员素质的评价,如公众对组织领导人、中层管理人员、专业技术人员、一般员工、公共关系人员及特殊人物的评价等。第五,对组织外向活动的评价,如公众对组织外向宣传活动、公益活动的评价等。

【案例6—1】

"有奖求教",家具俏销

万斯家具厂的产品连续3年滞销,究其原因,在于与用户的实际需要和具体要求脱节。针对这一弊病,厂长巴莫开出了一张"处方"。

尊敬的顾客:

我厂根据变形金刚的启发,最近聘请了一批高级家具设计工程师,为你们设计了一种可变形的多功能家具。为了使这种家具既能满足您的需要,解决您住房窄小的困难,又能给您带来方便、舒适和美的享受,恳请您来信指教,我们将根据您的意见进行设计。凡来信指教的顾客,将在报纸上公布名字,发一个优惠20%的购物卡,凭此卡可购买一件多功能家具;意见被采纳的指教者,赠送一件多功能家具。

万斯家具厂厂长巴莫

2015年3月1日

这封有奖求教信在报纸上刊登后,收到1 814封指教信。巴莫严守信用,立即在报纸上用大号黑体字"可变形多功能家具凝聚着这些先生的智慧和心血",排印了一个通栏标题,在这个标题下,依据来信的先后顺序公布了指教者的姓名,并给每个指教者寄出一封感谢信和优惠卡。这种家具一投放市场,立即被抢购一空,一个月的销售量等于过去3年销售总量的960倍。

(三)组织社会环境调查

1.经济环境

经济环境包括国内外的经济发展战略;本地区、国内外经济发展水平;国民收入水平及其发展趋势;社会公众的支出模式及其变化;社会公众的储蓄和信贷情况;等等。

2.政治环境

政治环境包括国际组织颁布的行业规范与产品标准;国际惯例;颁布的法律、法规、规章、制度等;国家政策的变化及对组织可能带来的影响;组织与政府的关系;等等。

3.科技环境

科技环境包括行业内的新发明、新技术及其更新速度;专业领域内的技术标准及技术变革;科技发展对公众生活或消费习惯的改变;科技发展对组织经营、管理的改变;等等。

4.文化环境

文化环境包括组织所处区域的民族、宗教信仰、价值观念、风俗习惯、行为方式及其变化;社区的教育、科技、文明状况;组织与新闻媒介的关系;等等。

【小贴士】

通用汽车公司的公关调查

通用汽车公司的管理者看待东欧的态度非常客观,既看到了机会,也看到了威胁。在向东欧拓展时,采用了不同于对手的策略。通用汽车公司的管理者预料到了重组东欧汽车公司的种种困难。因此,他们没有简单地将这些企业接管过来,而是开办了一些新的企业进行小规模的尝试性经营,在试营业的过程中对当地的情况进行调查。他们在波兰的华沙、匈牙利的圣戈特哈德、德国的爱森纳赫建立了一些小工厂。这些工厂的工人经过培训后,主要是将西方生产的预制零件组装成汽车。通用汽车公司希望既能获得东欧市场的低成本劳动,又能获得西方制造的高质量零部件。

通用汽车公司取得了极大的成功。与大众和菲亚特不同,其避免了要改变这些工人的态度和做法的麻烦。在这些小的方面取得成功以后,通用汽车公司的管理者决定在波兰和匈牙利生产这些低成本的汽车零部件,然后再运往通用汽车公司在国外的生产基地进行组装。这项冒险也取得了成功。如今,通用汽车公司在欧洲既拓展了它的组装业,也拓展了它的汽车零部件生产业。

5.竞争环境

竞争环境包括组织所属行业的国内外发展状况;组织在行业竞争中所处的地位;竞争对手的政策、措施及实施情况;竞争对手的市场情况和发展态势;竞争对手的公共关系动向;等等。

第二节 公共关系调查的程序

公共关系调查是一种社会组织对公共关系现象进行科学考察的科学认识活动,它必须根据人的认识过程和认识规律科学安排运作程序。所谓公共关系调查的程序,一般来说,指的是对社会组织客观存在的公共关系现象进行科学调查的基本过程。公共关系调查的程序一般可以分为以下五个阶段：

一、确定调查选题

组织进行公共关系调查的第一个步骤是确定调查选题，也就是确定要研究解决什么问题以及所要达到的目标。公共关系调查的内容范围十分广泛，公共关系工作中所需要的公共关系信息也是千头万绪的。况且，公共关系调查的具体内容和具体要求总是由社会组织公共关系工作的具体目标、具体对象、具体内容和具体要求规定的。因此，在确定调查选题之前，通常要先做初步的调查，明确问题所在。作为公共关系活动的一个操作内容，社会组织所选择的调查课题是多种多样的，可以是与经营、销售有关的问题，如公众的消费习惯、消费倾向、消费情趣等；也可以是社会组织与各类公众之间的关系状况，如上级部门对组织的评价、同行的看法、新闻界对组织在一段时期内的报道倾向；等等。

二、制定调查方案

调查选题确定以后，就要制定调查方案。调查方案是对调查本身的具体设计，主要包括调查的目的和要求、调查的对象、调查的项目和内容、调查的工具、调查的时间安排、调查的地理区域、调查的对象、调查资料的收集和整理方法、调查质量的控制方法、调查经费预算等，是指导公共关系调查工作的总纲。在设计公共关系调查总体方案时，需要注意以下几点内容：

（一）确定调查内容

调查内容是为调查目的服务的，要通过调查的具体选题来确定。如果调查是以探测性为目的，即对某个问题进行初步的认识和粗略的了解，调查项目就应主要用来描述其状态和过程，以收集有关社会现象的信息；如果调查是以解释性为目的，那就要注重对问题因果关系的探讨，为分析原因打下基础。调查的项目和内容不要过多或过长，避免被调查者产生厌倦心理。

（二）准备调查工具

进行公共关系调查常常要用到各种辅助工具。公共关系调查常用的辅助工具主要包括调查提纲、调查表格、调查问卷、观察记录卡片等。

（三）选定调查对象

公共关系调查对象是相对的社会组织或群体，但这些组织和群体又是由个体组成，社会调查大多是从个体入手进行的。被调查者群体的确定对调查结果影响很大，不同性别、年龄、民族、地域、学历、偏好的人群在回答同样的问题时，可能产生一定的差异。

（四）明确调查方式

组织在进行调查前应事先确定好公共关系调查的方式，从全面调查、抽样调查、典型调查、重点调查等多种调查方式中选择与调查选题最匹配的方式，以保证调查的质量。

1.全面调查

全面调查又称普查，是对一定范围内需要调查的全体对象进行逐个调查的一种调查方式。全面调查一般适用于两种情况：一是调查对象总体数目相对不大，不需要花费太多的人力、物力、财力和时间；二是调查对象数目庞大，但为了全面、准确地掌握情况，值得去调查。当调查对象总体规模不大时，全面调查是准确获取信息资料的最佳选择；当调查对象的总体规模十分庞大时，全面调查花费的人力、物力、财力是巨大的，而且调查时间很长，不适合普通的组织使用，也不适宜对问题进行深入细致的调查。

2.抽样调查

抽样调查又称样本调查，是从需要调查的对象总体中，抽取若干个个体即样本进行调查，并根据调查的情况推断总体的特征的一种调查方式。抽样调查可以把调查对象集中在少数样本上，并获得与全面调查相近的结果。这是一种比较经济的调查方法，被广泛采用。

3.典型调查

典型调查是从总体样本中有意识地挑选出少数具有代表性的对象进行调查，以达到了解总体的特征和本质的一种调查方式。典型调查适用于调查总体同质性比较大的情形。同时，它要求研究者有较丰富的经验，在划分类别、选择典型上有较大的把握。

4.重点调查

重点调查是指在全体调查对象中选择一部分重点个体进行调查，以取得统计数据的一种非全面调查方式。由于重点个体在全体调查对象中只占一小部分，调查的标志量在总体中却占较大的比重，因而对这部分重点单位进行调查所取得的统计数据，能够代表总体发展变化的基本趋势，是一种补充性的调查方法。

(五)选择调查方法

常用的调查方法有访谈调查法、问卷调查法、观察调查法、媒介调查法等。调查方法的确定要根据调查工作的实际需要来选择(具体内容参见本章第三节)。

此外，对调查的时间、地域、质量控制、经费预算等内容也要全面细致地考虑。

三、实施调查方案

实施调查阶段，是整个公共关系调查过程中最为重要的阶段，也是花费最昂贵、最容易出错的阶段。公共关系调查能否按照调查方案中所确立的调查任务的要求和所设计的调查方案的规定有效地进行，关键是看资料收集或调查方案的实施情况。在这一阶段，调查的主要工作是资料的收集，最普通的方法是由被调查者自行答卷和调查人员访谈两种。问卷发放的总数与回收上来的数日之比称为回收率。对于回收率，调查人员应有足够的估计，回收率为100%的可能性是很小的。美国社会学家肯尼迪·贝利认为：50%的回收率是可以令人满意的，60%是相当成功的，而70%以上则可以说是非常成功的。

【小贴士】

第一份民意测验

半个世纪前的一天傍晚，乔治·盖洛普博士接到美国白宫打来的电话，内容是总统想知道社会舆论对政府某一外交政策的看法，由于国际事务的需要，这份报告必须在13个小时之内交给总统。

短短的13个小时，找谁收集和怎样收集公众舆论？盖洛普博士突发奇想，并立即行动起来。他先找来6位助手，他们以最快的速度拟出若干与那项外交政策相关的题目。然后，分头打电话给6位不同地区的新闻记者，请他们即刻分别采访10位不同文化层次的公众。被采访者对那些题目发表了意见，总括这些意见，便形成了对外交政策的看法。深夜之前，得到回音。盖洛普博士列出表格，把人们的意见反映在上面，并写出报告。在规定时间的前两个小时，报告出现在美国总统的办公桌上，成为美国总统处理这一重要外交事务的公众舆论依据。乔治·盖洛普博士在11个小时之内完成了民意测验。

这就是有史以来的第一份民意测验报告，乔治·盖洛普因此成为民意测验的创始人。

（摘自：http://wenku.baidu.com/view/）

四、分析调查结果

公共关系调查人员只有将调查收集的资料、数据进行整理分析，才能准确把握存在的问题，指导公共关系活动的开展。分析调查结果是运用科学的方法，对收集到的资料进行提纯和整理，并加以分析和研究的信息处理过程，是公共关系调查能否发挥应有作用的关键。组织取得调查资料后，首先要对资料进行鉴别、订正、分类与汇总，根据调查目的进行加工整理，使资料系统化、简单化和表格化，达到准确、适用和完整的目的；然后进行数据统计分析，数据统计分析包括数据输入、整理、归类、统计和分析；最后对分析后的数据进行加工，提出合理建议和预测。

五、拟订调查报告

公共关系调查资料经过整理分析，最后要根据这些资料撰写公共关系调查报告，这是公共关系调查成果的集中体现。调查报告要根据所收集到的信息资料，紧密围绕调查的目的与要求，客观、准确、有针对性地分析问题，做出判断性结论，提出建设性意见。

（一）拟订调查报告的步骤

(1)综合分析经过提纯和整理的信息资料，确定调查报告的题目。

(2)对调查工作进行简要总结，对关键环节加以说明。

(3)根据整理过的信息资料，对组织公关状态的变化情况加以说明。

(4)针对组织实际情况和调查结果，结合组织公关目标，找出差距和问题。

(5)针对差距和问题，提出切实可行的建议或意见。

（二）调查报告的格式与要求

调查报告一般包括封面、目录、概要、正文、结论和附件等部分。

(1)封面应写明调查题目、承办部门和人员、日期。

(2)概要是对正文、结论和建议部分的简要总结，要做到点明主题、高度概括、精练简短。

(3)正文中应包括调查目的、方法、步骤、样本分布、调查内容、统计方法、调查数据、误差估计等内容，也可包括结论和建议，写作时要做到中心突出、材料典型、逻辑性强、条理清晰、语言简洁、有说服力。

(4)结论是全文的小结，要形成结论，并提出合理的建议和措施。

(5)附件中应列入有关论证和说明正文的资料，如调查表、访谈记录、参考资料等。

（三）拟订调查报告的注意事项

(1)要考虑到读者的阅历和观点，尽量使报告适合读者阅读。

(2)调查报告要用标准格式撰写，打印工整。

(3)调查报告的文字应简明扼要，内容要通俗易懂。

(4)要仔细核对数据和统计资料，保证资料准确无误。

(5)充分利用统计图、统计表来说明和显示资料。

第三节　公共关系调查的原则及方法

一、公共关系调查的原则

公共关系调查要为组织提供策划依据，所以调查活动和调查过程应有很强的科学性。为了保证公共关系调查的科学性，调查人员必须遵循以下几项原则：

（一）客观性原则

公共关系调查是为了准确地了解公众对组织形象的评价。坚持调查的客观性是调查人员所应遵循的最重要的原则。调查人员在调查过程中，应从客观事实出发，要注意区分公众的客观态度和主观臆想。公众的客观态度是指调查对象对组织形象的直接感受和评价，而主观臆想则是指调查对象对组织形象的一种想象和愿望。在调查过程中，只有把握了调查对象的客观态度，才能对公众的有关评价得出科学、准确的结论。此外，调查人员在调查过程中，切忌主观性，不可随心所欲地给客观事实加上主观猜测的成分，而应从客观事实出发，不回避更不掩盖事实。只有这样，才能充分保证调查结果的信度和效度。

（二）全面性原则

公共关系调查的客观性本身要求调查的全面性。公共关系调查的全面性要求调查人员在收集调查人员对组织形象的评价时，必须注意收集各个方面公众的意见。这里应注意两点：一是调查对象必须能够代表公众，如果调查对象没有代表性，尽管他们对组织形象的评价是客观的，但这并不能代表公众的整体客观态度；二是调查所得的资料必须全面，既要有调查对象的正面意见，也要有调查对象的反面意见，既注意到一方面的公众的意见，也要注意到另一方面公众的意见，并注意各种意见之间的联系，不能一叶障目，不见泰山。以偏概全的调查对组织是十分有害的。

（三）时效性原则

公共关系调查是了解调查对象在某一确定时间对组织形象的评价，调查的结果具有很强的时效性。对组织来说，调查所得信息的价值，与提供信息的时间成正比，迟滞的信息会导致组织失去取胜的良机。所以，在调查过程中，调查人员不仅要注意调查信息的准确性，还要注意调查信息传递的快捷性。此外，客观事物总是处在不断运动和变化之中，公共关系的一次调查，只能反映此时此刻公众的态度，这种态度会随着时间的延续而发生变化。遵循公共关系调查时效性原则，有利于组织及时地收集情报并做出果断的决策。

（四）计划性原则

公共关系调查是组织形象管理的重要一环。组织不可企望通过一次调查获得所有情报。公共关系调查工作应列入组织的整体运作计划中，使之制度化、规范化。公共关系调查的制度化、规范化不仅可以使组织适时得到有价值的信息，组织还能不断地总结调查的经验，提高调查工作质量。此外，对一项具体调查工作来说，事前必须要制订一个完整、严密的调查计划，对调查任务及完成任务的人力、物力做出合理的安排；对调查中可能会遇见的各种问题及其对策都要考虑充分。这样，才能保证调查的顺利进行，提高调查工作的效率。

(五)伦理原则

在公共关系调查中,伦理原则是调查人员应当遵循的基本原则之一。在调查过程中,使调查对象受到某种程度的伤害,对调查对象采取欺骗手段,使调查对象处于某种心理压力之下,或是调查人员在调查过程中进行资料分析时,片面地引用调查事实等,都被认为是非道德的行为。调查人员在调查过程中,既要注意调查的科学性,又要注意调查行为符合道德规范。如果调查人员的行为不道德,就难以取得调查对象的信任,这样,调查结果的客观性、全面性就难以保证。调查人员与调查对象之间的关系,应当是诚实和公开的关系,而绝不是隐瞒和欺骗的关系。

(六)精确性原则

公共关系活动是一项非常复杂的系统工程,成功的活动应该使其中的每一个环节或者子系统都做到天衣无缝,这就要求通过调查与收集的信息必须首先做到精确无误。在公共关系调查过程中,精确性原则有以下含义:第一,应用统计学的原理规划调查工作;第二,运用相关的数学模型对信息进行科学分析;第三,用具体数字显示或表达调查的结果。

二、公共关系调查的方法

所谓公共关系调查方法,是指用以保证公共关系调查目的得以顺利实现的途径、方式、手段、措施等。公共关系调查方法对于公共关系调查任务的顺利完成具有重要的作用,具体来说,公共关系调查常用的方法有抽样调查法、问卷调查法、访问调查法、观察法、实验法以及文献调查法等。

(一)抽样调查法

抽样调查法有两大类:概率抽样和非概率抽样。

1.概率抽样

概率抽样就是使总体内所有个体具有相同的被抽入样本的概率。这样的样本被称为随机样本。概率抽样又可以分为简单随机抽样、等距随机抽样、分层随机抽样、整群随机抽样以及结合使用上述两种或两种以上抽样方法的多阶段随机抽样。

(1)简单随机抽样。它又称为纯随机抽样,它对总体中的所有个体按完全符合随机原则的特定方法抽取样本,即抽取时不进行任何分组、排列,使总体中的任何个体都同样有被抽取的平等机会。

(2)等距随机抽样。它又称为系统抽样或机械抽样,就是把总体的所有单位按一定的标志排队编号,然后按规定的间隔距离,每隔若干单位顺序抽取每个样本单位组成样本。

(3)分层随机抽样。它又称为类型随机抽样或分类随机抽样,就是先将总体依照某一种或几种特性分为几个子总体,每个子总体为一层,然后从某一层中随机抽取一个子样本,将这些子样本合在一起即为总体的样本。

(4)整群随机抽样。它又称为聚类随机抽样,就是将总体按照某种标准划分为一些子群体,每个子群体作为一个抽样单位,用随机的办法从中抽取若干个子群,将抽出的子群中所有个体合在一起作为总体的样本。

(5)多阶段随机抽样。通俗地讲,就是把抽取样本单位的过程分为几个阶段进行,先抽大单位,再在大单位中抽取中单位,中单位中再抽取小单位。

2.非概率抽样

非概率抽样是以人的主观经验和人的主观设想来抽取样本。它不是严格按随机抽样原则来抽取样本的，所以称为非概率抽样或非随机抽样。非概率抽样无法推断总体，也无法确定误差和可信程度。

非概率抽样有偶遇抽样、主观抽样、定额抽样和滚雪球抽样四种类型。偶遇抽样和定额抽样是民意测验中最为常用的非概率抽样。

偶遇抽样也称为方便抽样，是指研究者将其在一定时间内、一定环境里所能遇见或接触到的人都选入样本的方法。

定额抽样也称为配额抽样，它与分层随机抽样相似，也是按调查对象的某种属性或特征将总体中所有个体分成若干类或层，然后在各层中抽样。样本中各层或类所占的比例与它们在总体中所占的比例一样。但不同的是，分层抽样中各层的子样本是随机抽取的，而定额抽样中各层的子样本是非随机抽取的。

(二)问卷调查法

问卷调查法是指由公共关系调查者向调查对象提供问卷，并请其对问卷中的问题做答而收集所需的公共关系信息资料的公共关系调查方法。问卷是用于收集信息资料的一种重要工具，它的形式是一份精心设计的问题表格。问卷依其问题的构成特点可分为封闭式问卷和开放式问卷两种。封闭式问卷的提问是在提出问题的同时，还给出若干个备选方案，要求被调查者选择其中一个或几个作为回答；开放式问卷的提问是只提出问题，不提供具体答案，而由调查者自由填答。此外，问卷还可依发送方式分为邮寄问卷和送达问卷两种。从问卷的结构来看，一般来说，各种问卷往往都包括说明信、指导语、问题、答案、编码等几个部分，其中问题和答案是问卷的主体。在问卷的设计过程中，关键是要设计好问卷的问题和答案。问卷调查法有着许多不同于其他调查方法的特点。其优点在于：可以节省时间、经费和人力；具有较好的匿名性，有利于收集真实的信息；所获得的信息资料便于定量处理和分析；可以较好地避免调查者的主观偏差，减少人为误差。其缺点在于：回收率一般较低；不适于对文化水平低的人做调查；由于被调查者填写问卷时调查者一般不在场，因而所获得的信息资料的质量往往难以保证。尽管如此，问卷调查法仍不失为现代公共关系调查的一种科学规范的调查方法。

(三)访问调查法

访问调查法是公关调查中使用最普遍的一种调查方法。根据调查者与被调查者接触方式的不同，访问法可以分为人员访问、电话访问、邮寄访问和网络访问四种。

1.人员访问

人员访问是最古老的一种方法，它是指派调研员直接与被调查对象面谈，然后根据被调查者的回答，当场记录取得资料的方法。人员访问调查时既可以根据事先拟订的问卷上的问题顺序发问，也可以通过自由交谈来获得资料。这种方法不但能迅速取得资料，而且富有较强的灵活性，同时具有激励的效果，并能保持较为完整的样本；但是这种方法也有缺点，比如费用较高、动用大量的人力，并且在调查的过程中很难得到有效的控制，不免产生一些不负责任甚至欺骗的行为。

2.电话访问

电话访问是指调查人员根据事先拟订的提纲，向被调查者提出问题、汇集答案的数据收集方法。随着移动电话和私人电话的日渐普及，电话访问已经成为一种普遍的调查方法。它的优点很多，比如，能够迅速及时地获得事件发生当时的情报，可以在很短的时间内，立即获得调查资料；所需要的费用较低，仅需支付电话费用即可；调查者与被调查者不直接接触，易于被调查者接受，避免心理压力等。当然，电话访问也有缺点，比如，它具有局限性，总体不完整，只能选择那些有电话的家庭或者个人进行调查；访问时间不能太长，使得问题难以深入等。

3.邮寄访问

邮寄访问又称通信访问，是指将设计好的问卷通过邮局或电子邮件寄给被调查者，请他填好后按规定的时间寄回以取得资料的方法。为了提高回收率，采用此法时，一般附有回邮的信封和邮票并可采取赠送纪念品的办法。使用邮寄访问的优点是：(1)调查可以覆盖的区域比较广泛，对样本能做地理上的分配；(2)时间比较充足，被调查者能够有较长时间考虑以从容地填写问卷和回答问题；(3)费用较低。这种方法的缺点主要是：(1)回收率低，各细分市场的回收率不一致，使设计样本的地理分布产生误差；(2)费时，被调查者答复迟缓，无法控制问卷回收时间，往往费时较长；(3)容易发生替代现象，自己没有时间或者不愿意回答而找别人代答，从而破坏了样本的代表性。但是，在人文特性或被调查的要件并非十分重要的情况下，邮寄访问是一种既经济又有效的调查方法。

4.网络访问

网络访问是借助互联网来与被调查者接触收集数据或资料的一种调查方法，可以再分为网上问卷调查、网上焦点座谈和 BBS 调查等几种方式。网络调查与传统的调查方式相比，有其独特的优势：(1)费用较省，可以节省调查在印刷、录入、复核、交通、联络等方面的时间和费用。(2)节省时间，无时空、地域限制，只要是网络覆盖的地方，都可以成为调查的范围；调查可以全天候进行，被访问者可自行决定时间和地点回答问卷，非常便利。当然，网络访问也有局限性。比如，网络访问选择的对象只能是网络用户，因此，如果当总体包括非网络用户时，网络访问就可能出现较大的偏差。

(四)观察法

观察法是由调查员直接或通过仪器在现场观察记录调查对象行为动态的一种方法。使用观察法进行调查的过程中，调查人员不许向被调查对象提问题，是在被调查对象未注意的情况下由调研人员用眼睛或照相机等仪器观察被调查对象的行为、态度和表现，从而推断被调查对象对某种产品或者服务的满意程度。观察法由于分类的标准不同而有多种划分方法，本书将观察法分为以下两种：

1.直接观察法

直接观察法就是派调查人员去现场直接察看。通过直接观察，调查员可以直接观察即时行为，即如果对消费者的购买行为感兴趣，调查员可以直接观察消费者实际的购买活动。使用直接观察方法要确定是定期观察还是不定期观察。

【案例 6—2】

肯德基公司的调查研究

美国肯德基公司遍布全球 60 多个国家和地区，连锁店多达 9 900 多家。然而，肯德基公司在万里之外，怎么能相信它的下属循规蹈矩呢？一次，上海肯德基有限公司收到 3 份鉴定书，对其外滩快餐厅的工作质量进行了 3 次鉴定评分，分别为 83 分、85 分、88 分。公司中方经理都为之瞠目结舌,这3个分数是怎么评定的?

原来,肯德基公司雇用、培训了一批人,让他们佯装顾客,秘密潜入店内进行检查评分。这些人来无影、去无踪,而且没有时间规律,这就使快餐厅的经理、雇员时时感受到某种压力,丝毫不敢疏忽。

2.间接观察法

不能通过直接观察法获得信息时,就要采用间接观察法,比如对过去的行为的研究,就不能直接观察,而必须求助于间接观察,即调查员不观察某一种行为本身,只观察这种行为的影响或结果。

(五)实验法

实验法是指通过变量和实验程序的控制,研究者可以更加有把握地进行变量之间因果关系的判断。实验法是公共关系调查走向科学化的标志。

常用的实验法主要有以下两种:

1.现场实验

现场实验是最简便的一种实验调查方法,要求实验者在现场处理或者变动自变量,然后测量其影响。这种实验通常是在市场上进行小范围的实验。例如,调查人员想要了解某种产品的需求价格弹性,便可以选定一个商店,选择几个不同的时间,同一产品安排几种不同的价格。通过分析购买数量的增减变化,就可以得到所需要的信息了。现场实验的最大优点就是实验环境非常接近于真实环境,获得较真实的资料,而且能够有效地提高实验的外部效度。但是,它缺乏一定的控制能力,既缺乏对自变量的控制,也缺乏对外生变量的控制,影响实验结果的内部有效性。

【案例6—3】

现场实验帮助列·运动包公司胜诉

美国的列·运动包公司状告K中心商场集团引进的帝·巴黎包看起来像列·运动包。根据列·运动包公司的指控,K中心商场集团让消费者误认为他们是在购买列·运动包,但事实上并不是。为了证实这一点,列·运动包公司选择了两组妇女进行现场实验。

给第一组妇女看的是两个软边的列·运动包,包上的所有标签都去掉,所有的词句、设计厂家等说明都印在这种椭圆形包的内层。给第二组妇女看的是两个帝·巴黎包,包上的品牌明显可见,所有的标签和悬挂物都保留它们在K中心商场店中的样子。从这两组妇女中了解她们是否看得出戴着"假面具"的包的来源或公司或品牌;她们辨认或识别的是什么;如果靠某些东西来辨认的话,那么这样做的理由是什么。

每组妇女的样本都是200人,是分别在芝加哥、洛杉矶和纽约的大商场——拦截面访(在中心位置进行)中选择的。对被调查者的选择没有采用概率样本,而是按年龄分布做的配额选择(即按比例分配各年龄段应访问的妇女数)。

实验研究的结果说明许多消费者无法区分两种式样的包的来源,这一结果支持了列·运动包公司的立场。现场实验帮助列·运动包公司说服法庭批准了一个反对K中心商场集团的预审结果。K中心商场集团同意停止销售其帝·巴黎包。

2.实验室实验

实验室实验即在实验室内，利用专门的仪器和设备进行调研。它在新产品、包装、广告设计等方面的初始测试中有着较为广泛的应用。比如，调查人员想知道几种不同的广告进行宣传的优劣程度，可以通过测试被测对象的差异，从而选择出宣传效果比较好的广告。实验室实验可以通过隔离实验环境，有意识地控制、操纵实验条件，从而减少外生变量的影响，这是现场实验所不能做到的。但是，实验室实验的外部效度较差，可能会出现与实际情况较大的偏差。

此外，实验室实验的周期较长、研究费用昂贵，严重影响了实验方法的广泛使用。

（六）文献调查法

文献调查法是在第一手资料难以得到或不够用时，通过组织内部或外部的文献资料分析所要调查的问题的方法。文献调查法是公共关系调查中比较常用的一种方法，主要通过第二手资料来收集信息，了解情况。第二手资料主要包括出版物、政府或社团档案等。出版物包括公开出版的杂志、报纸和内部发行简报、内刊等印刷材料，这类文献数量多、易于查找，但材料中不可避免地渗入了作者的个人观念，使用时要注意甄别。政府和社团的档案包括文件、统计资料、会议记录、大事记等，这类文献真实可靠，价值较大，但不容易得到，有时不能公开引用。

文献调查法对文献资料的研究一般分四个步骤进行：首先是资料的收集；其次是建立文献分类检索系统；再次是资料储存；最后进行检索分析研究资料。分析研究资料是对资料进行纵向和横向分析研究，分清问题产生的原因、解决问题的条件和因素，提出建议和措施。

复习思考题

1.什么是公共关系调查？公共关系调查的内容包括哪些？

2.简述公共关系调查的程序。

3.进行公共关系调查时要遵循哪些原则？

4.常用的公共关系调查方法有哪些？各有什么特点？

5.设计调查问卷时，要注意哪些事项？

案例分析

“先搞清这些问题”

有一家宾馆新设立了公共关系部，开办伊始，该部就配备了豪华的办公室、漂亮迷人的公关小姐、现代化的通信设备……但该部部长却发现无事可做。后来，这位部长请来一位公共关系顾问，向他请教“怎么办”，于是这位顾问一连问了以下几个问题：

“本地共有多少宾馆？总铺位有多少？”

“旅游旺季时，本地的外国游客每月有多少？港澳游客有多少？国内的外地游客有多少？”

“贵宾馆的知名度如何？在过去3年中，花在宣传上的经费共有多少？”

“贵宾馆最大的竞争对手是谁？贵宾馆潜在的竞争对手将是谁？”

“去年一年中因服务不周引起房客不满的事件有多少起？服务不周的症结何在？”

对这样一些极其普通而又极为重要的问题，这位公共关系部部长竟张口结舌，无以应对。

于是,那位被请来的公共关系顾问这样说道:“先搞清这些问题,然后再开始你们的公共关系工作。”

问题:

1.你是如何理解公关顾问说的“先搞清这些问题,然后再开始你们的公共关系工作”的?公共关系调查对组织有何意义和作用?

2.公关顾问提出的几个问题体现了公关调查的哪些内容?应该采取哪些公共关系调查步骤与方式?

第七章 公共关系策划

学习要点及目标

1.理解公共关系策划的含义；
2.掌握公共关系策划的模式；
3.理解掌握公共关系策划的一般程序；
4.掌握公共关系策划的原则及方法；
5.熟练掌握公共关系活动策划的方法；
6.学会编写公共关系策划书。

核心概念

公共关系策划　　公共关系活动模式　　公共关系策划方案

引导案例

泸州酒厂获奖庆祝活动的公关策划

1987 年 9 月 13 日，泸州酒厂生产的中国名酒——泸州老窖特曲，在泰国曼谷第二届国际饮料食品博览会上荣获该会设立的唯一金奖——金鹰杯奖。这是继 1915 年该酒获国际巴拿马博览会金奖后的再次获奖。该厂接到泰国发回的获奖电文后，立即组织策划，提出量与质要实现的目标。量——在中央电视台、中央人民广播电台以及全国各主要报刊上播发消息，至少使 2 亿人次得知获奖消息。质——让公众知道泸州酒厂又获国际金奖，为国再度争光。为方便公众记忆，他们拟订了一条简练的口号："四百年泸州老窖飘香，七十年国际金牌不倒。"把这句口号作为这次活动的宣传主题。

按照拟订的目标，该厂分三步开展公关活动：

第一步，扎彩车组织游行队伍，按时到火车站迎接金鹰奖杯，然后在全市举行大游行，彩车通过市区，万巷皆空，市民争相观看，喜悦之情，溢于言表："酒厂为我们争了气，为国家争了光。"

第二步，向省市领导报喜，以取得政府的支持，扩展获奖的社会影响。省领导获讯以后，以省政府的名义及时向该厂发去祝贺电报。市政府则专门召开全市大会表彰酒厂为全市、为国家争了光，并批准企业免税发放一次性奖金。

第三步，在征得省政府、商业部的同意之后，准备以四川省人民政府、中华人民共和国商业部的名义在首都举行隆重的庆祝大会。

经过再三考虑，时间选在党的十三大刚闭幕的 1987 年 11 月 3 日晚上，地点选在人民大会堂。在邀请领导人方面，他们拟订了两套方案。最后证明，有两套方案才能确保万无一失，不然的话，筹备一个多月的庆祝会就会前功尽弃。在选择传播手段上，他们充分利用宣传效果好的电视媒介，由专人负责在中央电视台及北京电视台录像，提供一切便利条件，同时与电视台记者协商，请他们将整个大会的主要过程实录下来，作为企业的历史资料、公关档案。至此，一个较为完整的公关活动方案就完成了。

从这个案例我们可以看到，泸州酒厂借金鹰杯奖进行大力宣传，在时间、地点以及方式的选择上深谋远虑，得到了政府的支持、新闻媒体的大力配合，以及广大市民的积极参与，使得泸州酒厂本次庆祝活动圆满成功，最大限度地提高了泸州酒厂的知名度和美誉度。

（摘自：zhidao，baidu.com）

公共关系策划是开展公共关系工作的第二步，是公共关系工作中一个非常重要的环节。公共关系策划是在公共关系调查研究的基础上，对组织的公共关系工作进行的谋划，以此来开展相应的公共关系活动，并提出评估公共关系活动的指标。因此，公共关系策划的好坏，直接影响公共关系成功与否，同时也影响组织的生存与发展。

第一节 公共关系策划概述

一、公共关系策划的含义

公共关系策划是社会组织为实现公共关系目标，对公共关系活动的性质、内容、形式和行动方案进行谋划与设计的思维过程。公共关系策划是一个科学地谋划、构思和设计最佳方案的过程。

公共关系策划在公共关系工作程序中处于核心地位。通过公共关系策划，能更好地利用组织现有的资源，发挥其优势，更易于公共关系目标的实现。策划是社会组织树立形象，提高知名度、美誉度、信誉度，从而提高竞争力的重要手段。

二、公共关系策划的意义

公共关系工作的实质就是对组织进行形象管理，而公共关系策划对组织形象管理有着十分重要的作用和意义。

（一）增强组织形象管理的有效性

信息社会，任何组织的环境和公众态度都处在不断变化之中，组织在公众中的形象也会不断变化。因此，组织要求得生存与发展必须不断开展公共关系活动，无疑，公共关系活动的有效性十分重要。而科学的公共关系策划思想与方法可以帮助组织恰当地设计、选择公共关系活动方案，在策划过程中考虑各种因素，运用各种有利资源，对每个环节做出安排，这必将提高公共关系活动的成功率。“运筹帷幄之中，决胜千里之外”“先谋后事者昌”“凡事预则立，不预则废”都是策划有效性的表现。

（二）增强组织形象管理的目的性

组织的公共关系目的是建立在公共关系调查基础之上的，而策划仅仅围绕公共关系目标而制定、进行，传播实施又紧紧围绕策划方案展开，环环相扣，始终目的明确。所以，公共关系策划可以增强形象管理的目的性。公共关系策划首要的问题就是寻找组织形象存在的问题，以确定工作目标，进而不断建设、完善、提高组织形象地位，公共关系策划使公共关系活动不会无的放矢。

（三）增强组织形象管理的计划性

公共关系是一项系统工程，有长期目标、短期目标，通过公共关系策划，可以为整个公共关系工作拟定一个实施策划，再为每一个目标制订出具体的实施计划，对工作的各个方面、各个环节做一个统一安排，从而极大地增强了计划性。一个目标清晰、任务明确、计划周密的行动，其成功的把握性会大大增强。

三、公共关系活动模式

所谓公共关系活动模式，就是由一定的公共关系目标和任务，以及由此所决定的若干技巧和方法所构成的具有某种特定公共关系功能的工作方法系统。其模式类型如下：

（一）建设型公共关系

建设型公共关系是指在社会组织初创时期或新产品、新服务首次推出时期，为开创新局面进行的公共关系活动模式。其目的在于提高知名度和美誉度，形成良好的第一印象，或使社会公众对组织及产品有一种新的兴趣，形成一种新的感觉，直接推动组织事业的发展。

建设型公共关系采用的方法一般包括开业广告、开业庆典、新产品试销、新服务介绍、新产品发布会、免费试用、免费品尝、免费招待参观、开业折价酬宾、赠送宣传品、主动参加社区活动等。

（二）维系型公共关系

维系型公共关系是指社会组织在稳定发展期间，用来巩固其良好形象的公共关系活动模式。其目的是通过不间断的、持续的公关活动，巩固、维持与公众的良好关系和组织形象，使组织的良好印象始终保留在公众的记忆中。其做法是通过各种渠道和采用各种方式持续不断地向社会公众传递组织的各种信息，使公众在不知不觉中成为组织的顺意公众。

维系型公共关系是针对公众心理特征而精心设计的，具体可分为“硬维系”“软维系”两种形式。

“硬维系”是指那些“维系目的”明确，主、客双方都能理解意图的维系活动，其特点是通过显露的优惠服务和感情联络来维系同公众的关系。比如，诸多西方航空公司明确宣布，凡乘坐本公司航班多少次以上者或累计飞行里程达多少公里者，公司可提供免费旅行一次，目的是同顾客建立比较长期的联系。有些国内外厂商还利用一些节日、纪念日，向长期客户赠送一些小礼品，搞一些联谊活动，来加强感情联络，发展厂商与客户之间的关系。“硬维系”一般用于已经建立了购买关系或业务往来的组织和个人。具体方式灵活多样，可利用各种传媒进行一般的宣传，如定期刊发有关组织情况的新闻，播出广告，提供组织的新闻图片，实行会员制，提供累计消费折扣等。也可以向常年客户赠送小礼物，邀请用户联谊，定期或不定期发布提醒性广告，经常在媒体露面，经常派发企业小型纪念品或礼品。

“软维系”是指那些活动目的虽然明确，但表现形式却比较超脱、隐蔽的公共关系活动，其目的是在不知不觉中让公众不忘记组织。一般是对广泛的公众开展的公共关系活动，其具体做法可以灵活多样，但要以低姿态宣传为主，如定期广告、组织报道、提供组织的新闻画片、散发印有组织名称的交通旅游图等。保持一定的媒体曝光率，使公众在不知不觉中了解组织的情况，加深对组织的印象。比如，1986 年的圣诞节，北京长城饭店公共关系部请了一批孩子来饭店装饰圣诞树，除供应他们一天的吃喝外，临走时还特地送给每人一份小礼物。这些孩子分别来自各国的驻华使馆，他们的父母都是使馆的官员。长城饭店是五星级豪华饭店，顾客主要是各国的来华人士，邀请这些孩子来饭店，表面上是为孩子们举行了一次符合西方习惯的传统活动，但“醉翁之意”是希望通过孩子来维系长城饭店与各使馆的关系。孩子在饭店待了一天，长城饭店的豪华设施在他们幼小的心灵中留下了深刻的印象，他们的父母也一定会问孩子圣诞节在长城饭店过得是否快乐，还可能看看赠送给孩子的礼品，对长城饭店的好感则油然而生。随之而来的必然是宾客盈门了。

（三）防御型公共关系

防御型公共关系是指社会组织为防止自身的公共关系失调而采取的一种公共关系活动方式。预防的目的是在组织与公众之间出现摩擦苗头的时候，及时调整组织的政策和行为，铲除摩擦苗头，始终将与公众的关系控制在期望的轨道上。

防御型公共关系的特点在于确切地了解自身组织的公共关系现状，敏锐地发现其失调的预兆和症状，针对失调采取对策，及时消除隐患。同时，进一步促使其向有利于良好的公共关系状态方面转化，因此特别适用于组织发展过程中的战略决策，是战略型领导者最重视的公共关系活动之一。美国电报电话公司为不断完善形象，第一个采取了令世人瞩目的举措：电报电话的接线员全部改为年轻的女性，旨在充分发挥年轻女性在性别和年龄上的优势，完善服务形象，防患于未然。此举至今仍为各企业所效仿。

（四）矫正型公共关系

矫正型公共关系是指社会组织在遇到问题与危机，公共关系严重失调，组织形象受到损害时，为了扭转公众对组织的不良印象或已经出现的不利局面而开展的公共关系活动。其目的是对严重受损的组织形象及时纠偏、矫正，挽回不良影响，转危为安，重新树立组织的良好形象。其特点是“及时”：及时发现问题，及时纠正问题，及时改善不良形象。通常的处理方法为：查明原因、澄清事实，知错就改，恢复信任，重修形象。

（五）进攻型公共关系

进攻型公共关系，是指社会组织采取主动出击的方式来树立和维护良好形象的公共关系活动模式。当组织需要拓展（一般在组织的成长期），或预定目标与所处环境发生冲突时，主动发起公关攻势，以攻为守，及时调整决策和行为，积极地去改善环境，以减少或消除冲突的因素，并保证预定目标的实现，从而树立和维护良好形象。这种模式，适用于组织与外部环境的矛盾冲突已成为现实，而实际条件有利于组织的时候。其特点是抓住一切有利时机，利用一切可利用的条件、手段，以主动进行的姿态来开展公共关系活动。

【案例 7—1】

打不碎的玻璃

美国歌露博—雅美拉达公司开发了一种名叫“安全、轻便 4x”型的夹层薄玻璃，强度高，经得起重击而不破碎。怎样才能得到建筑行业的认同呢？此时，恰逢美国劳教委员会在密尔沃基市召开会议。于是，该公司公共关系部抓住时机举办了新产品展览。公司把这种新产品玻璃镶在框架中，右上角贴上“安全、轻便 4x”标签，玻璃背面贴上一张 1 000 美元的支票，旁边放着几根球棒，告示牌写着：“击破者有奖。”参观的人都可以拿起球棒朝玻璃猛击三棒，谁能击破玻璃就可拿走支票，赢得 1 000 美元。假如没有人击破，则把 1 000 美元捐赠给密尔沃基市的孤儿院。

展览会开幕时，邀请了新闻界的记者和摄影师，并散发了玻璃强度的试验报告及介绍这一产品的资料。参观的人蜂拥而来，跃跃欲试，却始终没有一个人打破玻璃，于是便举行了向孤儿院捐款的隆重仪式，报社和电台进行了生动的报道，电视台也进行了现场直播。随后“安全、轻便 4x 型的玻璃打不碎”传为佳话，公司复印了大量介绍产品的剪报，连同强度试验报告一起寄给各建筑企业，短时间内就收到了 50 万美元的订单，1 000 美元的支票挖出了 50 万美元的潜在生意。

(六)宣传型公共关系

宣传型公共关系是运用大众传播媒介和内部沟通方法开展宣传工作，树立良好组织形象的公共关系活动模式，目的是广泛发布和传播信息，让公众了解组织，以获得更多的支持。主要做法是：利用各种传播媒介和交流方式，进行内外传播，让各类公众充分了解组织，支持组织，从而形成有利于组织发展的社会舆论，使组织获得更多的支持者和合作者，达到促进组织发展的目的。其特点是：主导性强，时效性强，传播面广，快速推广组织形象。根据宣传对象的不同，又可具体分为对内宣传和对外宣传。

1.对内宣传

对内宣传是公共关系人员最经常进行的工作之一，它的主要对象是组织的内部公众，如员工、股东等。宣传的目的是让内部公众及时、准确地了解与组织有关的各方面信息，如组织的现行方针和决策、组织各部门的工作情况、组织的发展成就或困难和挫折、组织正在采取的行动和措施、外界公众对组织的评价以及外部社会环境的变化对组织的影响等，以鼓舞士气，取得内部公众的谅解和支持，做到上下一心，增强凝聚力，形成统一的价值观和企业精神。宣传可采用多种形式和手段，如内部刊物、黑板报、图片宣传栏、宣传窗、员工手册、广播、闭路电视、全体大会、演讲会、座谈会、讨论会、表彰颁奖会、专门恳谈会等。对于内部的特殊公众——股东，采用年终总结报告、季度报告、股东刊物、股东通讯、财务状况通告等形式进行宣传。

2.对外宣传

对外宣传的对象包括与组织机构有关的一切外部公众，目的是让他们迅速获得对本组织有利的信息，形成良好的舆论。对外宣传主要运用大众传播媒介，其表现形式有两种：一种是公关广告，一个组织可以把它的形象塑造作为广告的中心内容，宣传组织的管理经验、经济效益、社会效益和已经获得的社会声誉等；另一种是新闻宣传，即通过新闻机构和记者以第三者的身份传播企业信息，树立良好形象。广告宣传虽有传播效应，是企业常用的宣传方式，但费用高，可信度有局限性。新闻宣传可信度高，比较客观，容易为公众接受，且不用花钱。但是其前提条件是事件必须要有“新闻价值”。对组织来说，应尽量争取通过新闻宣传来提高组织形象。它有两种基本方法：一是善于发现组织中具有新闻价值的事件，及时提供给新闻媒体；二是要巧借媒介来“制造新闻”。

(七)交际型公共关系

交际型公共关系是指在人际交往中开展公共关系工作的一种模式。它是以人际接触为手段，与公众进行协调沟通，为组织广结良缘的公共关系活动。它的目的是通过人与人的直接接触，进行感情上的联络，为组织广结良缘，建立广泛的社会关系网络，形成有利于组织发展的人际环境。所以，交际型公共关系活动实施的重心是：创造或增进直接接触的机会，加强感情的交流。它的特点在于：(1)有灵活性。即利用面对面交流的有利时机，充分施展公共关系人员的交际才能，达到有效沟通和广结良缘的目的。(2)人情味强。以“感情输出”的方式，加强与沟通对象之间的情感交流。一旦建立了真正的感情联系，往往会相当牢固，甚至超越时空的限制。交际型公共关系活动可以分为团体交往和个人交往。团体交往包括招待会、座谈会、工作午餐会、宴会、茶话会、联谊会、现场参观团队、考察团、团拜和慰问等；个人交往有交谈、上门拜访、祝贺、信件往来、个别参观、定期联络、问候等。

【案例 7—2】

吉拉德的明信片

乔·吉拉德是美国最出色的汽车推销员，多年来他推销的新车数量居美国推销人员之首。其成功的秘诀何在呢？按吉拉德本人的说法是：“真正的推销工作开始于把商品推销出去以后，而不是在此之前。”他说：“买主还没走出我们商店的大门，我的儿子已经把一封感谢信写好了”；“当顾客把汽车送回来进行修理时，我就尽一切努力使他的汽车得到最好的维修，你得像医生那样，他的汽车出了毛病，你就要为他感到担忧。”顾客们非常喜欢吉拉德给他们寄去的卡片，卡片的内容随时间季节的变化而变化。他每月几乎要发出 13 000 张明信片，通过这些明信片，与顾客保持长期联系，了解他们的希望、要求和不满，为他们提供各种各样的帮助。

吉拉德的这种交际方式充满着人情味，所以他与顾客的关系十分融洽，并能使他随时把握顾客的“消费脉搏”，为他在今后的推销活动中提供更适合顾客需要的服务创造了条件。

交际型公共关系具有直接、灵活的特征，是公共关系活动中应用最多、极为有效的一种模式。不过，在开展交际工作时，应该坚持公共关系的原则，不能使用不正当的手段，如欺骗、贿赂等。还应明确社会交际只是公共关系的一种手段，绝不是公共关系的目的，也不要把私人间的一切交际活动都混同于公共关系。

(八)服务型公共关系

服务型公共关系是一种以提供优质服务为主要手段的公共关系活动模式，其目的是以实际行动来获取社会的了解和好评，建立自己良好的形象。对于一个企业或者社会组织来说，要想获得良好的社会形象，宣传固然重要，但更重要的还在于自己的工作，在于自己为公众服务的程度和水平。所谓“公共关系就是百分之九十要靠自己做好”，其含义即在于此。组织应依靠向公众提供实在、优惠、优质的服务来开展公共关系，获得公众的美誉度，离开了优良的服务，再好的宣传也必将是徒劳的。例如，上海航空公司的“六心级”服务：订座取票省心，候机登机顺心，空中服务舒心，个性服务称心，特殊照顾贴心，货物托运放心，便是典型的服务型公共关系。

（九）社会型公共关系

社会型公共关系是组织通过举办各种社会性、公益性、赞助性的活动，来塑造良好组织形象的模式。它实施的重点是突出活动的公益性特点，为组织塑造一种关心社会、关爱他人的良好形象。它的目的是通过积极的社会活动，扩大组织的社会影响，提高其社会声誉，赢得公众的支持。社会型公共关系的特征是：公益性、文化性、社会性、宣传性。实践证明：经过精心策划的社会型公共关系活动，往往可以在较长的时间内发挥作用，潜移默化地加深公众对组织的美好印象，其效果要优于单纯的商业广告。其可采用的形式有两种：

1.以组织机构本身具有社会影响的项目为中心

这种场合的公共关系活动是“自己搭台自己唱戏”，如利用开业大典、竣工仪式、周年活动、组织内部重大事件、节庆吉日等机会，邀请各界宾客、社会公众共同参加庆祝活动，渲染喜庆气氛；借庆典活动，同各界人士广交朋友，扩大自己的社会影响。

2.以组织所处的社区或有关组织的重要活动为中心

这种条件下的公共关系活动是“外人搭台自己唱戏”，一般是利用社会上的传统节日、民俗、具有社会影响力的公益事业、相关组织的重要活动等机会，积极参与，以此来树立自身的形象。

（十）征询型公共关系

征询型公共关系是指以采集社会信息为主，掌握社会发展趋势的公共关系活动模式。其目的是通过信息采集、舆论调查、民意测验等工作，加强双向沟通，使组织了解社会舆论、民意民情、消费趋势，为组织的经营管理决策提供背景信息服务，使组织行为尽可能地与国家的总体利益、市场发展趋势以及民情民意一致；同时，也向公众传播或暗示组织意图，使公众印象更加深刻。征询型公共关系活动实施的重心在于操作上的科学性以及实施过程中的精细和诚意。具体的实施过程是：当组织进行一项工作后就要设法了解社会公众对这项工作的反应。经过征询，将了解到的公众意见进行分类整理加以分析研究，然后提出改进工作的方案，直至满足公众的愿望为止。

征询型公共关系的工作方式有：产品试销调查，产品销售调查，市场调查；访问重要用户，访问供应商，访问经销商；征询使用意见，鼓励职工提合理化建议；开展各种咨询业务，建立信访制度和相应的接待机构，设立监督电话，处理举报和投诉等。例如，著名的美国通用汽车公司雪佛莱部的车主关系部专门建立了特别用户名册，它任意抽选雪佛莱用户共 1 200 名，聘为用户顾问，分客车和卡车两部分，公司以定期函件联系，征询他们对雪佛莱的产品及服务的意见，并将这些意见提供给公司的业务部门，作为改进与车主关系的指导。

第二节　公共关系策划的一般程序

一、确定公共关系策划目标

公共关系目标是组织在一定时期内公共关系工作所要达到的目的以及衡量这一目的是否

达到的具体指标，而公共关系策划目标是组织通过公共关系活动的实施所希望达到的形象状态和理想标准。确定公共关系策划目标是科学开展策划工作的重要一步，它既指导公共关系活动的开展，又是评估组织公共关系具体活动方案实施效果的标准。公共关系目标的确定可以是定量的，也可以是定性的；可以规定时间，也可以规定责任。但一定要具体、明确。

(一)公共关系策划目标的分类

1.按照策划目标的时间长短划分

公共关系策划目标可以分为长期目标和短期目标。长期目标涉及组织的长远发展，时限一般为五年或更长；短期目标是长期目标的具体化，旨在适应组织短期内的需要，并为长期目标服务。

2.按照策划目标的性质划分

公共关系策划目标可以分为战略目标和战术目标。战略目标是组织公共关系的总体目标，是全局性和长期性的安排。战术目标是组织局部的、短期的或是应对特殊情况而制定的目标。

3.按照策划目标的功能定位划分

公共关系策划目标可以分为以传播信息为公共关系目标、以联络感情为公共关系目标、以改变态度为公共关系目标、以引导行为为公共关系目标。

(二)公共关系策划目标的内容

当目标确定之后，所有的工作都要以目标为核心，无论是开展公共关系策划，制订具体方案，还是将方案付诸实施，对公共关系效果进行评价，都要围绕既定的目标进行。公共关系目标是一个复杂的目标系统，其可以包括以下内容：

(1)提高组织的知名度、信任度和美誉度；

(2)使组织与公众保持沟通，并完善其渠道；

(3)依据社会环境的变化趋势，调整组织的行动；

(4)妥善处理公关活动中的纠纷，化险为夷；

(5)帮助企业提高产品及服务的市场占有率等。

(三)公共关系策划目标的要求

公共关系策划的目标是组织公共关系活动的导向，在确定目标时要注意以下事项：

1.公共关系目标应与组织的整体目标相一致

公共关系人员在策划目标时，应有全局观念，通盘考虑，使该项公共关系活动方案不仅要实现该项活动的特定目标，而且要有助于在公众中不断完善和提高组织整体形象。

2.公共关系目标应有一定的灵活性

公共关系目标是组织为完善、提高在社会公众中的形象而努力的整体目标，必须具有一定的稳定性。但在保持相对稳定的前提下，也要有一定的灵活性，要使目标随组织内部和外部环境的变化而具有调整的灵活性。

3.公共关系目标应按重要程度和执行的先后顺序排列

按重要程度和执行的先后顺序排列公共关系目标，有助于按轻重缓急分别实施。

4.公共关系活动目标应尽可能具体化

对每一个目标应尽可能分解为若干更为具体的小目标，同时对每个小目标都应有具体规定和定量指标，并指明完成的时间期限。

二、分析策划目标的对象公众

确定与组织有关的公众即确定目标公众。这就应选择与本组织的信念和发展利益相同、相近，或利益关系特别重要的公众作为目标公众。因为他们对组织的支持和信赖程度直接关系到组织的生存和发展，因而应考虑他们的权利和要求。这就需要做必要的公众分析研究。

在进行公共关系策划时，对目标公众的分析应包括以下内容：

(1)目标公众分属于哪些不同的社会组织和社会群体？他们居住在什么地方？他们当中谁是意见领袖？

(2)目标公众的共同利益要求及特殊利益要求是什么？

(3)目标公众习惯读什么书刊，喜欢收看什么电视节目及收听哪些广播节目？

(4)目标公众对本组织的看法如何？他们对本组织感兴趣的原因是什么？

(5)目标公众与本组织目前的关系如何？

对这些问题分析得越透彻，公共关系目标就越有针对性，策划就越有可行性。

三、制订公共关系策划方案

制订公共关系策划方案是及时将公共关系活动的运行程序和运行手段进行选择与确定的过程，是寻找公共关系目标并使之得以实现的过程。在制订具体方案的过程中，要采用多种方法进行思考与创意，以保证提出的方案富有新意、具体可行，能够实施顺畅，达到预期的效果。有时可以根据可行性与现实性，制订出多种可供选择的方案。制订公共关系策划方案是组织公共关系活动策划的中心，主要包括设计活动主题、选择传播媒介、选定公共关系活动模式、预算活动经费和完善审定方案等几个环节。

(一)设计活动主题

公共关系活动主题是对公共关系活动内容的高度概括，对整个公共关系活动起着主导作用，是贯穿整个活动过程的主线和核心，是公共关系活动目标的具体化。公共关系活动的主题有多种表现形式，可以是一个口号，也可以是一个简单的陈述。设计公共关系活动主题要做到以下几点：

1.针对性强，充分体现活动目标

公关活动主题必须与组织的公共关系目标保持一致，主题必须服务于目标。偏离目标的主题，会给公众造成错觉，从而起到误导的作用，因此策划者一定要慎重。

2.独特新颖，有鲜明的个性

在传播技术长足发展、各种信息扑面而来的当今社会，没有个性的信息如同过眼烟云，不会给人留下深刻的印象。只有通过主题将策划对象的信息个性体现出来，使其新颖独特，才能产生强烈的感召力和巨大的影响力。

3.形象生动，适合公众心理需求，可亲可信

公关活动主题要能真正打动公众的心扉，切中公众的心愿，但同时还要注意其可信性，切忌哗众取宠、迎合低级趣味的主题。

4.简明扼要，易于理解、记忆和传播

据心理学的研究表明，人们对评议的记忆，其音节在 16 个以下为最佳效果，超过 16 个音节便容易产生排斥心理。因此，主题的表述必须通俗易懂、简短凝练，以期为公众所理解和接

受。例如,美国得克萨斯州奥斯汀市的一家“良愿”旧货店,扩大和改建之后,在重新开张之前,它们设计了为期 3 天的庆祝开张活动,主题是“再看一眼”,获得了顾客的青睐,使公关活动空前成功。

(二)选择传播媒介

公共关系活动是一种传播活动,必须选择适当的传播媒介,建立起组织与公众进行信息交流的最佳渠道和最佳方式,保证组织与公众有效地进行双向沟通。不同媒介的权威性、客观性、公共性、技巧性、人情味的差异会对传播活动的影响力有很大的影响。所以,公共关系人员在传播活动开始之前必须进行精心策划和选择。

(三)选定公共关系活动模式

公关活动模式有明显的针对性,一种模式往往只适用于特定的目标和任务。在组织公关策划中,选择公关活动的模式时,绝不能生搬硬套,而应根据企业的特点和特定要素,科学地选择。可供选择的公关活动模式主要有两大类 10 种形式,即上一节介绍的战略型公共关系活动模式和战术型公共关系活动模式。

(四)预算活动经费

公共关系活动经费预算包括行政开支和项目开支两部分。行政开支经费包括劳务工时报酬、设备设施费用、日常行政办公费用(如房租、水电费、电话费、办公费)等。项目开支经费包括传播媒介费用、实际活动费用、突发事件开支及机动费用等。编制组织公共关系活动预算的常用方法有以下几种:

1.投资报酬法

投资报酬法就是把公共关系开支当作能获得报酬的投资,按投资报酬率来分配公共关系活动经费的方法。这种方法的优点是注重经济效益,但公共关系的效益常常是间接、长期、分散和无形的,难以确切地进行计算。

2.销售额比例法

销售额比例法是指组织按一定时期内的销售金额作为计划基数,抽取一定比例作为活动预算经费。这种方法简单易行、计算方便,但难以确定最佳比率,缺乏弹性。而且销售额本身在一定程度上也取决于公共关系活动投入的力度,出现了因果关系的倒置。

3.项目目标作业法

项目目标作业法是指按活动目标和工作计划详细列出完成公共关系任务所需各项活动的经费,然后进行汇总。有时为了防止意外情况的发生,可在经费预算上适当留有余地的情况下,核定最后的预算金额。这种方法要求公共关系活动计划本身制订得合理,并充分考虑组织的财务状况。

4.平均发展速度预测法

平均发展速度预测法是指运用历史资料计算出公共关系经费实际开支的发展速度,根据这一发展速度确定组织公共关系活动经费预算额度。这种方法可以保证组织的公共关系活动经费预算适应组织的发展,但对组织管理水平要求较高,要求组织有丰富的管理经验和科学的管理方法。

每种公共关系活动预算方法都有各自的优点和缺点,组织应该在实际的公共关系活动中,根据组织的情况和活动的特点来选择合适的预算方法。

(五)完善审定方案

完善审定方案是指对策划的活动方案进行再分析、修改、完善和定稿的过程,是公共关系策划工作中的重要环节。策划方案的审定过程也就是方案的比较优化过程,即如何增加方案合理值的过程。方案的完善和优化一般要从强化方案的目的性、增强方案的可行性、降低耗费三个方面进行考虑。

完善和审定活动方案一般由组织领导、专家和具体工作人员通过咨询、答辩、论证等方式共同完成。一般应注意以下几个问题:

1.目标的合理性

主要考察公共关系目标是否准确,目的是否明确,能否得到组织内、外部公众的理解和支持。

2.方案的可行性

公共关系活动方案不仅要有利于实现组织的公共关系目标,还要考虑行动时机是否最佳,活动是否可行,能否抓住公众的心理、兴趣和需要。

3.费用的合理性

公共关系活动费用应该与活动效果成正比,但我们经常会发现相同的投入却未必有相同的回报,所以公共关系策划人员要对活动方案的成本和效益进行认真分析比较,实现资金的合理使用。

4.问题的预防性

任何一项公共关系活动方案在实施过程中都有可能会遇到意想不到的情况和问题。公共关系策划人员在审定方案时,要从不同角度进行分析,提出可能遇到的情况和问题,并事先提出相应的预防和补救措施。

四、撰写公共关系策划书

策划人员在设计好方案之后,必须将方案的内容写成公共关系策划书,以便于企业领导进行审批和下一步组织实施方案。从方案设计完毕到具体的实施,策划书是一个中介点。

策划书的内容主要包括以下几个方面:

(1)活动主题;

(2)活动目标;

(3)活动基本程序;

(4)传播与沟通方案;

(5)经费预算;

(6)效果预测。

【案例7—3】

南京化学厂"丝素"牙膏宣传直销活动策划书

一、主题

精英献爱心、丝素伴你行

二、活动目标

(1)提高“丝素”牙膏的知名度。

(2)树立“关心学生、支持教育、服务社会”的良好形象。

三、活动基本程序

(1)3 月 28 日,南京大学的 1 400 名学生到繁华街道或居民家中宣传保护牙齿的知识,散发宣传单,直销“丝素”牙膏。

(2)4 月 23 日,南京化学厂请江苏乐团为南京大学免费送去一场音乐会,并赠书 500 本。

四、传播与沟通方案

(1)3 月 27 日,《扬子晚报》刊登广告。

(2)预先和媒体联系,争取发出新闻报道。

(3)1 400 名学生的口头宣传和文字宣传。

五、经费预算

(1)印刷宣传品费用 15 000 元。

(2)广告费 40 000 元。

(3)销售活动监督费 2 000 元。

(4)音乐会及赠书的费用 12 000 元。

(5)直销大学生的报酬即为牙膏销售利润。

共计 69 000 元。

六、效果预测

如果安排妥当,可以达到预期目标,费用少、效果好。

第三节　公共关系策划的原则及方法

一、公共关系策划的原则

公共关系策划原则是指导我们进行公共关系策划的思想基础和行为规范,是在公共关系工作实践中总结出来的实际经验。在公共关系工作中只有坚持这些原则,才能把公共关系工作做得更好。公共关系策划过程中应遵循的原则有以下几点:

(一)利益性原则

利益性原则是指公共关系策划必须将组织利益与社会公众利益相结合。公共关系是组织与社会公众之间的利益关系,进行公共关系策划时,必须使组织利益和社会公众利益相结合,使社会效益和经济效益相结合。

(二)整体性原则

整体性原则是指公共关系策划是为组织整体目标的实现而使用的重要手段,在开展公共关系策划时,策划者必须从组织整体和公共关系整体的角度出发,考虑问题要全面、周到、细致。整体性原则要求从整体的角度去考虑目标、范围、程序、方法等问题,保证公共关系策划过程完整、有序。在公共关系方案实施过程中,还要考虑到各项工作、各个环节都要相互联系、相互影响,以保证公共关系策划工作整体效应的实现。

（三）针对性原则

针对性原则也称目的性原则，是指公共关系策划必须针对某个需要解决的具体问题，即对某个特定问题确定策划目标。针对性原则的具体内容可以针对社会公众现实的心理状态确定活动目标，促使社会公众的状态向着有利于树立良好形象的方向转化；也可以针对提高组织的知名度和美誉度，塑造良好的组织形象；还可以针对组织面临的公共关系状态。

（四）可行性原则

可行性原则是指公共关系策划方案应当切实可行，符合组织的实际情况，实施后能取得良好的结果。可行性原则要求对策划方案进行合法性、严谨性、操作性、利害性、效益性和应变性等方面的分析，还要进行可行性试验和可行性评估。

（五）新颖性原则

新颖性原则是指公共关系策划活动应当新颖、独特，不落俗套。新颖性原则要求策划的公共关系活动要用新奇的方式来解决组织遇到的问题，树立良好形象。新颖性原则要以针对性原则为基础，不要盲目模仿他人，争取通过独特的方式来有效地解决组织遇到的实际问题。

（六）灵活性原则

灵活性原则是指公共关系策划活动要随着形势的变化，及时、主动、积极进行，不断完善策划方案，以保证实施的效果。灵活性原则要求公共关系策划人员增强超前意识和变化意识，根据形势变化及时调整策划方案；要准确预测策划对象的发展变化趋势，掌握其变化规律，正确预测其变化的可能结果；要根据变化的情况和趋势，及时修订策划方案，使方案更加符合实际情况，实现策划目标。

二、公共关系活动策划的方法

公共关系活动策划的方法是公关实务工作的重要内容之一。相对于公关危机事件的突发性而言，公共关系活动是组织有目的、有计划开展的。它具有主动、积极、进攻和开拓的特点，能最大限度地发挥公关人员的主观能动性，体现公关人员的智慧。

（一）逆向思维法

人们在进行思维时，往往喜欢按照习惯的思路去探求问题的答案，然而，这种解决问题的方法陈旧落套、缺乏新意，问题也难以理想解决。这就需要人们从与习惯思路相反的角度，突破常规定势，反向思维，以找到出奇制胜之道。逆向思维也称求异思维，是对司空见惯的似乎已成定论的事物或观点反过来思考的一种思维方式。敢于"反其道而思之"，让思维向对立面的方向发展，从问题的相反面深入地进行探索，树立新思想，创立新形象。例如，"司马光砸缸"。有人落水，常规的思维模式是"救人离水"，而司马光面对紧急险情，运用逆向思维，果断地用石头把缸砸破，"让水离人"，救了小伙伴性命。运用逆向思维思考和处理问题，实际上就是以"出奇"去达到"制胜"。

（二）类比启迪法

它是指人们根据已知的事物或道理，比喻性地启迪我们以相类似的方法去解决未知的问题。这种方法，美国的创造学家称之为"提喻法"，它是以不同知识背景、不同气质的人组成小组，相互启发、集体攻关。提喻法有两个重要的思考出发点：一是变陌生为熟悉，即进行拟人类比、直接类比、象征类比、幻想类比。二是变熟悉为陌生，以已知的各种事物，运用新知识或新角度来观察、分析和处理，其过程同样必须进行各种类比。最后，再通过特定的标准，对想象力产生的各种类比进行选择和判断，得出最佳的创造思维成果。

（三）审时度势法

公共关系活动具有很强的时效性，公共关系策划者必须认识到这一点，审时度势，充分利用有效的时间，抓住机遇适时开展公共关系活动，以增加信息传播的有效性。

1.审时、借时

时意指时间、时机。所谓审时是指详细审查、仔细研究时间、时机的特征，监测时间、时机的发展变化；借时是指借助于有利的时间和时机。一般来说，公共关系人员在策划中抓住时机，可以从以下三个方面入手：

（1）争先。即要有捷足先登的意识，才可能在激烈的竞争中占据优势，以获得良好的公共关系效应。

（2）乘机。时机或机遇总是随着时间流淌，稍纵即逝。因此，善于把握机遇，乘机策划公共关系活动的杰作，便成了策划者们驾驭时机的主要工作。对公共关系策划者来说，一般有三种时机可乘：

①乘周期循环之机。即节假日、纪念日等每一年或每10年一循环的时机，对任何策划者来说，均是存在的，如果乘机得当、策划得法，应能策划出成功的公共关系活动。

②乘可预料之机。有些机遇虽然不是周期的，但却是可以根据各种信息予以推测预料的，如工程竣工之日、公司开业之时等，这些机遇予以利用，也可使组织公共关系策划获得良好的效果。

③乘突如其来之机。事实上，许多绝好的公共关系机遇是无法预料、无规律可循的，对这一类机遇的把握，既能使公共关系策划获得意想不到的成功，又显示了策划者驾时技艺的高超。这要求公共关系策划者：一是有灵通的信息渠道；二是要有把握可乘之机的意识，当突如其来的机遇来临时，立刻就有了绝妙的公共关系策划。

（3）后发。后发即后发制人之意，它是在对诸多相关信息进行分析、运筹之后，策划出更为成熟的公共关系活动，以达到后来居上的效果。后发制人方法的最大好处是：能在开始时巧妙地掩饰自己的意图，并在对竞争对手及社会信息做全面准确的分析认识后，推出更有针对性、更为成熟的策划方案，其成功率也更大。

2.度势、运势、造势

势是一种比喻的说法，是指事物本身以及与影响事物的环境共同形成的一种倾向性的无形力量。所谓度势意指揣度、估计形势；所谓运势即指借助和运用一定的形势，开展公共关系活动；而造势则是指制造一种气氛，创造有利的形势。公共关系策划不仅要审时借时，还要审时度势，借时运势、借时造势，以制订出切实可行的公共关系活动方案。度势、运势、造势是公共关系策划活动中经常采用的方法。具体可分为两种：

（1）借势。即借用比组织更受人们关注的各种事物，与组织即将要进行的公共关系活动结合起来，从而把新闻界及公众的关注目光转移到本组织方面，起到公共关系活动的良好效果。

①借名人之势。名人具有一种光环效应，吸引着广大的公众，也是新闻记者追踪的对象。因此，公共关系策划者们往往借名人之势进行策划。如法国“白兰地”打开美国市场，就是借用美国总统艾森豪威尔之势，借给总统祝寿之机，一举确立了“白兰地”在美国市场上的知名度。

【案例 7—4】

葡萄酒厂错失良机

1989 年年初，美国总统布什访华前夕，一位高雅的美国外交官夫人来到某葡萄酒厂，要求见一见厂长。原来这位驻华使节的夫人有中国血统，她很希望中国能够富裕起来，希望中国产品能走向世界。她在华期间发现该厂新研制的一种葡萄酒味道醇美、口感颇佳，很适合欧美人的口味，她的祖籍又与该厂坐落在同一片土地上，很愿意帮忙搭桥，使该酒名扬四海。

她建议把该酒拿到布什总统访华的国宴上去，让各国使节和众多的来宾、记者们感受其风采，为它进入国际市场打开大门。可是，我们这位厂长"太会做生意了"。他一方面满口答应，另一方面又在送夫人离开前提出一个条件：由总统夫人先付 2 000 美元。这位夫人表示回去反映一下，便离开了该厂。

其结果是，随着布什总统的来访，飞鸽车作为礼品名扬四海，而摆上国宴并因此扬名的却是另一个厂家的新产品——长城干白葡萄酒。

可见，这位厂长没有意识到美国总统这个名人给他们带来的良好效应，满脑子想的是"生意"，而失去了一次难得的提高知名度的机会。

（摘自：weiku.baidu.com）

②借热点之势。"热点"即是新近流行或被人们普遍关注的事物或现象，公共关系策划如果能恰到好处地借用到"热点"，那么往往能收到意想不到的效果。如"健力宝"的扬名就是借用洛杉矶奥运会、汉城奥运会、北京亚运会、上海东亚运动会、巴塞罗那奥运会等体育热点之势，一步步扩大知名度。一般来说，体育大赛、政治风云、战争烽火、文化盛事、社会时兴等都是人们所关注的热点。

(2)造势。如果说"借势"是策划者为组织的公共关系活动借用到比组织更有影响力的事物，那么造势则是策划者通过巧妙思维，利用某一表面看来微不足道的契机，为组织与公众关系的建立和发展烘托出一个有利的趋向与势头。

①无中造有。即在没有任何可资凭借的事物情况下，公共关系人员经过策划，酿造了有利于组织的舆论势头。

②小中造大。即抓住一个微不足道的小事或小细节，将其中动人的或丰富的蕴涵通过公共关系传播予以放大，造成一个有利于组织公共关系建立和发展的良好态势。北京长城饭店的公关经理布朗女士借服务员将小纸条夹进客人翻开的书中一事，在饭店里掀起公关意识教育的活动，引起新闻媒体的注意和报道。一件不起眼的小事最后演变成较有轰动效应的公关活动，这便是小中造大的策划。

（四）强化特色法

特色即一个组织所独具的区别于其他组织之处。在公共关系活动中，组织的特色得到强化突出，经过传播后，组织的形象便会很鲜明地在公众心目中得到确立。因此，在公共关系策划中，强化特色法也经常被采用。

复习思考题

1.公共关系策划的含义是什么?

2.公共关系策划的原则有哪些?

3.公共关系策划的一般程序是怎样的?

4.公共关系策划活动的模式有哪些?

5.如何进行公关专题策划方案的制作?

6.公共关系策划的方法有哪些?

7.公关策划训练题:

休闲服饰是某知名服装公司的主打产品,公司的目标客户群主要是讲究个性时尚、注重休闲消费的都市白领消费群体。为进一步拓展全国市场,该企业决定在2016年公司成立20周年之际开展主题为“引领时尚,飞扬个性”的大型公关活动,以此来塑造品牌个性,吸引目标消费者,提升市场影响力,从而在激烈的服装市场竞争中保持优势。

作为此次活动的公关策划人,请简要编写出你的策划书。

案例分析

杜邦“Nomex”纸借势造势市场推广

一、案例背景

“Nomex”——一种合成的芳香族聚酰胺聚合物,是杜邦众多专利产品中的一种科技含量很高的产品。作为杜邦中国先进纤维部拳头产品之一的“Nomex”纸是应用于H级干式变压器的一种高性能的首选阻燃材料。杜邦中国先进纤维部在中国已有十余年发展历史,产品范围广泛,有非常成熟的经营理念和营销策略。

中国政府计划投资2 800亿元人民币用于城市电网与农村电网改造工程。中国变压器行业正在利用这一契机积极进行产品的更新换代,处于由老式油浸式变压器转向新一代干式变压器的转型阶段。

十余年来,中国环球公共关系公司与杜邦中国有限公司一直有着良好的合作历史,其中包括成功地为其高科技产品“特富龙”进行的市场推广活动。此次杜邦中国先进纤维部再次委托中国环球公共关系公司就“Nomex”纸打入中国市场进行公关策划与实施工作。结合杜邦中国的市场经营理念,为了营造高性能干式变压器的市场,直至推广“Nomex”纸的应用,中国环球公关公司策划了“Nomex”纸的终极用户、中国电力企业的行业主管部门——中国电力企业联合会主办的“中国城市电网发展与城网改造技术研讨会”这一高性能干式变压器的推广与应用的公关活动。

二、公关活动的计划与实施

(一)采取多种渠道展开调查

利用媒介监控,分析目前“Nomex”纸的直接用户和终极用户市场状况。利用环球资深的顾问队伍,走访相关政府主管部门;利用新华社国内部的部委报道小组就国家相关行业政策、市场趋势进行访谈;对数十家综合类和专业类媒体进行问卷调查;通过互联网、新华社及其他相关政府部门的信息中心调查产品的详细情况。然后,得出结论:目前中国变压器市场为“买方市场”,终极用户——各级电力企业对产品的影响作用远远超过“Nomex”纸的直接用户——干式变压器的生产厂家。政府正在大力推行城市电网、农村电网改造,而其中一些输变电行业中应用的高科技产品正是这一巨大改造项目的突破点。城市电网改造是国家重点建设项目,高科技产品更是重中之重,政府支持是“Nomex”纸推广活动成功的关键。目前“Nomex”在国内媒介中的认知度几乎为零,在调查的数十家媒介中没有一家知道杜邦的这个高科技产品。“Nomex”纸是当今欧美最先进与流行的阻燃材料,具有体积小、重量轻的优势,是干式变压器首选的阻燃材料,在日本、韩国也广泛应用于“纸火锅”等生活用品中。

同时,也发现了公关难度和现实的问题:“Nomex”纸的直接用户及终极用户基本为国有企业,计划性强,对新的高科技产品不易接触,为信息导入增加了很大难度。时遇政府机构改革,主管电力企业和变压器生产企业的部门较多,如国家经贸委、国家计委、机械工业部、国家电力公司及其所属各大电网公司,这为选择与最终确定活动的合作方造成了相当大的难度。由于媒介对“Nomex”产品的认知度低,需要向相关专业类与综合类媒体逐一介绍情况。为了扩大宣传广度与深度,最佳的新闻角度、专业的新闻切入点、适用的新闻材料是媒介工作的难点。“Nomex”纸是杜邦公司长期的科研成果,其专业性强、科技含量高。如何使用户、媒介对其技术性、权威性有充分的了解,是这次推广活动的关键问题。

(二)进行公关策划

1.确立公关目标

经过与行业主管部门商讨,并进行了大量调研,证明目前我国输变电市场正在规范化轨道中良性发展。国家政府目前正在大力开展对城市及农村电网输变电系统的改造工程,并大量引进外资,积极倡导使用世界先进变压器。这种形势为“Nomex”纸深入我国输变电市场提供了恰当的时机。在活动中,突出H级干式变压器的优良技术性能和广阔的应用前景,达到促使我国政府主管部门对产品的认可和加深广大最终用户对产品的认识。为此,确立公关目标为:加强与中国政府主管部门的沟通并向其传递信息——新一代的高科技产品干式变压器必将逐渐成为市场的主流产品。目标受众是政府主管部门,输变电行业,变压器行业,其他(计委、经贸委)业内人士,电力行业,机械行业,研究人员,研究所,设计院,新闻媒体。

2. 确定活动形式

为达到以上目标,中国环球公关公司建议“Nomex”纸推广活动采用的策略为“借势造势”。根据大量的调研及以往高科技产品推广活动的成功范例,中国环球公关公司建议杜邦中国先进纤维部此次推广活动以“技术交流研讨会”的形式为主,并配合以新闻发布会及新闻专访活动。研讨会的形式突出高科技产品在变压器发展中的重要作用,在正面宣传“Nomex”纸的同时也淡化了商业气氛。以研讨会的形式可以吸引大量的政府部门、专业用户、科研机构,提高活动的质量,活动主题为“中国城市电网发展与城网改造技术研讨会”。以我国城市电网发展与改造为题,集中体现杜邦中国先进纤维部关注中国城市电网改造的发展,并以自己的高科技产品为中国输变电事业做出贡献的愿望。

3. 分工与合作

中国环球公关公司经过大量的调查、磋商、筛选工作,为达到将重要信息直接有效地导入终极用户——国内各大电力企业的目的,建议本次技术交流研讨会的主办方为中国电力企业联合会。中国电力企业联合会是国家电力公司下属的最大的企业协会,其会员包括国家电力公司在内的所有大、中型电力企业。国家电力公司第一副总经理时任中国电力企业联合会的会长。

选择杜邦中国先进纤维部作为活动的协办方。杜邦以其高科技先行者的形象作为此次活动的协办方，为此项活动的专业性提供了保障。

中国环球公关公司作为活动的承办方。作为新华社下属企业——中国环球公共关系公司与各级政府部门、媒介有着广泛、深厚的合作关系，十余年来对高科技产品的推广及其对研讨会组织工作的丰富经验，是此次研讨会的成功保障。

4.确定活动内容

中国环球公共关系公司建议采用主题发言的形式进行专题讨论和现场问答。这样增加了研讨会的专业性和针对性。演讲内容以国家电力行业的发展现状和产业政策为主，并配以变压器技术的发展与革新，避免就“Nomex”产品本身谈“Nomex”。邀请国外专家现场发表关于国际领先变压器技术的论文并安排现场问答，增加了研讨会的国际性、专业性和权威性。

（三）项目实施

在研讨会现场设置照片和实物展板，使产品的高科技形象更加直观。为了给与会者留下深刻而持久的印象，选用了以杜邦高科技产品为材料制作的手提包及“安睡宝”等床品作为礼品。邀请美国ⅢEE协会变压器分会绝缘老化组主席作为专家在研讨会上就“Nomex”纸在干式变压器中的应用进行主题发言。

(1)新闻稿的撰写。为适应参加新闻发布会的专业媒体的需求，新闻稿的专业部分由新华社的专业记者撰写。新闻稿中的宏观部分由中国电力企业联合会的信息中心提供。新闻稿以国家产业政策及大量数字为依托展开，让受众感觉真实可靠。

(2)合理的会务安排。专题发言与现场讨论相结合。在闭幕词中，由中国电力企业联合会领导致谢杜邦中国先进纤维部。安排主办方、协办方在会场休息，闭幕式晚宴及会后合影时双方充分接触。

（摘自：wenku.baidu.com）

问题：

1. 公关策划目标有哪些类型？本案例中的公关目标是何种类型？
2. 公关策划的方法有哪些？本案例策划采用的是什么方法？
3. 本案例体现了公关策划的哪些原则？
4. 你认为本案例策划最精彩之处是什么？
5. 试从公关调查的角度分析本案例的成功之处。

第八章 公共关系实施与评估

学习要点及目标

1.明确公共关系实施与评估的意义；
2.了解公共关系实施的特点；
3.掌握公共关系实施的原则及方法；
4.了解影响公共关系实施的障碍性因素；
5.了解公共关系评估的程序及方法。

核心概念

公共关系实施　　公共关系评估

引导案例

美国棉花公司“棉花——超乎你的想象”

美国棉花公司通过调研，将棉制品打入中国所遇到的最大挑战总结为以下三点：

(1)合成纤维使用率的增长超过了棉花使用率的增长。

(2)莱卡作为一种新型面料，在中国开展了蓬勃的市场推广活动。仅2005年，莱卡在媒介购买方面的花费就高达180万美元。

(3)近期统计显示，通过如此庞大的市场活动，莱卡的品牌认知度在消费者中超过了87%，其品牌偏好度也高达94%。

于是棉花公司制定了公关目标：建立和强化中国消费者对于棉花的益处、多功能性和时尚性的认知和理解，增强消费者购买棉制品的喜好。

棉花公司采取了以下公关实施方式：

(1)2006年、2007年连续举办两届学生设计大赛活动，鼓励新锐青年设计师发挥想象展示棉花的时尚性及多功能性。

(2)棉花路演活动，展示新锐设计师设计的成衣服装，并直接与大众消费者互动。

(3)每月提供特定的电子快报，发送给在网站上和路演活动中注册信息的消费者，形成持续的传播交流。

(4)为中国消费者特别创立的 www.cotton-imagination.com 网站成为获取棉花信息和了解棉制品使用和护理的另一个渠道和来源。

(5)与新浪伊人频道 www.eladies.sina.com.cn 合作,设立"棉花——超乎你的想象"专栏。

(6)与北京电视台"魅力前线"合作一系列关于棉花时尚及流行趋势的节目制作与播出。

截至 2007 年 11 月 30 日,667 家媒体剪报被收集,逾 30 亿的发行量,等价于花费1 700万元人民币(约合 230 万美元)广告费创造的价值,实现了客户活动花销数额 2 倍多的可观价值。此公关活动获得 2007 年《PRWeek》行销推广活动金奖。

(摘自:www.cnki.com.cn)

第一节 公共关系实施

一、公共关系实施的意义和特点

(一)公共关系实施的意义

公共关系实施就是将公共关系策划方案变为现实的过程。这个阶段是整个公关活动中最为复杂、最多变的一个中心环节。其重要意义体现在以下几方面:

1.公共关系实施是解决公关问题、实现公关目标的重点环节

公共关系最终是要解决相关问题。公关四步法中的公关调查、制订方案是发现问题、研究问题的过程,而策划方案的实施才是直接解决问题的过程。

2.公共关系实施决定公关策划创意能否实现

成功的公关实施不仅能完成策划方案,实现策划目标,而且还要由实施人员创造性地修改和弥补策划方案的不足。这时的公关实施活动,表现为实施人员在上述的运作过程中,选择最有效的实施途径,采用多种手段、方法和技巧。公关实施不仅决定策划方案能否实现,而且也决定了策划方案的实施效果。

3.公共关系实施的结果是下一步公关工作计划的重要依据

一个公共关系策划方案的实施都会产生一定的影响和后果,公共关系过程是一个累积过程。因此,组织制订下一次的公关活动计划,既要以前期的公关活动实施后的公关状态为依据,又要针对新出现的问题进行策划,这是公关工作的循环往复和继承性所要求的。

(二)公共关系实施的特点

公共关系实施其实就是利用多种传播手段,把公共关系计划所确定的内容变为现实的过程。它是整个公共关系活动的关键环节,具有如下特点:

1.实施主体的创造性

公共关系实施是公共关系人员创造性劳动的过程,公共关系计划不仅仅是一个简单执行方案的过程,也是一个根据影响因素对原计划进行修改完善的过程。这就要求公关人员要创造性、开创性地解决实际出现的新情况,从而更好地实现公关策划目标。

2.实施过程的变化性

公共关系实施是由一系列活动构成的,是一个需要不断调整的过程。因为一方面公共关

系计划无论制订得多么具体,它总不免与现实存在一定的差距;另一方面,现实本身就是不断发展变化的,在实施过程中难免会出现一些新情况和新问题。如果不能根据实施条件及时修改、调整公共关系计划方案,就不能实现公关目标。在公共关系实施过程中,任何一种行为都应当随机应变,同时也要保持公共关系计划的连续性。

二、影响公共关系实施的因素

影响公共关系实施的因素有很多,一般来说主要有计划目标障碍、传播沟通障碍、意外干扰障碍三个方面。

(一)计划目标障碍

公共关系计划目标障碍是指公共关系计划目标拟订得不正确、不明确或不具体,从而给实施带来一定的困难,即使实施人员尽心尽力,但仍达不到预期效果。

为排除计划目标障碍,实施人员在开展公共关系工作之前应当从多方面检查公关目标,就是要求计划的制订者促使活动的目标明确具体。为此必须注意以下方面:目标是否切合实际并能够达到;目标是否可比较并可衡量;目标是否可控并可操作;目标是否与组织的期望一致;目标是否规定了完成期限和完成期限的合理性;目标实施中的人员配置及其职权范围。

明确具体的计划目标是公关实施人员行动的依据,也是对计划实施进行控制监督和评估的基础。

(二)传播沟通障碍

从某种意义上说,公共关系计划的实施过程就是组织运用各种传播媒介,将预先制作好的公共关系信息传递给以目标公众为主的各类公众,以引导他们改变态度和行为,创造出有利于社会组织存在、发展的社会环境和舆论环境的过程。但实施过程中的传播沟通往往不是一帆风顺的,它常常会因传播沟通的方式方法不妥、传播媒介选择不当等因素而使实施工作不能取得很好的效果。因此,有必要对传播障碍中的几种主要障碍进行分析。

1.语言障碍

语言是人类交流思想的工具,它是以词汇为建筑材料、以语音为物质外壳、以语法为结构条理而构成的符号体系。尤其是语言与人的思维紧密相连,人们只有借助语言才能更方便地向外界传播一定的信息,也可以收到一定信息。所以在传播沟通时,一定要强调语言的运用技巧,如修辞、比喻、音调等,否则会对某些特定的接受对象造成语言方面的沟通障碍。如一位知识分子用大量专业术语写成的新闻广播稿,就不能吸引那些只受过初等教育的人。同一国度、同一民族因居住的地区不同而造成语言不通,也常给人们的生活和工作带来麻烦,如购物听不懂答话、问路因语言不通误听而走错路等。更不用说不同国度、不同民族之间的语言的沟通障碍了。可以说由于语言沟通不畅造成沟通失误,甚至引起某些纠葛,在日常生活和工作中比比皆是。而存在于公共关系计划实施过程中的语言沟通障碍常会造成公共关系工作的被动局面。

2.风俗习惯障碍

所谓风俗习惯,是指在一定的文化历史背景下形成的具有固定特点的调整人际关系的社会因素,如道德习惯、礼节、审美传统等。风俗习惯是世代相传的一种习俗,不仅不同国家、不同民族的风俗习惯不同,有时同一国度、同一民族因居住地区的距离远近不同也会形成不同的习俗。社会风俗习惯短期内是难以改变的,公共关系人员如果忽视习俗,工作失败在所难免。

3.观念障碍

所谓观念是指在一定的社会条件下人们接受、信奉并用以指导自己行动的理论和观点。观念对沟通起着巨大的作用，有的观念会极大地促进沟通的顺利进行并取得好的沟通效果，而有的观念会成为沟通的障碍。因此，有必要认真对待沟通障碍中的观念障碍。主要的观念障碍表现为以下两种：

(1)封闭观念造成的沟通障碍。封闭观念主要源自自给自足的小农经济。由于人们从事简单劳动，不需要分工协作，也没有丰富的社会联系，长此以往，就形成了一种排外观念或事物的自我封闭观念，以致信息传播受阻。

(2)极端观念破坏沟通。由于固执地坚持某一极端的观点或立场而造成对沟通的破坏。如在对某一有争议的事件做出最终判断时，由于争论的双方只是抓住对方沟通过程中的某一环节、方面或特点，各执一端，彼此排斥，各自无法听进对方的意见，结果常常闹得不欢而散。

当然，观念障碍还有其他类型。总之，对观念障碍的理性认识有利于在传播沟通中消除这种障碍。

4.心理障碍

心理障碍是指人的认识、情感、态度等心理因素对沟通造成的障碍。例如，由于人们的认识程度不同，在说服受教育程度较低的公众时，只提供所述论点的有利方面比利弊俱陈更为有效。而对受教育程度较高的公众同时晓以利害才更为有利。

同认识程度一样，沟通信息的传播常常受人们情感的影响。例如，对一件可引起争论的事件做出裁决后，人们总是特别喜欢去寻求那些自己所喜好的信息。即使那些无可争议的事件也会出现这种情况。比如，某一牌号电冰箱广告的最热心读者是那些刚买这个牌子的电冰箱的人。因为这类广告传播的信息对他们刚刚采取购买决策起到积极的强化作用。

了解、认识并掌握在传播沟通中的公众心理障碍，可以及时排除这种障碍，以达到公共关系的沟通目的。

除以上四种主要的传播障碍外，还有由组织机构臃肿、信息传递层次过多造成的沟通缓慢、信息失真等组织沟通障碍，以及一些由于政治、生理方面的原因或技术、方法不当所造成的障碍。排除各种沟通障碍首先应注意缩小传播者与其公众之间的差异。例如，选择传播沟通媒介时应尽量选择公众心目中信誉较高的媒介以及目标公众最易接触到的媒介，尽量站在公众的立场上，从公众的需求出发，用公众较容易接受的语言或一些生动简单的事例来说明沟通的内容，尽量缩小传播者与公众之间在语言、习俗、态度、观念等方面的差距。其次，应注意今天的公众比以往更多地受到各种大众传播媒介的影响，而他们更乐于接受那些与他们自身利益密切相关的信息，以及那些符合他们的心理特点(认识、态度、情感等)的信息。

(三)意外干扰障碍

社会组织发生意外事件是不可避免的，这些事件很有可能对组织产生不利影响。这些事件主要包括人为的纠纷危机，如公众投诉、媒介的批评、不利舆论的流传等；非人为的灾害危机，如水灾、火灾、地震等。意外干扰具有突然发生、来势迅猛、后果严重、影响面广的特点。面对复杂多变的客观现实，公关人员必须时刻保持清醒的头脑，未雨绸缪。

三、公共关系实施的原则

公共计划的实施很复杂，公关人员必须遵循一定的原则。

(一)目标导向原则

所谓目标导向原则，是指在公共关系计划实施过程中，保证公共关系计划实施活动不偏离目标的原则，从实际上控制的一种手段，所以目标导向原则也称目标控制原则。

(二)控制进度原则

控制进度原则，就是根据整个公共关系计划的目标和需要，按照一定的程序，掌握工作的进展速度，以避免错误倾向的原则。例如，某些赞助活动在电台和报刊已经公布，但赞助的纪念品尚未制作完成，致使赞助活动难以顺利进行，影响赞助机构的声誉。因此，在公共关系实施过程中，公共关系人员需要经常检查各方面工作的实施，及时发现超前或滞后的情况并加以调整，以求在公共关系目标指导下，使各个方面工作达到同步和平衡发展。

(三)整体协调原则

所谓整体协调原则，就是在计划实施的过程中使所涉及的方方面面达到和谐、合理、配合、互补和统一的状态的原则。这个原则强调在各个实施过程中的环节之间、部门之间及实施主体和公众之间和谐化、合理化，使之不发生矛盾或少发生矛盾，即使当矛盾产生时，也能及时加以解决。

最常见、最普遍的协调有两类：纵向协调和横向协调。无论哪种协调，在信息沟通的过程中，都要保证信息具有明晰性、一致性、正确性、完整性的特点。

总之，协调的目的是要达到全体实施人员思想观念上的共同认识和行动上的一致，保证实施活动的同步与和谐，做到整个实施部门统一意志、统一指挥、统一行动，提高工作效率，减少或杜绝人力、物力和财力方面的浪费。

(四)反馈调整原则

反馈调整的过程是：第一步，公共关系计划制订者确定公共关系目标，根据公共关系计划的目标制订具体的实施方案，在实施方案制订的基础上，组织有关部门和人员对方案进行评估，然后把评估结果同原定的公共关系目标进行比较，发现问题后再重新修订整个公共关系计划。第二步，将修订过的公共关系方案付诸实施，实施后再将实施结果与原定目标进行比较，以影响、调整下一步公共关系计划的制订与实施。

(五)选择时机的原则

在公关计划的实施过程中，必须考虑一个关键因素，就是时机问题。正确选择时机是提高公关计划成功率的必要条件。

怎样正确选择时机：首先，要注意避开或利用重大节日；其次，要注意避开或利用国内外重大事件；最后，还要注意不应在同一时间内同时进行两项公共关系活动，以免其效果相互抵消。

四、公共关系实施的方法

公共关系方案的实施是一个复杂而多变的过程，客观上需要科学的方法做指导，以利于公关方案的有效实施。在实际工作中，可采用以下几种方法：

(一)直线性排列法

直线性排列法是按公共关系行动、措施的内在联系为先后顺序逐一排列出来，一步一步地向目标迈进(如图 8－1 所示)。

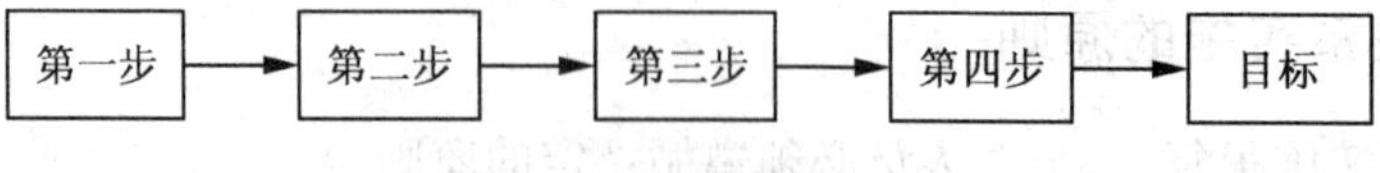

图 8－1　直线性排列法

直线性排列法的优点在于，当前一步行动没有取得成功则不急于开展第二步工作，不易造成人力、财力、物力的浪费；其缺点是比较费时间，缺乏灵活机动性。

【案例 8－1】

消毒牛奶打入日本市场

美国一家牛奶公司意欲将该公司的消毒牛奶打入日本市场。但是它却遇到了一系列障碍：

(1)日本的消费者对喝这种消毒牛奶是否有好处持怀疑态度。

(2)日本消费者联盟反对这种产品，担心消毒牛奶的安全问题。

(3)靠近大城市的牛奶场主反对消毒牛奶的分销，害怕与此竞争。

(4)由于有关利益集团施加压力，几家大零售商表示不愿意经销这种牛奶。那些依靠国内货源而兴旺起来的牛奶专业商店，也反对消毒牛奶的引进。

(5)卫生福利部门和农林部门表示，将首先等待和观察消费者能否接受消毒牛奶，然后再决定赞成还是反对消毒牛奶广泛销售。

为了排除这些障碍，公司的第一步行动是与日本卫生部门联系，使之批准销售该产品，因为没有该部门的批准，公司就无法实施下面的计划。在此之后，第二步是说服大零售商来经销消毒牛奶。第三步，与牛奶场取得联系。第四步，对消费者进行指导消费教育。这四步均是在前一个行动取得成功的基础之上，逐步迈向目标的。

美国牛奶公司便是采用了直线性排列法成功地实施了将其消毒牛奶打入日本市场的计划。

（摘自：wenku.baidu.com）

(二)多线性排列法

多线性排列法是将几个行动同时展开、共同向成功迈进的排列方法。这种排列方法可以缩短整个计划实施的时间，但花费的人力、物力、财力相对比第一种排列的方法要多，而且一旦前一步的工作不能获得成功，下一步工作将造成浪费（如图 8－2 所示）。

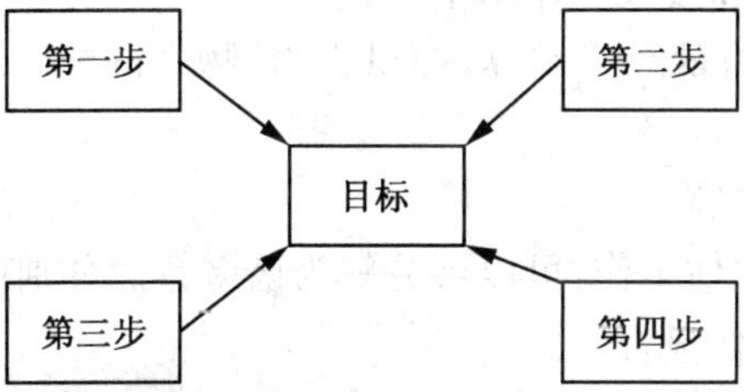

图 8－2　多线性排列法

(三)计划评估法

凡实施一项方案或组织一项复杂的工程，事先要有明确的目标，据此做出工作设计，并绘制推进工作的网络图，进行优选后作为控制实施的蓝本。这个网络图不仅有各项工作的名称，而且还表明了它们之间的相互关系以及每项工作的起止时间和关键线路。实施者可以根据这个网络图指挥和控制公共关系活动，合理调配工作进度，发现问题及时解决，紧凑、有序地完成计划。

(四)测试工作法

为了保证公共关系策划方案获得成功，避免不必要的损失，实施人员先将策划方案在小范围内或在样本公众内实施，待取得经验后根据反馈的信息对策划方案进行调整，最后在大范围的公众中实施策划方案。

第二节　公共关系评估

公共关系评估就是根据特定的标准，对公共关系策划、实施及效果进行衡量、评价和估计，即在肯定成绩的同时，发现新的问题，不断地调整组织的公共关系目标、公共关系政策和公共关系行为，使组织的公共关系成为有计划的持续性的工作。

一、公共关系评估的意义和内容

(一)公共关系评估的意义

现实的公关工作中，有很多公关计划因为看上去似乎没有直接价值而被取消或者规模被大大缩小，这种现实使得公关人员必须充分认识到展现出公关价值的重要性。公关部门如果无法向组织证明公共关系的价值，就不能对那些能够最终影响组织命运的公关决策施加影响。这就需要用公关评估来证明公关对于组织的存在价值。

公共关系活动效果评估的意义有以下几个方面：

第一，通过公关活动评估，分析和评价组织形象的状况，提出报告，为领导层的管理决策提供参考依据。

第二，通过公关活动评估，发现前次或前一时期的公共关系活动的缺陷与不足，为进一步改善公关活动提供依据。

第三，通过公关评估，将已经取得的公关活动成效反馈给内部员工，增强全体员工的公关意识，提高公关人员的信心和公关工作水平。

第四，通过公关评估，衡量经费预算，衡量人力、物力的配备与开展公关活动之间的平衡性，衡量公关活动的效率。

(二)公共关系评估的内容

全面的公共关系效果评估工作，可以被分解为诸多方面分别进行，然后再具体分析各自的绩效，最终形成的成果是评估报告。

1.公共关系工作程序评估

公共关系工作程序评估，就是要对公共关系工作的各个具体步骤的合理性做出客观的估价。公共关系评估是一项连续不断的活动，一旦进入公共关系工作过程，评估活动也就开始了。公共关系评估研究的内容及要点如下：

(1)调查研究过程评估。其要点是：

①公共关系调研的设计是否合理?

②公共关系工作信息资料的收集是否充分、合理？

③获得信息资料的手段是否科学？

④公共关系调研对象选择是否具有典型性和代表性？

⑤公共关系调研工作组织实施的合理程度如何？

⑥公共关系调研的分析和结论是否科学和合理？

⑦沟通信息的表现形式是否恰当？

(2)计划制订过程的评估。其要点是：

①各项准备工作、沟通协调工作是否充分？

②计划目标是否科学？

③计划实施的总体安排、步骤是否可行？

④日程安排是否科学和可行？

(3)实施过程的评估。其要点是：

①信息的准确度如何？信息的表现形式如何？信息的发送数量如何？

②信息被传播媒介采用的数量如何？质量如何？

③接收到信息的目标公众有多少？各类公众与组织的关系有多大？

④确实注意到该信息的公众数量有多少？

(4)实施效果的评估。其要点是：

①了解信息内容的公众数量。这是要对开展公共关系活动前后公众对组织的认识、了解和理解等变量进行比较。

②改变观点、态度的公众数量。这是评估实施效果的一个更高层次的标准。因为“态度”所涉及范围很广，内容丰富而复杂，而且不容易在很短的时间内发生变化。评价一个人的态度，要根据一段时期内他在所有有关问题上的立场和观点而定，而不能仅凭一时一事来判定一个人的立场和态度发生了重大变化。

③发生期望行为与重复期望行为的公众数量。人们行为的改变会受到多种因素的影响，这就如同态度与知识、观点的关系一样，在行为与知识和观点之间，在一定条件下也会发生联系。可以认定的是，行为发生变化的人在行为发生改变之前，肯定接受了某些信息或在某些方面被说服了。评估一项公共关系活动在改变人们长期行为方面取得的效果，需要较长时期的观察，并要取得足以说明人们行为调整后不断重复与维持期望行为的有力证据。

④达到的目标与解决的问题。这个评估标准是公共关系活动效果评估的最高标准。公共关系计划目标的实现，可以表现为取得理想的效果、筹措资金的数额达到预期的指标、在立法方面取得胜利等。有时，公共关系活动产生的结果并非完全与计划的目标相一致，但是这些结果同样是积极的，这时就可以认为是实现了计划目标的某些方面。在这种情况下，这些结果也应该作为评估公共关系活动效果的根据。

⑤对社会经济与文化发展产生的影响。这种影响要同其他因素一起共同起作用，并在较长的时间里以复杂的、综合的形式表现出来。因此，对这种影响效果的评估并非是公共关系人员所能完成的，这是留给社会学家和心理学家的论题。在这里涉及这个问题，主要是为了使公共关系活动效果评估的理论体系完整化。

2.公共关系活动类型评估

按公共关系活动形式，可把公共关系划分为日常公共关系活动和专项公共关系活动两大类。按公共关系计划制订时间的长短，可把公共关系划分为年度公共关系活动和长期（3～5年）公共关系活动。公共关系活动类型评估的内容及要点如下：

（1）日常公共关系活动效果评估。其内容包括：

①组织的全员公共关系运作情况；

②领导者开展内、外部公共关系活动的情况；

③全体员工的公共关系意识和行为表现情况；

④组织的各部门在经营管理各环节上的公共关系投入情况；

⑤组织内部公共关系协调状况；

⑥公共关系网络和日常的组织沟通情况；

⑦组织外部公共关系和人际协调情况；

⑧组织的知名度和美誉度情况；

⑨公共关系人员的工作状况；

⑩公共关系人员与领导工作配合和沟通状况等。

（2）专项公共关系活动效果评估。其内容包括：

①项目的计划是否合适；

②其目标与组织总目标、公共关系战略目标是否一致；

③项目的目标是否已经实现；

④传播沟通策略和信息策略是否有效；

⑤公共关系协调状况如何；

⑥对公众产生了哪些影响；

⑦组织的形象有何种改变；

⑧项目预算是否合理；

⑨组织管理工作的成效如何。

（3）年度公共关系活动效果评估。其内容包括：

①年度公共关系计划目标是否实现；

②年度公共关系计划方案是否合理；

③年度公共关系计划目标实现状况如何；

④年度内日常公共关系工作成效如何；

⑤年度内单项公共关系活动的类型、数量及成效分析；

⑥年度公共关系活动经费预算和使用情况及合理程度；

⑦内、外部公共关系的开展以及成效；

⑧公共关系机构与公共关系人员的绩效情况；

⑨组织的公共关系应变能力如何等。

（4）长期公共关系活动效果评估。长期公共关系活动效果评估包括某一长期公共关系项目以及公共关系长期工作的成效分析，它是一个总结的过程，需要将日常工作评估结果、专项活动评估结果、阶段性工作评估结果一并吸收进来，进行系统分析，从而获得一个总的结论。

另外，长期公共关系活动效果评估还包括对公共关系活动的经历进行客观评估。同时，也应将前几种公共关系活动效果评估的内容和要点加以归纳和分析。但是，要特别注重公共关系战略的得失问题、公共关系变动规律问题、公共关系与经营管理的关系问题等。

3.公众关系状态评估

对主要公众关系状态进行评估研究，旨在通过各类公众关系的变化来评估以往公共关系工作的成效。公众关系状态分析应分两步进行，即内部公众关系与外部公众关系。

(1)内部公众关系评估。其内容包括：

①组织的政策在沟通中被全员接受的程度；

②员工的士气；

③组织的凝聚力；

④组织中的各种工作关系处理情况；

⑤双向沟通带来哪些生机和活力；

⑥影响员工关系的因素测评；

⑦沟通渠道需做哪些改进；

⑧传播策略以及目标有何欠缺；

⑨公共关系贯通于各种经营管理活动的各个环节中是否有障碍等。

(2)外部公众关系评估。其内容包括：

①消费者关系评估。要弄清消费者的态度和行为变化的特点，评估组织对消费者关系的传播沟通以及人际协调方面的工作成效。

②媒介关系评估。要弄清媒介态度冷漠还是热情、积极支持与否、采取何种沟通策略以及取得何种成效。

③社区关系评估。要了解各类社区公众对自己以及有关活动的看法。

④政府关系评估。要了解政府的支持情况、组织与政府的沟通效果、政府关系的沟通协调策略等。

二、公共关系评估的程序

(一)设立统一的评估目标

统一的评估标准是检验公关工作的参照系，有了参照才能通过比较来检验公关计划与实施的结果，即使评估日标中有较多的定性与定量的东西，也仍需要制定一个统一的评估目标，并详细规定调查结果如何运用。这也为收集与评估相关的资料工作提供了参考。

(二)将评估目标具体化

通过使用能够观察或能够测量的标准将评估目标具体化为许多分目标，使公关活动的实施更加明确，也有利于评估工作的顺利进行。同时，目标分解还可以使公关实施计划的实施过程更加明确化和准确化。

(三)选择适当的评估标准

评估标准选择正确与否，直接关系到评估的价值和标准取向。通常评估标准包括定性和定量两个方面。定量标准是对评估标准给予特定的数量化。但需要指出的是，数量的表示有绝对数量和相对数量两种。而定性标准是对评估对象进行性质描述。

(四)确定收集资料的最佳方法

公关评估必须以一定的资料为依据。了解公共关系活动的效果，可能有多种方法和途径，如调查、组织活动记录、小范围的实验都是收集有关信息的重要途径。具体采用哪种方法收集资料，应该根据评估的目的和评估的标准来确定。

(五)研究评估资料并形成评估报告

对收集到的资料须经过充分研究，在尊重客观事实的基础上实施评估方法，形成评估报告。

(六)将评估结果向领导报告

将评估报告及时向领导层报告。一方面，可以保证管理层及时掌握情况，有利于进行全面的协调；另一方面，也可以体现公共关系在实现组织长期目标过程中的重要作用。

(七)总结经验和吸取教训

最后，要对具体活动的全部资料进行认真分析、研究和提炼，对活动的成功经验和失败教训做出客观的评估，对此要充分总结，找出工作中的缺点和不足，以便开展以后的公关工作。

三、公共关系评估的方法

在进行公关效果评估时应该注意到，一项公关活动总是处于一定的社会环境中，最好在评估公关效果时尽可能排除公关活动之外的干扰因素，以客观评估公关活动的影响。在组织进行公关评估时，常用的方法主要有以下几种：

(一)直接观察法

直接观察法是指公关人员以旁观者身份与其他公众一样接触各种公关活动，对于公关工作效果进行判断。公关人员比较了解公关策划的内容，会直接参与实施，通过实地考察能记录各个环节的进展情况与实施状况，并可对实施效果做直接的观察与评估。采用这种方法，简单易行，评价人不需要特别的训练，费用又最省，所以也最常被利用。但是评价中个人主观感情成分也较多。由于只是靠一般观察、感觉来判断，所以一般无法进行精确的量化分析。

(二)内部、外部监察法

内部监察法是由组织内部人员，如与公关部平行的部门负责人或上级负责人，对公关部的表现进行调查和评价。主要针对其所开展的工作和所取得的成果、目前存在的问题和将来的计划以及必须采取的措施进行建议。

外部监察法是由组织聘请外部专家对企业的公共关系进行调查、访问和分析，对企业的公共关系活动及效果做出较为客观的衡量和评价，并对未来的活动提出建议和咨询。

有条件的组织，内部、外部监察可同时进行。与此同时，公关部也应自己做出总结报告。这样，综合分析各方所提出的研究评价报告，就可对公关活动得出更为客观、准确的评价。

(三)公众调查法

公众调查法是指选用一定数量的调查对象，用问卷、表格、访谈等方式，了解他们对一定问题的意见、态度和倾向，在充分调查的基础上，进行数据处理和分析，形成一个科学的评估报告。这种评估方法能够从多方面检测公关效果，但是涉及公众较广泛、耗费较大。

(四)新闻舆论分析

新闻舆论分析是指通过大众传播媒介对组织的报道来评价公关活动的效果。具体方法是通过统计新闻报道的数量，推测新闻界对本组织的重视程度；通过分析新闻媒介的级别层次，推测本组织的影响范围；通过研究新闻报道的方法，推测所产生的社会效果；通过了解新闻报道后的反响程度，推测组织在各类公众中的知名度和美誉度。舆论是公共关系的基石，也是衡量公共关系成效的重要指标，但须指出的是，舆论的改善不仅仅是公共关系的功劳，舆论的恶化也不可简单归罪于公共关系所为。因此，根据新闻报道的分析来检测公关效果并不绝对可靠。

(五)成本效益法

公关评估必须考虑到成本效益,公关实施是否用最少的开支使组织的公关活动效果最大化是一个重要的指标。因此,公关评估必须讲究成本效益。

四、造成公共关系评估误差的原因

在对公共关系有效性进行评估的过程中,一些常见的错误往往包括以下几点:

(一)数量不等于结果

对公关有效性进行评估时,可以假设,如果一份新闻发布稿是有效的,那么3份新闻发布稿将有3倍的效果。但是,这些报道对目标受众的真正影响和效果却无法用数量来衡量。

(二)估计不等于评估

仅仅依赖于经验或直觉来对某项公关活动的有效性进行评估已经不再是可接受的客观方法。即使有些公关专家的评估听上去很专业,但如果不是从客观角度来说明公关的有效性,仍然不能作为公关评估的可靠依据。

(三)样本不具有代表性

很多关于未来公关活动的错误策划都是基于一些积极的评价,而这种做法会带来诸多风险:通常只有正面看法的人才会主动发表他们的观点;某些人更倾向于按照提问人喜欢听到的话来回答;或者,对访谈者的选择过程在无意识的情况下产生偏差。因此,样本必须通过科学、系统的方法来选择,以避免以上错误的发生。

(四)努力的目标并非是知识

最常见的公关目标可能是增加公众对某一事物的知识。但是对人类学习过程的研究表明,在知识水平达到一定层次后,在大部分人群中知识的增长会大幅减缓。所以,有时公关目标评估时不一定要测量公众掌握多少公关传播的信息量。

(五)知识并不等于有利的态度

在公众获得公关信息所传递的知识之后,进行前测、后测的结果表明公众对某事物的知识已经提高,但是这并不意味着公关活动是有效的,因为熟悉并不意味着积极的评价。

(六)态度并不意味着行为

尽管受众的积极态度和评估可以被看作公共关系合理的目标之一,但是以为有利的态度会转变成所期待的理想行为的推断是不正确的。公关人员必须意识到在评估公众舆论时,有必要对他们的行为至少是潜在的行为做出预测。

【小贴士】

公关评估软件

爱德曼国际公关公司报告中申明它已经自动开发出一套爱德曼媒体分析和策划软件工具,该软件“不仅告诉用户新闻登载在什么地方,还告诉他们是谁在读该新闻”。

TRAKWare公司开发的PRTrack程序是一种商业软件包,它是用来计算“媒体价值”的,该程序所称的“媒体价值”是通过估算在媒体刊登广告要花的金额算出的。尽管这些工具可能很有用,但它们提供的仍是“主观数字”,即只衡量了产出。

Meltwater 对其公关解决方案进行了可靠的公关评估，判定您的活动的影响范围和关联性。评估有关您的新闻报道的响应来完善您的消息。按媒体渠道评估覆盖范围，改进定位。社交媒体放大了公共关系的影响力，使免费媒体覆盖变得比以往更重要。Meltwater 公关解决方案使您能够通过新闻和社交媒体来客观了解您的公关活动所造成的影响，估计已获知您信息的受众数，了解您给会话带来了哪些影响，根据客观的公关评估见解来制定基于事实的预算决策，提高公关投资回报率。

通过使用 Meltwater News 公共关系软件的在线媒体分析功能，能更好地了解您在行业中的竞争地位，从而筹划更成功的公关活动。获得对媒体覆盖的定量和定性见解，以评估您的业务评价、确定竞争对手活动以及探明行业趋势。发现新的见解来促进品牌的消息传递、制定推广策略和提高您在行业中的竞争地位。Meltwater News 媒体分析可帮助您利用过去有关您的业务和竞争对手的新闻报道为未来做出更高明的决策。

评估您的活动所产生的定性和定量影响。评估一段时间内的媒体提及数来确定覆盖范围最广的消息点。分享来自新闻简报和社交媒体的实例以阐明您的观点。按媒体渠道和地域评估媒体提及，从而优化您的媒体推广。阅读各目标受众的意见分析以确定您给会话带来了哪些影响。根据以前的活动为最新的公关活动设立基准，以便对活动表现进行客观的公关评估。根据表现出色的活动和表现不佳的活动制定更好的活动策略和计划。

复习思考题

1. 公关活动实施的方式有哪几种形式？应该根据什么标准来选择公关实施方式？
2. 公关评估分为几个阶段？各自阶段的主要内容是什么？
3. 在准备阶段你如何评估？在实施阶段呢？在影响阶段又该如何评估呢？

案例分析

莱卡：如何让纺织品成为“时尚”的代言人

与大部分“企业对企业”的工业产品不同，莱卡介入了消费者的生活，从他们的需求着手，讲述品牌故事，就像固特异、英特尔所做的那样，而消费者对他们的投资，也总以慷慨回报。在现实生活中，我们似乎很难感到莱卡是无处不在的，即使在西单、淮海路这些时尚人士出没的地方也很难看到莱卡的广告牌。但是，莱卡却不知不觉成了“时尚”的代言人，一种无形的原材料却代表着时尚，这是少见的。是谁为莱卡注入了时尚的元素，让一个工业品与众不同？

第一步：区分情感利益和自我表达利益。

莱卡的营销策略是“上游带动下游”，而它的品牌目标则是要将自己从一个工业品牌，延伸到一个时尚领域品牌，在消费者心目中成为时尚先锋的象征。从实践的角度来看，莱卡也像多数有形的品牌一样，从品牌的功能利益、情感利益和自我表达利益三个方面构造莱卡对于其用户的品牌价值。

功能性利益：莱卡是一种人造弹力纤维，可自由拉长 4～7 倍，并在外力释放后，迅速恢复原有长度。它可以与任何其他人造或天然纤维交织使用。这意味着任何类型的服装都可以使用莱卡作为原料。莱卡能够提高所有针织物的自由动感与持久保形性能，能极大地提高经编织物各方向的弹性与延伸性，赋予纬编织物更佳的合身性与均匀感。

情感利益：简单地说，品牌的情感利益是一种“由外而内”的情绪力量。当购买或使用一个特定品牌能让顾客产生积极的感觉时，我们就认为该品牌提供了情感利益。莱卡对自己的情感利益做了这样的定义：动感、时尚、激情、快乐。

自我表达利益：自我表达利益常常是一个被品牌建设者们忽略，或者与情感利益相混淆的一个品牌价值点。

品牌和产品可以成为个人自我观念的标志，因此品牌可以通过为个人提供传递自我形象的工具来提供自我表达利益。相对于情感利益，自我表达利益的重点在于强调“我”因为品牌而在其他人心目中的形象，而不是“品牌”在我眼中的形象。

对于莱卡来说，其自我表达利益也是非常清晰的：魅力、性感。

成功地区分出品牌情感利益和自我表达利益，是莱卡后续传播工作的基石。但是，清晰的品牌价值界定不等于消费者的认同。执行环节成为考验品牌传播者们的“主战场”。在中国，莱卡并没有投入很多的广告，而是主要通过两个不同的大型公关活动——莱卡风尚大典和我型我 SHOW 来传播莱卡的品牌主张和内在价值。

第二步：让活动的传播效果最大化。

2001 年，莱卡在中国举办了第一届“风尚大典”，投资 1 000 万元人民币，之后每届的投入也在几百万美元。第一届莱卡风尚大典后，莱卡的品牌知名度已经超过了 70%。4 年下来，莱卡品牌知名度达到了 87%，品牌偏好度达到了 91%。如果将这几千万元钱用于广告投放，以今天的媒介成本推算，是很难达到这个指标的。

从传播的角度看，这个活动的成功首先在于命名——“风尚”两字无疑是一个出色的活动主题名称。这不仅是因为其蕴涵了“风行＋时尚”的含义，更重要的是，这个命名使得莱卡举办的活动与其他类似事件在传播主题上产生了巨大的差异化。

一个好的主题名称只是起点。之所以说“莱卡风尚颁奖大典”是一个成功地传播品牌情感利益的“战役”，更多的是因为它具备这样两个特色：

(1)奖项设置涵盖了几乎全部时尚领域；

(2)提名及获奖明星涵盖了几乎全部主流。

通过各种时尚的明星获奖可以发现，一是莱卡风尚颁奖涉及的领域涵盖了几乎所有流行话题——音乐、电影、服饰、体育；二是获奖人员也涵盖了几乎最主流的时尚人士；三是莱卡的奖项除了具备传统的产品品牌冠名以外，还出现了顶级媒体冠名的奖项。上述三点结合起来的威力是巨大的。它们带来的效应远不是某些营销专家用一句“依靠明星拉动消费者的关注和认同”可以概括的。

（摘自：www.china.com）

问题：

莱卡在公关实施中体现了哪些技巧？

第九章　公共关系礼仪

学习要点及目标

1.了解礼仪的特性及功能；
2.掌握公共关系人员仪容仪表的修饰；
3.掌握着装的基本原则及基本礼仪要求；
4.明确日常社交的基本礼仪和礼节；
5.了解不同餐饮活动中要把握的礼仪和礼节；
6.了解外事交往中应遵循的原则、礼仪要求。

核心概念

礼仪　　礼节　　仪表　　仪式　　礼俗

引导案例

礼仪的效应

木村事务所这几年发展顺利，只是有一桩事不顺当——近郊的一块地皮对于建造材料厂太合适了，可是，前后半年时间木村董事长不知见过地主多少次，费尽口舌，但那倔强的老妇人丝毫不为所动。

一个下雪天，老妇人上街时顺路到木村事务所转一转。她本意是想告诉木村先生“死了买地这条心”！推开门，老妇人看到屋内整洁干净，自觉穿着肮脏的木屐进去不合适，就在那站了一会儿。正当老妇人欲进又退之时，一位年轻的小姐出现在老妇人面前：“欢迎光临！”小姐看到老妇人的窘态，马上回屋想为她找一双拖鞋，不巧正好没有了。小姐毫不犹豫地把自己穿的拖鞋脱下来，整齐地摆在老妇人脚前，笑着说：“很抱歉，请穿这个好吗？”老妇人犹豫了：她不在乎脚冷？“别客气，请穿吧！我没有关系。”等老妇人换好拖鞋，女职员才问道：“老奶奶，请问我能为您做些什么？”“哦，我要找木村先生。”“他在楼上，我带您去见他。”女职员像女儿扶母亲上楼梯那样扶老妇人上楼。于是，就在老妇人要踏进木村办公室的一瞬间改变了主意，决定把地卖给木村事务所。那位老妇人后来告诉木村先生说：“在我漫长的一生里，遇到的大多数人是冷酷的。我也去过其他几家想买我地的公司，他们的接待人员没有一个像你这里的小姐对我这么好，你的女职员年纪这么轻，就对人那么善良、体贴，真令我感动。真的，我不缺钱花，我不是为了钱才卖地的。”就这样，一个大企业家倾其全力交涉半年也徒劳无功的事情，竟然因为一个女职员有礼而亲切的举动无意促成了，真是奇妙至极。

（摘自：tieba.baidu.com）

人无礼则不生，事无礼则不成，国无礼则不宁。公共关系礼仪是社会组织为了树立和维护组织的良好形象，构建组织与内、外公众的和谐关系而要求公共关系人员遵循的礼仪规范。公共关系工作靠人来完成，并通过公共关系人员与公众的广泛沟通来实现。因此，为了维系组织的良好形象，提高公共关系活动效果，公共关系人员必须掌握与公众交往沟通过程中的规范化要求。可以说，遵循礼仪规范已成为社会组织超越同行、保持领先、展示自己实力的重要法宝。

第一节　礼仪概述

礼仪是人们在社会交往过程中形成的并得到共同认可的各种行为规范，它是人们以一定的程序、方式来表现的律己、敬人的完整行为。

礼仪是人类社会文明发展的产物，是人们社会交际活动的共同准则。加强礼仪教育，对于提高自身的修养和素质，促进社会主义精神文明建设，塑造良好形象，扩大社会交往，促进事业成功都具有十分重要的作用。美国的成人教育家卡耐基认为，一个人事业上的成功，只有15%是由于他的专业技术，另外的85%要靠人际关系、处世技巧。

一、礼仪的内容

随着时代的变迁和社会的进步，人们的文明程度在不断地提高，礼仪在对我国古代礼仪扬弃的基础上，不断推陈出新，更完善、更合理，内容更加丰富多彩。

（一）礼节

礼节是人们在交际过程中逐渐形成的约定俗成的和惯用的各种行为规范之总和。

礼节是社会外在文明的组成部分，具有严格的礼仪性质。它反映着一定的道德原则的内容，反映着对人对己的尊重，是人们心灵美的外化。

现代礼节主要包括：介绍的礼节、握手的礼节、打招呼的礼节、鞠躬的礼节、拥抱的礼节、亲吻的礼节、举手的礼节、脱帽的礼节、致意的礼节、作揖的礼节、使用名片的礼节、使用电话的礼节、约会的礼节、聚会的礼节、舞会的礼节、宴会的礼节，等等。

（二）礼貌

礼貌是指人们在社会交往过程中良好的言谈和行为。它主要包括口头语言的礼貌、书面语言的礼貌、态度和行为举止的礼貌。

礼貌是人的道德品质修养的最简单、最直接的体现，也是人类文明行为最基本的要求。

（三）仪表

仪表是指人的外表，包括仪容、服饰、体态等。仪表属于美的外在因素，反映人的精神状态。仪表美是一个人心灵美与外在美的和谐统一，美好纯正的仪表来自于高尚的道德品质，它和人的精神境界融为一体。

端庄的仪表既是对他人的一种尊重，也是自尊、自重、自爱的一种表现。

(四)仪式

仪式是指行礼的具体过程或程序。人们在社会交往过程中或是组织在开展各项专题活动过程中，常常要举办各种仪式，以体现出对某人或某事的重视，或是为了纪念等。

常见的仪式包括成人仪式、结婚仪式、安葬仪式、凭吊仪式、告别仪式、开业或开幕仪式、闭幕仪式、欢迎仪式、升旗仪式、入场仪式、签字仪式、剪彩仪式、揭匾挂牌仪式、颁奖授勋仪式、宣誓就职仪式、交接仪式、奠基仪式、洗礼仪式、捐赠仪式等。

(五)礼俗

礼俗即民俗礼仪，是指各种风俗习惯，是礼仪的一种特殊形式。礼俗是由历史形成的，普及于社会和群体之中并根植于人们心里，在一定的环境经常重复出现的行为方式。

"十里不同风，百里不同俗"，不但每一个民族、地区，甚至一个小小的村落都可能形成自己的风俗习惯。

二、礼仪的特性

礼仪是人们在漫长的社会实践中逐步形成、演变和发展而来的。现代礼仪是在一番脱胎换骨之后形成的，它具有文明性、共通性、多样性、变化性、规范性、传承性等特性。

(一)文明性

礼仪是人类文明的结晶，是现代文明的重要组成部分。人类从降世那天起就开始了对文明的追求，亚当与夏娃用树叶遮身便是文明之举。人类从茹毛饮血到共享狩猎成果，从盲目迷信、敬畏鬼神到崇尚科学、论证无神，从战争到和平，都在向着文明迈进。尤其是文字的发明，人类运用语言文字来表达文明、宣传文明、实践文明。

文明的体现宗旨是尊重，既是对人也是对己的尊重，这种尊重总是同人们的生活方式有机地、自然地、和谐地、毫不勉强地融合在一起，成为人们日常生活、工作中的行为规范。

(二)共通性

无论是交际礼仪还是公关礼仪，都是人们在社会交往过程中形成并得到共同认可的行为规范。人们尽管分散居住于五大洲、四大洋的不同角落，但是，问候、打招呼、礼貌用语、各种庆典仪式、签字仪式等，大体上是世界通用的。

正是由于礼仪拥有共通性，才形成了国际交往礼仪。

(三)多样性

世界各地民俗礼仪千奇百怪，几乎没有人能说清楚世界上到底有多少种礼仪形式。

从语言的表达礼仪到文字的使用礼仪，从举止礼仪到规范化礼仪，从服饰礼仪到仪表礼仪，从风俗礼仪到宗教礼仪等，在不同的国家、不同的场合，礼仪的表达方式也有所不同。有些礼仪所表达的方式和内容，在甲国家或地区与乙国家或地区可能截然相反。

(四)变化性

礼仪并不存在僵死不变的永恒模式。每一种礼仪都有其产生、形成、演变、发展的过程。

礼仪在运用时也具有灵活性。在非正式场合，有些礼仪可不必拘于约定俗成的规范，可增可减，随意性较大。如果双方已非常熟悉，即使是较正式的场合，有时也不必过于讲究礼仪规范。

(五)规范性

礼仪,指的是人们在交际场合待人接物时必须遵守的行为规范。这种规范性,不仅约束着人们在一切交际场合的言谈话语、行为举止,使之合乎礼仪,而且也是人们在一切交际场合必须采用的一种"通用语言",是衡量他人、判断自己是否自律、敬人的一种尺度。

(六)传承性

任何国家的礼仪都具有自己鲜明的民族特色,任何国家的当代礼仪都是在本国古代礼仪的基础上继承、发展起来的。离开了对本国、本民族既往礼仪成果的传承、扬弃,就不可能形成当代礼仪。

作为一种人类的文明积累,礼仪将人们在交际应酬之中的习惯做法固定下来,流传下去,并逐渐形成自己的民族特色,这不是一种短暂的社会现象,更不会因为社会制度的更替而消失。对于既往的礼仪遗产,正确的态度应当是有扬弃、有继承,更有发展。

三、礼仪的功能

(一)弘扬礼仪传统

文明古老的中华民族,以其聪颖的才智和勤奋的力量,创造了人类历史上最灿烂的文化。中华民族,素以礼仪之邦著称于世。几千年来,各族人民都创造了一整套独具特色的礼节、仪式、风尚、习俗、节令、规章和典制等,并为广大人民所喜爱、所沿袭。这些礼仪习俗,反映了我国民族的传统美德与优良品质,勾画了我国民族的历史风貌。

(二)提高自身修养

在人际交往中,礼仪往往是衡量一个人文明程度的准绳。它不仅反映着一个人的交际技巧与应变能力,而且还反映着一个人的气质风度、阅历见识、道德情操、精神风貌。因此,在这个意义上,完全可以说礼仪即教养,而有道德才能高尚,有教养才能文明。这也就是说,通过一个人对礼仪运用的程度,可以察知其教养的高低、文明的程度和道德的水准。

【案例9—1】

修养的价值

风景秀丽的某海滨城市的朝阳大街,高耸着一座宏伟楼房,楼顶上"远东贸易公司"六个大字格外醒目。某照明器材厂的金先生按原计划,手拿企业新设计的照明器材样品,兴冲冲地登上六楼,脸上的汗珠还未来得及擦一下,便直接走进了业务部张经理的办公室,正在处理业务的张经理被吓了一跳。"对不起,这是我们企业设计的新产品,请您过目。"金先生说。张经理停下手中的工作,接过金先生递过来的照明器,随口赞道:"好漂亮啊!"并请金先生坐下,倒上一杯茶递给他,然后拿起照明器仔细研究起来。金先生看到张经理对新产品如此感兴趣,如释重负,便往沙发上一靠,跷起二郎腿,一边吸烟一边悠闲地环视着张经理的办公室。当张经理问他开关为什么装在这个位置时,金先生习惯性地用手搔了搔头皮。好多年了,别人一问他问题,他就会不自觉地用手去搔头皮。虽然金先生做了较详尽的解释,张经理还是有点半信半疑。谈到价格时,张经理强调:"这个价格比我们预算高出较多,能否再降低一些?"金先生回答:"我们经理说了,这是最低价格,一分也不能再降了。"张经理沉默了半天没有开口。金先生却有点沉不住气,不由自主地拉松领带,眼睛盯着张经理。张经理皱了皱眉:"这种照明器的性能先进在什么地方?”金先生又搔了搔头皮,反反复复地说:“造型新、寿命长、节电。”张经理托词离开了办公室,只剩下金先生一个人。金先生等了一会儿,感到无聊,便非常随便地拿起办公桌上的电话,同一个朋友闲谈起来。这时,门被推开,进来的不是张经理,而是办公室秘书。

就这样,生意告吹了。

(摘自:www.doc88.com)

(三)完善个人形象

讲究礼仪对个人的成功是至关重要的,因为它关系到个人的形象。个人形象,是一个人仪容、表情、举止、服饰、谈吐、教养的集合,而礼仪在上述诸方面都有自己详尽的规范。因此,学习礼仪、运用礼仪,无疑将有益于人们更好地、更规范地设计个人形象、维护个人形象,更好地、更充分地展示个人的良好教养与优雅的风度。

【案例9—2】

小节的象征

一位先生要雇一个很不起眼的小伙子到他的办公室做事,先生的朋友觉得很奇怪。先生说:“这个小伙子有着良好的教养,这是他随身携带的介绍信。你看,他在进门前先蹭掉脚上的泥土,进门后又先脱帽,随手关上了门,这说明他很懂礼貌,做事很仔细;当看到那位残疾老人时,他立即起身让座,这表明他心地善良,知道体贴别人;那本书是我故意放在地上的,所有的应试者都不屑一顾,只有他俯身捡起,放在桌上;当我和他交谈时,我发现他衣着整洁,头发梳得整整齐齐,指甲修得干干净净,谈吐温文尔雅,思维十分敏捷。怎么,难道你不认为这些小节是极好的介绍信吗?”

(四)改善人际关系

运用礼仪,不仅可以使个人在交际活动中充满自信,胸有成竹,处变不惊,其最大的好处就在于,它能够帮助人们规范彼此的交际活动,更好地向交往对象表达自己的尊重、敬佩、友好与善意,增进彼此之间的了解与信任。

(五)塑造组织形象

良好的组织形象是任何组织所刻意追求的目标,组织形象的塑造处处都需要礼仪。礼仪则是通过组织员工的仪容仪表、言谈举止、礼貌礼节、仪式及活动过程表现出来的,它是塑造组织形象的基础工程。

组织通过各种规范化的礼仪,还可以激发员工对组织的自豪感,增强组织的凝聚力、向心力。

(六)建设精神文明

世界各国和各民族都十分重视交往时的礼节礼貌,把它视为一个国家和民族文明程度的重要标志,正如古人所说:“礼义廉耻,国之四维。”礼仪是立国的精神要素之本。在社会主义精神文明建设中,讲究礼节礼仪、注重礼貌是最基本的要求,它对建设精神文明的大厦起着基础作用,只有基础打得扎实,大厦才能巩固。

第二节 公共关系人员的个人形象设计

公共关系礼仪的首要作用是塑造个人形象。个人形象是个人在社会交往中所得到的整体评价,是一个形象的系统。公共关系人员作为社会组织代表者,是特殊的个体,所以他们必须在严守公共关系种种礼仪规范的前提下彰显个人形象魅力。当然,思想道德修养深、知识文化水平高、公关能力强的公共关系人员,他们既能以形象的规范之美取得人们的好感和信任,又能以自己形象的个性魅力征服人们的心。

一、公共关系人员的仪表礼仪

曾有一部电影,其中有这样一段情节:一位作曲者和一位作词者探讨旋律与歌词孰轻孰重,最后得出的结论是,悦耳的旋律在第一时间吸引住人们的耳朵,然后才是出色的歌词打动人的心灵。其实,人们日常的社交活动也是如此,假使人如一首歌,那么睿智的思想、渊博的学识、雅致的谈吐、高尚的品性是蕴含于内的歌词,而如何将这歌词优美地表达出来呢?最直接有效的方式之一,就是出色的仪表言行。像旋律捕捉人耳一样,赏心悦目的仪表能获取人们的视线,激发他人与你交往的兴趣。

仪表即人的形貌外表,是一个人精神面貌的外观体现,它一般包括人的仪容、仪态、发型、表情等具体因素。

(一)仪容的修饰

仪容修饰被视为仪表礼仪的核心部分。一个人先天性的容貌是无法改变的,但可以通过一定的修饰技巧,使一个长相平凡的人变得楚楚动人,比原来更加漂亮、更加美丽,这不仅是自己对仪表美的要求,也是满足交往对象审美享受的需要。

公共关系人员在仪容修饰方面主要从发型和化妆两方面着手。

1.发型

只要稍加留意就会发现,人与人之间的交往中,人们注视他人的第一眼首先是从头看起。头发是我们每一个人的制高点,是交往对象无法忽视的重要部分。通常情况下,发型修饰要满足以下几点要求:

(1)干干净净。就是要求勤洗发、勤理发,努力使自己的头发保持清洁卫生的状态。具体来说,应当至少3天洗一次发,至少半个月理一次发。此外,还须随时随地检查自己头发的清洁度。

(2)整整齐齐。就是要求公共关系人员必须把头发“按部就班”地梳理“到位”,不允许蓬松凌乱。即使有一缕头发不服“管理”地“凸显”出来,也是“犯规”的。为了使头发保持既定的发型,可使用美发用品对之加以固定。但更重要的是使之保持整齐,“一丝不苟”。唯其整齐,才有干净可言。

(3)长短适当。在头发的长度方面,对商界人士有一个比较特殊的要求:宜短不宜长。男士发长一般不超过7厘米,且前发不覆额,侧发不掩耳,后发不及领;女士头发的长度则相对来说“宽松”一些,但在庄重严肃的工作场合,则要做到:前发不遮眼,后发不过肩,头发过肩者必须扎起。

(4) 简洁自然。就是要求公共关系人员在正式场合,发型发色应当传统一些,保守一些,规范一些,切勿过分新潮,过分怪异,不宜染烫过于夸张的发型发色。

2.化妆

化妆是一种通过对美容用品的使用,来修饰自己的仪容,美化自我形象的行为。简单地说,化妆就是有意识、有步骤地来为自己美容。通过化妆可以使人们更加美丽、更加自信。作为公共关系人员应该掌握的化妆原则有以下两个方面:

(1)美化的原则。要使化妆达到美的效果,首先必须了解自己的脸的各部位特点,孰优孰劣要心中有数;还要清楚怎样化妆和矫正才能扬长避短,变拙陋为俏丽,使容貌更迷人。这些要在把握脸部个性特征和正确的审美观的指导下进行。

(2)自然的原则。自然是化妆的生命,它能使化妆后的脸看起来真实而生动,不是一张呆板生硬的面具。化妆失去了自然的效果,那就是假,假的东西就无生命力和美化可言。自然的化妆要依赖正确的化妆技巧、合适的化妆品;要一丝不苟,井井有条;要讲究过渡、体现层次;要点面到位、浓淡相宜;要整体协调,使妆面协调、全身协调、场合协调、身份协调,以体现自己的不俗品位。

总之,要使化妆说其有,看似无,就像被化妆的人确确实实长了这样一张美丽的面容,像真的一样。化妆时不讲艺术技法手段,胡来一气,敷衍了事,片面追求速度,都有可能使妆面失真。

【案例 9—3】

小吴的“变妆”

小吴,某高校文秘专业高才生,毕业后就职于一家公司做文员。为适应工作需要,上班时,她毅然放弃了“清纯少女妆”,化起了整洁、漂亮、端庄的“白领丽人妆”:不脱色粉底液,修饰自然、稍带棱角的眉毛,与服装色系搭配的灰度高偏浅色的眼影,紧贴上睫毛概况描画的灰棕色眼线,黑色自然型睫毛,再加上自然的唇型和略显浓艳的唇色,虽化了妆,却好似没有化妆,整个妆容清爽自然,尽显自信、成熟、干练的气质。但在公休日,她又给自己来了一个“大变脸”,化起了久违的“清纯少女妆”:粉蓝或粉绿、粉红、粉黄、粉白等颜色的眼影,彩色系列的睫毛膏和眼线,粉红或粉橘的腮红,自然系的唇彩或唇油,看上去娇嫩欲滴,鲜亮淡雅,整个身心都倍感轻松。

心情好,自然工作效率就高。一年来,小吴以自己得体的外在形象、勤奋的工作态度和骄人的业绩,赢得了公司同仁的好评。

(摘自:www.doc88.com)

(二)仪态的美化

仪态美即姿势、动作的美,是人体具有造型性因素的静态美和动态美。培根说:“相貌的美高于色泽的美,而优雅合适的动作的美又高于相貌的美。”这是因为姿态比相貌更能表现人的精神气质。因此,公共关系人员要通过规范、优雅的行为举止来展现一个人良好的气质与风度。

仪态美主要表现在坐、立、行、眼神以及手势等方面。

1.站姿

站姿就是人们站立时的姿势与体态，它是仪态美的基础。良好的站姿能衬托出美好的气质和风度。古人云“站如松”，是说人的站立姿势要像青松一般端直挺拔。正确的站姿应该是端正、稳重、亲切、柔美、自然轻松、精神饱满。站立状的人从正面看去，应以鼻为点向地面作垂直线，人体在垂直线的两侧对称。不标准的站姿一般表现为探脖、斜肩、弓背、挺腹和撅臀等。

作为公共关系人员，正规的礼仪基本站姿应是：

(1)头正。两眼平视前方，表情自然明朗，稍带微笑，收颌梗颈，嘴微闭。

(2)肩平。双肩平正，微向后张，使上体自然挺拔，上身肌肉微微放松。

(3)臂垂。两臂自然下垂，女士右手握住左手自然垂于体前；男士双手自然垂于体侧，中指对准裤缝。

(4)躯挺。胸部挺起，腹部往里收，腰部正直，臀部向内向上收紧。

(5)腿并。两腿挺直，膝盖、脚跟相碰，大腿肌肉略有收缩感，两脚尖略为分开(大约一拳大小)。

(6)重心稳。身体重心通过两脚中间，放在脚前端的位置上。

但是在某些场合，我们可能会调整自己的姿态。

对女士来讲，身体姿态基本不变，只是两脚的摆放可以略加调整，如丁字步，即一脚稍微向前，脚跟靠在另一脚内侧。

对男士来讲，两手可以搭放背后，两脚可以略微分开，与肩同宽。

站立时忌讳探脖、塌腰、耸肩、弯腰驼背、摇头晃脑、东倒西歪；忌讳倚靠在桌、椅或门、墙上，更不可靠在别人座椅背上；忌讳双手放在衣兜里，腿脚不自主地抖动，把脚踏在凳上或在地面上蹭来蹭去，乱踢地面上的东西。

2.坐姿

坐姿是指人在就座以后身体所保持的一种姿势。坐姿是非常重要的仪态。在日常工作和生活中，离不开这种举止。坐是一种静态造型，端庄优美的坐姿，会给人以文雅、稳重、大方的美感。

(1)端坐姿势的基本要求。端坐时最基本的要求是：坐得端正稳重、自然亲切、文雅自如。端坐的具体要领：坐下之前应轻轻拉椅子。用右腿抵住椅背，轻轻用右手拉出，从椅子左方人座。坐下的动作不要太快或太慢、太重或太轻。太快显得有失教养；太慢则显得无时间观念；太重给人粗鲁不雅的印象；太轻给人谨小慎微的感觉。应大方自然、不卑不亢轻轻落座。女士如果穿的是裙装，在落座时要用双手在后边从上往下把裙子拢一下，以防坐出皱褶或因裙子被打褶坐住，而使腿部裸露过多。坐下后，上体自然坐直，头正目平，嘴微闭，面带微笑；胸微挺，腰伸直，腰部微靠(或只坐椅子 2/3 处)；两腿自然弯曲，小腿与地面基本垂直，两脚平落地面，双膝并拢，臀部坐在椅子中央；起立时，右脚先向后收半步，然后站起。离开时，再向前走一步，自然轻身退出房间。

(2)端坐时两手、两腿和两脚的摆法。端坐时对手、腿和脚的摆法也有规范的要求：

①两手摆法：有扶手时，双手轻搭在扶手上或一手搭在扶手上、一手轻放在腿上；无扶手时，两手相交或轻握或呈“八”字形置于腿上。

②两腿摆法：椅高适中时，两腿稍靠或稍分，分开时不能超过肩宽，但女士两腿不能分开；椅面低时，两腿并拢，自然倾斜于一方；椅面高时，一腿搁于另一腿上，脚尖向下。

③两脚摆法:脚跟脚尖全靠或一靠一分;也可一前一后或右脚放在左脚外侧。

(3)女士八种优美坐姿。在一些社交场合,女士要达到坐姿优美,通常是改变腿位和脚位,而膝部以上同端坐时基本一致。

①标准式:坐下后,上身挺直,双肩平正,两臂自然弯曲,两手交叉叠放在两腿中部,并靠近小腹。两膝并拢,小腿垂直于地面,两脚保持小丁字步。

②前伸式:在标准坐姿的基础上,两小腿向前伸出一脚的距离,脚尖不要翘起。

③前交叉式:在前伸式坐姿的基础上,右脚后缩,与左脚交叉,两踝关节重叠,两脚尖着地。

④屈直式:右脚前伸,左小腿后屈,大腿靠紧,两脚前脚掌着地,并在一条直线上。

⑤后点式:两小腿后屈,脚尖着地,双膝并拢。

⑥侧点式:两小腿向左斜出,两膝并拢,右脚跟靠拢左脚内侧,右脚掌着地,左脚尖着地,头和身躯向左斜。注意大腿小腿要成90°,小腿要充分伸直,尽量显示小腿长度。

⑦侧挂式:在侧点式基础上,左小腿后屈,脚绷直,脚掌内侧着地,右脚提起,用脚面贴住左踝,膝和小腿并拢,上身右转。

⑧重叠式:重叠式也称"二郎腿"或"标准式架腿"等。在标准式坐姿的基础上,两腿向前,一条腿提起,腿窝落在另一腿的膝关节上。要注意上边的腿向里收,贴住另一腿,脚尖向下。重叠式还有正身、侧身之分,手部也可交叉、扶把手等多种变化。二郎腿一般被认为是一种不严肃、不庄重的坐姿,尤其是女子不宜采用。其实,这种坐姿常常被采用,因为只要注意上边的小腿往回收、脚尖向下这两个要求,不仅外观优美文雅,大方自然,富有亲近感,而且还可以充分展示女子的风采和魅力。

(4)男士六种优美坐姿。同样,男士优美坐姿的不同也表现在腿位和脚位上。

①标准式:上身正直上挺,双肩正平,两手放在两腿或扶手上,双膝并拢,小腿垂直地落于地面,两脚自然分开成45°。

②前伸式:在标准式的基础上,两小腿前伸一脚的长度,左脚向前半脚,脚尖不要翘起。

③前交叉式:小腿前伸,两脚踝部交叉。

④屈直式:左小腿后屈,前脚掌着地,右脚前伸,双膝并拢。

⑤斜身交叉式:两小腿交叉向左斜出,上体向右倾,右肘放在扶手上,左手扶把手。

⑥重叠式:右腿叠在左腿膝盖上部,右小腿内收、贴向左腿,脚尖自然地向下垂。

(5)端坐时的忌讳。忌讳双腿平直伸开呈叉开状,将脚尖翘起左右晃动,或把双脚缩在坐椅下面;忌讳两脚呈内"八"字形,即两脚尖朝内,脚跟朝外;忌讳翘二郎腿,脚尖对着别人,频繁地抖动;忌讳在别人面前双手抱膝或手捂小腹处;忌讳旁若无人,整理头发和衣服,不时摆弄手指、衣角、手帕及其他小件物品;忌讳脱掉鞋子或把脚露在鞋外;忌讳双手交叉于脑后仰坐在工作台旁;忌讳在椅子上前俯后仰,或者把腿架在椅子或沙发扶手、茶几上;忌讳与人谈话时,将上身往前倾或以手支撑着下巴。

3.走姿

走姿即行走姿态。走姿是一种动态美。每个人都是一个流动的造型体,优雅、稳健、敏捷的走姿,会给人以美的感受,产生感染力,反映出积极向上的精神状态。

有人说,你若想了解一个城市人们的素质和生活节奏,只要在街上观察人们走路的姿态就可以了。比方说美国人走路,脚步匆匆,表明生活节奏快;而洒脱的步伐中有一种稳重的气派,说明其素质较高。

(1)规范的走姿。走路的步态要端正、轻盈、稳健、充满活力，体现一种动态美。女子的步态要轻盈有节奏，展示出曲线美；男子的步态要稳健，充满阳刚之气。

基本要领：上体正直不摆动，两肩相平不摇，抬头挺胸，微收腹；两臂自然前后摆动，肩部放松；两腿直而不僵，提髋，身体重心落在脚掌的前部；眼平视，嘴微闭，面带微笑；步幅适中均匀，两脚落地一线，忌“内八字”和“外八字”。具体来说，要做到以下几点：

①头正：双目平视，收颌，表情自然平和。

②肩平：两肩平稳，防止上下前后摇摆。双臂自然摆动，前后摆幅为 30°～40°，两手自然弯曲，在摆动中离开双腿不超过一拳的距离。

③躯挺：上身挺直，收腹立腰，重心稍前倾。

④步位直：男子行走时步位一般要求两脚跟交替前进在两条平行线上，两脚尖稍外展。女子走路的步位要求两脚轮换前进，两脚尖略开，脚跟先着地，两脚内侧落地，要踩一条线，称“一字步”，而不是两条平行线。若女子的步位走两条平行线，臀部会失去摆动，腰部会显得僵硬，失去步态的优美。

⑤步速平稳。行进的速度应当保持均匀、平稳，不要忽快忽慢。在正常情况下，步速应自然舒缓，显得成熟、自信。

行走的姿态也不是一成不变的，它随不同的场合而出现的强弱、轻重、快慢、幅度及姿势不同。例如，在室内走路脚步轻松而平稳；在病房或阅览室轻盈柔和；外出游玩轻快活泼；参加仪式稳健大方；参加丧礼沉重缓慢。虽说有差异，但基本姿势满足走姿的基本要领就是走姿优美、风度翩翩了。

(2)变向行姿。这是指在行走中，需转身改变方向时，采用合理的方法，体现出规范和优美的步态。

①后退步：与人告别时，应当先后退两三步，再转身离去，退步时脚轻擦地面，步幅要小，先转身后转头。

②引导步：引导步是用于走在前边给客人带路的步态。引导时要尽可能走在客人左侧前方，整个身体半转向客人方向，保持两步的距离，遇到上下楼梯、转弯、进门时，要伸出左手示意，并提示请客人上楼、进门等。

③前行转身步：在前行中要转弯时，要在距所转方向外侧的一脚落地后，立即以该脚掌为轴，转过全身，然后迈出另一脚。即向左转弯，要右脚在前时转身；向右转弯，要左脚在前时转身。

(3)行走时的忌讳。忌讳行走摇晃肩膀，双臂大甩手，大幅度扭腰摆臀；忌讳急跑步或脚跟用力着地而发出声响；忌讳行走“八”字步，路线弯曲，甚至东张西望；忌讳抢道而行，不打招呼，不致歉意；忌讳与人并行勾肩搭背。

4.表情

表情泛指一个人面部呈现出来的具体形态，是指人通过面部形态变化所表达的内心的思想感情。在公共关系交往中，热情友好、待人以诚的公共关系人员，有必要正确地把握和运用好自己的表情。唯有这样，公共关系人员的友善与敬意才会真正为交往对象所理解。这不只是公共关系人员的一种职业要求，而且应当是其待人接物所“必备”的一种修养。公共关系人员在人际交往中所应用的表情语言异常丰富，不过一般来说，认真的眼神和真诚的微笑，则是公共关系人员的基本表情。

(1)眼神。眼神也称目光语，是交际中通过视线接触所传递的信息。人们在相互交往中，都在不自觉地用眼神说话，也在有意无意地观察他人的眼神。比如，深切地注视，是一种崇敬的表示；眉来眼去、暗送秋波是情人交流感情的形式；横眉冷眼，是一种仇视的态度；而眼球移动迟钝、痴呆则是一种深情或忧愁的表现；等等。在日常交往中，我们务必要养成一个习惯，就是要注意四个字：目中有人。而对公共关系人员来讲必须注意以下几个问题：①不能对关系不熟或一般的人长时间凝视，否则将被视为一种无礼行为。②与新客户的谈话，眼神礼仪是：眼睛看对方眼睛和嘴巴的“三角区”，标准注视时间是交谈时间的30%～60%，即“社交注视”。③眼睛注视对方的时间超过整个交谈时间的60%，属于超时注视，一般情况下是失礼的。但亲人或情侣间超时的亲密注视，可表示重视、感兴趣等。④眼睛注视对方的时间低于整个交谈时间的30%，属低时型注视，一般也是失礼的，表明他的内心自卑或企图掩饰什么或对交流不感兴趣。⑤眼睛转动的幅度不要太大，速度也不要太快或太慢。眼睛转动稍快表示聪明、有活力，但如果太快，则表示不诚实、不成熟，给人轻浮、不庄重的印象，如“挤眉弄眼”“贼眉鼠眼”；如果眼睛转得太慢，则会给对方留下目中无人、反应迟钝、精神恍惚等不良印象。

在一些公务场合，公共关系人员要注意不能出现那些不利于人际交往的眼神：

①瞪眼：不是每个人把眼睛瞪得大大的都十分可爱，如果你对他不满，这种目光会让他产生更大的敌意；如果你只是想强烈地表达你的情绪，这种眼神则太过夸张，有时还会显得有点呆。

②盯：不管有意无意，盯着对方都是不礼貌的。这种目光会引起对方较强烈的心理反应，容易造成误会，让对方产生压力，有受到侮辱甚至挑衅的感觉。

③眯眼：眯着眼睛看人，会让人产生你想隐藏自己的心理而窥视他人或你在打什么小算盘的误会。另外，对异性眯起眼睛，还眨两下眼皮，是一种调情的动作，视为办公室之大忌。

④斜视：从眼角把目光投向别人，传递的是一种漠然、漠视和漫不经心甚至是轻蔑的情绪，十分不友好。

(2)微笑。人的面部表情除了眼神外，恐怕最明显的标志要算是哭与笑了。为了显示公共关系人员的素养，应当展开“微笑社交”，这也是公共关系人员应有的礼貌修养的外部表现。在社会交往中，微笑不但能强化有声语言沟通的功能，增强交际效果，而且还能与其他肢体语言配合，代替有声语言的沟通。如微笑着向别人道歉，会消除对方的不满情绪；微笑着接受批评，能显示你承认错误但又不诚惶诚恐；即使微笑着委婉拒绝别人，也代表你的大度，不会使人感到难堪；等等。当然，微笑也需要适时适地，并非是在任何情况下都可以套用的化解问题的最好方式。

【案例9—3】

微笑的魅力

一次，飞机起飞前，一位乘客请空姐给他倒一杯水吃药，空姐很有礼貌地说：“先生，为了您的安全，请稍等片刻，等飞机进入平衡飞行后，我会立刻把水给您送过来，好吗？”

十五分钟后，飞机早已进入平衡飞行状态。突然，乘客服务铃急促地响了起来，空姐猛然意识到：糟了，由于太忙，她忘记给那位乘客倒水了。当空姐来到客舱，看见按响服务铃的果然是刚才那位乘客，她小心翼翼地把水送到那位乘客眼前，微笑着说：“先生，实在对不起，由于我的疏忽，延误了您吃药的时间，我感到非常抱歉。”这位乘客抬起左手，指着手表说道：“怎么回事，有你这样服务的吗？你看看，都过了多久了？”空姐手里端着水，心里感到很委屈，但是，无论她怎么解释，这位挑剔的乘客都不肯原谅她的疏忽。

接下来的飞行途中，为了弥补自己的过失，每次去客舱给乘客服务时，空姐都会特意走到那位乘客面前，面带微笑地询问他是否需要水，或者别的什么帮助，然而，那位乘客余怒未消，摆出不合作的样子，并不理会空姐。

临到目的地前，那位乘客要求空姐把留言本给他送过去，很显然，他要投诉这名空姐，此时空姐心里很委屈，但是仍然不失职业道德，显得非常有礼貌，而且面带微笑地说道：“先生，请允许我再次向您表示真诚的歉意，无论您提出什么意见，我都会欣然接受您的批评！”那位乘客脸色一紧，嘴巴准备说什么，可是没有开口，他接过留言本，在本子上写了起来。

等到飞机安全降落，所有乘客陆续离开后，空姐本以为这下完了，没想到，等她打开留言本，却惊奇地发现，那位乘客在本子上写下的并不是投诉信，相反，这是一封热情洋溢的表扬信。

是什么使得这位挑剔的乘客最终放弃了投诉呢？在信中，空姐读到这样一句话：“在整个过程中，你表现出的真诚的歉意，特别是你的十二次微笑深深打动了我，使我最终决定将投诉信写成表扬信！你的服务质量很高，下次如果有机会，我还将乘坐你们的航班。”

（摘自：www.doc88.com）

5.手势

手势是运用手指、手掌、拳头和手臂的动作变动，表达思想感情的一种态势语言。它是态势语的重要组成部分，也是体语中的一种极有表现力的“语言”和传播媒介。美国心理学家詹姆斯认为，在身体的各部分中，手的表达能力仅次于脸。在社会交往中，手势有着不可低估的作用，生动形象的有声语言再配合准确、精彩的手势动作，必然能使交往更富有感染力、说服力和影响力。手势的基本要求是自然优雅、规范适度、落落大方。规范是指动作标准正确；适度即手势不宜过多，幅度不宜过大，落落大方即不拘谨，不做作，自然诚恳。在做手势时，要讲究柔美、流畅，做到欲上先下、欲左先右。避免僵硬死板、缺乏韵味。同时配合眼神、表情和其他姿态，使手势更显协调大方。社交中几种常用的手势如下：

(1)发出招呼信息。正确而有礼貌的做法是：高抬手臂，手心朝下，轻挥手腕。如果手心朝上，则是无礼而蛮横的行为。

(2)表示喜恶态度。一般来说，右拇指向上翘表示赞扬，伸出左手的小指表示坏或蔑视。食指与中指相叉呈“V”状表示胜利。

(3)传递求谢情感。手掌向上，距身约45°，大拇指力张，食指伸直，其余手指微曲呈自然状，或者双掌合抱，表示请求、感谢等。

(4)引起对方注意。食指伸直，余指内曲。这既表示指物，有时又是提醒对方注意的手势，一般在所讲事物很重要，或者表示警告的时候使用。

做手势动作时忌讳在别人面前拉拉扯扯，或在背后指指点点；忌讳讲到自己时，用手指着自己的鼻尖，讲到别人时，用手指点别人；忌讳手势动作过多过快，手舞足蹈；忌讳在别人面前用手指掏鼻孔、剔牙、挖耳朵、抓头皮、打哈欠、搔痒等。

6.优雅的蹲姿

在仪态美方面，蹲姿也是不容忽视的。在社交场合，有时需要拿取低处物品或拾起落在地面上的物品时，可能会在众人面前蹲下去。如果不加以注意，同样会有损个人形象。在公共场合下蹲时，有两点切勿遗忘：一是不可以双腿敞开而蹲，在国外，这种姿势是公认的最不淑女的动作；二是尽量不要面对或背对他人而蹲，若是在他人面前侧身而蹲，就不必担心妨碍于人了。同时，弯腰曲背，低头翘臀，也是既不文雅，又不礼貌。

要使自己的蹲姿文明得体，最重要的是使自己蹲下来之后，双膝以上并拢在一起。具体的做法有三种：

(1)交叉式蹲姿。下蹲时右脚在前，左脚在后，右小腿垂直于地面，全脚着地。左腿在后与右腿交叉重叠，左膝由后面伸向右侧，左脚跟抬起脚掌着地。两腿前后靠紧，合力支撑身体。臀部向下，上身稍前倾。女士必须将腿靠紧，臀部向下。

(2)高低式蹲姿。下蹲时左脚在前，右脚稍后(不重叠)，两腿靠紧向下蹲。左脚全脚着地，小腿基本垂直于地面；右脚脚跟提起，脚掌着地。右膝低于左膝，右膝内侧靠于左小腿内侧，形成左膝高、右膝低的姿态。臀部向下，基本上以左腿支撑身体，上身尽量保持直立。

(3)单膝点地式。即右腿在前，弯曲下蹲；左脚在后，脚尖点地，左膝着地，双腿紧贴；臀部向下，身体的重心落在右腿上。这种方法实际上是半蹲半跪，主要适合于穿超短裙者采用。

二、服饰礼仪

服饰，是对人们衣着及其所用的装饰品的一种统称。服饰又是人的形体外延，对形体美起着修饰作用，满足人们的审美需求，它反映着人们的社会生活、文化水平和道德修养。

(一)服饰的重要性

服饰作为人类的“第二皮肤”，在人际交往中发挥着重要的作用。有一位心理学家曾说过：“仅通过解读他的衣着和行为，你就可以十拿九稳地确知他的本性。”英国前首相撒切尔夫人曾说过：“衣着美丽整齐，使人看了有赏心悦目之感，一个人的服装可以衬托出这个人的气质。”得体、适度的穿着已成为一门学问。

1.服饰关系到个人的形象

严格地说，着装既是一种技巧，更是一门艺术。站在礼仪的角度上来看，着装是一项系统工程，它不仅仅单指穿衣戴帽，更是指由此而折射出来的人的教养与品位。在各种正式场合，不同的着装会给人不同的印象。

(1)能增强自信心。每当人们穿上自认为好看的服装时，往往相信自己穿了它会美，这种自我心理对自己着装效果的认同，会使人产生良好感觉，从而使精神状态振作。尤其是出入一些整洁豪华的公共场所，服饰得体，会使人增强自信心，避免自卑感的产生。

(2)是个人文明修养的外显化。服饰从某种程度上可理解为自我广告。服饰也是一种语言，它向人们宣告一个人的个性、审美情趣、文化品位、为人处世的态度以及文明修养。服饰得体，总能给人以美感的人，往往也是文明修养程度较高的人。

(3)是个人尊严的维护。一个人走出去，总是希望别人能看得起自己，而别人是否看得起自己，往往在于自己的着装。一个人的着装往往向他人表明你对自己是怎么看的，也表明他人会如何看待你。着装不整洁、不得体的人会被人轻视，自爱自尊的人往往衣冠整洁得体，使人不由自主对你以礼相待。

(4)能获得良好的第一印象。对初次见面的人，容貌服饰、言谈举止，是第一印象产生的基本要素。在“以貌取人”的客观现实中，得体美好的服饰打扮，可以使人产生良好的第一印象，从而有利于公共关系人员与各类人士交往，有利于公关工作的进一步开展。

【案例 9—5】

财税专家的穿着

有位财税专家，她有很好的学历背景，常能为客户提供很好的建议，在公司里的表现一直很出色。但当她到客户的公司提供服务时，对方主管却不太注重她的建议，她所能发挥才能的机会也就不大了。

一位时装大师发现这位财税专家在着装方面有明显的缺憾：她 26 岁，身高 147 厘米、体重 43 公斤，看起来机敏可爱，喜爱着童装，像个 16 岁的小女孩，其外表与她所从事的工作相距甚远，客户对于她所提出的建议缺少安全感、依赖感，所以她难以实现她的创意。这位时装大师建议她用服装来强调出学者专家的气势，用深色的套装，对比色的上衣、丝巾、镶边帽子来搭配，甚至戴上重黑边的眼镜。女财税专家照办了，结果，客户的态度有了较大的转变。很快，她成为公司的董事之一。

（摘自：lihaijun0603.blog.163.com.仪表礼仪规范）

2.服饰关系到组织的形象

对于公共关系人员所在的社会组织来说，其服饰关系到组织的形象。

(1)能反映出组织的实力和权威。在国外，一些政府机构和大公司对职员着装有着明文规定或约定俗成的约束，不允许穿短裤和不正规的服装上班，男士必须穿着挺括的西服、打着领带出入，女士服饰要高雅、端庄、规范，通过个人着装这一小节来体现组织的实力和权威。

(2)强调组织的品位。社会组织千差万别，同一类组织也会有不同的档次和风格。有创意、形象意识较强的社会组织，为了突出自身的独特性或不俗的品位，对职工着装有所引导或倡议，使职工的形象在某种程度上反映出组织的品位追求。

(二)着装的基本原则

得体的穿着，不仅可以显得更加美丽，还可以体现出一个现代文明人良好的修养和独到的品位。作为一个成功的职场人，必须掌握如下职业着装的基本原则：

1.着装的“TOP”原则

“TOP”是三个英文单词的缩写，它们分别代表时间(Time)、场合(Occasion)和地点(Place)，即着装应该与当时的时间、所处的场合和地点相协调。

(1)时间原则。不同时段的着装规则对女士尤其重要。男士有一套质地上乘的深色西装或中山装足以“包打天下”，而女士的着装则要随时间而变换。白天工作时，女士应穿着正式套装，以体现专业性；晚上出席鸡尾酒会就须多加一些修饰，如穿上晚礼服，换一双高跟鞋，戴上有光泽的佩饰，围一条漂亮的丝巾。服装的选择还要适合季节气候特点，保持与潮流大势同步。

(2)场合原则。衣着要与场合协调。与客户会谈、参加正式会议等，衣着应庄重考究；听音乐会或看芭蕾舞，则应按惯例着正装；出席正式宴会时，则应穿中国的传统旗袍或西方的长裙晚礼服；而在朋友聚会、郊游等场合，着装应轻便舒适。试想一下，如果大家都穿便装，你穿礼服就有欠轻松；同样，如果以便装出席正式宴会，不但是对宴会主人的不尊重，也会令自己颇觉尴尬。

(3)地点原则。在自己家里接待客人，可以穿着舒适但整洁的休闲服；如果是去公司或单位拜访，穿职业套装会显得专业。外出时要顾及当地的传统和风俗习惯，如去教堂或寺庙等场所，不能穿过露或过短的服装。在不同的地区，由于气候上的差异，服装上也应该体现出差别。

2.着装的配色原则

俗话说，没有不美的颜色，只有不美的搭配。一般来说，着装配色要求得到一种既丰富又调和的和谐之美。和谐美历来被认为是服饰色彩的最高原则。

(1)根据色彩明度不同来搭配。即把同一种颜色按深浅不同进行搭配，造成一种和谐的美感。如深红与浅红、深绿与浅绿、深灰与浅灰等。这样搭配的上下装、内外衣，可以产生一种和谐、自然的色彩美。但应注意深浅色的衔接不能太生硬，尽量过渡得自然。但也不能太接近，使人看起来混乱不清。

(2)用相近颜色搭配。即用色谱上相邻的颜色搭配，如橙与黄、蓝与绿等。但搭配时在明度、纯度上应有所不同，可一种颜色深，而另一种颜色浅些。例如，用深一点的蓝和浅一点的绿相配或中橙和淡黄相配，都能显出调和中的变化，起到一定的对比作用。

(3)用对比色来搭配。即用两种性质相反的色彩的组合。在不同色相中，红与绿、黄与紫、蓝与橙、白与黑都是对比色。对比的色彩，既有互相对抗的一面，又有互相依存的一面，在吸引人或刺激人的视觉感官的同时，产生出强烈的审美效果。如果对比色运用得当，也能通过由此而形成的强烈色彩对比，给人以清新明快、耳目一新的感觉。但一定要在明度、纯度上有所不同，才能既鲜明，又不刺眼。但白与黑可例外，同时红与绿也被视为最俗的搭配。

(4)运用流行色。人们有时会兴起对某种颜色的偏爱，使其迅速流行起来。由于适应了人们的审美心理，所以流行色往往会引人注目和喜爱。

3.着装与形体相配的原则

树无同形，人各有异。“尺有所短，寸有所长。”人的形体绝不可能十全十美，但是穿着打扮如能建立在正确认识自己形体特点的基础上，就可以运用服饰美学的技巧，来为自己显美隐丑。例如，体形矮小的人，适合上下颜色协调一致，产生整体加长的效果，不适合对比过强的两种颜色；身体矮胖的人，可用同色系、同质地的面料，深暗的颜色和细竖条纹有很好的收缩面积、增加长度的作用；身材高大的人，尤其是高瘦的人，需借助服装的圆润线条和色彩组合使之丰满起来。

4.着装与肤色相配的原则

皮肤白皙的人，选择服装颜色的余地较大，但假如肤色是白里透红，应避免选择纯红或纯绿的上衣。如肤色比较苍白，黑色或纯白色上衣会有“雪上加霜”的效果。肤色黑者，不宜选择接近肤色的色彩或偏深、偏暗的色彩，那样会显得更黑，而且萎靡不振，缺乏生气。应以浅色调为佳，如选用湖蓝、浅红、浅灰、米黄色等较为鲜亮的色彩，如无特殊需要，避免过浅，甚至雪白的颜色。肤色偏黄的，适宜穿蓝色或浅蓝色上装，淡雅柔和的色调，如白色、中灰、浅灰等也较为适宜，不宜选择深蓝色或深紫色服饰，它会使人显得没有生气。肤色偏红者，不宜选择红色、绿色，可选择白色、黄色等，黑灰色也可以。

此外，如果女性脸部皮肤粗糙，不宜选用质地柔软平滑的面料，宜选择纯棉、纯麻等略带绒毛或稍有凸凹的面料，牛仔布、细斜纹薄呢等也可以。

5.着装与年龄相配的原则

服饰对年轻人是格外恩惠的，几乎没有什么禁忌。但少女应尽量避免穿过于华丽的服装，如闪光面料制作的，或缀有过多装饰品的服装，因为这会使少女失去清新、纯净的美，反而显得俗气。而中老年女性的服饰就有一定的限制了，但不等于中老年女性服装都是一些灰暗的颜色和平平淡淡的款式。

中老年女性的服饰，要体现出雍容、典雅、华丽、冷静的气度。在色彩上，可以选择明亮度暗的色彩，如暖色中的土红、砖红、驼色、红棕色，冷色中的湖蓝、海蓝、墨绿等。其他一些高明度的色彩，如蛋清、银灰、米色、乳白色，也是十分淡雅、明快的色调，能表现出中老年人的特殊气质；甚至黑、白、灰色也能组成非常和谐的色调。在款式上，不宜线条复杂，以简洁为佳，有适当的放松度，不宜穿着紧裹在身上的服装，既不舒适，也不利于健康，但也不要过于肥大。在面料上，趋向于含蓄、高雅，比较挺括，以中档和高档为宜，能体现中老年女性的成熟干练、严肃大方的气质。

（三）女士着装礼仪

"云想衣裳花想容"，相对于偏稳重单调的男士着装，女士们的着装则亮丽丰富得多。得体的穿着，不仅可以显得更加美丽，还可以体现出一个现代文明人良好的修养和独到的品位。

1.职业女性着装要讲究的几个方面

相对于其他人来说，职业女性在着装方面有一些特殊的要求。

（1）整洁平整。服装并非一定要高档华贵，但须保持清洁，并熨烫平整，穿起来大方得体，显得精神焕发。整洁并不完全是为了自己，更是尊重他人。

（2）文明得体。一忌过露；二忌过透；三忌过紧；四忌过短。不同的职业应选择不同的服装。如教师、白领应端庄稳重；记者应灵便、朴素；法官、律师服装应严整得体，加强自己的权威性。

（3）配套齐全。除了主体衣服之外，鞋袜、手套等的搭配也要多加考究。如袜子以透明近似肤色或与服装颜色协调为好，带有大花纹的袜子不能登大雅之堂。正式、庄重的场合不宜穿凉鞋或靴子，黑色皮鞋是适用最广的，可以和任何服装相配。

（4）色彩适当。职业女性在上班时的服装颜色不宜太艳、太暖，一般比较适合穿淡雅或冷色调的服装，在正式场合则以深色为主。

（5）饰物点缀。巧妙地佩戴饰品能够起到画龙点睛的作用，给女士们增添色彩。但是佩戴的饰品不宜过多，否则会分散对方的注意力。佩戴饰品时，应尽量选择同一色系。佩戴首饰最关键的就是要与你的整体服饰搭配统一。

2.不恰当的着装

成功的职业女性应该懂得如何适宜地装扮自己，但在日常工作中，职业女性的着装常会出现以下问题：

（1）过分时髦型。现代女性热爱流行的时装是很正常的现象，即使你不去刻意追求流行，流行也会左右着你。有些女性几近盲目地追求时髦。例如，一家贸易公司的女秘书在指甲上同时涂了几种鲜艳的指甲油，当她打字或与人交谈时，都给人一种厌恶的压迫感。一个成功的职业女性对于流行的选择必须有正确的判断力，同时要切记，在办公室中，主要表现工作能力而非赶时髦的能力。

（2）过分暴露型。夏天的时候，许多职业女性便不够注重自己的身份，穿起颇为性感的服装。这样你的才能和智慧便会被埋没，甚至还会被看成是轻浮。因此，再热的天气，也应注意自己仪表的整洁、大方。

（3）过分正式型。这个现象也是常见的，其主要原因可以说是没有适合的服装。职业女性的着装应平淡朴素。

(4)过分潇洒型。最典型的样子就是一件随随便便的T恤或罩衫,配上一条泛白的“破”牛仔裤,丝毫不顾及办公室的原则和体制。这样的穿着可以说是非常不合适了。

(5)过分可爱型。在服装市场上有许多可爱俏丽的款式,也不适合工作中穿着。这样会给人轻浮、不稳重的感觉。

(四)西装

西装是男性最主要的职业装,穿着搭配协调才能彰显男士的品位与风度。西装本身具有严谨的结构和特有的穿着规则,不同于其他便服“入乡随俗”,应注意的基本问题或方法如下:

1.注意变通

西服有三件套装、两件套装和不配套服装等。虽然西服的设计很严谨,但它的穿法并非一成不变,而且是可以变通的。当然还必须遵循一定规律,才能显示其艺术的魅力。例如,参加一些重要活动、宴会、礼节性的拜访、高级会议,以及在工作场合,穿西服套装显得端庄、严肃、认真、诚恳,有利于工作的开展和事业的成功。若在日常生活中,对于一般性的会见、亲朋好友的走访、旅游、舞会场合,就我国国情而言,穿不配套西服也很不错,而且显得人轻盈洒脱、不拘一格、充满活力。西服套装可以拆开,变通为不配套穿用的西装;不配套的西装也可巧妙地配备成具有特殊韵味的套装。

2.注意配色

西装的配色很讲究,尤其是在V形领口区,即衬衫、领带、西服三者的配色。配色是否优美恰当、是否讲究艺术性等,直接关系到服装的穿着效果。例如,西装为黑色,衬衫一般为浅色或白色,而领带首选银灰色、蓝色或黑红色条纹;西装为灰色,衬衫应选白色,领带以砖红、绿色或黄色为佳;西装为乳白色,则衬衫首选灰色,领带以红色为主,带黑色或砖红;西装为墨绿色,衬衫则为银灰色或白色,领带选择银灰、浅黄或红白相间;西装为暗蓝色,衬衫应选择白色或浅蓝,而领带则选择蓝色、深玫瑰色、褐色、橙黄色等。

3.注意花型组合

领带有花型,衬衫有花型,西装也有花型。这是男士追求表现自我意识、突出个性美、打破传统单调的服饰的一种表现。一般最容易选配的是“两花一素”,即西装和领带为花型、衬衫为素色的服饰。这种选配方法里外对应,易于协调。例如,暗条深藏蓝色的西服套装,里面穿白色大尖领衬衫,系上紫红色与藏蓝色斜条领带,十分优雅大方。如果三件服饰都有条状花型,就容易给人一种杂乱的印象。如若三者皆是花型,一定要注意以一种花型为主,其他为衬托和辅助花型,这样也可以产生意想不到的独特风格。

4.注意面料的一致性

虽然西服套装具有变通性能,可以灵活穿用,随时选配成套装,但它也是有一定规律的。在服饰面料方面也具有协调性,不宜随意改变。例如,全毛西装配上粗平纹布衬衫、纯棉灯芯绒西服外衣和涤卡(棉涤)衬衫加系领带等都显得十分不协调。特别是在出席各种公众场合的宴会、谈判、舞会等,要注意高级西装应选配高级衬衫、高级领带,以免有失仪表。

5.注意穿着小节

穿西装与其制作和设计西服的严谨性一样,有着自己特有的规则。例如,男性西装的穿着,除双排纽扣的西装外,单排纽扣西装在任何场合下都不应将纽扣完全扣上;由于扣子的多少不同,系法也不同。因此,保险的系法就是最下面的一粒扣子永远不系。如果是外出旅游、访友等可以不系扣子，以显得随和大方、平易近人而不拘谨。同时，也可减少西装的摩擦和劳损。又如，穿西装时，衬衫必须系在裤腰内，一则显得人利索精神；二则无损西装紧身优美的造型。如果穿马甲、系领带，应将领带放在马甲衣内，把扣子扣好。穿西装还要注意领和袖的部位，衬衫袖扣应系好，并能露出1厘米左右为好，衬衫领要平直，并由西服领压住，衬衫领能高出西装领1厘米左右为好。最后，穿西装应注意“TOP”原则，即要根据时间、地点、环境来穿着。同时，还要注意自己语言美、行为美、姿态美等，以显示男士大度、热情奔放的风度。

（五）饰物

在社交活动中，人们除了要注意服装的选择外，还要根据场合恰当选择饰品，为服装增辉添彩。

1.女性佩戴首饰的原则

首饰不仅仅是一种饰品和点缀，而且还是一种无声的语言和有意的暗示，尤其在一些比较正规的场合，就必须按惯例和规范行事。因此，佩戴首饰要合“理”循“礼”，才能恰到好处地起到扮美人间的作用。

(1)合“理”。所谓合“理”，是指在选择佩戴首饰时，务必要考虑到自己的年龄、形体、肤色、着装、职业等因素，并尽量与之保持协调一致。

①年龄：以戴戒指为例，少女可以不戴，也可以选择小巧玲珑的非镶嵌类款式，如星月戒、如意戒、闪光戒；已婚的年轻妇女可以选戴珠宝镶嵌戒，也可以选择龙凤戒、桃形戒等寓意已婚的戒指；中老年妇女推崇端庄、稳重、吉祥，戴素圈戒、福字戒、寿字戒比较合适。

②形体：戒指的粗细应与手的粗细成正比。戴项链应考虑脖子的长短、粗细，如脖子粗短则宜戴长而细的款式，脖子细长则应戴短而粗的款式。

③肤色：黄种人宜戴红色、黄色等暖色调的珠宝首饰。翡翠其浓绿的色彩与黄皮肤十分相称。脸红的人忌红色、紫色、海蓝色和鲜绿色，黑皮肤者忌戴白色与粉红色的珠宝。

④着装：包括款式、质地与色彩。穿工作装讲究传统保守，不宜戴时髦流行时装首饰。穿休闲装可以不戴首饰，也可戴一些造型奇异的时装首饰。

(2)循“礼”。所谓戴首饰要循“礼”，是指在正式场合佩戴首饰时，要遵守以少为佳、同质同色、免生歧义这三项原则。

①以少为佳：出席婚礼时首饰戴得比新郎、新娘还多，参加葬礼时打扮得珠光宝气，都很失礼。白领丽人上班时一只手腕上同时戴手镯、手链，动不动就像“呼啦圈”一样晃动不已，无疑会显得缺乏敬业精神。

②同质同色：戴两种或两种以上的首饰时，其质地和色彩应尽量相同或一致。

③免生歧义：在正式场合佩戴首饰要懂得一些“首饰语言”，以免产生误会或麻烦。在许多国家和地区，戴戒指都被视为暗示着佩戴者的婚恋状况。

2.饰物佩戴的基本礼仪

不同的饰物，在佩戴过程中需要遵循的礼仪也不同。

(1)戒指。戒指一般只戴在左手，而且最好仅戴一枚，至多戴两枚，戴两枚戒指时，可戴在左手两个相邻的手指上，也可戴在两只手对应的手指上。戒指的佩戴可以表达一种沉默的语言，往往暗示佩戴者的婚姻和择偶状况。戒指戴在中指上，表示正处在恋爱之中；戴在无名指上，表示已订婚或结婚；戴在小手指上，则暗示自己是一位独身者；如果把戒指戴在食指上，表示无偶或求婚。有的人以手上戴多个戒指来炫耀财富，这是不可取的。男子戴戒指也很普及，有些是订婚或结婚戒指，有些是装饰性的。男子应选择较粗大的金银质地、不戴镂空花或镶嵌他物的戒指，并且一般只戴一枚，图案也不要太过于花哨，以能显示男子的阳刚之气为宜。

(2)耳环。耳环是女性的主要首饰，其使用率仅次于戒指。但在公务场合一般以选择耳钉为宜。耳环的选配应根据脸型的特点，如圆形或方形脸不宜佩戴圆形耳环，因为耳环的小圆形与脸的大圆形或方形并置，对比之下，方形更方，圆形更圆。

(3)项链。项链是一种男女均可佩戴的首饰。但男士所戴的项链一般不外露，一般项链应精致小巧为好，项链上不挂坠子。男子忌带珍珠项链，不过男子可以戴玉坠，玉坠有一定的吉祥之意。通常，所戴的项链不应多于一条，但可将一条长项链折成数圈佩戴。项链的粗细应与脖颈的粗细成比例，如脖子细长的女士佩戴仿丝链，显得玲珑娇美。佩戴项链应和自己的年龄及体型协调，如马鞭链粗实成熟，适合年龄较大的妇女选用。佩戴项链也应和服装相呼应，如身着柔软、飘逸的丝绸衣衫裙时，宜佩戴精致、细巧的项链，显得妩媚动人；穿单色或素色服装时，宜佩戴色泽鲜明的项链。

(4)领针。领针，即专用于别在西式上装左侧领子上的饰物。严格来讲，它是胸针的一个分支，男女皆可选用。佩戴领针，数量以一枚为限，而且不宜与胸针、纪念章、奖章、企业徽记等同时使用。在正式场合，不要佩戴有广告作用的领针。不要将其别在诸如右侧衣领、帽子、书包、围巾、裙摆、腰带、裤腰、裤管等不恰当的位置上。

(5)胸针。胸针多为女士所用，其图案以花卉为多，故又称胸花。别胸针的部位多有讲究，穿西装时，应别在左侧领上；穿无领上衣时，则应别在左侧胸前。发型偏左时，胸针应当居右；发型偏右时，胸针应当偏左。其具体高度，应在从上往下数的第一粒、第二粒纽扣之间。

(6)脚链。脚链是时下新兴的一种饰物，多为年轻女性所喜爱，主要适用于非正式场合。佩戴脚链，意在强调脚腕、小腿等相关部位的长处，若此处无美可陈，或是缺点较多，则切勿使用。脚链一般只戴一条，戴在哪一只脚腕上都可以。若戴脚链时穿丝袜，则应将脚链戴在袜子外面，以便使其更为醒目。切记公务场合不要戴。

(7)手链。手链也是一种男女均可佩戴的首饰。在普通情况下，手链仅戴一条，并应戴在左手上。在一只手上戴多条手链，双手同时戴手链，手链与手镯同时佩戴，一般是不允许的。在一些国家，所戴手链的数量、位置，可用以表示婚否。它与手镯一样均不应与手表同戴于一只手上。

(8)手镯。佩戴手镯，强调的是手腕与手臂的美丽，故应慎戴。男人一般不戴手镯。手镯可以只戴一只，也可以同时戴上两只。戴一只时，通常戴于左手。戴两只时，可一只手戴一只，也可以都戴在左手上。一般不要在一只手上戴多只手镯。

(9)挂件。挂件，又称项链坠，多与项链同时配套使用。其形状、大小各异，常见的有文字、动物、鸡心、锁片、元宝、花篮、十字、镶宝、吉祥图案、艺术造型等。选择挂件，要优先考虑它是否与项链般配，要力求两者在整体上协调一致。另外，在正式场合不要选用过分怪异或令人误解的图形、文字的挂件，也不要同时使用两个或两个以上的挂件。

3.男士饰物礼仪

一般来说，男士佩戴的饰物要比女士少得多，但除了项链、戒指等之外，还有专门适合男士的饰物，同样需要遵循一些礼仪要求。

(1) 男士眼镜。眼镜作为男子常用的饰物之一，不仅可以起到矫正视力的作用，而且还可以调节脸型，美化五官。同时，适宜的眼镜与整体服饰的配套，更增添文质彬彬、温文尔雅的风度。因此,选择眼镜,应该以自己的脸型、肤色、年龄、服饰为选用依据。

戴眼镜首先应与脸型相协调:粗犷豪放的方形脸宜选用的是架粗沉稳的大方型镜架;下巴消瘦的尖形脸则适宜选用架型纤细、镜框下角呈锐角形的镜架;长脸型的人可以选择色深而不透明的阔边镜腿的镜架,以使脸显得短些;脸型较短的人则应选择镜框底边无色透明的镜架,最好是无框底的镜架,这样就能使视点上移,脸型加长。一般来说,圆脸型不宜使用圆形镜架;椭圆脸型的人镜框不应过分扁圆;脸型清瘦的宜选用轻巧纤秀的镜架,使人感觉文雅清秀。如果双眼间距过近,可以选配两个镜框之间的镜桥呈透明或淡色的眼镜架;而如果双眼间距过宽,则适宜选用镜桥黑色或深色或镜桥上有装饰图案的镜架,以矫正眼距过宽的不足。

眼镜的颜色应与脸色相互协调。脸色过深的可选戴色彩明亮的眼镜;脸色过浅的则可选戴浅色或浅暗色的镜架;脸色偏黄的不宜选戴色调偏冷的镜架,而适宜暖色镜架。

(2)男士公文包。公文包是组成男子服饰礼仪的一个配件,对于经常出门在外的男子,手提一款合适的公文包,一则可以放置有关文件、票证和日常用品;二则会给人一种美感,可以平添几分帅气。公文包以黑色皮包为主,也可以根据服饰选择与之相配的其他颜色的皮包。面料以真皮为宜,如牛皮、羊皮。标准公文包是手提式的长方形公文包,箱式、夹式、挎式、背式等其他类型的皮包,均不能在正式场合使用。

第三节 公共关系日常社交礼仪

人们在长期的交往中,逐渐形成了相互表示尊重、敬意、亲善和友好的行为规范与惯用形式。但由于国度、地域、场合和交际对象的不同,它的内容与形式也有所不同。作为公共关系人员,必须了解人们日常交际活动中的基本礼仪礼节,展示自身素质的同时树立良好的企业形象。

一、见面礼仪

在交往中,见面时行一个标准的见面礼,会给对方留下深刻而又美好的印象,直接体现出施礼者良好的修养。常用的见面礼如下。

(一)东方礼节

1.作揖礼

作揖礼,即拱手礼,是华人中最流行的见面礼。行礼方式是起身站立,上身挺立,两臂前伸,双手在胸前高举抱拳,自上而下,或者自内而外,有节奏地晃动两三下。

作揖礼主要适用于过年时举行团拜活动,向长辈祝寿;向友人恭吉、贺喜,如结婚、生子、晋升、乔迁;向亲朋好友表示无比感谢以及与海外华人初次见面时表示久仰之意。

2.鞠躬礼

行鞠躬礼,应脱帽立正,双目凝视受礼者,然后上身弯腰前倾。男士双手应贴放于身体两侧裤线处,女士的双手则应下垂搭放在腹前。下弯的幅度越大,所表示的敬礼程度就越大。

鞠躬礼目前在国内主要适用于向长者表示敬重、向他人表示感谢、领奖或讲演之后、演员谢幕、举行婚礼或参加追悼会等活动。

3.合十礼

合十礼亦称合掌礼,即双手十指相合为礼。具体做法是双掌十指在胸前相对合,手掌并拢向上，掌尖与鼻尖基本持平，手掌向外侧倾斜，双腿立直站立，中身微欠，低头。可以口颂祝词或问候对方，亦可面含微笑。但不能在行礼时手舞足蹈，点头不止。

行合十礼时，合十的双手举得越高，越体现对对方的尊重，但原则上不可高于额头。

(二)西方礼节

1.拥抱礼

拥抱礼的动作要点是，两人面对面站立，各自举起右臂，将右手搭在对方左肩后面；左臂下垂，左手扶住对方右腰后侧。首先各向对方左侧拥抱，然后各向对方右侧拥抱，最后再一次向对方左侧拥抱，一共拥抱3次。在普通场合行此礼，不必如此讲究，次数也不必要求如此严格。

在西方，特别是欧美国家，拥抱礼是十分常见的见面礼与道别礼。在人们表示慰问、祝贺、欣喜时，这种礼仪也十分常用。

2.亲吻礼

亲吻礼，是一种西方国家常用的会面礼。有时，它会与拥抱礼同时采用，即双方会面时既拥抱，又亲吻。

在行此礼时，双方关系不同，亲吻的部位也会有所不同。长辈吻晚辈，应当吻额头；晚辈吻长辈，应当吻下颌或吻面颊；同辈之间，同性应该贴面颊，异性应当吻面颊。接吻仅限于夫妻与恋人之间。

需要注意的是，行亲吻礼时，非常忌讳发出亲吻的声音。如果将唾液弄到对方脸上，是非常尴尬的事情。

3.吻手礼

正确的吻手礼是：男士行至已婚女士面前，首先垂首立正致意，然后以右手或双手捧起女士的右手，俯首用自己微闭的嘴唇，去象征性地轻吻一下其指背。

这种礼节主要流行于欧美国家。行礼适宜在室内进行。吻手礼的受礼者，只能是已婚女士。手腕及其以上以下部位，是行礼时的禁区。

(三)东西方通用礼节

1.点头礼

点头礼也就是颔首礼。点头礼的做法是头部向下轻轻一点，同时面带笑容。注意不要反复点头不止，点头的幅度不宜过大。

点头礼适用的范围很广，如路遇熟人或与熟人、朋友在会场、剧院、歌厅、舞厅等不宜交谈之处见面，以及遇上多人而又无法一一问候之时，都可以点头致意。行点头礼时，最好摘下帽子，以示对对方的尊重。

2.举手礼

行举手礼的场合与点头礼的场合大致相似，最适合向距离较远的熟人打招呼。行举手礼的正确做法是：右臂向前方伸直，右手掌心向着对方，其他四指并齐、拇指叉开，轻轻向左右摆动一下。不要将手上下摆动，也不要在手部摆动时将手背朝向对方。

3.脱帽礼

戴着帽子的人，在进入他人居所，路遇熟人，与人交谈、握手，进入娱乐场所时或在升国旗、奏国歌的场合时，应自觉摘下帽子，并置于适当之处。女士在一般社交场合可以不脱帽子，不会被人认为是失礼行为。

此外，有时见面还需要进行语言上的交流，如问候和称呼等，也需要注意一些细节：

(1)问候。首先要注意顺序。一般来说，下级首先问候上级、主人先问候客人、男士先问候女士。因为在国内工作场合讲究的是男女平等，社交场合要体现女士优先，尊重妇女。其次是问候要因场合而异。再则是问候的内容要因人而异。中国人和外国人、生人和熟人、本地人和外地人问候语内容各不相同。

(2)称呼。要根据场合选用恰当的称呼。常见的称呼有：称行政职务、称技术职称、行业称呼、时尚性称呼等。在与外商打交道时，更习惯称呼先生、女士。称呼尽量用全称。

二、握手礼仪

握手礼是一切场合中最常使用、适用范围最广泛的见面礼节。握手的力量、姿势和时间的长短往往能够表达出对握手对象的不同礼遇和态度。

(一)握手的意义

握手是日常交往的一般礼节，多用于见面时的问候与致意；也多用于告别时的致谢与祝愿。这是世界各国通行的礼节。握手礼的礼节，据说是起源于原始社会，当时人们手中常常握着棍棒和石块，用作猎取动物和自我防卫的武器。当与无利害冲突、无意侵犯对方的陌生人相遇时，就主动放下手中的东西，并让对方摸摸掌心，以示没有武器。另一个传说称，早在中世纪，打仗的骑兵都披甲顶盔，全身包裹严密，随时准备冲锋杀敌。如果表示友好，就要脱掉右手的铁甲，伸手相握。如果双方和谈成功，表示愿意和平共处，表示友好，也伸手相握。这种习惯长期沿用，最后演变为今天人们的见面和告别的礼节。握手虽是日常生活中司空见惯、看似平常的社交礼仪，但从握手中却可以传递出许多信息。在轻轻一握之中，可以传达出热情的问候、真诚的祝愿、殷切的期盼、由衷的感谢，也可以传达出虚情假意、敷衍应付、冷漠与轻视。所以，绝不能等闲视之。美国著名盲聋女作家海伦·凯勒说："我接触的手有些能拒人千里之外；也有些人的手充满阳光，你会感到很温暖……"

(二)握手的场合

握手礼虽然是最常用的一种见面礼，但并非所有场合都适宜。一般适合握手的场合有：

(1)遇到较长时间没见面的熟人；

(2)在比较正式的场合和认识的人道别；

(3)在以本人作为东道主的社交场合，迎接或送别来访者时；

(4)拜访他人后，在辞行的时候；

(5)被介绍给不认识的人时；

(6)在社交场合，偶然遇上亲朋故旧或上司的时候；

(7)别人给予你一定支持、鼓励或帮助时；

(8)表示感谢、恭喜、祝贺及对别人表示理解、支持、肯定时；

(9)得知别人患病、失恋、失业、降职或遭受其他挫折时；

(10)向别人赠送礼品或颁发奖品时。

(三)握手的要求

1.握手姿态要正确

行握手礼时，通常距离受礼者约一步，两足立正，上身稍向前倾，伸出右手，四指并齐，拇指张开与对方相握，微微抖动3～4次，然后与对方的手松开，恢复原状。与关系亲近者，握手时可稍加力度和抖动次数，甚至双手交叉热烈相握。

2.握手必须用右手

如果恰好右手正在做事，一时抽不出来，或者手弄得很脏很湿，应向对方说明，摊开手表示歉意，或立即洗干净手，与对方热情相握。如果戴着手套，则应摘下后再与对方相握，否则是不礼貌的。

3.握手要讲究先后次序

握手时要特别注意伸手的先后次序，不应先伸手的就不要先伸手，否则是不礼貌的。

(1)职位、身份高者与职位、身份低者握手，应由职位、身份高者先伸手；

(2)女士与男士握手，应由女士先伸手；

(3)已婚者与未婚者握手，应由已婚者先伸手；

(4)年长者与年幼者握手，应由年长者先伸手；

(5)长辈与晚辈握手，应由长辈先伸手；

(6)社交场合的先到者与后来者握手，应由先到者先伸手；

(7)主人待客时应先伸出手来，与到访者相握；

(8)客人告辞时，应先伸出手来与主人相握；

(9)如果是两对夫妻见面，先是女性相互致意，然后男性分别向对方的妻子致意，最后才是男性互相致意。

4.握手要热情

握手时双目要注视着对方的眼睛，微笑致意。切忌漫不经心、东张西望，边握手边看其他人和物，或者对方早已把手伸过来，而你却迟迟不伸手相握，这都是冷淡、傲慢、极不礼貌的表现。

5.握手要注意力度

握手时，既不能有气无力，也不能握得太紧，甚至握痛了对方的手。握得太轻，或只触到对方的手指尖，不握住整只手，对方会觉得你傲慢或缺乏诚意；握得太紧，对方则会感到你热情过火，不善掩饰内心的喜悦，或觉得你粗鲁、轻佻而不庄重。这些都是失礼的。

6.握手应注意时间

握手时，既不宜轻轻一碰就放下，也不要久久握住不放。时间要适度，一般来说，表示完欢迎或告辞致意的话以后，即应放下。但是，如果是在热烈的场合或对久别重逢的朋友，握手时间可长些。

7.握手还要注意一些举止动作

不要一只脚门里，一只脚门外握手，也不要连蹦带跳地握手或边握手边敲肩拍背，握手之后不能用手帕擦手，更不要有其他轻浮不雅的举动。

(四)握手的禁忌

我们在行握手礼时应努力做到合乎规范，避免违反禁忌而失礼。要注意不要用左手相握；不要在握手时另外一只手插在衣袋里或拿着东西；不要在握手时面无表情；不要拒绝握手；不要在握手时争先恐后；不要在握手时戴着墨镜；不要在握手时长篇大论；不要在握手时把对方的手拉过来、推过去；不要以肮脏不洁或患有传染性疾病的手与他人相握等。

三、介绍礼仪

介绍是社交和商务场合中互相了解的基本方式，它是人们互相认识不可缺少的手段。在社交或商务活动中，了解和掌握介绍礼仪的基本技巧，有助于人们找到人际交往“殿堂”的“钥匙”，获得良好的“首因效应”，从而有利于扩大个人和组织的社会交往范围。

(一)为他人做介绍

为他人做介绍就是为有结识愿望的双方作引见，即担当介绍人的角色。

1.为他人做介绍的时机

为他人做介绍时，如遇到下列情况，有必要为他人做介绍：

(1)与家人外出，路遇家人不相识的同事或朋友；

(2)本人的接待对象遇见了其不相识的人士，而对方又跟自己打了招呼；

(3)在家中或办公地点，接待彼此不相识的客人或来访者；

(4)打算推荐某人加入某一方面的交际圈；

(5)受到为他人做介绍的邀请；

(6)陪同上司、长者、来宾时，遇见了其不相识者，而对方又跟自己打了招呼；

(7)陪同亲友前去拜访亲友不相识者。

2.为他人做介绍的顺序

“序体现礼”，所以介绍时一定要注意介绍的顺序：为他人做介绍时必须遵守“尊者优先”的规则，也就是要尊重尊者的“优先知情权”。即把年轻者介绍给年长者；把职务低者介绍给职务高者；如果双方年龄、职务相当，则把男士介绍给女士；把家人介绍给同事、朋友；把同事介绍给客户；把未婚者介绍给已婚者；把后来者介绍给先到者。

3.为他人做介绍时应注意的事项

为他人做介绍以前，一定要仔细观察，不可贸然行事。一般要注意以下几个方面：

(1)“介绍人”一定要在得到被介绍双方认可的情况下，按规则介绍双方认识。

(2)被介绍者在介绍者询问自己是否有意认识某人时，一般不应拒绝，而应欣然应允。实在不愿意时，则应说明理由。

(3)介绍人和被介绍人都应起立，以示尊重和礼貌；待介绍人介绍完毕后，被介绍双方应微笑点头示意或握手致意。

(4)在宴会、会议桌、谈判桌上，视情况介绍人和被介绍人可不必起立，被介绍双方可点头微笑致意；如果被介绍双方相隔较远，中间又有障碍物，可举起右手致意。

(5)介绍完毕后，被介绍双方应依照合乎礼仪的顺序握手，并且彼此问候对方。问候语有“你好”“很高兴认识你”“久仰大名”“幸会幸会”等，必要时还可进一步做自我介绍。

4.介绍时的神态与手势

在为他人介绍时，态度要热情友好，语言要清晰明快。开口前首先要把目光投给身份高的人，然后转向将要介绍的人。手的正确姿势是掌心向上，胳膊略向外伸，指向被介绍者。但介绍人不能用手拍被介绍人的肩、胳膊和背等部位，更不能用食指或拇指指向被介绍的任何一方。在介绍过程中除女士和年长者外，一般被介绍者都应点头示意或起身站立，面带微笑，目视对方，显得高兴、专注。介绍后，身份高的一方或年长者，应主动与对方握手，问候对方，表示非常高兴认识对方等。身份低的一方或年轻者，应根据对方的反应做出相应的反应，如果对方主动伸手来与你握手，就应立即将手伸出与对方相握。但是若在会谈进行中，或在宴会等场合，则不必起身，只略微欠身致意就可以了。

(二)自我介绍礼仪

自我介绍,就是在必要的社交场合,把自己介绍给其他人,以使对方认识自己的一种方式。恰当的自我介绍,不但能增进他人对自己的了解,而且还可能创造出意料之外的商机。但如果有介绍人在场,自我介绍则被视为不礼貌的。

1.自我介绍的时机

要让自我介绍能够给对方留下深刻的印象,应考虑当时的特定场合。若是对方正忙于工作,或是正与他人交谈,或是大家的精力集中在其他人或事情上的时候,做自我介绍有可能打断对方,效果一定不会好。如果对方一人独处,或是在轻松愉快的情况下,把自己介绍给对方,他对你的自我介绍不仅会注意,而且会有良好的反应。因此,在做自我介绍时把握时机是比较重要的。

一般来讲,公共关系人员如果遇到下列情况,有必要进行适当的自我介绍:

(1)在社交场合,与不相识者相处、有不相识者表现出对自己感兴趣和有不相识者要求自己做自我介绍时;

(2)在公共聚会上,打算介入陌生人组成的交际圈时;

(3)拜访熟人遇到不相识者挡驾,或是对方不在,而需要请不相识者代为转告时;

(4)前往陌生单位,进行业务联系时;

(5)在出差、旅行途中,与他人不期而遇,并且有必要与之建立临时接触时;

(6)因业务需要,在公共场合进行业务推广时;

(7)初次利用大众传媒向社会公众进行自我推荐、自我宣传时等。

2.自我介绍的具体形式

自我介绍时应先向对方点头致意,得到回应后再向对方介绍自己的姓名、身份、单位等。自我介绍的具体形式如下:

(1)应酬式。适用于某些公共场合和一般性的社交场合,这种自我介绍最为简洁,往往只包括姓名一项即可。如:"你好,我叫张强。"

(2)工作式。适用于工作场合,它包括本人姓名、供职单位及其部门、职务或从事的具体工作这三项,又称工作式自我介绍内容三要素,通常缺一不可。如:"你好,我是腾讯电脑公司的销售部经理张强。"

(3)交流式。适用于社交活动中,希望与交往对象进一步交流与沟通。它大体应包括介绍者的姓名、工作、籍贯、学历、兴趣及与交往对象的某些熟人的关系。如:"你好,我叫张强,在腾讯电脑公司上班。我是李波的老乡,都是北京人。"

(4)礼仪式。适用于讲座、报告、演出、庆典、仪式等一些正规而隆重的场合。包括姓名、单位、职务等,同时还应加入一些适当的谦辞、敬辞。

"各位来宾,大家好!我叫张强,是腾讯电脑公司的销售部经理。我代表本公司热烈欢迎大家光临我们的展览会,希望大家……"

(5)问答式。适用于应试、应聘和公务交往。问答式的自我介绍,应该是有问必答,问什么就答什么。

"先生,您好!请问您怎么称呼?(请问您贵姓?)"

"先生您好!我叫张强。"

3.自我介绍的注意事项

要想使自我介绍恰到好处，不失分寸，就必须注意以下几方面问题：

(1)控制时间。自我介绍时要简洁，尽可能地节省时间，以半分钟左右为佳。为了节省时间，做自我介绍时，还可利用名片、介绍信加以辅助。

(2)讲究态度。进行自我介绍，态度一定要自然、友善、亲切、随和。应落落大方，彬彬有礼。既不能唯唯诺诺，又不能虚张声势、轻浮夸张。语气要自然，语速要正常，语音要清晰。

(3)真实诚恳。进行自我介绍要实事求是、真实可信，不可自吹自擂，夸大其词。

四、交谈礼仪

交谈是一种有来有往、相互认识、交流感情、交换信息的双边或多边活动。由于参与交谈的各方互为发言人和听众，所以平等参与和相互补益就成为交谈礼仪的核心。交谈是公共关系人员工作能力、社交能力的综合体现。

(一)交谈的基本要求

1.拥有良好的态度

在交谈时，态度是非常重要的。人们的交谈对象形形色色，说话前言不搭后语，反反复复、发音有误，甚至不男不女、不中不洋等，这样的毛病随处可见。但尺有所短，寸有所长，也许在许多废话中，就有一句对我们是有用的，这也是我们的收获。因此，交谈时要懂得摆正位置、接受别人，要有一个健康的、平等的、宽容的心态。日常人际交往中，与别人交谈，有五点非常重要：

(1)不要训斥别人；

(2)不要挖苦别人；

(3)不要纠正对方；

(4)不要随便质疑别人；

(5)不要随便去补充别人。

2.善于使用称呼语

巧用称呼语，能够创造和谐融洽的交际氛围。有人说，只有在称呼上尊重对方，才能继续良好的交往。因此，使用称呼语首先要建立在尊重对方的基础上。正式场合可以采用的称呼语有职务性称呼，如厂长、经理等；职称性称呼，如教授、工程师等；职业性称呼，如秘书小姐、司机同志等。还可以采用泛尊称，如同志、先生、女士、小姐等，或直接称呼对方的姓名。应避免用替代性或蔑视性称呼，如“嗨”“喂”“那个背包的”，以及把老大爷叫“老头”等。具体应把握以下四点：

(1)庄重典雅用敬称。可选用职务性或职称性称呼，如王教授、张经理等。

(2)亲切随意用昵称。在同事、朋友之间，可称呼对方的姓氏或名字，如小李、阿甘等。

(3)入乡随俗用方言。如在城市，可以称长辈为伯父、阿姨等；在农村，则可称长辈为大爷、大娘等。

(4)巧避尴尬用代称。如果不了解对方的基本情况，可用泛尊称，如先生、女士等。

3.注重副语言的运用

副语言在语言学中称为“类语言”，是指伴随着语言出现的音符、音速、语调、重音等语言现象，以及笑声、叹息声、哭声、呻吟声等。交际活动中较常见的副语言有语调、语速、语顿、重音等。

(1)语调，是指一句话中的高低起伏。语调分平直调、弯曲调、降抑调、高升调等常规类型。公关语言艺术中的语调既指对常规语调的运用，又需要根据公关活动的实际需要进行超常规运用。语调加上表情等体态语言的艺术化运用，不仅可以有效地表达思想，而且可能创造出异乎寻常的交流效果。

【案例9—6】

成功的悲剧表演

有一次，意大利著名的悲剧影星罗西应邀参加一个欢迎外宾的宴会。席间，许多客人要求他表演一段悲剧，于是他用意大利语念了一段"台词"，尽管客人听不懂他"台词"的内容，然而，他那动情的声调和表情，凄凉悲怆，不由得使人流下同情的泪水。可一位意大利人却忍俊不禁，跑出厅外大笑不止。原来，这位悲剧明星念的根本不是什么台词，而是宴席桌上的菜单。这个例子生动地证明了语调的作用与魅力。

(2)语速，是指说话的速度，即单位时间里吐词的数量。语速大致可以分为慢速、中速、快速三种类型。在通常情况下，人们用慢速表达平稳、沉重、悲哀等情感；用中速叙述平静和缓的事情；用快速传递迅猛、急迫、命令等信息。此外，艺术化的语速还指对三种语速综合的、超常的、巧妙的运用。

(3)语顿，是指口头语言中的语言停顿。常规的语顿出现在词语间、句子间和段落间，相当于书面语言的标点和转行。副语言中的语顿是指艺术化的超常规停顿。恰如其分的语顿，能造成悬念，形成犹如相声艺术中的"包袱"效果，产生非凡的听众反应。

(4)重音，是指口头语言中加重发音的语言现象和表达技巧。重音也可分为常规的语法重音和根据需要而设置的强调重音两种。前者是句子的语法关系的自然要求；后者是说话人为了加深接受一方对句子中某一主要信息的印象和感受，而对该部分词语加重发音而形成的。重音不仅是一种语言技巧，而且常常是发布某项信息时让公众更加明白的必然要求。

4.选择合适的交谈内容

合适的交谈内容，能创造出健康、愉快的谈话氛围，使交谈双方找到共同语言，谈话轻松、持久，并且能缩短彼此间的距离。在社会交往中，交谈内容要注意不能说什么和应该说什么。

(1)不能说什么。谈话内容应避讳的话题：①非议国家、政府或单位纠纷；②国家机密和行业秘密；③非议交往对象的内部事务；④背后议论领导、同事、同行的坏话；⑤谈论格调不高的问题；⑥涉及个人隐私的问题，具体包括个人隐私五不问：不问收入、不问年龄、不问婚姻家庭、不问健康问题、不问职业经历。

(2)应该说什么。在社会交往中，要注意用共同听懂的语言，讲大家都可参与的内容，如天气、艺术、体育等中性的话题。有四种宜选择的话题：①交往对象所擅长的话题；②格调高雅的话题；③轻松愉快的话题；④流行时尚的话题。

5.讲究交谈的形式

在人们交流中，交谈的形式主要应注意三个要点：文明、礼貌和规范。

(1)文明。即言谈用词要文雅，杜绝蔑视语、烦躁语、斗气语。用词文雅，既体现了一个人的修养，又能讨人喜欢。有些话，意思相同，说法不同就给人不一样的感觉。应该避免粗话、脏话、黑话、荤话等，这些都会降低谈话的格调，给人不舒服的感觉。如去吃饭说"撮一顿"，身材好说成"条挺"，夸人漂亮说"盘亮"，把钱称说成"一吨""一方"或"一棵"等。

(2)礼貌。就是要多使用礼貌用语，博得他人好感与体谅。应该做到来有迎声，问有答声，去有送声。

【小贴士】

常用的礼貌用语

问候语：用于见面的问候。如"您好！""早上好！"

告别语：用于分别时的告辞或送别。如"再见""晚安""留步"。

请托语：常用在向他人表示请求。如"请问？""拜托您帮我个忙"。

答谢语：答谢语应用范围很广，有些表示向对方的感谢，如"非常感谢！""劳你费心！"有些表示向对方的应答，如"不必客气""这是我应该做的"。

道歉语：做了不当的或不对的事，应立即向对方道歉。如"对不起，实在抱歉"。

征询语：常用在要为他人服务时。如"需要我帮忙吗？""我能为您做些什么呢？"

慰问语：表示对他人的关切。如"您辛苦了！""望您早日康复！"

祝贺语：当他人取得成果或有喜事时向其表示祝贺，如"恭喜！""祝您节日愉快！"

礼赞语：对人对事表示称颂、赞美。如"太好了！""美极了！""讲得真对！"

(3)规范。就是要讲普通话，吐字清楚、发音准确，通俗易懂、深入浅出，避免晦涩难懂、咬文嚼字，要让对方能听得明白。

6.运用好交谈的艺术

交谈是一门艺术，要想把握好，就必须将交谈建立在对对方感情、人格和自尊心尊重的基础上。在交谈中可以运用的艺术主要有以下几个方面：

(1)耐心倾听。耐心、目光关注，不轻易打断、纠正、质疑对方；及时予以回应，不显烦躁。

(2)善于提问。能打开僵局和沉默，善于诱导启发和堠出话题，转到中心主题上。

(3)调动气氛。用语言、语调、言词内容、个人情意营造谈话气氛，调动对方。

(4)幽默处理。通过语言反常组合构造幽默意境，营造谈话气氛，调动对方情绪，祛除忧虑愁闷。

(5)委婉含蓄。不直接提及不愉快的事情，用侧面言词来替代令人不悦的内涵；通过沉默、转折、诱导等方法否定，不直接说"不"。

(6)模糊回避。在某些语境和环境用宽慰式、回避式、选择式模糊语言传递信息。

(二)交谈技巧

谈话确实有技巧，俗话说："一句话使人笑，一句话也能使人跳。"法国大作家巴尔扎克曾说过："世界上第一个用鲜花来比喻美女的人是天才，第二个再用鲜花比喻美女的人是庸才，第三个还用鲜花比喻美女的人是蠢材。"可见，交谈中蕴涵了许多学问。

1.赞美的技巧

人人渴望被称赞。生活中，我们经常需要去称赞别人。真诚的赞美，于人于己都有重要意义。以别人来说，他的优点和长处，因你的赞美显得更加有光彩；对自己来说，表明了你已被别人的优点和长处所吸引。

美国心理学家威廉·詹姆士说:“人类本性上最深的企图之一是期望被赞美、钦佩、尊重。”渴望被赞扬是每个人内心中的一种基本愿望。

赞扬虽不是包治百病的“灵丹妙药”,但往往对人产生深刻的影响,有的赞扬甚至能改变人的一生。英国文豪狄更斯年轻时潦倒不堪,写稿不断被退稿。有一天,一名编辑承认了他的价值,写信夸奖了他。这个赞扬改变了狄更斯的一生,从此世界上多了一个伟大的文学家。

赞美是件好事情,但并不是一件简单的事。若在赞美别人时,不审时度势,不掌握一定的艺术和技巧,即使你是真诚的赞美,也会使好事变为坏事。在社交场合赞美别人的语言表达方式有很多,现列举几种:

(1)实事求是,措辞适当。赞美要恰如其分,不能太离谱。适当的赞美应当是在对方原有期望的基础上略加提高,既不会贬低别人,也能满足对方且不至于令其飘飘然。措辞也要适当、具体,不能太笼统,否则会给被赞美者虚无缥缈的感觉,令对方产生怀疑,从而感到你的赞美虚伪。一位母亲赞美孩子:“你是一个好孩子,有了你,我感到很欣慰。”但如果说:“你真是一个天才,在我看到的小孩子中,没有一个赶得上你的。”可能会把孩子引入歧途。

(2)赞美对方引以为荣的闪光点。每个人在成长发展的历史过程中都满载着历史纪录,其中不乏自己引以为荣的闪光点。找到这些闪光点加以赞美,会让对方感到自豪和骄傲,让人更容易接受。美国“优美座位公司”经理亚当森向柯达公司伊斯门经理推销座椅时,他进入伊斯门经理的办公室后,有意识地仔细观察了办公室的精致装修,然后说:“这办公室设计得太有格调了,我从来没有见过装修得这么精致的办公室。”他的赞扬激发了办公室设计者伊斯门的兴奋点,不仅和他签下了大量订单,而且两人结下了终生的友谊。

(3)间接地赞美他人。有时,如果直接赞美对方,不免有恭维、奉承之嫌。若以“第三者”的口吻来赞美,更能得到对方的好感和信任。因为一般人的观念中,总认为“第三者”所说的话是比较公正、实在的。如:“你真是漂亮,难怪××一直说你看上去总是那么年轻!”“听小何说,你的篮球打得特棒!”

(4)赞美要热情具体。缺乏热诚的空洞的称赞并不能使对方感到高兴,有时甚至会由于你的敷衍而引起对方的反感和不满。称赞别人,要尽可能热情些、具体些。比如:“你这篇文章写得好,特别是后面一个问题写得很有新意。”“你这件衣服很好看,这种款式特别适合你的年龄。”“你的歌唱得真好听,不熟悉你的人没准还以为你是专业歌手呢。”

(5)赞美要适度。适度的赞美,会使人心情舒畅;否则,使人难堪、反感,或觉得你在拍马屁。一般应注意以下两点:①赞美的方式和题材要适宜,即针对不同的对象、场合,赞美的方式和题材也应有所不同。比如,对年长者,可赞美他的健康、经验、知识、地位或成就;对同辈人,可赞美他的精力、才干、业绩和风度;初见面者,则主要赞美其可见的外表或已知的实绩;在公共场合,赞美对方那些可引起众人同感的品德、行为、外表和长处;到别人家中做客,则可赞美其孩子的聪明、妻子的烹调手艺或家居布置;等等。②赞美的频率要适当。在一定的时间内赞美他人的次数越多,赞美的作用就越小,对同一个人尤其如此。

2.说服的技巧

说服就是改变他人的意见、见解、思想和态度。说服的精髓在于使对方理解。卡耐基说过:没有人喜欢被强迫购买或遵照命令行事,如果你想赢得他人的合作,就要征询他的愿望、需求及想法,让他觉得是出于自愿。

(1)站在对方的角度思考问题。一位心理学家说过:“说服就是站在傻瓜的立场上去劝导傻瓜。”就是说,要说服对方,必须先了解对方,才能摸清问题的症结所在,也才能想出对策去说服对方。没有感情上的共鸣,没有对对方心态情况的捕捉(包括欲望、期待、认识及原因),说服只能是瞎子点灯。例如,19 世纪,在维也纳上层社会的妇女中,时兴一种筒高、檐宽的帽子,而且在帽檐上装饰有五颜六色的羽翎。女士们一进入剧场,观众就只能看到她们戴的帽子,而看不见戏台,剧场经理只好请求女士们脱下帽子,可谁都不予理睬。这时经理灵机一动,说:“年纪老一点的女士可以照顾不脱帽。”结果,女士们都把帽子摘了下来。

(2)恰当运用身体语言。说服时,身体语言也十分重要。微笑、眼神的接触,恰当的手势都能增强你的说服力。

【案例 9—7】

巧劝职员剪长发

日本有一家大商社招收了一批新职员,经过笔试,成绩合格的考生来到人事部进行面试。主考官见不少考生留着长发,心里很为难,因为商社规定男职员不得留长发。如何让这些刚刚步入社会、朝气蓬勃的年轻人剪去长发留短发呢?不能硬来,否则容易伤害年轻人的自尊心,激起逆反心理,结果会事与愿违。主考官看了看人事部经理,灵机一动,高声说道:“诸位都是前程似锦的优秀青年,鄙商社对于职员的仪表一向持开明的态度,例如,头发长度只要在本人和人事部经理之间就可以了。”主考官留着高仓健式的板寸,众人的目光转移到人事部经理头上,经理满脸笑容,向众人欠了欠身,缓缓摘下了帽子,露出了锃亮的光头,众人哄堂大笑。第二天,这批新职员都剪去了长发,理了精干的短发。

(3)以退为进。即欲擒故纵。春秋时期的齐相晏子最擅长使用这种方法。据《晏子春秋》记载,齐国有人得罪了齐景公,齐景公大怒,命人将他绑起来,置于殿下,召集武士来肢解他,有敢劝谏的,定斩不饶。晏子左手持着那人的头,右手磨着刀,仰面向齐景公问道:“你知道古代贤明的君主要肢解人时,从哪里开始下刀吗?”齐景公顿时明白,说:“把这人放了吧,过错在寡人。”

【案例 9—8】

规劝领导出新招

海外某公司的待遇很差,职工苦不堪言。有一天,公司的一位高级职员针对近来迟到人数逐渐增多这一现象,对领导说:“初级职员上班实在是个问题!”领导问:“道理何在?”这位高级职员说:“坐人力车吧,觉得车费太贵;坐电车吧,又苦于挤不上去,而且每月所出的电车费,也不胜负担,让他们如何能解决这个问题?”高级职员一副毫无办法的样子。领导接着说:“以步当车嘛,一文不费,而且可以借此运动身体,不是很好的办法吗?”高级职员摇了摇头:“不行,鞋袜走破了,他们买不起新的。我倒有一个办法,希望领导出一个布告,提倡赤足运动,号召大家赤脚走路上班,这个问题不就解决了吗?谁让他们命运太坏,生在这个时候!谁让他们不去想发财的门路,却当苦命的职员!他们坐不起电车、人力车,也不能鞋袜整齐地到公司上班,都是活该!”他一面说一面笑,公司领导不好意思只好同意改善一下部属待遇。

(4)逻辑诱导。运用逻辑推理,层层递进,因势利导地说出令对方不得不心悦诚服的结论,从而达到改变对方态度的目的。项羽少年时很喜欢树木。有一天,他见一位年老的邻居正要砍掉庭院中的一棵大桂树,忙走过去问其故。老伯伯深深地叹了口气,说:“我这些年很贫穷,还不是因为这庭院四四方方,有了这棵桂树,便成了一个‘困’字,树植院中不吉利,所以想狠狠心把它砍掉。”项羽听后拱手道:“院中桂树倒了留下了人,依你的说法,这不是成了‘囚犯’的‘囚’字吗? 岂不更不吉利?”

(5)类比借喻。采用类比借喻的方法,既可以使道理讲得形象易懂,又往往能够避开对方的心理界限,使其在不知不觉中心扉洞开、获得启发,从而改变原有的态度。有一次,法拉第作完电磁感应理论的学术报告后,一个贵妇人有意挖苦他说:“教授,你讲的这些东西有什么用处呢?”法拉第诙谐地回答:“夫人,你能预言刚生下的孩子有什么用吗?”

(6)心理接触。即融情动心法。曾经有一句格言:“一滴蜜比一加仑胆汁更能吸引苍蝇。”唐代大诗人白居易也说过:“动人心者莫先乎情。”如果你想说服一个人,首先要用一滴蜜赢得他的心,引起“情感共鸣”,达到说服目的。有一位老师接了一个“差”班,开学第一天,他亲切地对同学们说:“有人说我们是处理品,垃圾班,这是没有道理的。就拿体育锻炼来说,我们班不但不是‘垃圾班’,而且可能争当先进班……”一席话使同学们从低落的情绪中振奋起来,在自卑的心理中树立起了信心。

(7)以理服人。即以道理来说服对方。十月革命刚胜利时,广大农民怀着对沙皇的巨大仇恨,要求烧掉沙皇宫殿。领导做了许多工作,但农民们置之不理。没有办法,最后只好由列宁出面了。列宁问农民:“沙皇住的房子是谁建造的呀?”农民们说:“是我们建造的。”列宁又问:“我们建造的房子,不让沙皇住,让我们自己的代表住,好不好?”农民们齐声答好,放弃烧房。

(8)请君入“彀”。即根据对方的看法和观点,设置一个个问题,引导对方,暴露自相矛盾之处。最后用他自己的话来否定他自己的看法和观点,从而达到说服的目的。《三国志》中有一记载:曹操用的马鞍被老鼠咬坏了。曹操认为这是不吉之兆,要处死管理仓库的官吏。曹冲获悉后,戳破了自己的衣服,状如鼠咬一般,到曹操面前故作愁容。曹操问他原因,曹冲乘机答道:“世上一般人认为被老鼠咬破衣服的主人不吉祥,现在我的单衣被老鼠咬破,所以忧愁。”曹操忙劝慰说:“老鼠咬破衣服,主人就不吉祥,这全是无稽之谈,何用忧愁。”后来管仓库的官吏来向曹操请罪,曹操只得一笑了之。

3.谦虚的技巧

谦虚是一种美德,是人类高尚的品质。古希腊哲学家苏格拉底曾说过:“谦虚是藏于土中甜美的根,所有崇高的美德由此发芽生长。”但谦虚如表达不当,则会弄巧成拙、适得其反。因此,表达谦虚有赖于恰当的形式,可采用以下几种方法:

(1)分功他人——却让法。谦虚并不意味着不肯定成绩,而在于既对成绩本身有一个正确的评价,又对取得的成绩有一个清醒的认识。尤其是在客观原因方面,不要忽视他人所起的作用及偶然的机遇等因素。某公司的副总经理才30出头,许多人都夸他能举重若轻,把公司工作处理得井井有条。而他总是说:“这主要得力于几位中层干部,他们经验丰富,平时工作积极主动,各负其责,我当然就不需要操多少心了。”谦虚,正是他取得成功的法宝。

(2)强调努力——侧重法。有时候,为了说明自己为什么取得某些成就,人们不免要对自身因素做出评判。自身因素包括多方面的内容,诸如品德、才智、思维方式、心理素质、努力程度等。谦虚者所强调的往往是后天因素、努力因素,因为这类因素较易为人们效仿,具有更大的启发意义和学习价值。当有人称赞鲁迅先生是天才时，鲁迅说："哪有什么天才，我只是把别人喝咖啡的时间都用在工作上而已。"

(3)找出不足——对比法。与自满相反，谦虚是一种积极的人生态度，也是一种有益的思维方式，其特点是朝前看、朝上看，在广泛对比中关注的是他人的长处、强者的水平、未来的需要，因而总能找到自己的不足，在成绩面前不骄不躁，保持永不满足的进取心。自满之人，喜欢以自己的长处与别人的短处相比，气量狭窄，嫉贤妒能。虚心之人，喜欢以自己的短处与别人的长处相比，见贤思齐，求贤若渴。以长比短，越比越短；以短比长，越比越长。在某单位的一次公开招聘中，左某战胜了其他几位竞争对手登上了经理宝座，许多同事对他表示祝贺和赞赏，有人甚至当众夸奖他是几位候选人中实力最强的。左某却坦诚地说："其实，几位候选人各有千秋。论管理我不如老陈，论经营我不如老周，论公关我不如小王。"后来，左某不但以诚意挽留了这几位竞争者，而且在组阁时根据其特长作了相应安排。宽厚的气度使他赢得了大家的尊重，也使他在工作中取得了显著成就。他上任后没多久就使单位扭亏为盈，蒸蒸日上。

(4)幽默调侃——冲淡法。有时候，他人的称赞恰如其分，若否定则有悖于事实，若肯定则有沾沾自喜之嫌，不妨采用自嘲、夸张、巧辩等形式的讥笑，将对方的称赞加以冲淡、化解或变换。某小伙子长得高大健美，人见人夸，他总爱这样说："吃了饭只长个子不长心眼，当然四肢发达啦。"克雷洛夫是位有名的寓言大师，他写的寓言被译成53种语言。当他的朋友称赞他的书写得好、销路广时，他风趣地说："不是我的书写得好，是因为我的书是给孩子们看的，他们容易把书弄坏，所以印得多。"调侃得随意，谦虚得别致。

4.拒绝的技巧

在纷繁复杂的生活舞台上，无论你扮演什么角色，都少不了会有人求你做一些你不该做、不愿做或者是根本就做不到的事。面对这些不知深浅的求助者提出来的非分请求，我们必须学会拒绝。合情合理地运用推却艺术拒绝他人，既能使自己有效地远离烦恼，又能使对方免于尴尬。

(1)顺承推却——寻找对方的退路，迫其退步。有些人向人提过头要求时总是慎之又慎，生怕因遭回绝而陷入尴尬。所以，在求助辞中或曲或直给自己留着退路。如果我们确信对方的要求无法予以满足，就应及时抓住求助辞的退路信息，迫使对方主动下台阶。例如，一村医早晨起来就开始巡诊，中午1点多了，后面还跟着几个接医生的病人家属。他想回家吃完饭再接着工作，一家属却拦着路："我知道你已经很饿了，不过还是给我妈妈看完病再吃饭吧。看一个病人也用不了多长时间。"医生说："理解万岁！谢谢你知道我已经很饿了，那你怎么还拦我呢？看一个病人确实用不了多长时间，可大家都像你这么说，我不早就饿成相片了？"拦路人只好沿着自己的退路下台阶了。

(2)转折推却——制造相反的语境，取得主动。当对方喜气洋洋或者悲情切切地向你提出某个请求的时候，如果你仍然以自己的"亲情"或"公事"为理由拒绝对方，则容易被对方误认为你是"不尊重友情""不可靠"的人，甚至是"势利小人"，因此而伤害了双方的友谊。这时候，"盛情难却"，你首先要在语言和行动上表明诚意，之后再利用"但是"把求助辞折入相反的语境，以化解和削弱求助辞的信息量，让对方不知不觉便顺从于你，达到推却的目的。例如："你们厂的新发明获得专利，这是一件大喜事，真该好好庆贺一番，只是我今天已有约在先，要去参加商务谈判并签订协定，参加的单位代表很多，不好更改日期，过后我一定登门道贺，好吗？"这样，由于自己的诚意和重视，对方是很容易谅解的。

(3)客观推却——理出实情的脉络,恪守方寸。有时,求助者只想着把自己的事办成,凭着一股主观愿望,完全不管别人是否能够做到,而一味强求。遇到这种情况,我们可以摆出事情的实际情况和自身所限定的能力,让客观事实告诉对方,自己是无能为力的。这样对方也就不好强求了。一次小李风风火火地告诉老赵说:“现在正在考核呢,你知道吗?就在二楼办公室。你一定能得优秀,可你要优秀没用,我求求你把优秀让给我吧。你上二楼一趟,跟考核领导小组的人说一下,公布后就晚了。”面对小李有些失态的求助,老赵说:“你评上优秀,或是把我的优秀给人,我都没意见,可二楼我不能去。如果领导没评我优秀,人家会说:‘开什么玩笑?你的优秀还不知在什么地方呢,还张罗给别人呢。’如果我被评上优秀,人家会说:‘这是严肃的工作考核,你有什么资格拿优秀送人情呢?这事要能做得,还轮得着你?’领导怎么说都是理,我怎么上楼?所以二楼我无论如何也去不得。你说呢?”

(4)依法推却——筑起法制的堤防,水来堰挡。当求助者的要求比较强烈,且明显有悖于法律法规时,最好是让法律为你说话。在情与法的矛盾冲突中,我们要表现出对法的相应的无奈来,以引导对方就范,自觉放弃无理请求。筑起法律的长堤,洪水再大,料也无妨。例如,乡下的小姜打架打伤了人,派出所要他拿 3 600 元给对方付医药费。小姜不服,跑到城里找在县政府工作的姐夫撑腰。姐夫说:“拿医药费是你必须承担的民事责任。这是有条文规定的,我也没办法。人家知道我给你当后台老板,你又一个子儿不出,人家岂能善罢甘休?闹到法院你也少拿不了。反正两条道,如果你不出钱,找我也白搭,我管不了;如果你愿意出钱,那就给人家送去好了,找我有什么用?”

(5)谦恭推却——巧拨赞誉杠杆,别有妙处。在实际工作中,常会遇到这种情况,有些人本来自己能够做、也是他应该做的事,偏要找一些这样或那样的借口求人代劳。这时,对对方大加恭维,让对方在赞誉声中有所收敛,你便可乘势脱身。甲要参加省里的论文比赛,可他自己懒得动脑,偏要求乙执笔为他写文章。乙说:“哟!咱俩同学那么多年,你的文才谁不知道,你是咱们系大名鼎鼎的高才生啊,耍笔杆子谁能比得上你?对不起,我可不能辱没你的名声,还是你自己写吧。我做你的第一读者倒是胜任的。”

五、电话礼仪

电话被现代人公认为便利的通信工具,在日常工作中,电话交谈的语言很关键,它直接影响一个公司的声誉。在日常生活中,我们通过电话也能粗略判断对方的人品、性格。因此,掌握正确、礼貌的接打电话方法是非常必要的。

(一)接电话礼仪

接打电话都应做到语调热情、大方自然、声量适中、表达清楚、简明扼要、文明礼貌。不能叼着香烟、嚼着口香糖或者吃着东西接打电话。对接听电话而言有以下几点需要注意:

(1)及时接听并自报家门。一般来说,在办公室里,电话铃响 3 遍之前就应接听,3 遍后就应道歉。如果受话人正在做一件要紧的事情不能及时接听,代接的人应妥为解释。同时要先问好,再自报家门以让对方确认打电话对象的正误。这样会给对方留下好印象,并让对方觉得自己被看重。

(2)确认对方。对方打来电话,一般会自己主动介绍。如果没有介绍或者没有听清楚,应该主动询问。如果对方找的人在旁边,应说:“请稍等。”然后用手掩住话筒,轻声招呼你的同事接电话。如果对方找的人不在,应及时告诉对方。如果需要留言,一定要将记录的内容向对方重述一遍,以确保转达内容准确无误。

(3)讲究艺术。接听电话时,应注意使嘴和话筒保持4厘米左右的距离;要把耳朵贴近话筒,仔细倾听对方的讲话。一般由对方结束通话挂机后,接听方再轻轻把话筒放好。

(4)调整心态。拿起电话听筒时,一定要面带笑容。因为笑容会藏在声音里!亲切、温情的声音会使对方马上产生良好的印象;反之,对方则会觉得缺乏热情。

(5)用左手接听电话。左手拿话筒,方便右手准备纸笔,随时记录有用信息。

(二)打电话礼仪

打电话时,需要注意以下几点:

(1)要选好时间。打电话时,如果不是重要事情,尽量避开受话人休息、用餐的时间,而且最好不要在节假日打扰对方。

(2)要掌握通话时间。打电话前,最好先想好要讲的内容,以便节约通话时间,不要现想现说,通常一次通话不应长于3分钟,即所谓的"3分钟原则"。

(3)要态度友好。通话时不要大喊大叫,震耳欲聋,态度要谦和、友好。

(4)要用语规范。通话之初,应先做自我介绍,不要让对方"猜一猜"。请受话人找人或代转时,应说"劳驾"或"麻烦您",得到帮助后的感谢语、结束时说再见都是必不可少的。

(三)移动电话使用的礼仪

在移动电话越来越普及的今天,其使用过程中应该有几个方面需要加以注意:

(1)安全使用。从商业秘密角度讲,移动电话不适合传递重要信息。同时,还要遵守关于安全的若干规定,比如,开车的时候不打手机;空中飞行时手机要关机;医院、加油站等地也不能使用手机。如果没有极特殊情况,不应该借用别人的手机。

(2)文明使用。即要有尊重人、关心人、体谅人的感觉。比如,公众场合要养成手机改成震动或者静音甚至关机的习惯,不要在大庭广众面前手机频频响起,更不要在人多之处接听电话。发手机短信,应尽量是有效的、有益的信息。

(3)规范使用。它包括三个细节:

①按照一般电话的礼仪规则去遵守;

②手机不宜相互借用;

③适当地携带,即手机尽量放在包里,不要挂在脖子或腰上等。

六、礼品礼仪

在公共关系交往中,一件恰当的礼品既可以增进人与人之间的了解,又可以表达出自己待人的友善之情。那么选择什么样的礼品,以什么样的方式去赠予才能表达这份情意呢?

(一)礼品的选择

礼品的选择应因人因事因地进行,即针对不同的受礼对象区别对待。一般来说,可做如下选择:

(1)对家贫者,以实惠为佳;

(2)对富裕者,以精巧为佳;

(3)对恋人、爱人、情人,以纪念性为佳;

(4)对朋友,以趣味性为佳;

(5)对老人,以实用为佳;

(6)对孩子,以启智新颖为佳;

(7)对外宾,以特色为佳。

作为公共关系礼品,更要突出礼物的宣传性、纪念性、独特性及便携性的特点。

【案例 9—9】

江泽民送给叶利钦的礼物

江泽民任国家主席时,一次出访俄罗斯,曾向叶利钦赠送了一盘由中国制作的关于反法西斯的歌曲配画的录像带。这盘长达 1 小时 50 分钟的录像带名为《神圣的战争——苏联卫国战争歌曲回顾》,是由冯声华编导,五岳公司和广州艺宝影音制作传播公司联合制作的。《神圣的战争》选用了《神圣的战争》《我到过世界不少地方》《小路》《夜莺》《灯火》等 13 首苏联歌曲,均由苏联功勋艺术团演唱。画面全都是苏德双方军事记者拍摄的极其珍贵的电影资料。通过歌曲和画面,讲述了苏联人民奋起抗击法西斯入侵的辉煌业绩,展示了主要战役,介绍了双方的政治领导人和将领。

据悉:当片子在俄罗斯驻华使馆放映时,引起了强烈的反应,许多人热泪盈眶。一些官员说:"尽管片子中反映的是我们苏联人民在卫国战争中的事情,但许多画面是第一次看到。从片子中可以感到最了解苏联的是中国人民,你们能够想到制作这样的片子说明了你们对我们的深厚情谊。"

(摘自:www.doc88.com)

(二)赠礼礼仪

要使交往对象愉快地接受馈赠,并不是件容易的事情。因为即便是你在馈赠原则指导之下选择了礼品,如果不讲究赠礼的艺术和礼仪,也很难使馈赠成为社会交往的手段,甚至会适得其反。那么,馈赠时应注意哪些艺术和礼仪呢?

1.注意礼品的包装

精美的包装不仅使礼品的外观更具艺术性和高雅的情调,并显现出赠礼人的文化和艺术品位,而且还可以使礼品保持一种神秘感,既有利于交往,又能引起受礼人的兴趣和探究心理及好奇心理,从而令双方愉快。

2.注意赠礼的场合

赠礼场合的选择,是十分重要的。尤其是出于酬谢、应酬或有特殊目的的馈赠,更应注意赠礼场合的选择。通常情况下,给关系密切的人送表达特殊情感的特殊礼品时,不宜在大庭广众面前赠送,应在私下进行,以免给公众留下关系密切完全是靠物质的东西支撑的感觉。赠礼是为巩固和维持双方的关系,因此赠礼时应当着受礼人的面,以便于观察受礼人对礼品的感受,并适时解答和说明礼品的功能、特性等,还可有意识地向受礼人传递选择礼品时独具匠心的考虑,从而激发受礼人的感激和喜悦之情。

3.注意赠礼时的态度、动作和言语表达

只有那种平和友善的态度和落落大方的动作,并伴有礼节性的语言表达,才是令赠、受礼双方所能共同接受的。那种做贼似地悄悄将礼品置于桌下或房中某个角落的做法,不仅达不到馈赠的目的,甚至会适得其反。

4.注意赠礼的具体时间

赠送礼品没有严格的时间限制，一般习惯是：送花可以在迎送初期；会谈会见时一般在起身告辞时赠送；签字仪式一般在仪式结束时互赠礼品。如果是在用餐时赠送礼品，则习惯是：正式宴会如果有礼品互赠仪式，应按计划在相应时间段赠送，除此之外，一般是在临近结束时赠送；家宴一般在开始前赠送。如果是为了祝贺欢庆，则一般是开始时或者提前赠送。

（三）受礼礼仪

（1）受礼者应在赞美和夸奖声中收下礼品，并表示感谢。一般应赞美礼品的精致、优雅或实用，夸奖赠礼者的周到和细致。按中国传统习惯，还要伴有谦恭态度的感谢之辞。

（2）表达喜爱之意。双手接过礼品，视具体情况或拆看或只看外包装，还可伴有请赠礼人介绍礼品功能、特性、使用方法等的邀请，以示对礼品的喜爱。

（3）适时回礼。只要不是贿赂性礼品，最好不要拒收，可以找机会回礼。驳他人的面子总是令人不愉快的。

（四）不适宜赠送的物品

（1）刀。赠送刀子被认为含有一刀两断的意思。但有两种刀有时可以作礼品赠送：一种是特别富有民族特色的礼品刀（如阿拉伯弯刀）；另外一种就是瑞士军刀。

（2）钟和鞋子。钟或代表死亡，或代表浪费时间，因此不作礼品送人；鞋子往往被认为不洁或不吉利，也应避免作为礼品。

（3）药品。药品与疾病、不健康或死亡相联系。但保健品在很多国家受到欢迎。

（4）动植物活体、生鲜食品、种子不宜送外国来访客人。许多国家有很严格的动植物检疫法，不允许此类东西进入国门。

（五）回礼的时机与方式

一般而言，来客应该赠送礼品，主人则应回礼。回礼的方式可以有很多种，既可以回赠一定物品，也可以用款待对方的方式来回礼。如果是回赠礼品，应注意以下几点：

（1）不超值。回礼的价值一般不应超过对方赠送的礼品，否则会给人攀比之感。

（2）理由恰当。收到私人赠送的礼品回礼时，应该有一个恰当的理由和合适的时机，不能为了回礼而不选时间、地点，单纯回送等值的物品。

（3）时机适宜。分别时是最好的回礼时机之一。

第四节　餐饮礼仪

现代社会，餐饮活动已经成为一项重要的交际形式。因此，通晓宴请礼仪，熟悉中、西餐礼仪差别，并能规范地品茶、喝咖啡，不但能展示出公共关系人员的素养与品位，更能提高其社交能力。

一、宴请礼仪

宴请就活动的性质、目的而言，有礼仪性的、友谊性的和工作性的三种；在规格上分为国宴、正式宴会、便宴、家宴；在形式上，常见的有宴会、冷餐会和酒会；在餐别上，又有中餐宴会、西餐宴会和中西合餐宴会；在时间上，又有早宴、午宴和晚宴的区别。

(一)宴会的准备

宴会的准备工作一般有以下几方面:

1.确定好宴会的名义

这是指在对外宣传口径上所公布的宴会主办单位或主持人。这关系到宴会的档次和规格,即以此确定是正式宴会还是非正式宴会,是郑重其事还是家常便饭。原则上宴会主持人的确定要兼顾客人的身份。对外宴会的主持人,一般应为出面接待外宾的身份最高者担任。国内宴会的主持人,通常应为宴会主办单位的最高负责人,邀约客人应当以他个人名义。

2.确定宴会参加者的范围

这是指要根据宴会的性质、目的、主宾的身份及双方的关系及习惯做法和国际惯例等来确定宴请的标准、邀请对象及出席作陪的人员和数量。一般主方和客方的人数要比例适当,未被邀请的人员不可进入宴请活动场所。

3.确定好宴会的形式、时间和地点

宴会形式取决于自己的习惯做法,我国一般以中餐宴会为主,一些冷餐会、酒会正在逐步代替一些正式宴会。而时间的选定,应以主、客双方都方便为宜。一般公务性的安排在白天,商务性的安排在晚上。而晚宴在国际惯例中又被视为规格最高的宴会。宴会地点的选择一般要根据宴会规格确定。如官方正式隆重的活动,一般安排在政府、议会大厦或星级高的宾馆饭店的大厅举行。总之,要从氛围营造考虑。因为不同的地点可营造不同的效果。

4.准确填写并及时发出请柬

请柬内容填写要规范。一般要填写好主题、形式、时间、地点、主人的姓名。其中人名、单位名、节日名等应尽量采用全称。请柬填写好后要及时发出。一般应在两三周前发出,至少也要提前一周。已口头邀约好的也以补送请柬备忘为好。为了方便掌握和安排座位,可要求被邀请者收到请柬后给予答复。也可以在请柬发出后,电话询问对方是否出席。比较隆重、正式的大型宴会,最好先排好座位,并在请柬左下角注明席次号。

5.确定好宴会的菜单

菜单讲究色香味俱全,荤素搭配合理,菜名吉祥,主菜价值高贵。即使是普通的家常便饭,点什么菜都得重视客人的口味与忌讳或宗教习俗,尤其是主宾的年龄、性别、健康、民族饮食和个人特殊的口味。在正式的宴会上,菜单至少要一桌一份,或是人手一份,以便使大家在用餐时可以各取所需,量力而行。

6.认真安排好宴会的各项服务

宴会举行之前,组织者一定要安排好宴会的各项服务工作。如宴会厅附近设立休息厅、吸烟室、存衣处,安排好宴会厅门口的迎宾员、引导员及休息厅的接待人员等。

7.认真安排宴会的座次

安排席位是正式宴会开始前的重要准备工作之一。每个席位上放置好席位卡,大型宴会桌次多,每个餐桌上要放桌次卡。这样既方便宾主入座、服务员上菜,也有利于宴会的统一管理。宾客入场时,宴会厅门口的领台员要上前热情引导入座。宴会排座时要根据国内外习惯的不同来进行。按我国习惯,通常情况是面朝入口处的座位为主人座位;主人对面是副主人位置;主人的右边为主宾,左边为第二副主宾;副主人位置的右边为第一副主宾;其余按先右后左顺序依次类推。按照国外的习惯,座次安排通常是主宾在主人右边;主宾夫人在主人的左边,男女应穿插安排。在具体安排席位时,还要考虑其他一些因素,如客人之间的关系是否融洽、客人身份高低是否相当、语言沟通是否有障碍等。

(二)宴会中主人的礼仪

1.迎宾

宴会开始前,主人应站在大厅门口迎接客人。对规格高的贵宾,还应组织相关负责人到门口列队欢迎,通称迎宾线。客人来到后,主人应主动上前握手问好。

2.引导入席

主人请客人走在自己右侧上手位置,向休息厅或直接向宴会厅走去。如至休息厅,则由服务人员帮助来宾脱下外套,接过帽子,待客人坐下后送上饮料。若直接进入宴会厅,主人陪主宾进入主桌,接待人员引导其他客人入席后,宴会即可开始。

3.致辞、祝酒

正式宴会一般都有致辞和祝酒。但时间不尽相同。我国习惯是在开宴之前讲话、祝酒、客人致答辞。在致辞时,全场人员要停止一切活动,聆听讲话,并响应致辞人的祝酒,在同桌中间互相碰杯,这时宴会正式开始。西方国家致辞、祝酒习惯安排在热菜之后、甜食之前,至于冷餐会和酒会的致辞则更灵活些。

4.服务顺序

服务人员侍应,要从女主宾开始;没有女主宾的,从男主宾开始。接着是女主人或男主人,由此向顺时针方向进行。规格高的,由两名服务员侍应,一个按顺序进行,另一个从第二主人右侧的第二主宾至男主宾前一位止。

5.斟酒

斟酒在客人右侧,上菜在客人左侧。斟酒只需至酒杯 2/3 即可。

6.制造气氛

用餐时,主人应努力使宴会进行得气氛融洽,活泼有趣。要不时地找话题进行交谈。还要注意主宾用餐时的喜好,掌握用餐的速度。

7.道别

客人用餐完毕,吃完水果后,在客人告辞时,主人应热情送别,感谢他们的光临。

(三)赴宴的礼仪

宴会是否成功,主人处于主导地位,主人要以客人的需要、习惯、兴趣安排一切。而应邀赴宴客人的密切配合也是绝不可忽视的。

1.应邀

接到邀请后,不论能否赴约,都应尽早做出答复。不能应邀的,要婉言谢绝。接受邀请的,不要随意变动,按时出席。确有意外,不能前去的,要提前解释,并深致歉意。作为主宾不能如约的,更应郑重其事,甚至登门解释、致歉。

2.掌握到达时间

赴宴不得迟到。迟到是非常失礼的,但也不可去得过早。去早了主人未准备好,难免尴尬,也不得体。

3.抵达

主人迎来握手,应及时向前响应,并问好、致意。

4.赠花

按当地习惯,可送鲜花或花篮。

5.入席

在服务人员的引导下在自己的座位卡处入座。

6.姿态

坐姿自然端正,不要太僵硬,也不要往后倒靠在椅背上。肘不要放在餐桌上,不要托腮,眼光随势而动,不要紧盯菜盘。

7.餐巾

当主人拿起餐巾时,客人方可拿起餐巾,打开放在腿上防止菜汤滴在身上。餐巾也可用来擦拭嘴角,但不可用来擦餐具,更不要用来擦脖子抹脸。

8.进餐

进餐时要文明、从容。闭着嘴细嚼慢咽,不要发出声音,喝汤要轻啜,对热菜热汤不要用嘴去吹。骨头、鱼刺吐到筷子上、叉子上,再放入骨盘。嘴里有食物时不要说话。剔牙时,用手遮住。就餐过程中,不得解开纽扣、松开领带等。

9.交谈

边吃边谈是宴会的重要形式,应当主动与同桌人交谈,特别注意同主人方面的人交谈,不要总是和自己熟悉的人谈话。话题要轻松、高雅、有趣,不要涉及对方敏感、不快的问题,不要对宴会和饭菜妄加评论。

10.退席

用餐完毕,应起立向主人道谢告辞。

二、中、西餐礼仪

(一)中餐礼仪

和西餐相比较,中餐的一大特色就是就餐餐具有所不同。这里主要介绍一下常见的中餐餐具使用礼仪。

1.筷子

筷子是中餐最主要的餐具。使用筷子,必须成双使用。用筷子取菜、用餐的时候,要注意下面几个"小"问题:

(1)不论筷子上是否残留着食物,都不要去舔。

(2)和人交谈时,要暂时放下筷子,不能一边说话,一边像指挥棒似地挥舞着筷子。

(3)不要把筷子竖着插放在食物上面。因为只有在祭奠死者时才用这种插法。

(4)严格筷子的职能。筷子只是用来夹取食物的。用来剔牙、挠痒或是用来夹取食物之外的东西都是失礼的。

2.勺子

勺子的主要作用是舀取菜肴、食物。有时,用筷子取食时,也可以用勺子来辅助。尽量不要单用勺子去取菜。用勺子取食物时,不要过满,免得溢出来弄脏餐桌或自己的衣服。在舀取食物后,可以在原处"暂停"片刻,汤汁不再往下流时,再移回来享用。取到的食物要立即食用或放在自己碟子里,不要再把它倒回原处。而如果取用的食物太烫,不可用勺子舀来舀去,也不要用嘴对着吹,可以先放到自己的碗里等凉了再吃。不要把勺子塞到嘴里,或者反复吮吸、舔食。暂时不用的勺子应放在自己的碟子上,不要把它直接放在餐桌上,或是插在食物中。

3.盘子

稍小点的盘子就是碟子，主要用来盛放食物，盘子在餐桌上一般要保持原位，而且不要堆放在一起。这里着重介绍的是一种用途比较特殊的盘子——食碟。食碟的主要作用，是用来暂放从公用的菜盘里取来享用的菜肴的。用食碟时，一次不要取放过量、多种菜肴，这样既繁乱又会“窜味”，不好看，也不好吃。不吃的残渣、骨、刺不要吐在地上、桌上，而应轻轻取放在食碟前端，放的时候不能直接从嘴里吐在食碟上，要用筷子夹放到碟子旁边。如果食碟放满了，可以让服务员更换。

4.水杯

水杯主要在盛放清水、汽水、果汁、可乐等软饮料时使用。不要用它来盛酒，也不要倒扣水杯。另外，喝进嘴里的东西不能再吐回水杯。

5.餐巾

中餐用餐前，比较讲究的话，会为每位用餐者上一块湿毛巾。它只能用来擦手。擦手后，应该放回盘子里，由服务员拿走。有时候，在正式宴会结束前，会再上一块湿毛巾。它只能用来擦嘴，却不能擦脸、抹汗。

6.牙签

尽量不要当众剔牙。非剔不可时，用另一只手掩住口部。剔出来的东西，不要当众观赏或再次入口，也不要随手乱弹，随口乱吐。剔牙后，不要长时间叼着牙签，更不要用来扎取食物。

(二)西餐礼仪

1.西餐的餐具

广义的西餐餐具包括刀、叉、匙、盘、杯、餐巾等。其中盘又有菜盘、布丁盘、奶盘、白脱盘等。酒杯更是讲究，正式宴会几乎每上一种酒，都要换上专用的玻璃酒杯。狭义的餐具则专指刀、叉、匙三大件。刀分为食用刀、鱼刀、肉刀(刀口有锯齿，用以切牛排、猪排等)、黄油刀和水果刀。叉分为食用叉、鱼叉、肉叉和虾叉。匙则有汤匙、甜食匙、茶匙。公用刀、叉、匙的规格明显大于餐用刀叉。

(1)餐具的摆法。垫盘放在餐席的正中心，盘上放折叠整齐的餐巾或餐纸(也有把餐巾或餐纸拆成花蕊状放在玻璃杯内的)。两侧的刀、叉、匙排成整齐的平行线，如有席位卡，则放在垫盘的前方。所有的餐刀放在垫盘的右侧，刀刃朝向垫盘。各种匙类放在餐刀右边，匙心朝上。餐叉则放在垫盘的左边，叉齿朝上。一个座席一般只摆放三副刀叉。面包碟放在客人的左手边，上置面包刀(即黄油刀，只供抹奶油、果酱之用，而不能用来切面包)一把，各类酒杯和水杯则放在右前方。如有面食，吃面食的匙、叉则横放在前方。

(2)餐具的用法。刀叉持法：用刀时，应将刀柄的尾端置于手掌之中，以拇指抵住刀柄的一侧，食指按在刀柄上，但需注意食指绝不能触及刀背，其余三指则顺势弯曲，握住刀柄。叉如果不是与刀并用，叉齿应该向上。持叉应尽可能持住叉柄的末端，叉柄倚在中指上，中间则以无名指和小指为支撑。叉可以单独用于叉餐或取食，也可以用于取食某些头道菜和馅饼，还可以用来取食那种无须切割的主菜。

西餐餐具在用法上也有颇多讲究。

①刀叉的使用：右手持刀，左手持叉，先用叉子把食物按住，然后用刀切成小块，再用叉送入嘴内。欧洲人使用时不换手，即从切割到送食物入口均以左手持叉。美国人则是在切割后，将刀放下换右手持叉送食入口。刀叉并用时，持叉姿势与持刀相似，但叉齿应该向下。通常刀

叉并用是在取食主菜的时候,但若不需要刀切割时,则可用叉切割。

②匙的用法:持匙用右手,持法同持叉,但手指务必持在匙柄之端,除喝汤外,不用匙取食其他食物。

③餐巾用法:进餐时,大餐巾可折起(一般对折)折口向外平铺在腿上,小餐巾可伸开直接铺在腿上。注意不可将餐巾挂在胸前(但在空间不大的地方,如飞机上可以如此)。拭嘴时需用餐巾的上端,并用其内侧来擦嘴。绝不可用来擦脸部或擦刀叉、碗碟等。

2.西餐进餐礼仪

参加西餐宴会,除了应遵循中餐宴会的基本礼仪之外,还应掌握以下几个方面的礼仪知识。

(1)餐具使用的礼仪。吃西餐时,必须注意餐桌上餐具的排列和置放位置,不可随意乱取乱拿。正规宴会上,每一道食物、菜肴即配一套相应的餐具(刀、叉、匙),并以上菜的先后顺序由外向内排列。进餐时,应先取左右两侧最外边的一套刀叉。每吃完一道菜,将刀叉合拢并排置于碟中,表示此道菜已用完,服务员便会主动上前撤去这套餐具。如尚未用完或暂时停顿,应将刀叉呈“八”字形左右分架或交叉摆在餐碟上,刀刃向内,意思是告诉服务员:“我还没吃完,请不要把餐具拿走。”

使用刀叉时,尽量不使其碰撞,以免发出大的声响,更不可挥动刀叉与别人讲话。

(2)上菜的顺序。西餐种类繁多,风味各异,因此其上菜的顺序,因不同的菜系、不同的规格而有所差异,但其基本顺序大体相同。因此,掌握菜序能更多地体现礼仪规范。

一桌齐全的西餐一般有七八道。一般按如下顺序上菜:

第一,饮料(果汁)、水果或冷盘,又称开胃菜,目的是增进食欲。

第二,汤类(也即头菜)。需用汤匙,此时一般上有黄油、面包。

第三,蔬菜、冷菜或鱼(也称副菜)。可使用垫盘两侧相应的刀叉。

第四,主菜(肉食或熟菜)。肉食主菜一般配有熟蔬菜,此时要用刀叉分切后放餐盘内取食。如有色拉,需要色拉匙、色拉叉等餐具。

第五,餐后食物。一般为甜品(点心)、水果、冰淇淋等。

第六,咖啡。喝咖啡应使用咖啡匙、长柄匙。

(3)进餐礼仪。进餐时,除用刀、叉、匙取送食物外,有时还可用手取。如吃鸡、龙虾时,经主人示意,可以用手撕着吃。吃饼干、薯片或小粒水果,可以用手取食。面包则一律手取,注意取自己左手前面的,不可取错。取面包时,左手拿取,右手撕开,再把奶油涂上去,一小块一小块撕着吃。不可用面包蘸汤吃,也不可一整块咬着吃。

喝汤时,切不可以汤盘就口,必须用汤匙舀着喝。姿势是:用左手扶着盘沿,右手用匙舀,不可端盘喝汤,不要发出吱吱的声响,也不可频率太快。如果汤太烫时,应待其自然降温后再喝。

吃肉或鱼的时候,要特别小心。用叉按好后,慢慢用刀切,切好后用叉子进食,千万不可用叉子将其整个叉起来,送到嘴里去咬。这类菜盘里一般有些生菜,往往是用于点缀和增加食欲的,不要为了面子强吃下去。

餐桌上的佐料,通常已经备好,放在桌上。如果距离太远,可以请别人麻烦一下,不能自己站起来伸手去拿。

吃西餐时相互交谈是很正常的现象,但切不可大声喧哗,放声大笑,也不可抽烟,尤其在吃东西时应细嚼慢咽,嘴里不要发出很大的声响,更不能把刀叉伸进嘴里。至于拿着刀叉做手势在别人面前挥舞,更是失礼和缺乏修养的行为。

吃西餐还应注意坐姿。坐姿要正,身体要直,脊背不可紧靠椅背,一般坐于座椅的 3/4 即可。不可伸腿,不能翘二郎腿,也不要将胳臂肘放到桌面上。

饮酒时,不要把酒杯斟得太满,也不要和别人劝酒(这些都不同于中餐)。如刚吃完油腻食物,最好先擦一下嘴再去喝酒,免得将杯子弄上油渍。干杯时,即使不喝,也应将酒杯在嘴唇边碰一下,以示礼貌。

有人曾将礼貌的饮酒程序总结为:观其色、闻其香、品其味、赞其美。总之,西餐既重礼仪,又讲规矩,只有认真掌握好,才能在就餐时表现得温文尔雅,颇具风度。

三、喝咖啡礼仪

(一)咖啡的选择

每一种咖啡因品种、产地不同,有着各自强烈的性格,这里简单介绍几个咖啡品种的特点,帮助大家做出适合自己口味的选择。

1.曼特宁咖啡、爪哇咖啡等

该类咖啡是经过深炒重焙的印度尼西亚或非洲出产的咖啡豆制成的,口味强烈,常给人爱恨分明的联想,比较适合贪恋味觉刺激的人。

2.巴西咖啡、牙买加蓝山咖啡等

该类咖啡醇味芬芳,是对黑咖啡情有独钟的人的首选。

3.摩卡咖啡、哥伦比亚咖啡等

该类咖啡因含酸性,是性喜清淡的人的选择。

4.综合咖啡

即用数种咖啡豆调配而成,性格模糊,口味却取巧讨好,初尝咖啡的人可由此入门。

5.混合咖啡

即在咖啡中加入其他饮料。味由浓至淡分别是:牛奶咖啡:拿铁、卡布奇诺、欧蕾、玛其哈朵。调酒咖啡:爱尔兰咖啡(威士忌)、皇家咖啡(白兰地)。巧克力咖啡:美式摩卡、维也纳、荷兰咖啡等。

(二)喝咖啡的礼仪

1.拿咖啡杯

在餐后饮用的咖啡,一般都是用袖珍型的杯子盛出。这种杯子的杯耳较小,手指无法穿过去。但即使用较大的杯子,也不要用手指穿过杯耳再端杯子。咖啡杯的正确拿法,应是拇指和食指捏住杯把儿再将杯子端起。

2.给咖啡加糖

给咖啡加糖时,可用咖啡匙舀砂糖,直接加入杯内;也可先用糖夹子把方糖夹在咖啡碟的近身一侧,再用咖啡匙把方糖加在杯子里。如果直接用糖夹子或手把方糖放入杯内,有时可能会使咖啡溅出,从而弄脏衣服或台布。

3.咖啡匙的使用

咖啡匙是专门用来搅咖啡的,饮用咖啡时应当把它取出来,而不是用咖啡匙舀着咖啡一匙一匙地慢慢喝,也不要用咖啡匙来捣碎杯中的方糖,当咖啡太热时,可以用咖啡匙在杯中轻轻搅拌使之冷却,或者等待其自然冷却。用嘴试图去把咖啡吹凉,是很不文雅的动作。

4.杯碟的使用

盛放咖啡的杯碟都是特制的，它们应当放在饮用者的正面或者右侧，杯耳应指向右方；饮用时，可以用右手拿着咖啡杯的杯耳，左手轻轻托着咖啡碟，慢慢地移向嘴边轻啜。不宜满把握杯、大口吞咽，也不宜俯首去就咖啡杯；喝咖啡时，不要发出声响；添加咖啡时，不要将咖啡杯从咖啡碟中拿起来。

5.食用点心

有时候饮咖啡可以吃一些点心，但不要一手端着咖啡杯，一手拿着点心，吃一口喝一口地交替进行。饮咖啡时应放下点心，吃点心时则应放下咖啡杯。

另外还应该注意，咖啡要慢慢啜饮且全部喝完，而不能一口气大口喝完，这样才显得有礼貌。

四、喝茶礼仪

坐、请坐，请上座！茶、上茶、上好茶！它充分体现了以茶待客之礼。待客时，应该准备好茶水、咖啡或饮料等多种饮品供客人选择。以茶待客需掌握必要的敬茶礼仪。

(一)茶具要清洁

客人进屋后，先让座，后备茶。冲茶之前，一定要把茶具洗干净，包括茶杯、茶壶、托盘及装茶叶的罐、盒。尤其是久置未用的茶具，难免沾上灰尘、污垢，更要细心地用清水洗刷一遍。在冲茶、倒茶之前最好用开水烫一下茶壶、茶杯。

(二)取茶要规范

一方面取茶叶要用专用的器皿——竹制或木制的茶勺，也可用不锈钢或陶制的勺代替，不要用手抓。取茶叶的量要适当。茶叶不宜过多，也不宜太少。茶叶过多，茶味过浓；茶叶太少，冲出的茶没啥味道。假如客人主动介绍自己喜欢喝浓茶或淡茶的习惯，那就按照客人的口味把茶冲好。

(三)茶水要适量

为客人倒的第一杯茶，无论是大杯还是小杯，通常不宜斟得过满，太满了容易溢出，把桌子、凳子、地板弄湿。一不小心，还会烫伤自己或客人的手脚，使宾主都很难堪。当然，也不宜倒得太少，以杯深的2/3处为宜。

(四)奉茶有顺序

上茶应讲究先后顺序，一般应为：先客后主；先女后男；先长后幼。如第一杯茶敬给来宾中的年长者，如果是同辈人，应当先请女士用茶。

(五)端茶要得法

按照我国的传统习惯，上茶应在主客未正式交谈前。正确的步骤是：双手端茶从客人的左后侧奉上。要将茶盘放在临近客人的茶几上，然后右手拿着茶杯的中部，左手托着杯底，杯耳应朝向客人，双手将茶递给客人，同时要说“您请用茶”。对有杯耳的茶杯，通常是用一只手抓住杯耳，另一只手托住杯底，把茶端给客人。无论怎样手指不能触及杯口。

(六)续水讲时机

添茶续水要以不妨碍宾客交谈为佳，不能等到茶叶见底后再续水。当然，添茶的时候要先给上司和客户添茶，最后才给自己添。

第五节 接待与拜访礼仪

迎来送往，走亲访友，是社会交往接待活动中最基本的形式和重要环节，是表达主人情谊、体现礼貌素养的重要方面。

一、接待礼仪

（一）迎接礼仪

迎接，是给客人良好第一印象的最重要工作，也是为下一步深入接触打下基础。因此，迎接客人要有周密的部署。做好迎接应注意以下事项：

1.迎接前来访问、洽谈业务、参加会议的外国、外地客人

应首先了解对方到达的车次、航班，安排与客人身份、职务相当的人员前去迎接。若因某种原因，相应身份的主人不能前往，前去迎接的主人应向客人做出礼貌的解释。

2.主人到车站、机场去迎接客人

应提前到达，恭候客人的到来，绝不能迟到，让客人久等。客人看到有人来迎接，内心必定感到非常高兴，若迎接来迟，必定会给客人心里留下阴影。事后无论怎么解释，都无法消除这种失职和不守信誉的印象。

3.接到客人后

接到客人，应首先问候"一路辛苦了""欢迎您来到我们这个美丽的城市""欢迎您来到我们公司"等，然后向对方做自我介绍，如果有名片，可送给对方。

4.迎接客人应提前为客人准备好交通工具

应提前准备好交通工具，不要等到客人到了才匆匆忙忙准备，那样会因让客人久等而误事。

5.应提前为客人准备好住宿

主人帮客人办理好一切手续并将客人领进房间，同时向客人介绍住处的服务、设施，将活动的计划、日程安排交给客人，并把准备好的地图或旅游图、名胜古迹等介绍材料送给客人。

6.将客人送到住地后，主人不要立即离去

到达住地后，主人应陪客人稍作停留，热情交谈，谈话内容要让客人感到满意。比如，客人参与活动的背景材料、当地风土人情、有特点的自然景观、特产、物价等。考虑到客人一路旅途劳累，主人不宜久留，让客人早些休息。分手时将下次联系的时间、地点、方式等告诉客人。

（二）接待礼仪

接待来访客人，热情、细致、周到是基本的要求。同时，还要注意以下几点：

1.准时、准确答复

客人要找的负责人不在时，要明确告诉对方负责人到何处去了，以及何时回本单位。请客人留下电话、地址，明确是由客人再次来单位，还是负责人到对方单位去。

2.说明理由，热情招待

客人到来时，负责人由于种种原因不能马上接见，要向客人说明等待理由与等待时间。若客人愿意等待，应该向客人提供饮料、杂志。如果可能，应该时常为客人换饮料。

3.正确引导

接待人员带领客人到达目的地时应有正确的引导方法：

(1)在走廊的引导方法：接待人员在客人两三步之前，配合步调，让客人走在内侧。

(2)在楼梯的引导方法：当引导客人上楼时，应该让客人走在前面，接待人员走在后面；若是下楼时，应该由接待人员走在前面，客人在后面。上下楼梯时，接待人员应该注意客人的安全。

(3)在电梯的引导方法：引导客人乘坐无人看管电梯时，接待人员先进入电梯，按住"开"的按钮，等客人进入后关闭电梯门。到达时，接待人员仍然要按住"开"的按钮，让客人先走出电梯。有专人看管的电梯要客人先进先出。

(4)客厅里的引导方法：当客人走入客厅，接待人员用手指示，请客人坐下，看到客人坐下后，才能行点头礼后离开。如客人错坐下座，可提示请客人改坐上座；如果客人不想调整，则尊重客人意见。此时，则遵守客人坐哪、哪为上座的原则。

4.诚心诚意奉茶

我国习惯以茶水招待客人，往往招待的客人越尊贵，茶叶也越上乘。除了茶具要特别注意卫生外，倒茶的规矩，递茶的方法、顺序也要多加注意。

另外，接待人员要品貌端正、举止大方、口齿清楚，服饰要整洁得体，女性化妆应尽量淡雅，避免佩戴过于夸张或有碍工作的饰物，最好是具有一定文化素养，受过专门的礼仪、形体、语言、服饰等方面训练的人员。

二、拜访礼仪

(一)日常拜访礼仪

1.有约在先，时间恰当

拜访前要事先和对方约定，以免扑空或扰乱主人的计划。拜访时要准时赴约，时间长短应根据拜访目的和主人意愿而定，通常宜短不宜长。

2.进入敲门，见面施礼

到达被访人所在地时，一定要用手轻轻敲门，进屋后等主人安排后坐下。后来的客人到达时，先到的客人可以站起来，等待介绍或点头示意。

3.安心等待，举止有礼

如果接待者因故不能马上接待，可以在接待人员的安排下在会客厅、会议室或在前台安静地等候。如果接待人员没有说"请随便参观参观"之类的话，而随便地东张西望，甚至伸着脖子好奇地往房间里"窥探"都是非常失礼的。有抽烟习惯的人，要注意观察周围有没有禁止吸烟的警示。即使没有，也要问问工作人员是否介意抽烟。如果等待时间过久，可以向有关人员说明，并另定时间，但不要显现出不耐烦的样子。

4.察言观色，避免争论

即使和接待者的意见不一致，也不要争论不休。对接待者提供的帮助要适当地致以谢意。要注意观察接待者的举止表情，适可而止。当接待者有不耐烦或有为难的表现时，应转换话题或口气；当接待者有结束会见的表示时，应识趣地立即起身告辞。

5.注意细节，道别言谢

拜访时应彬彬有礼，注意一般交往细节。告辞时要同主人和其他客人一一告别，说"再见""谢谢"；主人相送时，应说"请回""留步""再见"等，必要时可真诚提出邀请。

(二)国际拜访礼仪

在走访外国人时,需要严格遵守的礼仪规范主要涉及以下六个方面:

1.要有约在先

拜访外国人时,切勿未经约定便不邀而至。尽量避免前往其私人居所进行拜访。约定的具体时间通常应当避开节日、假日、用餐时间、过早或过晚的时间,以及其他一切对对方不方便的时间。

2.要守时践约

这不只是为了讲究个人信用,提高办事效率,而且也是对交往对象尊重友好的表现。万因故不能准时抵达,务必要及时通知对方,必要的话,还可将拜访另行改期。在这种情况下,一定要记住向对方郑重其事地道歉。

3.要进行通报

进行拜访时,倘若抵达约定地之后,未与拜访对象直接见面,或是对方没有派人员在此迎候,则在进入对方的办公室或私人居所的正门之前,有必要先向对方进行一下通报。

4.要登门有礼

切忌不拘小节,失礼失仪。当主人开门迎客时,务必主动向对方问好,互行见面礼节。倘若主人一方不止一人时,问候与行礼的先后顺序应合乎礼仪惯例。标准的做法有二:一是先尊后卑;二是由近而远。同时应当先问一下主人,自己的到来会不会影响对方。之后,在主人的引导之下进入指定的房间。在就座时,要与主人同时入座。不要随意脱衣、脱鞋、脱袜,也不要大手大脚,动作嚣张而放肆。未经主人允许,不要在主人家中四处乱闯,随意乱翻、乱动、乱拿主人家中的物品。

5.要言语有度

在拜访外国友人时要注意自尊自爱,并且时刻以礼待人。与主人或其家人进行交谈时,要慎择话题。切勿信口开河,出言无忌。与异性交谈时,要讲究分寸。对于主人家里遇到的其他客人要表示尊重,友好相待。不要在有意无意间冷落对方,置之不理。若遇到其他客人较多,既要以礼相待,也要一视同仁。切勿明显地表现出厚此薄彼,甚至本末倒置地将主人抛在一旁。

6.要适可而止

在拜访他人时,一定要注意在对方的办公室或私人居所里停留的时间长短。从总体上讲,应当具有良好的时间观念。不要因为自己停留的时间过长,从而打乱对方既定的其他日程。一般情况下,礼节性的拜访,尤其是初次登门拜访,应控制在一刻钟至半小时之内。最长的拜访,通常也不宜超过两个小时。有些重要的拜访,往往需由宾主双方提前议定拜访的时间和长度。这种情况下,务必要严守约定,绝不要单方面延长拜访时间。自己提出告辞时,虽主人表示挽留,仍须执意离去,但要向对方道谢,并请主人留步,不必远送。在拜访期间,若遇到其他重要的客人来访,或主人一方表现出厌客之意,应当机立断,知趣地告退。

第六节　外事交往礼仪

外事交往礼仪,是指在对外交往中所涉及的礼仪活动,包括各种礼节、仪式的规范化做法。我国改革开放以来,来华进行经贸洽谈、文化交流、观光游览的来宾及各地华侨、港澳台同胞不断增多，外事礼仪也就日显重要。因此，涉外人员必须掌握外事礼仪常识，遵守涉外工作准则和外事纪律，对外宾既要彬彬有礼，又要维护国家尊严。由于外事礼仪具有较高的政治性，因此礼宾工作要为我国的对外政策和国家利益服务。另外，外事礼仪虽然有许多礼宾活动都有固定的仪式、礼节和国际惯例，但各国又都有各自的风俗习惯、礼仪礼节，如遇到特殊情况，可做相应的变通和灵活的处理。

【案例 9－10】

一张回执

Y 女士从外语学院分配到 W 国使馆当翻译，上班第一天，大使就给她来了个下马威。

那天，Y 女士刚到办公桌前坐下，就接到了 F 国举办国庆招待会的请柬，让 W 国大使出席。大使让她回复：同意出席。Y 女士按请柬回执上的电话号码，打电话告诉了对方。过了一会儿，大使像不放心似的，把 Y 女士叫了过去，问刚才的事是怎样处理的。她老老实实地回答："已给对方打过电话。"大使不高兴了，说："打电话的方式不够礼貌，现在你处理的每一件公务，都关系到我所在国家的声誉，你必须小心谨慎。"于是 Y 女士郑重其事地写了一份回执，送给大使过目，大使仍不满意，说："光注明出席还不行，还要有一句颇为热烈的祝贺词。"她照办了，满怀信心地又一次呈给大使，没想到大使仍挑出了毛病："你没有说清什么时间去。"她马上加上了"按原定时间到会"的字句，大使一看，连声地："No，No"，说在外交文件上，不能用"原定时间"的说法，必须复述对方规定的时间、地点，以示正规和对该事务的重视。当她第五次修改后，长长地出了一口气，心想这回可是天衣无缝、尽善尽美了。谁知，没过十分钟，大使又一次传她："鉴于前任大使与 F 国私交甚好，我准备提前五分钟到达，请按这个意思再发一张回执。"Y 女士心里暗暗叫苦：哇！一张回执，整整折腾了六次！

（摘自：www.doc88.com）

一、外事交往的原则与规范

任何单位、任何部门、任何个人在外事交往活动中都必须贯彻平等原则，入乡随俗、热情友好、不卑不亢，尊重彼此的国格、人格，尊重隐私、信守约定，既要坦诚、谦恭、热情、周到，又不能低声下气、卑躬屈膝、失去自我。要自尊自爱。

（一）外事迎送中的礼仪规范

按照国际惯例，要根据来宾来访目的和来访者的身份，确定迎接的规格。这里主要涉及以下几个方面的问题：

1.迎接的人员

组织方的主要迎接人员一般应与来宾的身份相当，但遇到特殊情况，如当事人不在当地、身体不适不能出面、不能完全与来宾身份相当时，则可以由职位相当的人员或副职出面迎接。但要注意不能与对方身份相差太大，"门当户对"是第一规矩。

2.迎接的仪式

在外事交往中，迎接贵宾时较为常见的是安排献花的形式。当客人抵达时，在参加迎接的主要领导人与客人握手之后，将花献上。

迎接工作中,公务人员必须准确掌握来宾乘坐的飞机(车、船)抵达的时间,在客人抵达之前到达迎接地点等候客人,并备好专用车辆接送客人到达下榻之处。

来宾离去时,也要做好送行工作。组织机构应派专人协助来宾办理出境或机票(车、船票)手续,以及帮助客人提拎行李、办理托运手续。分别时,可按来宾国度的行礼习惯与之告别,并用热情的话语为客人送行,如欢迎客人再次访问,祝客人一路平安等。最后应目送客人登机(车、船)离去后方可离开。

在迎送工作中,还应注意陪车的礼仪。迎接客人抵达、欢送客人以及一些外事访问活动时,组织机构一般应当安排人员陪车,起到接待和引路的作用。

3.乘车次序

在陪车中,公务人员应注意的主要是上下车的顺序和坐车时的位置安排。

(1)在顺序上,掌握"后上先下"的原则。因为接待人员后上先下便于对客人服务。该原则的礼节也体现了主客有序的礼仪,客人为重,客人为尊。

(2)在坐车的位置上,应掌握"以右为尊"的原则。按西方的礼俗,右为大,左为小。两人同行,右者为尊;三人并行中者为尊。宴席上,主人的右座为最高宾客的位子。同样,在陪车时,应请客人从右侧门上车,坐于右座,主人或公共关系人员从左侧门上车,坐于左侧,翻译坐在司机旁边的座位上。如果车中的后排同时坐三人,则顺序是:右边为大,左边为次,中间为再次,前排为最小,但是如果客人上车后,坐到了主人左侧座位上,则应主随客便,不必再请客人挪动位置。

(二)问候与行礼中的礼仪规范

人们见面时,总要行使一定的礼节,以示礼貌和友好。对于外国宾客,其打招呼和行礼的习惯方式与我国有较大的差异,公共关系人员在接待外宾时,应按照他国的习惯行之,才能正确地表达礼貌与友好。

对于行礼,有不同的表达方式,各个国家都有不同的行礼习惯,公共关系人员在接待不同国家的客人时,可以区别采用。

(三)介绍中的礼仪规范

介绍的方式很多,一般是由主方负责的工作人员或翻译,将主方迎接人员按身份高低依次向对方一一介绍;也可以由主方中身份最高的人员介绍,或者做自我介绍,在有些场合也可以交换名片以做介绍。

介绍时应讲清国籍、单位、职务和姓名。介绍的顺序各国大体一致。值得注意的是,当向他人做介绍时,要用手掌示意,不要用手指示意;被人介绍时,应点头微笑以应答;听人介绍时,应全神贯注,切勿心不在焉,同时最好能辅之以一定的问候语,如"您好!""认识您很高兴!"等,以增添介绍彼此的亲切气氛。

(四)称谓中的礼仪规范

在人们见面或交谈时,一声得体的称呼往往能融洽人们之间的情感和气氛,和外国友人打交道时亦是如此。只是由于各国的风俗习惯和语言的不同,因此在称呼上存在差异,公共关系人员应按照国外人们的习惯相称呼。

称谓的方法可以分为:按性别称谓,按职称、官衔称谓,按姓名称谓或是按国家体制的不同区别称谓。

按性别称谓是一种最常见,也较方便的方式,因为性别是一目了然的,一般不易出错,按照惯例，对大多数国家的来宾，对男子称先生（Mr）；对女子，已婚的称夫人（Mrs），未婚的称小姐（Miss）；在不明婚姻情况时，无论未婚或已婚的都可称女士（Madame）。

按职称、官衔称谓也是公共关系人员在接待外国来宾时经常采用的称呼方式，在一些正式场合的交谈、演讲、祝词中，往往都以此相称谓。如“议员先生”“总经理先生”；对部长和部长以上要职的妇女，也可称“阁下”；对有学位的人士，可以其学位相称，如“律师女士”“博士先生”；对军人一般称军衔，如“上校先生”“福特中尉”；对教会中的神职人员，可按其宗教职位称呼，如“牧师先生”“怀德神父”。

有时由于国家体制的不同，称谓也不一样。君主制国家对国王、皇后称“陛下”“皇后”；对王子、公主或亲王称“殿下”；对有公、侯、伯、子、男等爵位的人士，可按其爵位相称，如“约翰公爵”。对社会主义国家的各种人士，均可称“同志”，有职衔的可以加上职衔，如“书记同志”“部长同志”等。

（五）会见的礼仪规范

会见在国际上一般有两种情况：其一是接见，指的是身份高的人士会见身份低的人士，或是主人会见客人，又称召见；其二是拜会或拜见，指的是身份低的人士会见身份高的人士，也可称为谒见或觐见。在我国则不做细分，统称为会见。在接见或拜会后的回访，称回拜。

会见从内容来看，有礼节性和事务性之分，或者两者兼而有之。礼节性的会见时间相对较短，话题亦广泛；而事务性的会见则时间较长，谈话的内容也较专门化。会见的礼仪要求主要有以下几个方面：

1.会见前的准备工作

会见之前，会见双方都应做好准备工作。首先是提出方提出会见要求，必须将要求会见的人的姓名、职务、会见的目的等告知对方。接着是接见方应尽快给予答复，如遇到特殊情况不能接见，应婉言向对方做好解释工作；如同意会见，则要约好合适的时间，主动将会见地点、主方出席人及具体安排等通知对方。做好会见前的沟通工作，是双方的一种礼貌相待。

2.会见场所布置

会见是一项对组织具有重要意义的工作，为表示尊重和便于会见时的交谈，事先都有一定的座位安排，而且座位要足够多。如果会见人数较多，会见场地也较大，此时最好安装扩音器，主、客双方各备一只。

3.会见时的礼仪

会见双方都应遵时守约，尤其作为主方人员应提前到达会见地点以迎候客人。迎候时，可以站在会见的大楼正门，也可以在会客厅门口等候。当客人到达时，应主动上前行礼表示欢迎，并引导客人入座。

组织领导人之间的会见，除陪见人员、译员、记录员外，其他工作人员安排就绪之后应退出会场。如允许记者采访，则应在会见开始前几分钟进行，会见开始即离开。会见期间，应准备饮料、茶水，根据不同的季节以及来访客人的习惯，备有不同的饮品以招待。

4.会见结束时的礼仪

为表示友好，会见结束时应准备合影项目（合影也可安排在会见之前）。摄影时的位置按礼宾顺序排列，一般主人居中，以主人的右手为上，主客双方间隔排列。人数较多时，可分排排列，第一排为主要的主宾人员，两边应由主方人站立。合影结束，主人应将客人送到车前或门口握别，然后目送客人离去。

在一般日常交往中，客人来访后，相隔一段时间应予回访。如果客人是为祝贺节日等喜庆日来访，则不必回访，而应在对方节日前往拜访，表示祝贺。

(六)会谈中的礼仪规范

会谈是指双方或多方就某些共同关心的问题相互交换意见、交流看法、表达观点的一种会晤，有时会谈也指公务洽谈或者具体的专业性谈判，其内容比会见更为正式、气氛更为严肃、专业性更强。在具体的礼仪要求上，与会见相类似，只是在座位的安排和交谈的方式上有一些不同。

在会谈中，双方一般围桌而坐，通常使用长廊形、椭圆形或圆形桌子，宾主相对而坐。座位的排列，以门为准，主人在背门一侧，客人面向正门，主谈人居中，记录员可安排在其身后，也可安排在会谈桌就座。若多边会谈，座位可摆成圆桌，按礼宾次序依次就座。

礼宾次序，是指国际交往中对出席活动的国家、团体、各国人士的位次按某些规则和惯例进行排列的先后次序。礼宾次序的几种排列方法如下：

1.按身份与职务的高低排列

这是礼宾次序排列的主要根据。一般的官方活动，经常是按身份与职务的高低安排礼宾次序。如按国家元首、副元首、政府总理(首相)、副总理(副首相)、部长、副部长等顺序排列。各国提供的正式名单或正式通知是确定职务的依据。由于各国的国家体制不同，部门之间的职务高低不尽一致，则要根据各国的规定，按相当的级别和官衔进行安排。

2.按字母顺序排列

多边活动中的礼宾次序有时按参加国国名字母顺序排列，一般以英文字母排列居多，少数情况也有按其他语种的字母顺序排列。这种排列方法多见于国际会议、体育比赛等。

在实际工作中，遇到的情况往往是复杂的，如有的国家不管以上种种惯例，把关系密切的国家排在最前列。所以礼宾次序的排列常常不能按一种排列方法，而是几种方法的交叉，并考虑国家之间的关系，地区所在，活动的性质、内容和对于活动的贡献大小，以及参加活动人的威望、资历等其他的因素。如在某一多边国际活动中，对与会代表团礼宾次序的排列，首先是按正式代表团的规格，即代表团团长的身份高低来确定，这是最基本的。在同级代表团中则按派遣国通知代表团组成日期先后来确定，对同级和同时收到通知的代表团则按国名英文字母顺序排列。

总之，在具体工作中，要耐心、细致，反复考虑、研究，设想多种方案，以避免因礼宾次序方面的问题引起一些不愉快。

二、国旗的悬挂

国旗是国家的一种标志，是国家的象征。人们往往通过悬挂国旗，表示对本国的热爱或对他国的尊重。但是，在一个主权国家领土上，一般不得随意悬挂他国国旗。不少国家对悬挂外国国旗都有专门的规定。在国际交往中，还形成了悬挂国旗的一些惯例，为各国所公认。

按国际关系准则，一国元首、政府首脑在他国领土上访问，在其住所及交通工具上悬挂国旗(有的是元首旗)是一种外交特权。东道国接待来访的外国元首、政府首脑时，在隆重的场合，在贵宾下榻的宾馆、乘坐的汽车上悬挂对方(或双方)的国旗(或元首旗)，这是一种礼遇。此外，国际上公认，一个国家的外交代表在接受国境内有权在其办公处和官邸，以及交通工具上悬挂本国国旗。

在国际会议上，除会场悬挂与会国国旗外，各国政府代表团团长亦按会议组织者有关规定在一些场所或车辆上悬挂本国国旗(也有不挂国旗的)。有些展览会、体育比赛等国际性活动，也往往悬挂有关国家的国旗。

在建筑物上，或在室外悬挂国旗，一般应日出升旗，日落降旗。遇到需要悬旗致哀时，通常的做法是降半旗，即先将旗升至杆顶，再下降至离杆顶相当于杆长1/3的地方。降旗时，先将旗升至杆顶，然后再降下。也有的国家不降半旗，而是在国旗上方挂黑纱致哀。升降国旗时，服装要整齐，要立正脱帽行注目礼，不能使用破损和污损的国旗。国旗一定要升至杆顶。

悬挂双方国旗，按国际惯例，以右为上、左为下。两国国旗并挂，以旗本身面向为准，右挂客方国旗，左挂本国国旗。汽车上挂旗，则以汽车行进方向为准，驾驶员左手为主方，右手为客方。所谓主、客，不以活动举行所在国为依据，而以举办活动的主人为依据。例如，外国代表团来访，东道国举行的欢迎宴会，东道国为主人；答谢宴会，来访者是主人。也有个别国家，把本国国旗挂在上首。几种挂旗法如下：

(1)两面国旗并挂。

(2)三面以上国旗并挂，主方在最后。如系国际会议，无主、客之分，则按会议规定之礼宾顺序排列。

(3)并列悬挂。

(4)交叉悬挂。

(5)竖挂(客方为反面，主方为正面)。

(6)竖挂(双方均为正面)。

国旗不能倒挂，一些国家的国旗由于文字和图案的原因，也不能竖挂或反挂。有的国家明确规定，竖挂需另制旗，将图案转正。例如，朝鲜民主主义人民共和国国旗竖挂时，五角星的星尖依然朝上。有的国家则无明确规定。因此，正式场合悬挂国旗宜以正面(即旗套在旗的右方)面向观众，不用反面。如果旗是挂在墙壁上，避免交叉悬挂和竖挂。如果悬空挂旗，则不成问题。

各国国旗图案、式样、颜色、比例均由本国宪法规定。不同国家的国旗，如果比例不同，用同样尺寸制作，两面旗帜放在一起，就会显得大小不一。例如，同样六尺宽的旗，3∶2的就显得较2∶1的大。因此，并排悬挂不同比例的国旗，应将其中一面略放大或缩小，以使旗的面积大致相同。

三、外事交往的禁忌

在涉外活动中，公共关系人员不仅应做到尊重国际公众、礼貌待人，也应了解国外人们的种种忌讳，避免不礼貌情况的发生，这也是十分重要的礼仪内容。

(一)数字的忌讳

西方人认为“13”是不吉利的，应当尽量避开。并且人们还认为星期五也是不吉利的，尤其是逢到13日又是星期五时，最好不举办任何活动。在日常生活中的编号，如门牌号、旅馆房号、层号、宴会桌次等编号、汽车编号也尽量避开“13”这个数字。其原因主要源于基督教传说，耶稣的12门徒之一犹大，为了贪图30个银币，出卖了耶稣，结果使耶稣被钉死在十字架上。在那天最后的晚餐上的第13个人就是犹大，这天又是星期五。人们将13日又逢星期五的日子称为“黑色星期五”，有些人就会因此而闭门不出，唯恐发生不吉利的事情。

“4”在中文和日文中的发音与“死”相近，所以在日本和朝鲜等东方国家将它视为不吉利的数字，因此这些国家的医院里没有4号病房和病床。在我国也是如此，如遇到“4”，且非说不可时，忌讳的人往往说“两双”或“两个2”来代替。另外，在日语中“9”发音与“苦”相近似，因而也属忌讳之列。

（二）食品的忌讳

许多国家和地区在食品方面也有诸多忌讳。例如，伊斯兰国家和地区的居民不吃猪肉和无鳞鱼；日本人不吃羊肉；东欧一些国家的人不爱吃海味，忌吃各种动物的内脏；叙利亚、埃及、伊拉克、黎巴嫩、约旦、也门、苏丹等国的人，除忌食猪肉外，还不吃海味及各种动物内脏（肝脏除外）；到阿拉伯国家做客不能要酒喝；等等。

（三）颜色的忌讳

日本人认为绿色是不吉利的象征，所以忌用绿色；巴西人以棕黄色为凶丧之色；欧美许多国家以黑色为丧礼的颜色，表示对死者的悼念和尊敬；埃塞俄比亚人则是以穿淡黄色的服装表示对死者的深切哀悼；叙利亚人也将黄色视为残废之色；而巴基斯坦忌黄色是因为那是僧侣的专用服色，但委内瑞拉却用黄色作医务标志；蓝色在埃及人眼里是恶魔的象征；比利时人也忌蓝色，如遇有不吉利的事，都穿蓝色衣服；等等。

（四）花卉的忌讳

德国人认为郁金香是没有感情的花；日本人认为荷花是不吉祥之物，意味着祭奠；菊花在意大利和南美洲各国被认为是“妖花”，只能用于墓地与灵前；在法国，黄色的花被认为是不忠诚的表示；紫色的花在巴西一般用于葬礼。在国际交际场合，忌用菊花、杜鹃花、石竹花和黄色的花献给客人，已成为惯例。在欧美，我们被邀请到朋友家去做客，献花给夫人是件愉快的事，但在阿拉伯国家，则是违反了礼仪。

（五）其他忌讳

在使用筷子进食的国家，不可用筷子垂直插在米饭中；在日本不能穿白色鞋子进房间，这些均被认为是不吉利之举。佛教国家不能随便摸小孩的头顶，尤其在泰国，认为人的头是神圣不可侵犯的，头部被人触摸是一种极大的侮辱；住宅门上面也禁止悬挂衣物，特别是内衣裤；脚被认为是低下的，忌用脚示意东西给人看，或把脚伸到别人跟前，更不能把东西踢给别人，这些都是失礼的行为。在欧洲国家，新人在婚礼前是不试穿结婚用的礼服的，因为害怕幸福婚姻破裂。还有些西方人将打破镜子视作运气变坏的预兆。另外，西方人不会随便用手折断柳枝，他们认为这是要承受失恋的痛苦的。在匈牙利，打破玻璃器皿，就会被认为是厄运的预兆。中东人不用左手递东西给别人，认为这是不礼貌的。英、美两国人认为在大庭广众中，节哀是知礼；而印度人则相反，丧礼中如不大哭，便是有逊礼仪。

复习思考题

1.公共关系人员为什么要加强个人仪表的修饰？

2.公共关系人员必须掌握的日常交往礼仪有哪些？

3.成功举办中式或西式宴会要做好哪些准备工作？

4.要做好公共关系接待工作必须注意哪些问题？

5.结合外事礼仪谈一谈公共关系人员涉外交往时的注意事项。

案例分析

1.王先生遇见一位他很敬重的学者,这位学者正和其他人谈话。王先生想,在这么多人面前,应该更加表示对学者的尊敬。于是在握手时,他用左手盖在对方的手背上,以示亲密,并长时间地握住学者的手不放,寒暄了几分钟。

问题:

王先生行为是否合乎礼仪?

2.有一位先生为外国朋友订做生日蛋糕。他来到一家酒店的餐厅,对服务员小姐说:"小姐,您好,我要为一位外国朋友订一份生日蛋糕,同时打一份贺卡,您看可以吗?"小姐接过订单一看,忙说:"对不起,请问先生您的朋友是小姐还是太太?"这位先生也不清楚这位外国朋友结婚没有,从来没有打听过,他为难地抓抓后脑勺想了想,说:"小姐? 太太? 一大把岁数了,太太。"生日蛋糕做好后,服务员小姐按地址到酒店客房送生日蛋糕。敲门后,一女子开门,服务员有礼貌地说:"请问,您是怀特太太吗?"女子愣了愣,不高兴地说:"错了!"服务员小姐丈二和尚摸不着头脑,抬头看看门牌号,再回头打个电话问那位先生,没错,房间号码没错。再敲一遍,开门,"没错,怀特太太,这是您的蛋糕。"那女子大声说:"告诉你错了,这里只有怀特小姐,没有怀特太太!""啪"的一声,门被用力关上了。

问题:

(1)这位先生的做法为何引得外国朋友不满?

(2)称呼他人时应避免哪些禁忌?

3.某公司新建的办公大楼需要添置一系列办公家具,价值数百万元。公司总经理做出决定,向A公司购买这批办公用具。这天,A公司的销售部负责人打电话来,要上门拜访这位总经理。总经理打算,等对方来了,就在订单上盖章,定下这笔生意。不料对方比预定的时间提前了2个小时,原来对方听说这家公司的员工宿舍也要在近期内落成,希望员工宿舍需要的家具也能向A公司购买。为了谈这件事,销售负责人还带来一大堆资料,摆满了台面。总经理没料到对方会提前到访,刚好手边又有事,便请秘书让对方等一会。这位销售员等了不到半小时,就开始不耐烦了,一边收拾起资料一边说:"我还是改天再来拜访吧。"

这时,总经理发现对方在收拾资料准备离开时,将自己刚才递上的名片不小心掉在了地上,对方却并没发觉,走时还不小心从名片上踩了过去。但这个不小心的失误,却令总经理改变了初衷。A公司不仅没有机会与对方商谈员工宿舍的设备购买,连几乎到手的数百万元办公用具的生意也告吹了。

问题:

(1)A公司的生意为何告吹了?

(2)拜访他人应该注意哪些问题?

4.小顾有心让朋友老张和自己的新朋友小朱认识,正好有次小朱陪小顾看展览,遇到了老张,小顾马上热情地招呼老张。小顾先对小朱说:"这就是我常和你提起的老张,是泥塑高手。"随即对老张说:"老张,这是我新认识的朋友,小朱对泥塑挺有研究的。"人到中年的老张见小朱只是个 20 多岁的普通青年，不禁感到被介绍令他很丢面子，于是打个哈哈就走了，不仅没接受小朱这个朋友，把小顾也冷落到一边儿去了。

问题：

小顾的此番介绍为什么以失败而告终？

5.综合如下两个场景回答问题：

场景一：一位旅美华人在家乡举办了一次酒会，宴请当地几个房地产界的商人，希望借宴会增进彼此间的了解，寻找合适的合作伙伴。郑先生是本地房地产大户，声名远扬，是旅美华人最看好的合作对象。但遗憾的是，旅美华人与郑先生握手时，握到了一只潮湿柔软、被动无力的手，这只手与其主人洒脱热情的外表极端不相称。握手以后，旅美华人对郑先生心生巨大的失望和厌恶。最终，这次合作机会被另一位实力稍逊的地产商获得。郑先生在房地产界大大丢了面子，事后却百思不得其解。

场景二：陈刚去某贸易公司应聘，招聘主管是位女士。因为事先看过陈刚的简历，女主管觉得陈刚很有实力，认为他是个人才。面试进行得很顺利，陈刚给女主管留下了很好的印象。面试结束时，女主管热情地伸出右手，说："小伙子，表现不错！"陈刚赶忙伸手相握，他手心朝下，像铁钳一般握住了女主管的手。女主管面露微妙的惊异之色。她想：这个小伙子太傲了。陈刚就这样被女主管从新员工名单中划掉了。

问题：

(1)场景一中的郑先生和场景二中的陈刚为何最终都失败了？

(2)在社交场合中，规范的握手方式及注意事项是怎样的？

6.在一次宴会上，教授的学生和教授(携带教授夫人)在一起吃饭。教授的中国台湾学生是一家公司的老总。他做东请教授和教授的其他学生。做东的学生坐在教授的对面，其他的学生随便坐。在吃饭过程中，有一位同学突然站起来走了出去，没有人问他去干什么，大家继续原来的关于中国大陆与中国台湾局势的话题。

问题：

(1)从以上描述看，此次宴会中有哪些地方不符合礼仪规范？

(2)宴请时，位次排列的规则是怎样的？

7.王艳和文军在同一家公司工作，两人是好朋友。王艳邀请文军参加自己的婚礼。为了表达心意，文军考虑要送给王艳一份特别的礼物。思来想去，文军觉得送鲜花既时尚又浪漫，最合适，而且要送红玫瑰，以表示对新婚夫妇甜蜜爱情的祝福。这天，文军捧了一大束红玫瑰参加婚礼，可当他将花束送给王艳时，王艳面部表情发生了急剧的变化，迟疑地不肯去接鲜花；王艳的新婚丈夫则脸色难看，令文军十分难堪。这件事引起了王艳丈夫的误解，破坏了他们新婚甜蜜的气氛，王艳做了多番的解释，才消除了丈夫的误会。

问题：

文军的错误在哪里？

第十章 CIS策划与导入

学习要点及目标

1.明确实施CIS战略的意义和作用；
2.了解CIS的基本特征与功能；
3.了解CIS的内容；
4.具备MI、BI、VI策划的能力；
5.了解CIS导入的时机、程序和方式。

核心概念

CIS战略　　理念识别　　行为识别　　视觉识别

引导案例

茅台的CI导入

茅台是中国白酒的著名品牌，有着神秘悠远的历史。新中国成立以来，无数次重要的大活动，茅台酒都被当作国礼，赠送给外国领导人。然而，由于白酒市场竞争日趋激烈，国内同行挑战，国外洋酒纷纷涌入，茅台的“国酒”地位受到冲击。随着茅台开始向集团化、多元化方向发展，1994年茅台酒厂接受沿海CI潮流影响，进行形象识别设计，导入CI战略。

MI：使命——酿造高品位的生活；愿景——健康永远，国酒永恒；核心价值观——天贵人和，厚德致远；企业精神——爱我茅台，为国争光；核心竞争力——工艺、环境、品牌、品质、文化；经营理念——稳健经营，光大民族品牌；质量理念——崇本守道，坚守工艺，贮足陈酿，不卖新酒；营销理念——坚持八个营销，追求和谐共赢；服务理念——行动换取心动，超值体现价值；领导理念——务本兴业，正德树人；人才理念——以才兴企，人企共进。

VI：极具特点的瓶体造型和洁净的白色酒瓶。20世纪60年代末至70年代初，除了人民大会堂专供使用挂釉青瓷瓶外，其余用于出口和民间销售的都使用了白色玻璃瓶并且一直延续至今。同时，茅台酒的包装一直运用红、黄、白三个标准色彩，透过色彩具有的知觉刺激于心理反应，表现出一种由内至外的大气，符合了茅台“国酒”的定位，也体现出了茅台酒的高品位、高质量。

茅台的商标相当多变。现在确定的标志在形态上为圆形,利用红蓝两色对比、反白成一抽象的鹰形,象征企业似雄鹰展翅腾飞,同时也隐喻出茅台酒厂英文缩写字母“M”。以鹰象征企业的恢宏气势,展示强大深厚的企业生命力和鲜明厚重的企业形象。同时,标志两边共八根流动的线条,喻示着标志是在茅台酒荣获巴拿马国际金奖 80 周年之际推出的,使企业标志具有深远的历史意义和纪念意义。而红、白、蓝三色的运用使茅台新标更具有时代感。

BI:在品牌推广活动中,茅台通过 CI 活动,进一步强调茅台酒的“国酒”定位原则。茅台 CI 实施过程中,主要从目标市场与营销渠道两方面,选准切入点,确立“一品为主,多品并发”的经营战略,开发出茅台威士忌、茅台女王酒、汉帝茅台酒、贵州醇等系列酒,发挥名牌效应,经济效益大增。在营销策略方面,茅台通过高品质的“国酒”定位,实行各省、市、自治区设立总经销制度的主渠道销售为主,适当发展一批实力强、信誉好、服务佳的代理商、专卖店,作为补充,提高市场覆盖率,有效防止假冒产品进入销售渠道,重在维护茅台酒的声誉形象。与此同时,提高包装档次,加强品牌宣传力度,在 CI 统摄下,以“国酒茅台、玉液之冠”为主题词,突出茅台个性,提高宣传品位,务求与“国酒”地位相符。

茅台导入 CIS 后,重塑“国酒”形象,巩固“国酒”地位,达到了重新塑造企业形象的目的。

（摘自:wenku.baidu.com）

第一节　CIS——塑造组织形象的战略

一、CIS 的概念和内容构成

(一)CIS 的概念

CIS 是英文 Corporate Identity System 的缩写,译为企业识别系统,是指一个社会组织为了塑造形象,通过行为规范、活动体系以及具有冲击力的视觉识别体系,将企业理念、使命感和产品物质传达给公众,以获得一致的认同感和价值观。CIS 习惯上常常被简称为 CI 或 CI 战略。可以从以下几个角度来认识 CIS:

(1)CI 是商务组织形象的塑造过程;

(2)CI 是商务组织管理的一项系统工程;

(3)CI 是商务组织的一项投资行为;

(4)CI 是商务组织经营战略的组成部分。

(二)CIS 的内容构成

CIS 由三个相互关联的子系统组成:企业理念识别(Mind Identity,MI)、行为识别(Behavior Identity,BI)以及视觉识别(Visual Identity,VI)。三者缺一不可,它们的关系如图 10－1 所示。

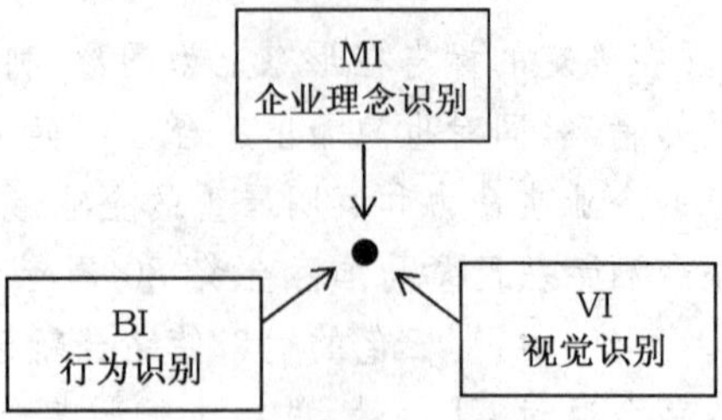

图 10－1　CIS 的内容构成

图 10－1 中，中心的黑色圆圈表示三者必须相互结合。MI 处于"统帅"的地位，是其他活动的基础和前提。三者只有在一个点上很好地结合，CIS 才能达到较完美的境界。其实质就是如何把企业理念通过企业行为和视觉识别让大众识别，进而让大众信赖企业并对企业产生好感。

在 CIS 中，VI 是最外在的、最直观的部分，是一种静态的识别，采用视觉化的传达形式将企业、企业价值观有组织、有计划地传达出去，使企业理念通过视觉表达方式得以外化，所以有人将其比喻成 CIS 的"眼睛"。BI 则是一种动态识别，是对企业运作方式所做的统一规划而形成的动态识别形态。它是以经营理念为基本出发点、以贯彻和实现企业理念为目的的一系列活动和措施，它被比喻成 CIS 的"四肢"。而 MI 是 CIS 的"灵魂"，是导入企业识别系统的原动力和基础，它涵盖企业经营宗旨、经营策略、企业性格、精神标语、座右铭、价值观等内容，它的存在方式和要求制约了行为识别和视觉识别的最终形成。

二、实施 CIS 战略的意义和作用

随着市场经济的发展，企业的生存环境发生了很大变化，竞争已经从单一产品的价格战、质量战、品牌战，逐步演变为目前的企业综合形象战。CIS 作为近年在国际上出现的一种新型现代企业管理理论，已被许多著名企业导入与应用，并在日趋激烈的商战中显示出了巨大的威力。CIS 作为一种现代企业战略，具有前瞻性、有效性及系统性的特征，是现代企业管理发展中的一场革命。

综观近几年的国际市场，以 CIS 开发导入最受企业重视，我们已经不难找到形象良好、给人留下深刻印象的商品、品牌及企业形象，如可口可乐、富士胶卷、麦当劳、P&G（宝洁）、丰田等均在全面实施 CIS 战略上取得成果。

具体来说，CIS 对现代企业发展的意义有以下几点：

（1）它为企业市场竞争提供了一种有力"武器"。良好的 CIS 可有效统一和提升公司形象，不仅有利于企业与顾客的沟通，而且能够制造产品与企业的差别优势，创造名牌，提高经济效益。

（2）正确导入 CIS 可理顺企业内部关系，规范企业行为，实现企业素质与管理水平的提高。

（3）通过导入 CIS 使企业文化得到优化，能有效提高企业员工的工作热情与积极性，同时，它还对社会文化环境的改善发挥一定作用。

（4）通过导入 CIS 可大大提高企业的信息传播效率，减少浪费，同时使其无形资产迅速增值。

三、CIS 的基本特征与功能

(一)CIS 的基本特征

1.客观性

CIS 的导入与推广必须从企业的实际出发,在开发 CIS 时,一定要认真做好企业形象调查这个环节,对原有的企业形象进行深入调查分析和科学评估,之后的企业形象定位才会符合企业的实际。企业的客观存在是企业形象塑造的基础。

2.社会性

企业的生存发展离不开社会的理解、支持与合作。企业的根本利益和社会整体利益是一致的;企业的宗旨和目标应该有强烈使命感和社会责任感。因此,企业的 CIS 应该把社会利益、公众利益摆在首位。企业形象塑造的最终目标是社会关系处于理想和谐的状态之中,只有这样的企业 CIS 才会被社会所认可和传播。

3.战略性

企业的 CIS 必须从企业全局和发展的长远目标上考虑,坚持从战略着眼,注重长期的效益。战略性还体现在当企业的战略目标与近期利益发生矛盾冲突时,企业应把长远的战略放在首位,甚至为了长远利益牺牲或舍弃眼前利益。另外,CIS 的战略性也表现在当企业形象价值与企业经济效益发生不可调和的矛盾冲突时,应把企业的形象价值放在第一位,牺牲经济利益来换取企业的形象效益。

4.系统性

企业要从 CIS 构成的三个部分的有机联系上系统把握 CIS,CIS 各部分都必须在企业统一的目标、宗旨、精神、文化等指导下规范化、标准化,传达出一个系统整齐划一的形象。

5.差异性

差异性是 CIS 功能发挥的重要条件。一个企业需要有个性,以区别于其他企业。企业形象通过差异性设计之后,不仅有利于公众的识别和认同,也有利于表现企业与其他企业在产品或服务上的差异。

6.竞争性

当今社会企业竞争日益激烈,关系日趋复杂。特别是在市场经济活动中,谁能够在竞争中脱颖而出,谁就能赢得优势。

7.稳定性

CIS 的导入和实施是一个开放系统,它处于稳中有变的发展过程中。在这个发展过程中,企业所处的环境、经营规范以及消费者的认识结构都会有所改变。企业形象的内涵也在不断发展,如何在变与不变中寻求平衡点,达到内外、前后的“对应”与“同一”,正是 CIS 策划与设计的一个微妙之处。需要注意 CIS 的稳定性是相对的,而变化是绝对的。但它必须有稳定性,这样才有利于与其他企业形成差别,才有利于社会大众的认知和识别。

(二)CIS 的功能

CIS 是企业设计和塑造形象的有力手段和工具。其他主要功能是通过传播媒介命名企业本身和外界所共同承认的存在意义和其应有的态度做整体性的传达,以获得社会公众的认同,从而树立良好的企业形象。最终目的则是为企业带来更好的经营效果。

其具体功能有如下几个方面:

1.管理功能

在开发和导入CIS的进程中,企业最终应当制定CIS推进手册,作为企业内部“宪法”,让企业全体职工共同遵守执行。这样才能保证企业识别的统一性和权威性。通过总结和提升企业的历史、信仰、所有权、技术、人员素质和战略规划,从而确定企业与众不同的身份,提高企业的经济效益和社会效益。

2.识别功能

CIS的开发和导入,能够促使企业产品与其他同类产品区别开。现在市场上很多企业的产品品质、性能、外观、促销手段都已经趋向雷同,只有用鲜明的企业形象来提高企业产品的非品质的竞争力,才能在竞争中取得一定的地位。这样有利于在消费者心中取得认同,建立品牌的偏好和信心。

3.协调功能

企业实施CIS后,可以加强员工的归属感和向心力,把全体员工统一集合在一起,发挥员工的积极效应。

4.传播功能

CIS的开发和导入,能够保证信息传播的同一性和一致性,并使传播更经济有效。CIS的运作过程中,统一性和系统性的视觉要素计划,可加强信息传播的频率和强度,产生倍增的传播效果。

【案例10—1】

杉杉集团有限公司的CIS设计

第一,进行理念识别设计。

企业精神:立马沧海,挑战未来。

企业经营方针:高品位,精加工,大经营。

企业宗旨:奉献挚爱,潇洒人生。

对外诉求标语:我们与世纪的早晨同行。

第二,创一流品牌,从视觉设计开始。

在视觉设计上,杉杉集团根据音译“Shenshen”及象征中国特有杉树的“China firs”为设计题目,将大自然的意蕴融入设计,以“S”字体象征如流水般生生不息,杉树有节节升高之意。

杉杉的标准色采用自然沉稳的青绿色与象征清新的水蓝色搭配组合,视觉上令人眼前一亮,生动有力。在结构上,以两个“S”作为阴阳曲线的拓展,而耸立挺拔的杉树图形,象征集团创新突破的成长,实现创一流世界名牌企业的目的。

第三,提高美誉度,关键在于行为识别。

(1)举行“我们与世纪的早晨同行”为主题的CIS发布会。

(2)与中央电视台联合推出“植树节”大型文艺晚会“我爱这绿色家园”。

(3)赞助以绿化为主题的全国性海报宣传。

(4)推出“让大地披上绿装”的绿化活动。

导入CIS极大地提高了杉杉品牌的影响力和认知度。

(摘自:王秀方.公共关系理论与实务.2014)

第二节 CIS策划

一、MI策划

(一)企业理念的设计原则

1.个性化原则

企业理念的设计应充分展示出企业独特的风格和鲜明的个性。例如,中国通信公司就各自提出自己的企业理念:中国移动是“沟通从心开始”;中国电信是“用户至上,用心服务”;中国联通是“随时随地联通,随时随地享受”。

2.持久性原则

企业理念的设计要考虑稳定性和持久性,不可轻易更改。具有持久生命力的企业理念才能随着时间的流逝散发出悠久的气息,才能使企业全体员工内心真正接受和认同。如北京同仁堂,“药德”“诚信”是它三百多年来一直坚持的理念,“炮制虽繁必不敢省人工,品味虽贵必不敢减物力”依然闪烁着耀眼的光芒。

3.系统性原则

企业理念的各要素构成要完整、和谐,是一个理念体系。例如,天津达仁堂制药厂的企业理念就是对企业宗旨、企业精神和企业目标管理的表述来达到系统性原则的。达仁宗旨——选料必求地道,炮炙必求其精;达仁精神——敢于拼搏争第一,勇于创新增效益,遵纪守法爱集体,振兴中药重信誉;达仁堂人的理想和追求——振兴中药,造福人民。

4.民族性原则

企业理念应考虑民族文化与民族精神,体现民族形象。例如,美国的民族文化强调的是“人性的解放”和“对人的尊重”,于是摩托罗拉公司的企业理念是“尊重每位雇员的个性”;中国的民族文化是崇尚中庸、谦让、忠诚等民族精神。

(二)企业理念要素策划

1.企业使命

明确企业的使命,就是要确定企业实现远景目标必须承担的责任或义务。为此,企业必须回答以下问题:我们的事业是什么?我们的顾客群是谁?顾客的需要是什么?例如,中国移动通信:创无限通信世界,做信息社会栋梁;上海家化公司:奉献优质产品,帮助人们实现清洁、美丽、优雅的生活;微软公司愿景(使命):计算机进入家庭,放在每一张桌子上,使用微软的软件。

2.企业价值观

企业价值观即公司对本组织及其相关的人、事、物的意义及其重要性的基本评价与共同看法。例如,吉利汽车的价值观为:快乐人生,吉利相伴。联想集团的价值观为:成就客户——致力于客户的满意与成功;创业创新——追求速度和效率,专注于对客户和公司有影响的创新;精准求实——基于事实的决策与业务管理;诚信正直——建立信任与负责任的人际关系。

3.企业精神

这是指企业员工所具有的共同内心态度、思想境界和理想追求,表达企业的精神风貌和风气。例如,IBM的企业精神为:IBM就是服务;波音公司的企业精神为:我们每一个人都代表公司；吉利企业的企业精神为：团队精神、学习精神、创新精神、拼搏精神、实事求是精神、精益求精精神。

4.行为准则和道德规范

行为准则和道德规范是指导和调节员工从事生产经营的各种活动、处理人际关系、确立交往关系的行为要求。例如，IBM的道德规范为：推销人员在任何情形下都不可批评竞争对手的产品；如对手已经接获顾客订单，切勿游说顾客改变主意；推销员绝对不可为了获得订单而进行贿赂。

（三）企业理念的表达技巧

1.企业理念口号化

企业理念口号化应做到内容精练，中心突出。例如，吉列的企业理念为："男人的终极追求"；宝马的企业理念为："终极驾驶机器"。

2.企业理念人格化

通过企业领导者的示范作用和企业英雄模范人物的事迹，让企业理念形象化，被赋予一种人格化力量。例如，首都公交公司"向李素丽同志学习"的活动；大庆油田王进喜的"铁人精神"。

3.企业理念艺术化

把企业理念通过音乐、美术等艺术手法表达出来，如企业之歌、漫画、吉祥物这些艺术表现形式都是较好的选择。例如，中国的步步高公司，将其企业理念"世间自有公道，付出总有回报"体现在歌词中，对公众就有非常好的影响效果。

【案例 10－2】

17 小时将海尔经理人的建议变成样机

海尔精神——敬业报国，追求卓越。

海尔作风——迅速反应，马上行动。

美国海尔贸易公司总裁迈克曾接到许多消费者的反映，说普通冷柜太深了，取东西很不方便。在2001年"全球海尔经理人年会"上，迈克突发奇想，能否设计一种上层为普通卧式冷柜，下面为带抽屉的冷柜，两者合一不就解决这一难题了吗？

冷柜产品本部在得知迈克的设想后，4名科研人员采用同步工程，连夜奋战，仅用17个小时完成了样机。不但如此，他们还超出用户的想象，又做出了第二代产品。在当晚的答谢宴会上，当这些样机披着红绸出现在会场上时，引来一片惊叹声，接着爆发出一阵长时间的热烈的掌声。

冷柜产品本部部长马坚上台推介这一工商互动共同的结晶，并当场以迈克的名字为这一冷柜命名。

（摘自：周小明. 实用企业文化营销.2004）

二、BI 策划

与MI的深奥、抽象相比较，BI追求的是具体、实际，是CIS的动态识别形式，其主要功能是将企业理念付诸实践、广泛传播。

(一)BI的界定

BI是MI的动态传播方式，是CIS的动态识别形式，是企业的具体营运活动，并涵盖了企业内部和外部管理工作的方方面面，通过具体行动来塑造企业形象。

(二)BI的构成

1. 内部行为识别系统

它主要包括企业的经营管理行为、对员工的激励与沟通行为、与股东的联系、企业内部活动等。

2. 外部行为识别系统

它主要包括市场调查、产品开发、市场服务、公关策略、促销策略、广告活动等。

(三)BI设计原则

1.活动方案尽量周密、详尽

BI作为CI的执行层面，实践性极强。所以，BI活动的设计，当然也要讲究创新、超前，但最重要的是考虑能否操作，包括活动的组织机构、内容、时间、地点、目的、要求、检测等，都要十分具体，简便易行。

2.真实而诚挚，感情诉求

真诚是CIS的生命。企业举办任何活动，都应出自真心诚意，而不是为了赶时髦、走形式、摆花架子，或哗众取宠追求新闻效应，更不允许弄虚作假，欺世盗名。

3.纷繁复杂，流变常新

BI为MI的具体表现形式，应该是不拘一格、多姿多彩、常变常新。在行为识别中，尤其重要的是信息要灵通，能以最快的速度，准确地捕获市场信息，以便及时做出反应，制定应对良策。例如，电视剧《宰相刘罗锅》播出后，在全国引起轰动效应，刘罗锅一下子成了人们的议论中心。京城一家图书馆马上做出反应，敏锐地获取人们迫切地想知道"历史上真实的刘镛"的信息，在馆内开展"刘镛其人"的历史资料展示和咨询活动，顿时使一向冷清的图书馆门庭若市，取得了很好的社会效果。

4.多角度、全方位，兼顾四方

企业举办的各种活动，必须是多方兼顾，不可顾此失彼。例如，企业经营必须既讲求经济效益，又讲究社会效益。就内部而言，既抓产、供、销，又抓人、财、物；既要体现社会公众的利益，又要改善职工福利。就外部而言，既要舆论宣传，又要重视与公众沟通。就每一项活动而言，既有长远考虑，又有现实目标。总之，构建企业行为识别系统，必须多层次、全方位，各方协调，配合默契，才能产生良好的效果。

【案例10—3】

阿米尔的改变

阿尔米公司是美国钢铁公司和国民制酒公司的一家子公司，是一家生产铁产品的联合企业。多年来，它的生产效率和利润一直比较低下。被称为"大块头"的吉姆·丹尼尔出任总经理以后，采取了一项特别的计划。《华尔街日报》把这项计划形容为"一个由感人肺腑的口号、相互交流和满脸堆笑组成的大拼盘"。丹尼尔的工厂里到处贴着告示，上面写着："倘若你看到有谁无笑容，那么就请对他报以微笑吧。"

该公司的标志就是一张笑脸，信笺上、厂门口、厂徽和工人安全帽上，这张笑脸无所不在。"大块头"吉姆的大量时间用于骑车巡视工厂，他和工人们打招呼，开玩笑，倾听他们的意见，彼此称兄道弟……这一切的结果呢？在最近三年里，几乎未加任何投资，而生产率则提高了大约80%。

（摘自：wenku.baidu.com）

三、VI 策划

VI 是一个严密而完整的视觉符号系统。它的特征在于展示清晰的"视觉力"结构，从而准确地传达独特的企业形象。通过差异性面貌的展现，达成公众对企业的认知与识别的目的。

视觉识别系统的设计可分为基本要素和应用要素两大部分。基本要素主要包括企业名称、品牌标志、标准字体、标准色、象征图案等；应用要素主要包括办公用品、办公设施、招牌旗帜、建筑外观、衣着服饰、产品设计、广告宣传、交通工具、包装设计等。

下面重点介绍标志、标准字、标准色、企业造型及企业象征图案的设计。

(一)标志

在 VI 中，标志是应用最广泛、出现频率最多的要素，它是启动所有视觉设计要素的主导力量，是统合所有视觉设计要素的核心。在公众心中，标志与特定企业、特定品牌是同一个事物。

1.标志的特性

(1)识别性。这是企业标志在视觉传达中的基本功能，在 VI 设计开发中通过整体性的规划与精心设计所产生的造型符号，具有个性独特的风貌和强烈的视觉冲击力。

(2)领导性。标志在视觉识别的各个要素展开设计中居于重要的地位，扮演着决定性、领导性的角色，统领着视觉传达的其他要素。

(3)同一性。企业标志是企业经营抽象精神之具体表现，代表着企业的经营理念、经营内容、产品的特质。标志一经确定为某种标准样式，就不能任意更改或破坏。

(4)延伸性。标志在运用中要出现在不同的场合，涉及不同的传播媒体，因此，它必须有一定的适合度，即具有相对的规范性的弹性变化。

(5)系统性。作为 VI 中的标志的设计，必须考虑到它与其他视觉传达要素的组合运用，因此，必须具备系统化、规格化、标准化的要求，做出必要的应用组合规范，以避免非系统性的分散混乱的负面效果。

2.标志的分类

(1)按照其基本构成因素划分，可分为文字标志、图形标志以及由文字、图形复合构成的组合标志三种：

①文字标志。文字标志有直接用中文、外文或汉语拼音的单词构成的，也有用汉语拼音或外文单词的字首进行组合的。文字标志往往能直接传达企业和商品的有关信息，具有可读性的特点，但其识别记忆性不及图形标志。所以，人们一般都设法将文字标志与其他图形符号结合并用。

②图形标志。企业 Logo 设计等图形标志是通过几何图案或象形图案来表示的。通过适当的设计，它能以简洁的线条或丰富的图形结构来表示一定的含义，有生动、形象、便于传达、

易于识别记忆的特点。现在国内外企业标志设计的总趋向是：由绘画处理转向图案格式，由一般图案转向几何图案，由抽象形式取代具体形式，从而体现出纯朴、柔和而完整的图案美，表现出企业标志的象征性意义。图形的设计，要有意境、情调，具有美的韵律，达到形有限而意无穷的境地。

③图文组合标志。图文相结合的组合标志是文字标志与图形标志优势互补的产物，集中了两者的长处，克服了两者的不足，因此具有可视性、可读性、视觉传播和听觉传播的综合优势，在现代企业标志设计中被广泛采用。

(2)按照标志设计的造型要素分类，可分为以下四种：

①以点为造型要素的标志。点是线的端点或线的交叉。在图形学中，点是一切形态的基本单位。单一的点具有凝固视线的效果，两个以上的点会产生动感，大小不同的点可构成不同性格和不同深度的空间感，而点的连续又会产生节奏、韵律和方向。如果将点做成有规律的间隔构成，还会产生线或面的视觉效果。

②以线为造型要素的标志。线是点移动的轨迹，又是面的界限或面的交叉。线以长度为其造型特征，本身具有力度感和运动感，并且具有精、细、长、短、宽、窄的弹性变化。直线具有方向和速度等象征意义，易产生庄严、坚强、稳重之感；曲线具有转折、弯曲、柔软等特征，表现了变化和运动；斜线具有向上、积极、飞跃之感；等等。

③以面为造型要素的标志。由数字方式借助仪器构成几何面，具有单纯、明快、简洁的审美特征；由自由的线构成的随意的面，具有淳朴自然的情感特征。几何图形中的三角形、长方形、椭圆形、五边形、多边形在标志设计中最常采用，常用作背景和外框，以烘托主题图案。

④以体为造型要素的标志。体是利用透视原理，将二元平面造型转化为三度空间的幻象表现。在转化过程中，原有单纯的标志图案可以产生立体空间的实在感与压迫感，形成强烈的视觉诉求效果。这样的标志，可以是题材本身的转折、相交、组合而构成的立体感，也可以在题材的侧面通过阴影处理制造厚度和讲深来产生立体感。

(3)按照标志造型手法分类，可分为以下三种：

①具象型。将客观对象进行修饰、简化、概括或夸张，形成具象图形的标志。经常被采用的具象图形有自然景物、宇宙现象、人物、动植物等。

②抽象型。抽象型标志是由点、线、面等造型要素组合而成的几何形或不规则形，具有较好的视觉效果和传播应用的方便性特点，但也有理解上的不确定性缺陷。

③具象和抽象相结合型。这种标志综合了具象和抽象的优点，避免了两者的缺点，具有很大的灵活性。

3.标志设计的原则

(1)有效传达企业理念。企业标志是向社会公众传达企业理念的重要载体，脱离企业理念的标志只是一些没有生命力的视觉符号而已。最有效、最直接地传达企业理念、突出企业个性是企业标志设计的核心原则。广东太阳神集团的企业标志就十分成功地体现了企业理念。

(2)突出人性化。现代工业设计，越来越重视人性设计，以消除现代工业所带来的人性异化。与人产生关系，使人感到被关心，创造出互相信任、彼此融洽的亲和感和人文环境，是企业视觉识别设计应追求的目标。著名的Apple标志，在设计上就表现出一个充满人性的动态画面。

(3)实现强力视觉冲击。企业视觉识别设计所要做的是通过设计，使社会公众对企业产生鲜明、深刻的印象。因此,所设计的视觉形象必须给人以强烈的视觉冲击力和感染力,达到引人注目和有效传播的目的。日本三菱公司的企业标志就是一个成功的典范。

(4)保持风格统一。设计风格的统一性是充分体现企业理念,强化公众视觉的有效手段。强调风格统一并不是要求千篇一律,没有变化,而是一种有变化的统一,是在基本原则不变的前提下的统一。可口可乐公司至今已有100多年历史了,在全世界100多个国家和地区都建有装瓶厂,但在全世界可口可乐的视觉识别是统一的。

(5)具有艺术表现力。视觉符号识别功能的发挥,与人的情感有着密切的关联。视觉符号是一种视觉艺术,而接收者进行识别的过程同时也是审美过程。因此,企业标志设计必须具有强烈的美学特性。如果企业标志缺乏美感和艺术表现力,就不能唤起接收者的美感冲动,则识别的作用就无从发挥。

(二)标准字

1.标准字的概念

从设计层面上来看,标准字是泛指将某种事物、团体的形象或全称整理、组合成一个群体性的特殊字体。

标准字是视觉识别系统中基本设计要素之一,因种类繁多,运用广泛,几乎涵盖了视觉识别符号系统中各种应用设计要素,因而其重要性不亚于标志。标准字能将企业的经营理念、规模性质等,通过文字的可读性、说明性等明确化的特性,创造个性独特的字体,从而达到企业识别的目的,塑造独特的企业形象。

标准字与普通铅字、书体的最大差别在于除了外观造型不同外,更重要的是它根据企业或品牌的个性而设计,对策划的形态、粗细、字间的连接与配置、统一的造型等,都做了细致的规划,强调整体的风格和个性形象,与普通字体相比更美观,更有特色。

2.标准字的特征

(1)识别性。这种特征体现在独特的风格与强烈的个性上。应依据企业的经营理念、文化背景和行业特征等因素的差别,创造不同个性的字体,以传递企业性质与商品特性,达到识别企业的目的。

(2)易读性。标准字应传播明确的信息,说明内容简要易读,以免造成辨别的困难,难以达到传达企业情报和信息的效果。

(3)造型性。标准字设计成功与否,造型因素是决定性的条件。唯有符合造型原理与结构法则的设计,同时追求创新感、亲切感和美感,造型美的企业形象,才能让公众有艺术的享受。

(4)系统性。即应有一系列的相同风格的标准字,适用各种场合。标准字的系统性不仅包括不同材料、不同技术、不同情况应用时具有放大缩小、反白、线框的柔性表现,而且还要考虑与其他视觉识别中的基本要素和谐组织、搭配,设计多种组合形式,以贯彻视觉传达的统一感。

3.标准字的分类

根据标准字的不同功能,可分为以下种类:

(1)企业标准字。它主要通过统一的字体形象来传达企业精神和经营理念,以建立企业和产品的信誉和品格。

(2)字体标志。即标准字与企业标志组合在一起。字体标志能达到精简要素、统一视听、易识易记的目的。SONY、IBM就属于此类字体标志。

(3)品牌名称标准字。依据企业经营业态和发展战略的需要来塑造品牌性格,如国际化经营、市场占有率的提高、企业形象的保护作用等。企业往往强化品牌的个性特点，在这种情况下就需要设计品牌名称标准字，如太阳神、松下电器等。

(4)产品名称标准字。企业为了开发新市场而推出新产品，为了突出个别产品的性质，采用具有亲切感、个性强的字体设计，以方便传播和广告宣传。

(5)活动标准字。这是专为新产品推出、节令庆典、周年纪念、展示宣传等特定活动设计的字体。

(6)标题标准字。这是通过标题的个性设计来明确区别不同的空间，以产生醒目的视觉效果。

(三)标准色

1.标准色的含义

标准色是指企业为塑造独特的企业形象而确定的某一特定的色彩或一组色彩系统，运用在所有的视觉传达设计的媒体上，通过色彩特有的知觉刺激与心理反应，以表达企业的经营理念和产品服务的特质。

标准色由于具有强烈的识别效应，因而已成为经营策略有力的工具，日益受到人们的重视，在视觉传达中扮演着举足轻重的角色。色彩除了自身具有视觉刺激，引发生理反应外，更由于人类的生活习惯、宗教信仰、自然景观等的影响，使得人们看到色彩就会产生一定的联想或抽象的感情。如可口可乐的红色洋溢着热情、欢快和健康的气息；柯达胶片的黄色，充分表达色彩饱满、璀璨辉煌的产品特质；美能达相机的蓝色给人以高科技光学技术结晶的联想；七喜汽水的绿色给人以生命活力的感受等，都是借助色彩的力量来确立企业形象、品牌形象的成功范例。

2.标准色的设定

(1)基于塑造企业形象的考虑。根据企业的经营理念或产品特质，选择能够表现企业形象的色彩。一般来说，电脑高科技企业，多用蓝色作为企业的标准色；而餐饮连锁企业都与红、黄两色联系紧密。

(2)基于经营战略的考虑。企业标准色的设定必须符合企业的经营理念和企业文化，应当能够反映企业的个性特征。为扩大企业之间的差异性和市场影响力，选择与众不同的色彩，更能达到企业识别、品牌突出的目的。

(3)基于成本和技术的考虑。色彩的运用在传播媒体上非常广泛，并涉及各种材料和技术。为了使标准色精确再现与便于管理，应该尽量选择理想的印刷技术、合理的分色制版方法，使之达到与标准色统一的色彩。另外，应避免选用特殊的色彩，避免选用金、银等昂贵材料或金色印刷，以免增加不必要的制作成本。

【小贴士】

颜色的象征意义

红——血、夕阳、火、热情、危险；

橙——晚霜、秋叶、温情、积极；

黄——黄金、注意、积极；

绿——草本、安全、和平、理想、希望；

蓝——海洋、蓝天、沉静、忧郁、理智；

紫——高贵、神秘、优雅；

白——纯洁、朴素、神圣；

黑——夜、死亡、邪恶、严肃。

(四)企业造型

为了塑造企业识别的造型符号，给人以强烈的视觉印象，选择特定的人物、动物、植物做成具体形象化的造型，以其风格夸张、亲切可爱、幽默滑稽的形态捕捉消费大众的视线，以强化企业性格，表达产品或服务的特质，与消费者更贴近。

企业造型的设计题材大致有如下几类：

1.人物类

如麦当劳快餐的“麦当劳叔叔”，肯德基炸鸡的“山德士老先生”，桂格燕麦片的“桂格老人”，星辰表的“星辰宝宝”，歌林电器的“歌林服务员”。

2.动物类

如彪马运动鞋的“飞豹”，鳄鱼服装的“鳄鱼”，大荣百货的“猩猩”，韩国国民银行的“喜鹊”，三菱汽车的“野狼”，太平洋房屋公司的“袋鼠”等。

3.植物类

如日本劝业银行的“玫瑰”等。

4.产品类

法国米其林公司的“米其林轮胎汉”，中国台湾台塑公司的“普拉士弟”，瓦特涅斯的“酿酒桶”等。

企业造型的基本形态设定后，可依照企业经营内容、宣传媒体、促销活动进行各种变体设计，并赋予不同的动态、姿势、表情，以加强企业造型的说明性与亲切感，使其在视觉传达中发挥更好的影响力和表现力。

(五)企业象征图案

在视觉识别系统中，象征图案是作为一种附属与辅助性的要素出现的，配合标志、标准字、标准色、企业造型等基本要素而被广泛灵活地运用，起着不可忽略的功能作用。

象征图案与视觉传达设计系统中的基本要素是一种主从与宾主的关系，以配合设计的展开运用。作为一种线或面的视觉特征的设计要素，往往能与具有点的特征的标志、标准字、企业造型等基本要素，在画面上形成主次、强弱、大小等对比呼应关系，丰富与强化画面的视觉传达效果，增强了视觉传达的力度与感召力。

【小贴士】

企业VI设计失败的常见原因

(1)对企业的视觉定位模糊不清，让人觉得似是而非或产生不正确的联想。

(2)视觉效果与企业经营范围和理念乃至企业文化的精髓相去甚远，甚至背道而驰。

(3)设计师的平面设计功力不足，作品缺乏内在的逻辑性和外在的美感。

(4)过于追求时尚，缺乏长久的生命力。

【案例10－4】

金利来的CIS策划

“金利来”作为爱国人士曾宪梓先生20世纪60年代在香港创立的中国名牌，自从问世那天起，就与CIS融为一体。

金利来的CIS堪称“中国型CIS”的典范。其标志、标准字体为核心的视觉系统的规范统一，“勤、俭、诚、信”的经营理念，继而发展衍生出的“四爱”(爱国家、爱公司、爱家庭、爱自己)行为规范，以及它那句经典的广告语“金利来，男人的世界”所表达出来的准确市场定位，均是CIS后来者学习的楷模。

而更深一层CIS推进的意义在于，当“金利来”成为众所周知的中国名牌、国际名牌之后，企业应该如何发展？金利来用“文化经商、形象经商、情感经商——金利来品牌的文化提升”非常精湛地回答了这个问题。金利来是亚太策划、设计长期跟进的经典案例之一。

“金利来”是CIS策略成功的典范。CIS是英文“Corporate Identity System”的缩写，意为企业识别系统。CIS是一种由欧美和日本企业开发出来的经营管理技法，它把企业及产品形象中的个性与特点有效地传达给一切可接收该信息的受众，使其对企业及产品产生统一的认同感和价值观，从而达到使企业及其产品更能引起外界注意、树立企业形象、扩大市场占有率的目的。

(摘自：龙志鹤.公关案例选粹与评析.2011)

第三节 CIS的导入

企业导入CIS的目的和原因很多，但一般情况下都要根据企业面临的实际需要，有针对性地设定CIS导入目标，实施CIS战略。

一、企业导入CIS的时机

(一)公司成立或合并成企业集团

新公司成立时可以设定最理想的经营理念和设计最完美的传播系统，因此是实施CIS的最佳时机。同时，企业的合并、兼并和收购等重组行为也是实施CIS的一个好时机。此时导入CIS，能够让社会大众认识到企业重组后的企业形象和企业定位。

(二)企业扩大经营范围

随着时代的发展，企业经营范围也随之扩大、改变而朝向多元化的经营目标迈进。经营范围改变都会使原公司的名称、标志和经营理念等发生变化，而出现与现有企业状况不相符合的现象。因此，必须开发新的CIS，统一新的事业范围与企业主体的关系。

(三)企业进军海外市场

随着海外市场的开拓，原有的视觉信息系统已经不足以应对国际市场的经营需要。为了改变不能同国际市场接轨的形象识别系统，应对国际竞争需要，因此，修正原有的标志、标准字等识别符号与企业理念，以利于海外市场的经营。这是一个企业能否在国际市场上树立品牌形象的关键举措，也是企业导入CIS的良机。

(四)新产品上市

企业进行新产品上市,借助 CI 导入迅速打开市场,此时实施 CIS 容易让消费者接受新形象、新观念。

(五)实施品牌战略

实施品牌战略是企业参与市场竞争的需要,而品牌创立不仅要有优质产品,而且要得到消费者的首肯。导入 CIS 有助于消费者对企业产品产生信赖、支持和偏好。

(六)转变企业经营机制

企业由于市场竞争的需要,在转变经营机制时导入 CIS,有利于彻底改变面貌,实施新的经营机制。

此外,在企业经营的某些关键时刻,如内部调整领导班子、改变经营方式、企业即将上市、企业内部缺乏活力需要激发生机,面临同行业竞争需要扭转被动局面,开拓与原先完全不同的新的市场等,都是企业导入 CIS 的有利时机。

【案例 10—5】

川池集团股份有限公司 CIS 导入时机

川池集团股份有限公司是中国最大的原酒基地——四川邛崃的一家大型民营股份制企业,为中国白酒协会确认的中国八大原酒生产企业之一,年产优质原酒 10 000 吨,为中国几大知名品牌白酒的原酒供应商,拥有成都市最大的花园式生态酒业园区。然而随着全国白酒销售下降,原酒生产受到致命打击,川池集团投入 5 000 万元开始生产瓶装白酒。由于缺乏市场经验,导致集团当年颗粒无收,样板市场江苏扬州、苏州的"川池酒"产品被号称为"头疼大曲"。集团公司严重亏损,大量包装积压,库存产品达到 3 000 万元,公司陷入危机。川池集团管理层经过反思与总结,从沿海引进外资企业高级管理人员,对川池集团进行全面的改造,确认实施 CIS 战略和品牌战略,对公司原有组织结构、产品包装、市场设计以及销售人力资源进行全面调整。该战略在企划班子对原公司的市场以及管理进行三个月全面调研后实施。

可见,企业 CIS 导入时机的选择是企业再度腾飞的一个关键时点。

(摘自:李民.企业形象设计.2013)

二、导入的方式

CIS 的开发是十分必要的,同时企业开发 CIS 必须根据我国企业现状确定导入 CIS 的不同模式。一般而言,主要有以下三种方式:

(一)预备性 CIS 导入方式

这是针对新建的企业而言的。在筹划新企业时,同时对企业的未来形象及企业文化进行有目的的设计和策划,包括对企业经营思想、口号、信条、标志、吉祥物、标准色、标准字体、企业形象的社会定位、战略选择、计划实施方案、管理办法以及应用系统的设计与策划等。

(二)扩张性 CIS 导入方式

该方式是企业在成长过程中为了实现资本扩张,把企业带进新的高一级的发展阶段而导入 CIS 的方式。它是对企业革新换面、脱胎换骨的改造。这时的企业形象策划应该立足于企业原有基础而着眼于发展层次和境界,对企业形象进行完全创新性的策划。

(三)拯救性CIS导入方式

拯救性CIS导入方式也称医疗性CIS导入方式。对于众多传统型企业来说,为了重塑企业形象,改变旧的经营模式而重新调整经营理念、经营观念和经营者的视觉形象,可以通过CIS的导入拯救企业的生存与发展。我国绝大部分营销企业都面临着这样的转换。而拯救性CIS的实施比预备性CIS的实施更显困难。因为拯救性CIS导入既要创立新的形象,又得益于原有的基础,需要对传统形象进行甄别、分析、摄取和扬弃的改造过程。而在对旧的东西的改造之中常常会碰到巨大的阻力,这种来自旧传统的阻力对新形象的树立所起的负效应不能低估。因此,拯救性CIS导入将伴随着企业管理体制、组织机构的一系列改革。

企业的整体形象战略是企业经营的总体战略框架,是企业的行为准则。然而,企业整体形象战略的具体内容不是一成不变的,而是在市场营销的实践中不断地完善和成熟的。不管是哪种模式导入的CIS经营理念,都要在市场实践的过程中不断得到充实和完善。

三、导入的程序

虽然根据企业性质的不同,CIS系统也各具特色,但经过对诸多企业CIS的调查,所有企业在导入CIS时都有着共同的导入顺序和模式,只有这样,才能保证导入的CIS能够符合企业的实际。但是,对于不同的企业,由于自身的特殊性,在具体内容上可能会有所不同,企业要根据自身的具体情况仔细推敲决定。

CIS计划开发的作业程序大体上可以分为三个阶段:企业实态调查阶段;设计开发阶段;实施管理阶段。

(一)企业实态调查阶段

进行CIS计划的开发作业之前,先应从企业内部与外部两个方面对企业现存的实态进行调查工作,以获取必要的客观资料。

(二)设计开发阶段

这一阶段的任务是将第一阶段所设定的识别理念,转换成系统化的视觉传达形式,以具体表现企业精神。其中可分为三个步骤:

(1)将识别性的抽象概念,转化成象征化的视觉要素;

(2)开发基本设计要素,以奠定整理传播系统的基础;

(3)以基本设计要素为基础,展开应用设计要素的开发作业。

(三)实施管理阶段

设计系统开发完成后,即全面导入实施CIS的阶段,需由最高管理层至基层的员工来全面贯彻,内部统一后,方能对外进行传播。

CIS导入之初,规模较大的企业应在企业内部设立CIS委员会,负责规划、执行、管理CIS的运作,并定期实施CIS进度、品质、成本的核对与检查。继续聘用担负识别计划开发的设计顾问公司为企业顾问,从事日常执行情况的处理,协助企业全面推行CIS,并监督长期实施的效果。

在企业导入CIS后,就要制订全面的实施计划,并根据计划和内容进行全面执行和推广,企业导入CIS具体实现和实施效果将在这一阶段得到全面的检验。因此,这是一个长时间需要严格管理的阶段。在企业全面实施CIS战略时,要切实做好以下几个方面的工作:

(1)保证企业管理理念和企业战略的全面实施。全面实施企业管理理念和战略,才能让企业内、外的所有有关组织及人员都明了本企业在干什么，为什么而干，从而能够获得更多的“认同”，进而获得一种亲和力与心理上的共鸣，只有这样，企业的理念与战略才能真正发挥它应有的作用。

(2)促进企业价值观的形成。所谓企业主体性，主要是指企业员工拥有高度统一的理念和价值观，使企业的经营理念与企业行为以及企业的视觉传达相一致，使部门之间协调配合，企业的一切活动都围绕着核心展开，企业各方面资源都得到充分的应用。真正促进企业主体性的成形，就要对企业 CIS 进行不间断的灌输、教育，更重要的是靠具体的事实对抽象理念进行诠释；靠人，尤其是企业管理者的身体力行逐步形成。

(3)将视觉识别全方位地应用。CIS 系统中最直观、最表象、最容易被人们接受的，便是其中的视觉识别部分。每个企业都有外部标志，但与企业是否已引进 CIS 的一个很大区别，就是系统的视觉识别全方位地应用。在 CIS 全面实施中，必须强调企业标志、标准字、标准色等要素的使用标准和方法，必须严格按照企业制定和下发的《CIS 手册》贯彻实施。任何变形或特殊使用，都要有严格的审批制度。只有这样，才能够保证企业 CIS 的深入贯彻和推广，这对于提高企业外在形象具有极大的推动作用。

(4)规范企业行为。企业一旦导入了 CIS 识别系统，便要真正地将其执行下去，用企业理念识别规范企业的经营理念，树立起企业的愿景，确定企业遵循的价值观，凝聚全体员工的努力推动企业的发展；用行为识别制定和完善企业的各项规章制度和岗位描述，使全体员工行有规范、做有制度、奔有方向、动有目标，以实际行动推动公司的和谐发展；用视觉识别完善企业的外在表象，规范企业行为，树立企业形象，提高企业社会影响，树立起差异化的企业内涵。

复习思考题

1.CIS 的功能体现在哪几个方面？

2.作为子系统之一的 MI，对于整体的 CIS 来说，它具有什么地位？它与其他两个子系统是什么关系？

3.BI 主要可分为哪两大类？其中各大类又包括哪些主要内容？

4.VI 主要包括哪两项要素？其中的主要内容是什么？

5.企业何时导入 CIS？在实施 CIS 中应该注意哪些问题？

案例分析

百年张裕的 CIS

张裕集团是于 1892 年成立的烟台张裕酿酒公司发展起来的，既是中国第一家工业化酿造葡萄酒的企业，也是中国葡萄酒行业的驰名商标拥有者。历经一个多世纪的发展，张裕的主业仍然是葡萄酒的生产经营，张裕仍是中国葡萄酒业的“领头羊”。张裕成功的原因很多，在此，我们不妨从 CIS 角度来剖析企业文化之于张裕成就的作用力。

1. 张裕理念的构建

1892 年，爱国华侨张弼士先生，以张姓加上“丰裕兴隆”之“裕”字，在烟台创建了张裕集团的前身——烟台张裕酿酒公司。张裕从其成立之日起，就蕴涵了浓厚的历史和文化的色彩，其带有极强“实业兴邦”意味的企业理念，从当时就左右了百年张裕的经营之道。今日，张裕的企业精神已经演变成了“爱国、敬业、优质、争雄”。不难看出，这种企业理念的动态变化，是基于传承了百年的张裕理念并且更具备了时代的革新精神。它既成就了张裕的“企业之魂”，也成就了张裕酒的“酒魂”。正是因为如此，主流在西方的葡萄酒文化才被张裕擎在手中，当成了输出生活新主张、培育消费文化的“利器”。这既是张裕对整个中国葡萄酒行业的贡献，也是张裕爱国、敬业、奉献社会的企业理念的具体体现。正因为如此，张裕才不遗余力地传播着自己独特的品牌文化，以建立起自己具有竞争力的品牌形象。

可以看出，张裕的理念实际上就是中国儒家文化中最积极价值观的体现。这种体现也使自己和百余年来的众多政要结下不解之缘。孙中山的“品重醴泉”、张学良的“圭顿贻谋”和江泽民的“沧浪有诗味，酝酿才能芬芳”，既是对张裕理念、张裕价值观及张裕为社会和国家所做贡献的最好肯定，又反过来沉淀和积累了张裕的理念文化。这些最终都夯实和加强了张裕品牌的竞争力，在企业内部强化了干部、职工的向心力；在企业外部则因消费者的认同和消费稳固了顾客关系，改善了自己生存和发展的环境。

2. 张裕视觉的构建

张裕的标志是葡萄枝托起一块盾牌。盾牌内是张裕英文名称 CHANGYU 的开头字母，C、Y 两个字母紧套在一起，代表张裕人精诚团结、奋发图强的精神；字体用古罗马体，显得古老而又庄重；CY 上方有一颗五角星，象征着张裕是中国葡萄酿酒业的一颗璀璨明星；盾牌象征古老和坚不可摧。葡萄枝代表张裕是以葡萄酿酒为支柱的企业。两棵葡萄枝显得非常稳定，托起上方的盾牌，寓意张裕公司事业蒸蒸日上，前程辉煌。整个标志造型严谨，显得古老、神秘、典雅、庄重，在沉静之中，又隐约着向上升起的动感。

张裕的标准字选择张裕英文名称 CHANGYU，把其中的 A 变形，显得极富美感，还把后面的 U 字母做扩大处理，让整体的标准字显得更加丰满、大气。

张裕的标志

张裕的标准字

3. 张裕行为的构建

基于理念的行为文化，就是与消费者等企业利益关系人进行互动沟通，满足他们需要的文化。张裕一直努力建立国人葡萄酒消费文化的重心，坚持不懈地倡导一种健康、时尚的新生活主张。张裕在理念文化的履行及行为文化的构建上，主要做了如下努力：其一，从1997年开始，在全国各大城市进行中国葡萄酒百年文化巡回展，回顾中国葡萄酒业的过去，认清现在和展望未来，普及葡萄酒知识。其间的举措，包括展览，也包括在电视、报纸、杂志上开设葡萄酒知识专题讲座和专栏等形式。其二，建立葡萄酒博物馆，开放张裕百年大酒窖，以大量的名人手迹和相关图文资料、实物展现了他人无法企及的文化底蕴和历史厚度。其三，建设融葡萄种植、酿酒、休闲、旅游于一体的葡萄庄园，推出高档的庄园酒，为张裕葡萄酒文化增添了新的内容和品位。其四，修复张裕公司百年旧址，以文物向世人彰显张裕的光彩。其五，做好"国际葡萄酒城"文章；积极参与及组织有关葡萄酒的国内、国际会议，与国内外同业交流信息。这既为张裕葡萄酒穿上了个性化的"外衣"，又进一步奠定和显现了张裕"中国葡萄酒之王"的无法逾越的地位。其六，印制"葡萄酒文化与张裕产品""张裕往事"等各种精美的文化宣传物，传播葡萄酒文化和张裕品牌文化。

问题：

1.张裕集团是如何进行CIS策划的？

2.在CIS设计中应注意哪些问题？

第十一章　危机公共关系

学习要点及目标

1.掌握危机公关的概念；
2.了解危机公关与公关危机的区别；
3.掌握公关危机的特征；
4.了解公关危机的类型；
5.掌握公关危机的成因；
6.掌握危机公关处理的原则和措施。

核心概念

危机公关　　公关危机　　危机公关处理原则　　危机公关处理三阶段

引导案例

什么原因让全球第一的电梯巨头奥的斯陷入危机

2011年5月，对出任奥的斯电梯(中国)投资有限公司总裁的李朝宝来说，危机很突然，但是对于高速成长的国内电梯行业来说，领军品牌危机之下，隐藏着长久以来的行业性危机。奥的斯电梯(中国)投资有限公司为集团控股公司，在天津、北京、上海、广州、杭州、西安、苏州及成都设有8家合资企业，经营管理着奥的斯(OTIS)、西子奥的斯(Xizi OTIS)和快速(Express)三大电梯品牌。

2011年7月5日，开通不到两年的北京地铁4号线的一台上行自动扶梯突然发生逆转，造成1死、3重伤，事故电梯系奥的斯公司生产。此前2010年12月，深圳地铁罗宝线(1号线)国贸站的一台上行奥的斯自动扶梯突发故障，导致25名乘客受伤。2011年7月8日，上海申通地铁公告，已停止使用22台奥的斯513MPE型自动扶梯；7月10日，深圳地铁暂停340台奥的斯电梯运转。

什么原因让全球第一的电梯巨头陷入危机？

1. 傲慢的奥的斯

"北京地铁事故的原因还在调查,对于具体的事故原因和后续的处理我们现在不方便发表任何意见。"奥的斯中国投资公司有关人士7月11日仍然如此表示。在一连串的自动扶梯事故后,奥的斯仅在7月5日晚在公司官网上就北京地铁4号线事故发表声明,除了对伤亡乘客表示慰问和歉意外,还提到"力争尽快查明原因"。然而对于关于赔偿和召回事故电梯的外界要求,奥的斯方面给出的说法是,电梯产品有其特殊性,是建筑的一部分,如果要召回就必须全部拆掉,将影响建筑物构造,因此无法像汽车一样召回。但在2008年,奥的斯在法国的电梯测出辐射异常,立即宣布召回。

2010年12月,深圳地铁1号线事故调查表明,奥的斯电梯螺栓存在质量问题,而深圳地铁集团提出了索赔要求,但前期对受伤乘客的赔偿都是深圳地铁集团垫付的,深圳地铁集团指出,到现在为止还没有收到奥的斯方面的赔款。深圳地铁集团还要求,奥的斯公司在2011年2月份之前,对一期工程所有奥的斯513MPE型号电梯的关键部件进行重新设计整改。奥的斯电梯的事故频繁发生被认定是存在设计缺陷,奥的斯对此拒绝表态。

由于奥的斯拥有最大的电梯出货量和保有量,在国外也是电梯事故多发公司。美国平均每年有30人死于与电梯有关的事故,2003年7月和2009年11月,美国丹佛和拉斯维加斯的购物中心和酒店的自动扶梯也出现倒行事故,造成30多人受伤,而肇事电梯也是奥的斯。

中国电梯行业协会有关人士透露,在国外对电梯安全有严格的管理条例,比如美国绝大多数州都有管理电梯安全的法规。许多劳动安全管理部门获当地立法机关授权,将电梯的监督管理从劳动安全扩大到公众安全。奥的斯正在对全国范围内的电梯进行全范围的排查,何时结束未知。

2. 行业性危机

7月10日,深圳地铁一台由法国CNIM佛山公司生产的自动扶梯发生倒行事故造成4人受伤,加上奥的斯电梯在广州、上海、南京发生了一连串事故,电梯行业性危机发酵。

中国电梯市场在2008年全球金融危机后迅速恢复了快速增长,2011年上半年全国电梯产量同比增长40%左右。相较于最近10年国内电梯产量平均每年20%的增速,2011年上半年的增速近乎翻番。

在电梯行业整体快速增长的情况下,虽然国产电梯品牌的市场占有率从25%上升到33%,但是包括奥的斯、三菱、日立在内的外资品牌依然占据了市场前三位的优势,其中奥的斯旗下三大品牌的占有率超过20%。包括奥的斯在内的电梯巨头2009年下半年恢复了新一轮的产能扩张,奥的斯2010年开始增资1 600万美元建设重庆基地,而位居行业第三的日立电梯也宣布未来两年投入5亿~6亿元人民币。然而电梯行业整体利润率因价格战持续走低,广州日立有关人士表示,目前中国电梯市场竞争十分激烈,奥的斯、三菱、日立三足鼎立的局面已经基本确立,但是电梯行业平均利润率从几年前的10%快速下降到目前的2%~3%。中国电梯行业协会曾指出,近几年,中国电梯行业没有能够摆脱价格竞争的怪圈,电梯行业已经进入薄利、微利时代。更有业内人士表示,在微利时代很多企业采取贴牌方式扩大出货量,而市场上甚至有专门回收旧电梯的公司,然后翻新套配出售。

此外,电梯行业是个严重依靠售后服务的行业,广州日立总经理潘胜燊曾表示:"2010年我们与三菱的差距还在拉大,因为售后服务队伍的不足,我们主动放慢了扩张的步伐。"

售后问题正让电梯行业的质量问题扩大。电梯行业的质量问题与购买方也有关系,有电梯企业人士透露,为了降低采购成本,采购方往往要求生产厂商提供廉价的电梯,甚至在商场、地铁等人流密集的场所采购方采购成本低的低载电梯，而很多开发商对于每年一度的电梯质检也是采取抽样检查的低成本方式，这使得质量隐患越来越严重。

（摘自：jiaju.ppsj.com.cn）

在现代社会中，危机发生发展的速度越来越快，任何社会、组织和个人都会面对各种各样的危机，企业危机的发生带有普遍性。世界上许多跨国公司，诸如雀巢、可口可乐、三星等，在其发展过程中都遇到过不同性质、表现形式各异的危机。危机公关是组织公共关系工作的重要内容，在组织的发展道路上，危机事件的出现是在所难免的。特别是在现代社会中，在信息知识“爆炸”、社会变动复杂、企业竞争激烈的条件下，更增加了组织危机事件出现的可能性和严重性。及时控制、降低或清除危机事件的不良影响，应是每一个组织中公共关系人员必须认真对待的重大问题。

第一节　危机公共关系概述

一、危机公关与公关危机

（一）危机公共关系

危机公共关系实际上就是组织在处理危机时为维护组织形象所采取的手段和策略，是指用来解决组织因外部客观环境或内部主观因素给组织机构带来的各种不利影响，避免损失或是将损失控制在最低限度，及时挽回组织声誉，重新建立起新的形象和信誉的公关活动。危机公关是公共关系的特殊表现形态，是复合型公共关系。

英国公共关系危机处理专家迈克尔·里杰斯特指出：“若一个组织不能就其发生的危机与公众进行合适的沟通，不能告诉社会它对灾难局面正在采取什么补救措施，不能很好地表现它对所发生事故的态度，这无疑将会给组织的信誉带来致命的损害，并甚至有可能导致组织的消亡。”所以，处理危机型的公共关系活动是最为迫切、最为关键，又颇有处理技巧的公共关系实务。

组织一旦出现危机事件，只要发挥公共关系的巨大作用，就能对其做出及时、妥善的处理。事实上，不少组织通过危机事件的处理，将危机的不利影响降至最低程度，甚至将不利影响转化为有利影响；反之，在危机事件爆发之后组织不能及时采取有效措施进行处理，则可能给组织带来更大的损失。危机公关是现代公共关系的特殊行动领域，是现代企业必备的应变意识与能力，它处理的是发生紧急情况时的传播问题，目的是使组织机构摆脱危机，重新树立良好的信誉形象。

（二）公共关系危机

危机公关与公关危机是两个不同的概念，区分开来才有利于针对组织面对的不同危机，采取有效的处理方式。

人们通常所说的危机，一般是指由非正常因素所引起的某种非常事态，其外延十分广泛，如财政危机、金融危机、经济危机、能源危机、军事危机、管理危机等。公关危机是各种危机中的一种特殊类型，它是由组织内、外的某种非正常因素所引发的公共关系非常事态或失常事态，是一种特殊的公共关系状态，是企业公共关系状态严重失常的反映，它不但影响企业正常运营,甚至危及企业的发展乃至生存。

造成企业公共关系危机的原因,从企业内部环境来看,主要有自身素质低下、管理缺乏规范、经营决策失误、法制观念淡薄和公关行为失策等;从企业外部环境来看,主要有自然环境突变、恶性竞争、政策体制不利、科技负面影响、社会公众误解、社会公众自我保护意识增强和全新传媒的出现等。而危机公关是危机发生时,组织采取的公关策略。

二、公关危机的特征

(一)突发性

几乎所有的危机事件都是在人们无法预料的情况下突然发生的,往往会令组织措手不及,由于组织毫无准备,因此,往往会陷于混乱与惊恐之中。危机何时发生、怎样发生、在什么地方发生等都带有极大的偶然性,难以提前做出预测。当然,有些危机在萌芽状态时是可以察觉并能着手解决的,但如果不被组织所重视,也会酿成大祸大难。如组织与公众关系不协调时,会产生一些不利于组织发展的谣言等,由此而引发祸患的事件是不可预测的,这也体现了危机事件的突发性特点。公共关系组织要处理好此类事件,必须具有很强大的灵活性和随机应变能力,能够随时应对突发危机事件。

(二)紧迫性

危机一旦发生,就有飞速扩张之态势,它就会像一颗突然爆炸的"炸弹",在社会中迅速扩散开来,对社会造成严重的冲击。同时,它还会像一根牵动社会的"神经",迅速引起社会各界的不同反应,令社会各界密切关注,若不采取有效的制止措施,就容易使整个组织形象彻底遭到破坏。因此,必须牢记"兵贵神速"这一格言,注重危机公关的时效性。危机发生后,组织应首先想方设法防止事态进一步扩大,然后采取具体而有效的手段修复和提高组织形象。

(三)危害性

任何危机事件不仅会给组织的经济利益和声誉造成不利的影响,破坏组织的正常运转或生产经营秩序,带来严重的形象危机和巨大的经济损失,而且会给社会造成严重的危害,给社会公众带来恐慌,甚至造成直接的损失。危机越严重的事件,其危害性越大。因此,组织必须迅速及时地予以处理;否则,其后果不堪设想。

【案例 11－1】

"砒霜门"事件

2010 年 11 月 24 日,海口市工商局发布商品消费警示,称农夫山泉、统一品牌的 9 种饮料、食品中砷或二氧化硫超标,不能食用。顿时,两大知名饮料企业陷于危机之中,事件引发媒体报道与消费者高度关注。"砒霜门"事件由此触发。

2010 年 11 月 26 日,统一公司回应称,涉案产品异地检验合格。次日农夫山泉方面回应称,尚未收到任何官方机构的关于此次检测的检测报告,并称农夫果园与水溶 C100 多次抽查合格。11 月 30 日,农夫山泉召开新闻发布会质疑"砒霜门"事件,认为海口工商局的消费警示是一个极端错误,董事长钟睒称:"这是针对农夫蓄意策划和操纵的恶性事件。"

2010 年 12 月 1 日,海口市工商局发布复检结果,称经权威部门复检,农夫山泉、统一企业

3种抽检产品全部合格。海口市工商局以自我否定的方式，还原了事实真相，为两大品牌涉案产品平反。虽然事件已得到平息，但却因此使农夫山泉蒙受了10亿元的巨额销售损失。

（摘自：wenku.baidu.com）

（四）可变性

危机事件是可变的，可以发生，也可以消除。在现代市场经济条件下，处于动态环境系统中的组织面临复杂多变的局面，难免发生危机。即使是处在顺境中的组织，发生危机事件也是可能的。另外，危机事件的发生有一个从“准备期”到“爆发期”的变化过程，在这个过程中，矛盾发展到一定程度，达到临界点，外部的任何一个突发因素都可能导致危机爆发。如果组织能居安思危，注意监测环境，积极预防，就能防患于未然，把危机消灭在萌芽状态。再有，危机事件是不规则的，表现为每一次危机事件产生的原因、表现的形式、事件的范围、影响的层次、损失的程度都不尽相同。因此，对危机的防范和处理的模式也不应是固定不变的。

三、公关危机的主要类型

一个组织所面临的公关危机是多方面的，有时甚至是无法想象的。因此，了解和分析危机类型，有助于我们科学地解决组织的危机问题。

（一）组织的产品与服务缺陷所造成的危机

随着人们生活水平的提高，对卫生、环保、绿色的要求越来越强烈，一旦营利性组织提供给大众的产品存在产品与服务缺陷，对人体的健康、人类的生存发展带来危害时，就会成为公关危机事件。例如，2001年南京老字号“冠生园”月饼事件就是典型的此类公关危机。“冠生园”将往年没有销售出去的月饼回收后，用陈馅重新制作新的月饼，这一行为被中央电视台记者曝光后，在社会上引起了轩然大波，南京“冠生园”在各方面的压力下被迫停产整顿。

处理此类危机的首要任务是尽快赔礼道歉，以防止敌意的产生和蔓延，采取回收有缺陷的产品或其他补救措施，消除消费者的不信任感，尽快挽回商誉，减少业务上的损失。美国可口可乐公司曾由于消费者在可乐瓶中发现玻璃碎片而遭投诉。可口可乐公司公关部门面对这一事实，及时采取措施回收该批饮料，并刊登广告，及时向公众公开承认错误，同时也宣布了今后的预防措施。由于处理及时得体，成功地控制了事态的发展，避免了一场危机。

（二）组织管理方面的责任所引起的危机

由于组织管理混乱，往往会导致重大工伤事故、重大生产责任事故、废水排放、废气泄漏、劳资纠纷、罢工、股东丧失信心、内部人员贪污腐化等事件发生。这类事件同组织管理直接相关，对组织的形象和声誉会造成巨大的危害。有时，会出现组织内部员工存心破坏、报复或搞恐怖活动等事件，这类事件尽管同组织的整体管理无直接关系，但由于当事人是组织成员，所以常常与组织的员工教育和管理联系在一起，从而对组织形象产生较大的危害。

【案例11－2】

飞行员罢工的“沉重打击”

2010年2月22日，欧洲最大的航空公司——德国汉莎航空机师工会组织约4 000名工人开始为期4天的大罢工，要求雇主加薪及改善福利。受罢工影响，汉莎被迫取消了大约600趟航班。汉莎航空公司方面称，罢工将"沉重打击"公司国际航班运营，预计将取消大约800个航班，其中多数为国际长途。预计这次9年来最严重的罢工将使公司损失6 500万欧元。值得关注的是，就在德国汉莎飞行员工会罢工的次日，法国空中交通控制人员也举行了罢工，而欧洲最大航空公司之一——英航联合工会宣布，英国航空公司飞行员也即将加入罢工行列。欧洲三大航空公司集中出现飞行员罢工行为，根源均为航空公司削减运营成本与飞行员维持生计间的矛盾。

（摘自：wenku.baidu.com）

（三）由不可抗拒的外部力量所引起的危机

这包括自发性的自然灾害（如山脉、河流、海洋、气候等所形成的灾害）和突发性的全国或世界性商业危机、经济萧条、社会政治大变革、战乱等。这类灾害是不以人们的意志为转移的，它往往给组织带来意想不到的打击，正所谓："人在家中坐，祸从天上来。"自然灾害中的洪涝、干旱、台风、森林大火、火山爆发、泥石流、海啸等，具有突然性、无法回避性、重大损害性等特点，常常使遭受打击的组织面临灭顶之灾。

由不可抗拒的外部力量引起的危机，处理方式如下：一是采取公共关系补救手段，尽可能做好善后工作，使受损害的公众及社会有关方面感到满意，在人们心目中留下组织高度认真、负责的印象。灾难事件处理好会使组织在公众心目中留下美好的形象，会大大提升组织的美誉度。二是做好舆论宣传工作，制止各种谣言流传，确保危机处理有一个较公正、有利的舆论环境。

（四）舆论的负面报道引起的危机

由舆论引发的负面报道一般有两种情况：一种是对组织损害社会利益行为的真实报道，如违章排污、生产的产品有质量问题或不符合卫生标准、内部员工有伤害消费者的言行等；另一种则是对组织情况的一种失真报道，它往往是由部分公众向媒体的投诉而引起的，也有因为组织与传媒界的个别记者有过节，而受到恶意中伤。

传媒的舆论导向作用是非常显著的，从某种程度上讲，传媒宣传起到树立某种社会评价标准的作用，往往直接影响民众对某种社会现象的评价态度与关注程度。

对前一种负面报道，组织应首先以负责的态度向公众表明自己改正的决心，并主动采取行动，解决引起负面报道的有关问题，并对此类事件而受到伤害的目标公众给予某种补偿，再进一步告诉公众，组织本身将以此为鉴。对后一种负面报道，则应以严正的态度，用最有说服力的证据，如专家鉴定、权威部门评议、各类证明等，通过舆论告诉公众，进行公开驳斥，并利用包括新闻发布会、公开声明等手段进行正当的商誉防卫，抑制谣言混导，还组织及相关产品以清白。

（五）竞争对手或个别敌对公众的故意破坏而引起的危机

由于社会的复杂和人们的道德水平差异，一些社会组织可能会遭遇由于人为的恶意破坏所造成的危机事件。比如，在竞争对手的产品中投放有害物质、散布竞争对手不良财务信息、散播不利于竞争对手的社会谣言等，都可能对某些社会组织造成重大伤害，形成公共关系危机事件。这些事件虽然不是组织自身的过错所引起的，但或多或少与组织有关，因为它常常起因于组织缺乏自我保护的能力和措施，或者缘于组织没有处理好与某些公众的关系。作为当事的组织，第一反应不是为自己如何辩护，而应迅速采取措施，抢救受害公众，最大限度地降低人身危害程度。同时完善、强化组织内部管理和相关产品的安全保护措施，争取以真诚的态度求得公众的谅解与支持。

【案例 11－3】

长虹被举报虚增销售收入 50 亿元

一份四川长虹“虚增销售收入近 50 亿元”的举报被有关部门受理。这份举报材料直指长虹从 1998 年开始通过巨额虚假销售和重复记录销售收入等方式虚增了约 50 亿元的销售收入。由于这些指控牵涉到长虹最辉煌时期的业绩数据，因此备受业界关注。

事发后第一时间，四川长虹新闻发言人做出事件声明，表示有关“长虹虚增 50 亿元销售收入”属于虚假信息，但长虹并没有就举报内容中的各项财务细节进行一一回应。在事件回应中，发言人还强调指出，举报人因被长虹公司解除劳动关系，曾屡次公开诽谤、诋毁长虹的声誉。身为上市公司，受到这一事件影响，长虹股票在其“销售额虚高”被曝光后已经出现异动，虽然最终收盘时没有出现太大跌幅，但其成交额创下了近 3 个月的最低量。

（摘自：blog.sina.com.cn）

四、公关危机的成因

概括起来讲，组织公关危机的形成主要是由自然环境因素、社会环境因素、组织自身因素等引起的，前两项因素有时防不胜防，这里仅从组织自身因素，即内部管理体制不健全和员工危机管理意识不强等方面进行分析。

(一)企业缺乏危机管理意识

企业必须要有危机公关的意识，目前很多企业缺乏“忧患意识”，缺乏应对危机的一整套管理体系和方法。在企业平安无事时，企业一般不会有“未雨绸缪”的防范意识和战略考虑，不会注重媒体公关。即便出现了影响企业发展的突发负面事件，也往往是“病急乱投医”，进行无序的媒体危机公关，远远谈不上“有序管理危机和果断采取行动”，或者是想方设法要“置身事外”，使问题演变成一场危机。

(二)组织自身决策违背了“与公众共同发展”的公关理念

很多营利性组织的决策与行为更多地考虑了自身的利益而忽略了社会的利益，违背了“与公众共同发展”的公关理念，就有可能使组织利益目标与社会利益目标相对立，从而引发公众对组织的抵触、排斥和对抗，使企业陷入危机之中。

【案例 11－4】

罗氏“达菲”风波

2003 年 2 月 8 日，一条令人惊惧的消息在广东以各种形式迅速蔓延——广州出现流行疾病，几家医院有数位患者死亡，而且受感染者大多是医生。“死亡”让不明真相的人们大为恐慌，谣言四起。2 月 9 日，罗氏制药公司于广州召开媒体见面会，声称广东发生的流行疾病可能是禽流感，并告之其产品“达菲”治疗该病疗效明显。罗氏公司的医药代表也以达菲可以治疗该病而敦促各大医院进货。该媒体见面会的直接后果是为正在浪尖上的谣言推波助澜，广东、福建、海南等周边省份的食醋、板蓝根及其他抗病毒药品脱销，价格上涨几倍乃至十几倍，投机商大发“国难财”，“达菲”在广东省内的销量伴随谣言的传播而扶摇直上。2月8日前广东省内每天仅能销售1 000盒，2月9日后飙升到10万盒。曾有顾客以5 900元买下100盒“达菲”！2月15日，《南方都市报》发表《质疑“达菲”：“禽流感”恐慌与销量剧增有何关系？》的署名文章，指责罗氏制药蓄意制造谣言以促进其药品的销售，并向广东省公安厅举报。罗氏公司的商业诚信和社会良知受到公众质疑，其形象一落千丈。同时，罗氏制药还将面临严重的市场危机，直接的后果是“达菲”销量的直线下跌。《南方都市报》的消息发出后第二天，广州某医院“达菲”的销量就下降到不足10粒(以前每天要售出100多粒)，更有消费者提出了退货要求。

(摘自：www.1688.com.十大危机公关案例)

(三)全员公关意识淡薄，组织与个人言行不当

组织人员包括管理人员和员工两类，员工是对外宣传的“窗口”，尤其是某些服务型组织的员工，他们直接与公众对话，他们的素质会反映企业组织的形象，他们对公众的不良态度会引发公关危机。

【案例11－5】

格力“内讧”事件

2003年，格力电器在广州两大权威媒体发表了一份“严正声明”，随即各大证券报和浙江、湖北等地媒体纷纷刊登该声明。声明指出，最近有媒体以及网站刊登了《格力进军厨具市场》和《格力建成三个小家电基地》为题的报道，声称格力电器(000651)进军小家电、厨具市场。声明进一步指出文章内容纯属虚构、捏造，毫无根据，已严重误导了广大投资者和消费者。同时，格力电器还强调，为维护证券市场正常秩序，对于假消息来源知情而提供证据者给予奖励等。由于“声明”的广泛传播，事件很快蔓延至全国。据称，格力小家电已经接到了来自各地经销商关于“格力小家电是否合法”的询问。接着，“内讧事件”发生戏剧性变化，格力小家电向媒体发了落款为珠海格力集团的一份传真，向媒体证明，珠海格力小家电和格力电器一样，同属格力集团子公司，授权合法使用“格力”字号和商标。耐人寻味的是，此后格力集团以广告的形式用了一个整版在某经济类报纸发表了题为《格力集团品牌经营渐入佳境》的文章，这可看作集团含蓄反击格力电器指责的一个具体表现。此后，市场上的格力空调和小家电都已经遭受了前所未有的销售危机，而它们的品牌信誉更是已经无法弥补。由于格力电器属于上市公司，“内讧”事件导致格力电器股票大幅度下跌。

(摘自：www.1688.com.十大危机公关案例)

(四)没有建立正常有序的传播沟通渠道

信息的有效传播对于组织的生存发展非常重要，当危机出现时更是如此。律师会告诉当事人让他保持沉默，但对待危机时若保持沉默，后果将不堪设想。许多企业在危机发生后会无限制扩大组织机密范围，追求事事保密、层层设防，唯恐公众知晓组织的决策内容。更有一些组织，甚至不让员工知晓内部有关信息。有些组织虽也对外发布信息，但只知道单向发布，不知道信息的及时反馈，使得危机不能得以有效控制。

第二节　危机公共关系处理原则

在危机公关活动中也同样有着必然性和偶然性的辩证统一。危机必然发生，而偶然性的突发事件也很多，在冲突的两面性上，谁能善用公关活动处理问题，谁就能占得先机。从社会组织到企业、国家，冲突问题的多元化和多样性，使得解决方式不断调整，从危机公关解决问题的手段来看，在及时沟通的原则之上，秉持着真实性和公开性的原则，将公众利益放在首位，对解决冲突问题提供了方式方法。

一、及时主动处理原则

第一时间做出迅速恰当的反应是防范危机事件继续恶变的“第一法宝”。加拿大企业危机管理专家唐纳德·斯蒂芬森曾说过：“危机发生的第一个 24 小时至关重要。如果你未能很快地行动起来并已准备好把事态告知公众，你就可能被认为有罪，直到你能证明自己是清白的为止。”

在危机管理理论中，一般把危机的发展过程分为突发期、扩散期、爆发期、衰退期四个时期。如果在危机开始的突发期和扩散期积极反应，扼制危机，往往成本较低，效果也较理想。一旦到了爆发期，处理和平息危机的成本将呈几何倍数增长，情形就难以收拾了。

【案例 11－6】

百度被黑事件

2010 年 1 月 12 日早上 7:00 左右，www.baidu.com 突然出现无法访问故障，域名无法正常解析。至 9:30，太原、天津、郑州、烟台、长沙、成都、沈阳等全国各地均出现百度无法正常访问现象。10:45，百度官方表示，由于 baidu.com 的域名在美国域名注册商处被非法篡改，导致百度不能被正常访问，公司有关部门正在积极处理，www.baidu.com.cn 能够正常访问。自 11:00 起，各地网络开始恢复对百度的正常访问。

12:51，对于百度被黑事件，CEO 李彦宏在百度 i 贴吧上，以“史无前例”表达了自己对于事件的震惊。当日下午 6 点，百度发表正式声明，称目前已经解决了大部分登录问题。对于部分中国网友基于义愤报复性攻击其他外国网站的做法，百度称“我们并不鼓励这样的做法，请大家保持冷静”。

作为国内最大的网络搜索平台，百度的突然被黑显然在网民中引起轩然大波。从应对角度来看，百度方面的做法近乎完美：在第一时间对事件做出回应；快速运用技术手段对题进行技术处理；迅速制订应急方案，积极引导广大网友使用 www.baidu.com.cn 进行正常搜索；CEO 李彦宏借助于网络发表自己对于事件的看法，消除广大网友的猜疑与疑虑；而对于广大网友克制性的提醒，显示了百度的大度与事件应对的全局观。如此系统的危机应对策略，保障了问题的顺利解决，得到了广大网友的好评。

（摘自：wenku.baidu.com）

二、真诚透明原则

危机一旦爆发，立即会引起政府部门、社会大众和相关媒体的关注与报道，此时作为事件的当事人，要坦诚公开真相，采取信息透明政策。在现代高度信息化的社会空间中，一个组织很难隐瞒信息，特别是对自己不利的信息。所以及时透明地公布信息，可以避免流言蜚语、小道消息所造成的负面影响。

公共关系活动和危机公关中的核心原则之一就是有效、及时并真诚地沟通。公共关系的基本方法是信息双向沟通，处理公关危机的基本方法之一也是信息的双向沟通。把事实真相告知公众、新闻媒体，告知主管政府部门，以诚恳的态度配合新闻媒体和上级主管部门调查，及时向社会与组织的对象公众通报相关信息，把信息传播的主动权掌握在自己的手里。勇敢承认错误，及时补救、及时改正，最终能够得到大众的谅解与支持；相反，一味地隐瞒和掩盖只会引起更多的误解和不良猜测，更会激怒公众，同时也有可能被竞争对手恶意炒作。

三、勇于承担责任原则

危机作为一种公众事件，对企业和消费者双方都会造成困扰，企业在此时所采取的措施会使公众留下深刻的印象。尽管企业在危机中会受到不同程度的伤害，但在关键时刻企业要贯彻与消费者沟通的策略，勇于承担责任。在危机面前百般推诿，强词夺理进行“狡辩”，都会给公众留下非常不好的印象。

【案例 11－7】

海南农业部门积极应对“毒豇豆事件”

自 2010 年年初海南豇豆在武汉查出含有禁用农药后，近日，合肥等地又检测出有毒豇豆，各地纷纷采取防控措施。而就在此时，海南农业厅官员又曝出“不排除其他农产品涉‘毒’可能”。近日来，“毒豇豆事件”持续在全国发酵。

为了挽回豇豆市场，有关方面积极应对：海南省农业厅派出多个瓜果菜质量安全协调组，奔赴海南瓜果菜主销地进行海南瓜果菜产销协调工作；农业部事后也在第一时间内要求对毒豇豆进行严格排查。目前海南豇豆收购点被纳入 100％检测范围，由农业部门出具统一规范的检测证明，建立严格的准出制度。

四、消费者利益至上原则

消费者的权益高于一切，保护消费者的利益，应该是企业危机管理的第一原则。企业必须要有强烈的社会责任感，以消费者的利益为重，赢得公众的理解与支持。危机发生后，公众一般会关心两个问题：一个是物质层面的问题，物质利益永远是公众关注的焦点。因此，企业应首先表达解决问题的诚意，创造妥善处理危机的良好氛围，以真诚和负责任的态度面对公众。这样既表现了对消费者负责的一面，又最大限度地减少了公司不必要的损失，否则会各执己见，加深矛盾，引起公众的反感，更不利于问题的解决。另一个是精神层面的问题，即企业是否在意公众的心理情感。因此，企业应该站在受害者及所有消费者的立场上表示同情和安慰，必要时还得通过媒体向社会公众发表谢罪公告，以解决深层次的心理情感问题，从而赢得公众的谅解和信任。如果可能的话，要做出超过有关各方所期望的努力，显示企业对消费者的真诚，以赢得受害者和所有消费者以及社会公众和舆论的广泛理解和同情，而万万不可只关心自身形象的损害，拘泥于眼前的名利得失。

五、配合媒体原则

现今国际上，媒体被誉为与立法、司法和行政三权并列的“第四种权力”，这足以证明新闻媒体的力量不可忽视。媒体既是企业公众之一，又是企业与社会公众沟通交流的“窗口”和“桥梁”，两种性质决定企业与媒体合作的必然性。企业应积极配合媒体，与公众开诚布公，坦诚相见，维护良好形象，便于以后开展工作。一个企业在发生危机时不能与内、外公众进行沟通，不能把企业的态度很好地告诉公众，这无疑会给企业的信誉和形象带来致命的打击，甚至会导致企业的破产。因此，企业在危机公关工作中应掌握传播的主动权。

【案例 11—8】

丰田“问题广告”事件

广告事件缘起于接近 2003 年岁末丰田所做的两则广告。其一为“霸道”广告：一辆“霸道”汽车停在两只石狮子之前，一只石狮子抬起右爪做敬礼状，另一只石狮子向下俯首，背景为高楼大厦，配图广告语为“霸道，你不得不尊敬”；其二为“丰田陆地巡洋舰”广告：该汽车在雪山高原上以钢索拖拉一辆绿色国产大卡车，拍摄地址在可可西里。为此，众多网友在新浪汽车频道、tom 以及 xcar 等专业网站发表言论，指出狮子是中国的图腾，有代表中国之意，而绿色卡车则代表中国的军车，因此认为丰田公司的两则广告侮辱了中国人的感情，伤害了国人的自尊，并产生不少过激的言论。在随后的危机过程中，刊登“丰田霸道”广告的《汽车之友》杂志率先在网上公开刊登了一封致读者的致歉信。因两则“问题广告”搞得沸沸扬扬的丰田公司也承认了错误。危机爆发后，日本丰田汽车公司和一汽丰田汽车销售公司联合约见了 10 余家媒体，称“这两则广告均属纯粹的商品广告，毫无他意”，并正式通过新闻界向中国消费者表示道歉。在致歉信中，丰田表示，“对最近中国国产陆地巡洋舰和霸道的两则广告给读者带来的不愉快表示诚挚的歉意”，“目前，丰田汽车公司已停止这两则广告的投放”。丰田表示，将停止广告刊发并通过媒体向公众道歉，它们还就此事向工商部门递交了书面解释。

（摘自：www.1688.com.十大危机公关案例）

六、防患于未然原则

危机具有很强的突发性、不可测性，因而组织应对危机的一个重要原则就是必须在平时就筹划预备好危机公关预警应对方案，这样才能做到有备无患。国外学者的最新研究表明，如果企业不预先制订完善的危机管理战略，并在危机的最初阶段对其态势加以控制的话，危机造成的连锁反应将是一个加速发展的过程。从初始的经济损失，直至最终苦心经营的品牌信誉和企业形象将毁于一旦。“凡事预则立，不预则废”，所以，一些企业等到危机无法收拾的时候才出面调停，往往是大势已去，难以扭转乾坤。

在危机公关的实践运用中，经常被公关人员强调的就是应该在各种影响组织正常运行的问题爆发之前，就进行预防体系的建立。对企业来说，首先，要有危机公关意识，要研究自己的组织发生危机公关事件的可能性，并把可能引发危机公关的“苗头和征候”都弄清楚，并反复教育相关人员，力争早发现、早汇报、早处理。其次，事先拟定好组织的公关预警应急预案，要让关键系统和关键人员进行反复演练，让相关人员和部门都清晰、准确地了解自己在危机公关到来时的“角色”，并通过反复的“仿真”案例演习，熟悉整个危机预案的启动实施程序。再次，注重同上级主管部门、相关协助单位、新闻媒体和公安司法系统、医疗急救系统等社会公共管理部门保持良好的关系和畅通无阻的联系渠道，当危机出现时可以获得支持。

第三节　危机公共关系处理流程

公共关系学中很重要的代表观点，认为公共关系是一种社会关系。强调公共关系作为一种新型的社会关系，组织所开展的一切活动和所运用的一切手段都是为了改善这种社会关系而自觉采取的行动。实现社会组织与公众关系的协调，是公共关系的目的。企业危机公关是企业非常态时的一种必要的公关手段。

实践界经过多年的危机处理公关实践，已经形成一整套危机管理的原则、程序、方法和技巧，造就了一批专门研究危机公关的专家，开设了专业性的危机公关公司。英国危机公关专家里杰斯特对这一现象的出现做了如下分析：若干年前，企业若发生危机，只涉及股东和雇员。然而，今天的情况完全不同了，任何企业发生的危机很难逃脱外界的注意，它不仅涉及公司的股东和雇员，还不可避免地涉及外界的政治家、地方当局、环保机构、新闻界、当地社团、银行界，以及其他许多有关的组织和人士。一般情况下，危机公共关系处理分三个阶段进行。

一、危机处理准备阶段

（一）迅速建立危机管理小组

危机来临之时，要根据危机影响程度，迅速建立危机管理小组。组成人员包括：决策层负责人、公关部经理、人事部经理、保卫部经理等。危机严重时，要由企业一把手挂帅。

（二）采取紧急措施，防止事态发展

组织遭受突发性的公共关系危机，往往是猝不及防的，然而在此关键时刻，需要的是冷静，是要采取紧急措施，防止事态的蔓延。因为现代社会信息传播高度发达，任何组织的公关危机事件都有可能被迅速传播，如不加以紧急遏制，就可能使组织遭受灭顶之灾，损失惨重。而采取紧急措施，一方面可以使组织的形象与声誉的损失降到最低点；另一方面则赢得了宝贵的时间，以使组织能了解危机事件真相，并妥善地处理危机。

（三）调查情况，挖掘缘由

对于突发性危机公关工作的处理，最终要建立在针对事件真相、采取相应的得体的公关措施的基础之上，因此，危机小组要透过各种方法挖掘出危机爆发的缘由。也就是说，在灾难得到遏制、危机得到初步控制后，要立即展开对危机的范围、原因和后果的全面调查。

【案例 11—9】

CECT 手机"中国种的狗"事件

2003 年 2 月,南京的个别消费者发现自己购买的中电通信 CECT928 手机屏幕上竟出现一句问候语"Hello Chow",翻译意思是"你好,中国种的狗"。消费者随即向新闻媒体反映。此事经媒体一曝光,立刻掀起轩然大波,许多人认为这是对民族尊严的伤害,是对中国人的侮辱,众多此手机的用户准备向厂家讨个说法。事件发生当日,中电通信市场总监飞赴南京解决此事,并与首先发现问题的用户取得联系。随即,中电通信公司发表公开声明:(1)我公司(中电通信)作为国内重要的手机供应商之一,一直以发展民族企业为己任,公司本着"用户至上的原则",绝无伤害国内用户民族尊严的想法与行为。(2)CECT 928 是我公司 2002 年 8 月推出的产品,以优异的产品质量、强大的功能、时尚的外观、精湛的工艺、合理的价格而赢得了广大消费者的喜爱。"Hello Chow"是该手机产品的问候语,意为"你好,可爱的宠物狗",是该手机人性化的开机界面。(3)本着对国内购买者负责的原则,购机用户如不喜欢该界面,CECT 可提供免费软件升级,并公布了售后服务中心的地址和电话。

(摘自:www.1688.com.十大危机公关案例)

二、危机处理实施阶段

在对危机事件真相调查分析的基础上,就可以针对不同的对象确定相应的对策,实施危机的公共关系处理。具体包括以下几个方面:

(一)对组织内部的对策

先判明情况,采取措施,通告内部全体人员,以统一口径共同行动。然后可以奖励处理危机事件的有功人员,处罚事件的责任者,并通告有关部门,以平息众怒,求得内部公众的理解、同情、支持与合作。

(二)对受害者的对策

第一,要认真了解受害者的情况,实事求是地承担相应的责任,并诚恳地道歉。第二,冷静地倾听受害者的意见,及时了解和满足有关赔偿损失的要求。第三,给受害者尽可能多的安慰和同情,并尽可能提供他们所需要的服务。第四,设专人负责与受害者接触,在整个事件处理过程中,不随意更换工作人员。

(三)对上级主管部门的对策

1.及时汇报

危机事件发生后,及时向上级主管部门汇报。不能文过饰非,更不能歪曲真相、混淆视听。

2.及时联系

在事件处理中,应定期报告事态的发展情况,及时与上级主管部门取得联系,求得主管部门的支持和指导。

3.总结报告

事件处理后,要形成详细报告,其内容包括事件处理经过、解决办法和今后的预防措施。

4.对业务往来单位的对策

(1)传递信息。尽快如实地传递事件发生的信息。

(2)告知对策。以书面的形式通报正在采取何种对策。

(3)当面解释。如有必要,应派人员到各单位去当面解释。

(4)说明处理经过。事件处理过程中,定期向各单位和各界公众通报处理情况。事件处理完毕,要以书面形式向对方表达诚恳的歉意。

5.对其他公众的对策

(1)利用好传播渠道。通过各种渠道向其他公众说明事件梗概,介绍事件经过、处理方法和今后的预防措施。

(2)接待来访。如果有人来访,不能拒绝,对于提出的问题,不能隐瞒事实真相,要坦诚回答、热情接待。

(3)公开道歉赔偿。可根据事件的性质和造成损害的程度,以组织或个人名义向公众表示歉意。必要时,应该赔偿经济损失。

【案例 11－10】

"进口假红牛"危机

2003 年 8 月,海南检验检疫局在对进口红牛饮料的检验过程中,发现饮料无中文标签,咖啡因含量超过我国标准,且尚未取得我国标签审核证书。随后国家质检总局发出通知,要求各地检验检疫局对辖区市场销售的进口红牛饮料进行检查。南宁一家都市报对此进行了不准确的报道,随后被几家网站转载,从而对公众和消费者产生了一定程度的误导。新闻只报道"进口红牛被查",却没有指出这个产品是"走私进口"的非法产品,与中国红牛饮料公司生产的产品完全没有关系,而且还把主要问题扣在咖啡因超标上面。其实,国家质检总局查处"进口走私红牛"并不仅仅是因为其咖啡因超标,更重要的是因为它属于走私进口的非法产品,没有经过任何部门的检验,严重干扰了正常的市场秩序,与我国严厉打击走私相违背。其实,在我国销售的红牛饮料主要有进口和国产之分,其中国产红牛饮料是红牛维他命饮料有限公司在海南和北京设立的两个工厂的产品。而新闻的刊发则可能使消费者对两个"红牛"的概念产生混淆,而且还会对同样含咖啡因但用量严格符合国家相关部门规定的正品红牛发生质疑。这些所谓的"进口红牛"缘于 2003 年夏天以来,在广西、云南、海南等几个边境和沿海城市,有一小批人在销售从非法渠道走私进口的红牛饮料,而中国红牛饮料公司也一直在配合当地执法部门查处这些无中文标识的走私产品。红牛公司认为这种打击只是针对少数几个地区,而且走私的进口红牛数量也很少,不会引起媒体的关注,因此就没有对媒体和公众做出声明和解释。

红牛维他命饮料公司品牌策划管理部部长连续接到两个电话,询问进口红牛被查事件。根据这一线索,马上查找信息来源,并及时向总经理汇报,与负责质检、工商、法律等部门紧急沟通。弄清事情真相后当日,红牛公司立即召集条法部、客户服务部和品牌部等相关人员召开紧急会议,一致认为必须向公众澄清事件,并消除由此可能带来的负面影响。会议对危机处理的各项事务作了详细安排并指定相关责任人,因此争取到了时间和主动权,避免了混乱。按照轻重缓急的顺序,红牛公司决定首先在媒体方面扭转舆论导向,立即同国内刊登该新闻的一些主要网站取得联系,向其说明事情真相。然后动用公关手段,促使有关网站摘掉所转载的不准确的新闻,换上红牛公司法律顾问的"严正声明",并附以红牛公司质量承诺宣言和获得国家相关认证证书的列表。正是由于红牛的这个举措,防止了媒体可能存在的"恶炒",树立了公司的信誉。

针对第二天平面媒体可能出现的报道，红牛公司起草了一份新闻通稿，于当晚向全国一些主要媒体以传真形式发出。同时，该公司又针对全国约50家主要媒体做了一个广告投放计划，每家做半个版的广告，而广告的内容是向消费者说明和承诺红牛的品质没有问题，红牛的品牌绝对值得信任。就连广告也于当天晚上连夜设计出来，与危机抢时间。在与媒体联络沟通的同时，红牛通知全国30多个分公司和办事处，要求它们向当地的经销商逐一说明事情真相。红牛公司将自己的声明传真给每个经销商，让经销商先期有了知情权，使经销商得到尊重，并加强对中国红牛的信赖，坚定经销商的信心。与品牌策划部同时工作的还有条法部，它们主要负责同各地的质检、工商等部门沟通，以说明情况，消除影响。

（摘自：www.1688.com.十大危机公关案例）

三、重塑组织形象阶段

危机对任何组织都是一场严峻的考验。有时，危机对一个素质良好的组织来说，又是一个借机塑造组织形象的机会。但是对大多数经历危机的组织来说，不管是否有能力解决危机，其组织形象都会不同程度地受到损害。组织形象的树立过程是一个长期的过程，同时，组织形象的损害也是一种潜在的长期损失，其不利影响会在今后组织的生产经营活动中日益体现出来。因此，社会组织在恢复时期，公共关系人员应该在如何重建组织形象上多下功夫。应该牢记，只有当组织的形象重新得到建立，组织才能转危为安。一旦组织发生了危机，就会失去公众的信任，使组织原先的顺意公众变成逆意公众。同时，组织也会失去长期以来经过艰辛努力所建立的良好公关环境和获得的产品市场份额，导致组织美誉度及经济效益下降。因此，如何力挽狂澜并重塑形象是组织面临的主要问题。

社会组织借助于其面临的内部或外部危机，发现并改进其不足之处，能够使原来不利于社会组织的事件朝着有利于组织的方向发展，从而使社会组织能够保持健康持续发展的态势。如同美国危机管理专家诺曼·R.奥古斯丁所说："一次危机既包含了导致失败的根源，又蕴藏着成功的种子。发现、培育，进而收获潜在的成功机会，就是危机处理的精髓；而错误地估计形势，并令事态进一步恶化，则是不良危机处理的典型特征。"因此，社会组织要尽力挖掘危机事件中可利用的因素，争取把"危险"化作"机遇"，这是危机管理的至高境界。

（一）树立重建组织良好形象的强烈意识

在危机处理中，组织除了平时要有强烈的公关意识外，还必须树立强烈的重建良好公关形象的意识。要有重整旗鼓的勇气和再造辉煌的决心，而不能破罐子破摔。须知，只有当组织的公关形象重新得到建立，组织才能谈得上进入了良好的公共关系状态。

（二）确立重建组织形象的目标

重建组织形象的目标，具体来说分为四个方面：第一，使组织公关危机事件的受害者或其家属得到最大的安慰；第二，使利益受损者重新获得作为支持者的信心；第三，使观望怀疑者重新成为真诚的合作伙伴；第四，更多地获得事业上的新的关心者和支持者。

（三）采取建立良好形象的有效措施

组织在确立了重建形象的目标之后，关键是如何采取有效措施。这些措施包括对内和对外两个方面。

1.对组织内部

一是要以诚实和坦率的态度来安排各种交流活动，以形成组织与员工之间的上情下达、下情上传的双向交流，保证信息畅通无阻，增强组织管理的透明度和员工对组织的信任感。二是要以积极主动的态度，动员组织全体员工参与决策，制订组织在新的环境中的发展计划，让员工感到乌云已消散、曙光就在前头。三是进一步完善组织管理的各项制度和措施，有效地规范组织行为。

2.对组织外部

一是要经常同与组织息息相关的公众保持联络，及时告诉他们危机后的新局面和新进展。二是要针对组织公关形象的受损内容与受损程度，重点开展某些有益于弥补形象缺损、恢复公关形象的公共关系活动，与广大公众全面沟通。三是要设法提高组织的美誉度，争取拿出一些过硬的服务项目和产品在社会上公开亮相，从根本上改变公众对组织的不良印象。

总的来说，危机公关处理得当与否，对于能否维护良好的企业形象至关重要，关系到企业能否在激烈的市场竞争中生存、发展和壮大。因此，企业在处理危机事件时，一定要站在公共关系大局的角度来衡量得失，应优先考虑消费者的利益以及它对于企业公共关系的重要性，以积极的态度去赢得顾客，以正确的措施去赢得时间，并建立起关心和维护消费者权益的积极形象，重塑消费者对企业的信心。

复习思考题

1.分析危机公关与公关危机的区别。

2.公关危机的特征有哪些？

3.造成组织公关危机的原因有哪些？

4.危机公共关系的处理原则有哪些？

5.请展开分析危机公共关系处理的几个阶段。

案例分析

家乐福在“抵制事件”中的危机公关

2008年4月17日，奥运圣火在法国巴黎传递期间，受到“藏独”分子的严重干扰，火炬手金晶的火炬差点被夺。这一系列事件直接伤害了中国人民的感情，特别在网络上更是掀起了“惊天巨浪”。尔后，网友们的“怒火”直接向法国在华最大的零售商——家乐福发泄。一时间，家乐福成为众矢之的，各地网友纷纷组织大规模的抵制活动，在家乐福门前举行示威行动，并在论坛上号召集体抵制家乐福，“五一”不去家乐福，让家乐福冷场。这让家乐福面临着进入中国市场以来最严重的危机事件。但是只经过一个月的时间，“抵制家乐福”这一在当时开展得如火如荼、遍地“烽烟”的行动却在人们的视野中悄无声息地消失了。可以说，家乐福管理层在这一过程中成功地化解了一次非常严重的危机，塑造了一次危机公关的成功范例。

在抵制活动一开始，家乐福高层迅速做出反应，对于“藏独”分子给予坚决否定，并第一时间出来澄清：“家乐福不愿扮演任何政治角色，只想做好自己分内的事，家乐福不仅对北京奥运会的成功举办充满信心，今后也会一如既往地支持北京奥运会，为奥运做出贡献。”与此同时，家乐福迅速将支持北京奥运会的横幅挂在各个分店的门前，并在超市的电梯、货架前，打出支持奥运会的标语，希望借此挽回人们对其的负面印象。虽然家乐福迅速做出了这样的反应，但是在当时爱国热情空前高涨、人们对巴黎圣火被袭难以接受的形势下，是根本无法平息众怒的，各地的抗议活动依然不断。网友又在家乐福网站上发现“五一”期间，家乐福将采取大幅度的促销活动。随后，网上兴起又一轮的“讨伐”高潮，并称“家乐福的促销活动”是针对中国人的故意行为，网友更加大规模地发起抵制家乐福的活动。

为避免事态进一步扩大，家乐福高层连忙出来辟谣，澄清家乐福的“五一”促销活动是之前就部署的正常假期促销活动，并非专门针对抵制活动。但毕竟在那么敏感的时期，辟谣的效果并不明显，家乐福开始在网站上取消活动的招贴，并取消了家乐福在“五一”期间的促销活动。同时，家乐福中国区的相关负责人表示，以往每逢“五一”期间，家乐福都有正常的促销活动。但是在形势逼迫下，他们只能临时取消这一促销活动，“这是为了表达对目前中国广大人民情感的充分理解和高度尊重”。可以说，家乐福做出的这一举动是非常明智的，避免了网民高涨的抵制情绪继续扩大，同时在很大程度上消除了对家乐福不利消息的负面影响，也平息了少数比较理智的爱国人士的“愤怒之情”。取消“五一”期间促销在一定程度上缓解了危机的继续加大，为家乐福恢复良好的亲华形象赢得了喘息之机。但即使这样，在“五一”期间，家乐福仍然不见了往日的“熙攘热闹”，多少还是显得门庭冷落。

在这期间，发生了汶川大地震。家乐福迅速做出反应，地震当天(5 月 12 日)就捐赠人民币 200 万元；继后，5 月 14 日，家乐福又捐赠了人民币 100 万元，用于灾后学校重建。这两起捐赠行为可以说在一定程度上树立了家乐福在中国的亲华形象。网友对家乐福的捐赠活动多半表示支持，认为家乐福“知错能改，为时不晚”。至此，家乐福的危机公关事实上已经取得了阶段性成果。接着，在捐赠 300 万元的基础上，家乐福于 5 月 23 日又宣布再追加 2 000 万元捐款，总捐款额达到 2 300 万元，成为在华法资企业中捐款额最多的公司。同时，利用这一捐赠事件，公司高层频频接受媒体访问，再三重申：没有给予达赖集团经济资助，同时对奥运火炬在巴黎遭到攻击表示愤怒，并强调自始至终支持北京奥运。从危机发生到成功化解危机，家乐福只用了短短一个多月的时间。

问题：

家乐福此次危机公关的成功之处表现在哪些方面?

参考文献

1.王秀方.公共关系理论与实务[M].北京:清华大学出版社,2014.

2.张亚.公共关系原理与实务[M].北京:北京理工大学出版社,2014.

3.张芹.公共关系学[M].武汉:华中科技大学出版社,2014.

4.李道魁.公共关系教程[M].成都:西南财经大学出版社,2013.

5.李民.企业形象设计[M].南宁:广西美术出版社,2013.

6.支磊,康金辉.营销策划实务[M].西安:西北工业大学出版社,2013.

7.朱培立,王光辉.企业策划理论与实务[M].北京:机械工业出版社,2012.

8.曾权,李毅.企业形象塑造中的吉祥物应用研究[J].南昌:企业经济,2012.

9.龙志鹤.公关案例选粹与评析[M].北京:经济管理出版社,2011.

10.李泓欣.公共关系理论与实务[M].北京:中国农业大学出版社,2011.

11.周晓,宋常桐.公共关系与现代礼仪[M].北京:清华大学出版社,2011.

12.任正臣.公共关系学[M].北京:北京大学出版社,2011.

13.谭昆智.公关心理与实务[M].北京:清华大学出版社,2011.

14.兰迎春,陈军.公共关系学[M].济南:山东人民出版社,2010.

15.余禾.公共关系学[M].成都:西南交通大学出版社,2010.

16.关晓光.公共关系学[M].北京:中国中医药出版社,2010.

17.冯砚,宋继华.公共关系学[M].北京:中国商务出版社,2010.

18.陈丽清,李志平.公共关系学[M].北京:经济科学出版社,2010.

19.张践.公共关系学[M].北京:中央广播电视大学出版社,2010.

20.邓健,李荣德.公共关系学[M].成都:西南财经大学出版社,2009.

21.龚荒.公共关系——原理·实务·案例[M].北京:清华大学出版社、北京交通大学出版社,2009.

22.李怀斌.企业形象策划[M].大连:东北财经大学出版社,2007.

23.王维平.公共关系原理与应用[M].兰州:兰州大学出版社,2007.

24.叶万春,万后芬,蔡嘉清.企业形象策划——CIS导入[M].大连:东北财经大学出版社,2007.

25.李兰英,徐俊.公共关系理论与实务[M].上海:上海财经大学出版社,2007.

26.蒋楠.公共关系原理与实务[M].北京:中国人民大学出版社,2006.

27.纪华强.公共关系的基本原理与实务[M].北京:高等教育出版社,2006.

28.丹·拉铁摩尔,奥蒂斯·巴斯金,苏泽特·海曼,伊丽莎白·托特,詹姆斯·范·勒文著.朱启文,冯启华译.公共关系:职业与实践[M].北京:北京大学出版社,2006.

29.吴国欣.企业形象设计[M].上海:上海画报出版社,2006.

30.王伟娅.公共关系概论[M].大连:东北财经大学出版社,2006.
31.赵宇峰.公共关系学[M].北京:高等教育出版社,2006.
32.熊越强.公共关系实务[M].北京:清华大学出版社,2006.
33.陶应虎.公共关系原理与实务[M].北京:清华大学出版社,2006.
34.李占才.公共关系学概论[M].上海:上海交通大学出版社,2005.
35.国英.公共关系与现代礼仪案例[M].北京:机械工业出版社,2004.
36.周安华,苗晋平.公共关系[M].北京:中国人民大学出版社,2004.
37.段文杰.公共关系实例与运作[M].北京:高等教育出版社,2003.
38.梁敬贤.公共关系实务[M].北京:机械工业出版社,2002.
39.周朝琦,侯龙文,邢红平.品牌文化[M].北京:经济管理出版社,2002.
40.周朝琦,侯龙文.品牌经营[M].北京:经济管理出版社,2002.
41.巨中天.大赢家之商标品牌制胜方略[M].北京:民主与建设出版社,2002.
42.汪秀英.公共关系学[M].北京:中国商业出版社,2001.
43.赵晓兰,赵咏梅,缪春泮.最新公共关系学教程[M].北京:经济管理出版社,2001.